모던걸

국립중앙도서관 출판시 도서목록(CIP)

모던걸 : 일본제국과 여성의 국민화 /
신하경 지음. -- 서울 : 논형, 2009
(일본근대스펙트럼 ; 10)

참고문헌 수록
ISBN 978-89-6357-601-5 04910 : ₩15000
ISBN 978-89-90618-90-0(세트)

일본사[日本史]

913.072-KDC4
952.033-DDC21   CIP2009003473

모던걸

일본제국과 여성의 국민화

신하경 지음

논형

모던걸

일본제국과 여성의 국민화

지은이 신하경

초판 1쇄 인쇄 2009년 11월 20일
초판 1쇄 발행 2009년 11월 30일

펴낸곳 논형
펴낸이 소재두
편 집 김현경, 김가영
표 지 김예나
홍 보 박은정
등록번호 제2003-000019호
등록일자 2003년 3월 5일
주 소 서울시 관악구 성현동 7-78 한림토이프라자 6층
전 화 02-887-3561
팩 스 02-887-6690

ISBN 978-89-6357-601-5 04910
값   15,000원

기획의 말

일본을 가깝고도 먼 나라라고 한다. 감정적인 거리를 뜻하는 말이겠지만, 학문적으로 무엇이 가깝고 무엇이 먼지 아직 불분명하다. 학문은 감정에 흔들려서는 안 된다. 지금까지 우리 학문은 일본을 평가하려고만 들었지, 분석하려고 하지 않았다. 더욱이 일본을 알아나가는 행위는 운명적으로 우리를 이해하는 길과 통해 있다. 그것이 백제 멸망 이후 바다를 넘어간 도래민족의 찬란한 문화, 조선통신사가 전한 선진 중국의 문물과 같은 자랑스러운 기억이든, 혹은 임진왜란, 정유재란, 식민통치로 이어지는 아픈 상처이든 일본과 한국은 떼어놓을 수 없는 적이자 동지이다.

그런 가운데 근대는 바로 그 질서를 뒤엎는 혁명적인 시기였다. 메이지유신을 통해 서구의 기술과 문물을 받아들인 일본은 동양의 근대화에서 하나의 본보기로 여겨졌으며, 그들 또한 자신들의 기준을 동양에 강제적으로 이식시켰다. 근대는 한 마디로 엄청난 높이, 놀라운 규모, 그리고 무서운 속도로 우리들에게 다가왔으며, 지금까지 경험하지 못한 공포와 함께 강한 매력을 선물하였다.

'일본 근대 스펙트럼'은 일본이 수용한 근대의 원형, 그리고 그것이 일본에 뿌리내리기까지 어떤 과정을 거쳐 변모했는지를 살피고자 한다. 특히 백화점, 박람회, 운동회, 철도와 여행 등 일련의 작업을 통해 근대 초기, 일본 사회를 충격과 흥분으로 몰아넣은 실상들을 하나하나 캐내고자 한다. 왜냐하면 우린 아직 그 높이, 규모, 속도를 정확히 측정한 적이 없기 때문이다. 다행히 '근대 일본의 스펙트럼' 시리즈에서 소개하는 책들은 현재 일본 학계를 이끄는 대표적인 저서들로 전체를 가늠하는데 큰 힘이 될 것이다.

　물론 이번 시리즈를 통해 우리가 얻고자 하는 결실은 일본 근대의 이해만이 아니다. 이번 작업을 통해 우리는 우리 근대사회의 일상을 잴 수 있는 도구를 얻을 수 있을 것이다. 식민지 조선사회를 형성하였던 근대의 맹아, 근대의 유혹과 반응, 그리고 그 근대의 변모들을 거대 담론으로만 재단한다면 근대의 본질을 놓치고 말 것이다. 근대는 일상의 승리였으며, 인간 본위의 욕망이 분출된 시기였기 때문이다. 안타깝게도 우리는 근대사회의 조각들마저 잃어버렸거나 무시하여 왔다. 이제 이번 시리즈로 비록 모자라고 조각난 기억들과 자료들이지만, 이들을 어떻게 맞춰나가야 할지 그 지혜를 엿보는 것도 유익할 것이다.

　기획자가 백화점, 박람회, 운동회, 일본의 군대, 철도와 여행 등을 시리즈로 묶은 이유는 이들 주제가 근대의 본질, 일상의 면모, 욕망의 현주소를 보여주는 구체적인 예라고 생각했기 때문이다. 수많은 상품을 한자리에 모아서 진열하고 파는 욕망의 궁전, 그리고 새로운 가치와 꿈을 주입하던 박람회는 말 그대로 '널리 보는' 행위가 중심이다. 전통적인 몸의 쓰임새와는 전혀 다른 새로운 움직임을 보여주었다는 점에서는 운동회와 여행은 근대적 신체가 어떻게 만들어졌으며, 근대적 신체에 무엇이 요구되었는지를 살피는 계기가 될 수도 있을 것이다. 이런저런 의미에서 근대를 한마디로

'보기'와 '움직이기'의 시대라고 할 수도 있겠다.

　'일본 근대 스펙트럼'은 바로 근대라는 빛이 일본 사회 속에서 어떤 다양한 색깔을 띠면서 전개되었는지를 살피는 작업이다. 또한 그 다양성이야말로 당대를 살아가던 사람들의 고민이자 기쁨이고 삶이었음을 증명해 보이고자 한다. 그리고 궁극적으로는 한국사회의 근대 실상을 다양한 스펙트럼으로 조명되고, 입증하는 계기가 되었으면 좋겠다.

논형 기획위원회

서장

모던걸이란, 일본에서는 일반적으로 간토대지진(1923년) 이후 1920년대에서 30년대에 걸쳐 생성된 대중소비사회와 화려한 도시문화의 형성 속에서 두드러지게 나타나기 시작한, 서양풍의 패션과 단발을 한 여성의 등장을 일컫는 용어로 사용된다. 당시의 일본 사회 속에서 여성의 단발과 양장은 기존의 가부장제적 문화질서를 뒤흔드는 요소로 인식되어, 신문이나 잡지에 절호의 가십성 기삿거리를 제공함과 동시에, 많은 소설이나 영화의 제재로 다루어짐으로써 센세이셔널한 사회적 현상이 되기도 했다.

   현재 일본에서 모던걸은 1920년대에 꽃피었던 도시문화를 대표하는 존재로서 인식되고 있으나, 이 책은 이처럼 모던걸을 '1920년대의 신기한 도시풍속'으로서 보는 '현재의 일반적 인식'에 대한 일종의 위화감에서 출발하고 있다. 그 위화감이란, 다소 막연한 표현이기는 하지만, 현재의 '신기한 도시풍속으로서의 모던걸'이라는 시각과 당시의 모던걸을 둘러싼 여러 담론들 사이에는 분명한 질적 차이가 존재한다는 느낌이며, 현재의 일반적 인식은 1980년대 이후 형성된 소비문화론, 기호론, 젠더론 등에 기반한 연구성과가 널리 정착된 결과에 지나지 않는다는 것이 필자의 생각이다.

이 책의 출발점이 되었던 그와 같은 위화감을, 그리고 이 책 전체를 관통하는 문제의식을 분명히 하기 위해, 1980년대 이후의 모던걸에 대한 연구의 흐름을 정리해 두고 싶다. 먼저 운노 히로시海野弘의『모던걸의 초상 モダンガールの肖像』(1985년)[1]은 현재까지도 이어지고 있는 모던걸 연구의 논점이 제시되어 있다는 점에서 주목된다. 즉, 운노는 모던걸이 1920년대의 세계적 공통 현상이었다는 점에 주목하며, 도시문화의 주체적 표현자들이었던 개개의 여성들을 스케치하고 있다. 이 운노의 연구는 다소 표면적인 문화비평에 머물고 있다는 인상을 남기기는 하나, 모던걸을 '도시문화의 주체적 표현자'로 위치지으며, 회화, 패션, 댄스 등 다양한 영역에 걸쳐 1920년대 도시문화의 세계적 동시성을 고찰하고 있다는 면에서, 1980년대의 소비문화론, 기호론의 문맥에 서는 대표적인 여성 신체론이다. 하지만 여기서 필자가 일본의 모던걸(론)의 특수성을 주장하고 싶은 생각은 전혀 없으나, 운노가 묘사하는 모던걸의 세계적 동시성에 '주체적 일본 여성의 표현'이 누락된 점은 주목할 필요가 있다. 이것은 단순한 문제가 아니다. 모던걸을 세계적 동시현상으로서, 도시문화의 주체적 표현자의 출현으로 보는 운노의 관점에서 '일본의' 모던걸이 빠져 있다는 사실은, 운노가 (의도적이었든 그렇지 않았든 간에) 일본의 모던걸론의 중요한 특징을 누락시켜, 무엇인가를 은폐시키는 결과를 낳게 된다.

이와 같은 운노의 약점, 즉 모던걸을 주체적 여성으로 표현한 담론을 일본에서는 찾기 어렵다는 점을 보완한 연구로 스즈키 사다미鈴木貞美의『모던 도시의 표현モダン都市の表現』(1992년)[2]을 들 수 있다. 스즈키는 모던걸을 "새로운 도시에 핀 새로운 꽃, 1920년대의 '신여성新しい女'[3]"으로 정의한다.[4] 이와 같은 모던걸 정의에 단적으로 드러나듯이,

1 海野弘,『モダンガールの肖像』, 文化出版局, 1985년.

2 鈴木貞美,『モダン都市の表現: 自己·幻想·女性』, 白地社, 1992년.

스즈키는 모던걸을 쇼와昭和 초기의 도시 모더니즘의 정수로 위치짓는 운노의 도시론·신체론을 계승하면서, 모던걸을 1910년대의 '신여성' 계보의 연장선상에 접목함으로써 일본의 모던걸 담론에서 보이는 '모던걸의 주체적 표현 부재' 문제를 해소하려 한다. 『모던 도시의 표현』에서 스즈키는 '모던걸의 매력을, 그리고 그녀들의 생활이나 마음결까지, 1920~30

3 '신여성(新しい女)'은 1911년 창간된 잡지 『세이토(靑鞜)』를 중심으로 활동했던 일군의 여성지식인을 일컫는다. 그 중심인물은 히라쓰카 라이초(平塚らいてう)로, 라이초의 『세이토』, 창간사, 「원래 여성은 태양이었다(元始女性は太陽であった)」는 일본 페미니즘의 효시로 기록되고 있다. 그들은 주로 모성보호론, 부인참정권을 주장하며 가부장제의 폐해를 고발하는 지식인 여성이었다.
4 鈴木貞美編, 『モダンガールの誘惑』, 平凡社, 1989년, 1쪽.

년대 소설은, 새로운 작풍으로 표현해 왔다'고 말하면서, 이 시기의 소설 텍스트에 나타나는 모던걸 표상을 도시공간의 변모나 여성의 사회적 위치 변화, 그리고 작가 개개인의 사상적 배경 등을 교차시킴으로서 설명한다. 이와 같은 스즈키의 논의는 모던걸을 '역사적 실체'로 파악하는 것으로, 그러한 논리의 연장선상에는 모던걸이 스스로의 전위성을 주장하는 존재로 파악하는 것이 되며, 소설 텍스트는 그러한 존재를 '반영'하여 묘사했다는 것으로 귀결된다. 그렇기 때문에 스즈키가 말하는 모던걸에는 단발이나 양장을 한 여인이 포함되며, 새로운 직업여성도 모던걸이고, 또한 자유연애를 하고 도시의 소비문화를 향유함으로써 성적 매력을 발산하는 여성도 모던걸이며, 여성해방운동을 하거나 마르크스주의를 주창하는 여성들조차도 모던걸이 되는 것이다. 정리해서 말하면, 스즈키가 주장하는 모던걸이란, '1920년대의 일본 여성을 둘러싼 문화질서에 반항적인 여성'을 광범위하게 지칭하는 용어라고 할 수 있을 것이다.

하지만 운노의 논의에 보이는 '모던걸의 주체적 표현 부재' 문제는, 스즈키가 그것을 1910년대의 신여성(자기주장이 분명한 지식인 계층) 계보에 위치시킨다고 해서 해소될 성질의 문제는 아니다. 먼저 스즈키의 논의에는 여전히 모던걸 정의의 모호함이 남는다. 즉 모던걸이 실체라면 구체적으로 누구인지, 언제부터 언제까지의 여성상에 해당하는가 하는 시대구분 문제, 혹은 소설 텍스트의 표상에 대해서도, 서로 다른 시공간과 미디어 컨텍스트에서 묘사되는 여성상 중 어떤 특성을 지칭하여 '모던걸'이라 부르는가 등의 문제가 명확하지 않은 것이다.[5] 게다가 '모던걸의 주체적 표현 부재'라는 문제가 암시적으로 제기하는 보다 근본적인 문제, 즉 일본의 1920년대에서 30년대에 걸쳐서 모던걸의 주체적인 표현이 '없음'에도, 왜 모던걸은 그처럼 당시에 큰 논의의 대상이 되었는가 하는 의문에 대해, 스즈키의 주장은 충분한 설명이 되지 못한다.

5 사이토 미나코(齋藤美奈子)는『모던걸론(モダンガール論)』(マガジンハウス, 2000년)에서, 책의 부제 "여자에게는 두 가지 출세길이 있다"가 시사하듯이, 모던걸/현모양처의 이항대립 구도로 일본의 근대에서 현재에 이르는 여성사의 연속성을 추적하고 있다. 하지만 이 책에서도 마찬가지로 모던걸 정의가 애매함을 지적할 수 있다.

　　이와 같은 모던걸에 대한 선행 연구가 내포하는 '주체적 여성 표현의 부재'라는 문제에서 현재의 연구도 자유롭지 못하기는 마찬가지다. 오차노미즈お茶の水여자대학 젠더연구센터를 중심으로 하는 '동아시아의 식민지적 근대와 모던걸' 국제공동연구 프로젝트 그룹은 그 연구의 목적을 다음과 같이 밝히고 있다.

　　'모가'(모던걸의 약칭－필자주)는 '모보'(모던보이의 약칭－필자주)와 함께, 도시에 특수하게 나타나는 신기한 풍속의 체현자로서, 혹은 수입제품을 시작으로 새로운 소비재나 기호(嗜好)를 받아들이는 계층으로 파악되어 왔으나, 이러한 기존의 사고방식에 대해 이 프로젝트의 특징은, '모가' 현상을 단지 일국 내에 머무르지 않는, 국제적인 사회 현상으로 다시 파악하려는 점에 있다. 그것은 일본의 도시소비문화의 특징이나 역사·시대론적 사고틀에 얽매이지 않는 글로벌한 자본과 식민지 지배의 전개로 논의를 접합하는 측면을 가진다. '모

가'를 동아시아의 식민지적 근대(colonial modernity)라는 문제지형 위에 위
치시킴으로써, 식민지적 근대와 젠더/섹슈얼리티가 어떠한 관계성을 띠게
되는가 하는 쟁점도 밝혀낼 수 있을 것이다.6

6 伊藤るり·森本恭代,「國
際共同硏究 東アジアにおけ
る植民地的近代とモダン
ガール」, お茶の水女子大學
ジェンダー研究センター,
『ジェンダー研究』, 제7집,
2004년 3월, 111쪽.

이 연구의 방향성은, 현재 급속히 진전되고 있는 글로벌
화 현상 속에서의 국제질서 재편과 탈식민주의post-colonialism
라는 학문 영역을 고려하고 있다는 점에서 매우 흥미로운
과제임은 분명하다. 하지만 필자가 문제시하는 점은 '일본의
도시소비문화의 특징이나 역사·시대론적 사고틀에 얽매이지 않는'다는
기술 부분으로, 그것은 일본의 도시문화론이나 여성사 '속'에서 모던걸을
연구하는 것에 대해 '보류'하려는 자세다. 그것이 모던걸에 대한 선행 연구
의 극복이 아니라 보류에 지나지 않는다는 사실은, 동 연구 그룹이 개최한
국제심포지엄 "아시아의 모던걸과 '세계'"7의 기조발표 속에

7 お茶の水女子大學ジェン
ダー研究センター,「國際
シンポジウム アジアのモダン
ガールと'世界'」, 2004년 9월.

서 확인된다. 모던걸의 정의에 대한 논의의 결과로서 무타
가즈에牟田和惠는 다음과 같이 정리하고 있다. ① 한 사람 한
사람 구체적 모습으로서의 여성, 새로운 삶의 방식을 보여주
는 여성, 즉 '실체로서의 여성', ② 여성이 상품을 사고, 스스로를 장식하는
데 필요한 국제적인 물류나 이미지의 유통, ③ 여성의 삶에 관한 새로운
현상이나 담론 편성, 즉 '표상representation으로서의 여성'을 포괄하는 느슨한
정의로 제시하고 있다. 이와 같은 느슨한 모던걸의 정의는, ①~③ 사이에
발생하는 문제, 즉 '주체(실체)로서의 모던걸'과 '표상으로서의 모던걸' 사이
에 발생하는 문제를 애매하게 처리해 버리는 (처리할 수밖에 없는) 것으로서,
결과적으로 '주체적 여성 표현의 계보 속에 모던걸을 위치시키는 것/일본
모던걸의 표현 부재'에 대해 운노나 스즈키가 빠진 논리적 폐쇄 상태는 해결

되지 않은 채 그대로 남아 있는 것이다.

필자는 오차노미즈 젠더연구센터의 이와 같은 '보류'적 자세는, 일본의 모던걸을 1920년대에서 30년대의 역사·시대적 문맥에서 '표상으로서의 모던걸'을 고려할 때 반드시 부딪히게 되는 '젠더 연구로부터의 일탈'에 대한 주저 때문에 발생한 것이라고 생각한다. 일본의 모던걸을 논한다는 것은, 운노나 스즈키의 도시문화론이나 오차노미즈 젠더연구소의 젠더론적 입장을 포함하기는 하지만 결코 그 어느 한편으로 수렴되는 성질의 연구대상이 아니다. 앞의 대표적인 선행 연구가 빠진 폐쇄상태를 해결해 가지 않는 한, 일본의 모던걸 연구는 '일국 내에 머무르지 않는' 것이 아니라, '일국 내에 머물러서는 안 될 수밖에' 없는 것이다.

지금까지 일본의 모던걸에 대한 선행 연구를 정리해 보았다. 필자는 서두에서 이에 대해 위화감을 느낀다고 말했으나 그것은 다음과 같이 말할 수 있을 것이다. 즉, 일본의 모던걸은 지금까지 1980년대 이후의 도시문화론이나 젠더론 영역에서 주로 고찰되어 왔으나, 1920~30년대 당시의 모던걸 담론은 그 발생과 종식에 있어서 '별도의' 사회적 기능을 담당했던 것은 아닐까? 라고. 따라서 모던걸 담론을 당시의 시공간적 문맥에 재위치시켜 해석하려 하는 이 책은, 앞에서 정리한 도시문화론이나 젠더론에서 모던걸 담론을 탈구脫臼, disjunct시켜 '새로운 문제구성configuration' 속에 재정립하려 한다. 그 새로운 문제구성이란, 1920년대의 '대중론'이며, '미디어론'이다.

이 책은 1920년대에 발생한 모던걸 담론의 편성 과정을 문화적 교섭 negotiation이라는 관점에서 고찰하려 한다. 그리고 그 첫 출발지점으로서 모던걸을 '대중 표상'으로 보는 관점에서 시작하려 한다. 이 책에서 말하는 대중이란, 예를 들어 '광주민중항쟁'이란 말 속의 '민중'처럼 구체적으로 실재했던 존재를 지칭하지 않는다. 일본의 1920년대는 대중소비사회의 형성과 함께, 도시형/무정형의 '대중'의 등장이 사회적으로 인식되기 시작하였으며, 당시의 문화생산자들은 모던걸이란 어떤 존재인가를 물음으로써, 그들을 대중의 등장으로 파악하고 각각의 입장에서 그들을 지도해 나가려 했다. 이 책에서 사용하는 '대중'이란 용어는 그처럼 당시 일본 사회의 지식 사회에서 사용되었던 '대중' 개념을 차용하는 것이다. 모던걸 담론이 1920년대 일본의 '대중론'의 문맥 속에서 발생했다는 것은 다음 인용을 검토하는 것으로 보다 분명해질 것이다.

> 다카하타 씨는 영어 매스(Mass)라는 단어에 특별한 주의를 기울이고 있었다. 매스라는 말에는, 먼저 대집단으로 보는 국민의 대다수, 소수 특권자에 대한 대다수 국민이라는 의미가 있다. 거기에는 물론 공장노동자, 농민, 소상인, 저임금 생활자도 일시적으로 포함된다. 서양의 사회주의 서적에는 자주 이러한 의미의 매스라는 말이 사용된다. 그런데 일본에는 그것에 해당하는 적당한 단어가 사용되고 있지 않다. 평민, 민중, 노동자, 하층계급, 노동계급 등등의 말은 있어도, 어느 것도 적절히 매스라는 말의 의미를 표현하지 못한다. 그래서 다카하타 씨는 상당히 오랫동안 여러 가지를 생각한 끝에, 고서 등에 보이는 '대중(大衆)'이라는 말을 채용하기에 이른 것이다. [……] 소비자인 무산자의 총동원, 즉 대중운동은, 필연적으로 정치운동이지 않으면 안 된다. 그것은 일상적인 정치운동이 될 수 있으며, 동시에 돌발적인 운동도 될 수 있다. 어쨌거나 대중궐기에 기대지 않으면 혁명은 수행될 수 없다.[8]

8 満川亀太郎, 「『大衆』主義」, 『急進』 1929년 6월.

노동자 및 농민 대중은 그들 자신의 문제가 전달될 때에 가장 정확히, 가장 힘차게 일어나는 것이며, 그들 자신의 의식 및 문화 수준에 영합하는, 소위

홍미적 요소는, 그들의 정당한 프롤레타리아적 관심의 환기를 일탈시키는 효과 밖에 없다는 것을 알아야만 한다.[9]

9 日本プロレタリア作家同盟中央委員会, 「芸術大衆化に関する決議」, 『戦旗』 1930년 7월.

밝고, 명랑하고, 감각적이며, 이지적이며, 기교적이며, 야생적이며, 복잡하고, 단순하고, 솔직한, —분명히 그녀는, 전형적인 모던걸일 것이다. 하지만 그녀는, 진정한 의미의 신시대의 여성이 되기 위한 중요한 요소를 한 가지 빠뜨리고 있다. 즉, 그녀의 모더니즘은 철두철미 소비적이며, 생산적인 면은 조금도 없다. 남편에게 기생하여, 그 기생 생활이 허용되는 범위 내에서, 자유를 만끽하고 있는 것에 불과하다.[10]

10 大宅壮一, 「百パーセントモガ」, 『中央公論』 1929년 10월.

위의 세 인용문은, 모던걸 담론이 1920년대 일본의 '대중론' 문맥에서 발생했다는 점을 나타내기 위해서 거의 동시기의 글들 속에서 선택한 것이다. 첫 번째 인용문은, 일본에서 '대중'이라는 용어가 국가사회주의자 다카하타 모토유키高畠素之가 '대중사大衆社'를 설립하여, 그 기관지로서 『대중운동』(1921년 5월 21일~동년 8월 3일)을 발행할 때에 조어되었다는 사실을 말하고 있다. 1920년대 일본에서 '대중'은 국가나 사회를 움직이는 원동력으로서 '발견'되었던 것이다.[11] 두 번째 인용문은 '예술대중화논쟁'(1928년~1930년) 가운데에서, 일본 프롤레타리아 작가동맹 결의문의 일부를 인용한 것이다. 예술대중화논

11 有馬学, 『日本の近代 4, 「国際化」の中の帝国日本 1905~1924』, 中央公論新社, 1999년, 272~320쪽.

쟁이란, 당시의 사회주의자들이 보기에 노동자, 농민이 계급의식 함양과는 거리가 먼 '저속한 대중잡지'(예를 들어 『킹[キング]』과 같은 고단샤講談社 계열의 잡지)의 주된 독자라는 사실에 대해서, 어떻게 하면 프롤레타리아 계급의식을 고취하는 문예가 독자의 관심을 끌 수 있는가 하는 고민 속에서 나온 논쟁이었다. 하지만 이 논쟁은 인용문에서 확인할 수 있듯이, 결국 '사회주의 사상'의

절대성을 견지하는 방향으로 종결된다. 여기에서 중요한 점은 논쟁 속의 주요 쟁점이 '프롤레타리아 대중이란 누구를 지칭하는 것인가?', '계급의식에 자각적인 예술가는 프롤레타리아 대중을 어떻게 대해야만 하는가?' 하는 점이었다는 것으로, 이것은 '지식인과 대중 사이의 지도/영합 관계'로서 1920년대의 '대중론'의 문맥 속에서 이해해야만 한다는 것이다. 세 번째 인용문은 당시의 유행어가 되기도 했던 오야 소이치大宅壯一의 「백퍼센트 모가百パーセントモガ」라는 대표적인 모던걸 담론에서 선택한 것이다. 이 문장의 배경에 '지식인과 대중 사이의 지도/영합 관계'라는 '대중론'의 문맥이 확인될 것이다.

이 세 인용문은 그 인용 서지에서도 짐작할 수 있듯이 각기 다른 사회적 문맥을 가지고 있음에도 불구하고, 논자의 '사상'에 의한 '대중'의 정의와 지도를 논하고 있다는 점에서 1920년대의 '대중론'이라는 큰 틀은 공유하고 있다. 그것이 의미하는 바는, 모던걸 담론이 이와 같은 '대중론'의 문맥에서 재고찰되어야만 한다는 것이다.

이 책은 모던걸을 대중의 표상으로 보되, 보다 한정된 개념으로 정의하려 한다. 이 책은 모던걸 담론이 담당했던 사회적 기능을 중시한다는 입장에서, 모던걸을 주요 신문기사의 검색에 따라 1926년에서 1936년까지 거의 10년 동안 사회적으로 논의되었던 존재로 보려 한다. 이처럼 범위를 한정하는 것의 유효성은, 모던걸 담론이 1920년대 일본의 '대중론'으로 기능했다는 의미에서 모던걸 담론과 사회주의 운동이 시기적으로 거의 일치하는 것이었다는 역사적 인식에 있다. 이 연동관계의 중요성과 시기적 구분의 유효성은 본문 속에서 충분히 확인할 수 있을 것이다.

이처럼 연구대상을 한정하는 것으로, 이 책은 모던걸의 선행 연구에서 공통적으로 보이는 역사적 인식의 결여 문제를 해소할 수 있으리라 생각한다. 이 책이 역사적 인식을 도입한다는 것은 다음과 같은 사실을 의미한다. 모던걸 담론에는 '모던걸이란 누구인가?', '지식인은 그들을 어떻게 지도해 야만 하는가?'하는 공통된 쟁점이 나타나는데, 이것은 프롤레타리아 문예 의 '예술대중화논쟁'과 거의 같은 인식틀 속에 위치지어진다는 것이다. 즉, 모던걸이나 프롤레타리아라는 개념들은 1920년대 일본에서, 개인, 가정, 사회, 국가를 (재)해석하려는 지적 상황에서 생겨난 말들로서 일본이 1930 년대의 군국주의 사회로 이행하는 단계에서 중요한 역할을 하게 된다는 말이다.

이러한 의미에서 1920년대의 '대중론' 속에, 천황제 내셔널리즘 형성 과정에서 부각되는 '황민皇民' 개념도 함께 고려하지 않으면 안 된다.

나도 한 명의 개인주의적 자유주의자에 지나지 않았던 것이다. 편협하고 개인 적인 자기중심주의자였던 것을 깊이 반성한다 [……] 나는 좌익전향자에 의 해 '일본인'에 대한 가르침을 받았다. 외국에서 귀국한 사람의 소감을 들어보 면 자주 일본이 가장 좋다는 것을 깨닫고 돌아온다고 한다. 나는 한 번 '일본인' 의 입장에서 떠나 본 후에야 '진정한 일본인'으로 다시 돌아온 좌익사상범에 게서 가르침을 받은 것이다. 내 모든 척도는 이러한 기준점에 따라 바뀌지 않으면 안 된다. 따라서 이 보고서는 나의 참회록이기도 하다.[12]

12 鶴見俊輔, 「転向の共同 研究について」, 思想の科学研 究会編, 『共同研究 転向(上)』, 平凡社, 1959년, 18~19쪽.

이 인용문은 사법성 조사과 소속 검사 나가베 긴고長部謹吾 에 의한 좌익전향자 조사보고서에서 선택한 것이다. 이 문장 가운데에서 특히 주의를 환기하고 싶은 곳은, 좌익사상범이 '한 번 일본인의 입장에서 떠난' 존재로 인식되고 있었다는 점이다. 이 인용문은, 당시 일본에 있어서 의 마르크스주의가 (모더니즘과 함께) 서양의 '과학문명'의 모방으로서 유입되었으며, 당시 형성되고 있었던 '황민' 개념은 그러한 1920년대의 마르크스주의를 포함한 여러 사상과의 치열한 생존경쟁 속에서 구체화되었다는 사실을 극명히 보여주고 있다.

지금까지 서술한 내용을 간략히 정리하자면 다음과 같다. 모던걸 담론이란, 사회주의 운동의 '프롤레타리아' 개념과 지배체제 측의 '황민' 개념과 함께, 각기 무정형의 대중을 해석하여 그 주장의 정당성을 확보하려는 헤게모니적 경합 과정에서 형성된 개념이다. 이 책이 다루는 모던걸의 담론공간은 사회주의와 초국가주의라는 강력한 정치 이데올로기에 완전히 포괄되지 않는 매우 잡다한 (하지만 중요한) 쟁점을 부각시킨다. 따라서 모던걸 담론은 그와 같은 정치 이데올로기와 복잡하게 상호 길항하는 관계 속에서 논의의 '장場'을 형성한다.

이 책은 이 '장'을 분석함으로서, 일본의 1920년대에서 30년대로의 이행, 즉 흔히 말하는 일본의 모더니즘기에서 전시체제로의 이행을 단지 억압이냐, 저항이냐의 단선적 프로세스로 파악하는 패러다임과는 다른, 보다 포괄적이며 역동적인 지적 갈등으로서 재파악하려는 의도를 가진다.

1920년대 일본의 지식인들이 '불특정 다수로서의 대중'의 등장을 인식하고, 해석하며, 일정한 방향으로 지도하는 데에 큰 역할을 담당한 것이 '미디어의 개입'이다. 사회학자 기타다 아키히로北田曉大는 「'미디어론'의 계절'メディア論'の季節」이라는 논문에서 다음과 같은 주목할 말한 지적을 하고 있다.

1920년대는, 실로 이와 같은 '미디어론'이 모든 문화 영역에서 특정한 실정성을 획득하기 시작한 시기였다고 할 수 있다. 이 사실은, 라디오와 같은 1920년대에 들어와서 등장하기 시작한 미디어에 국한되는 것이 아니다. 오히려,

활동사진(영화—필자주)이나, 신문, 잡지 등과 같은, 이미 메이지 시기부터 존재했던 매체가, '미디어론'적 담론에 의해 확정되어 갔다는 역사적 사실이 중요한 것이다. 즉, 그때까지는 단적으로 '신시대의 이기'로서 유통, 침투해 갔을 뿐인 각종 매체가, 1920년대 이후, 신문학/영화론/광고학 등의 메타 언설로서 포섭되어, 각각의 '고유'한 '사회적 의의', '기능'이 부각되었다는 사태가 출현한 것이다.[13]

13 北田曉大, 「'メディア論'の季節」, 『東京大学社会情報研究所紀要』, 第五九号, 2000년, 98쪽.

　　　　　　　일본의 1920년대는 엔본円本붐이나 100만 부 발행을 자랑하는 잡지 『킹』의 출현 등으로 상징되는 출판 저널리즘의 융성기, 혹은 무성영화의 전성기 등으로 칭해질 정도로 미디어의 양적 팽창이 주목되는 시기이지만, 기타다가 지적하는 바와 같이, 이 시기는 '미디어론'의 시기이기도 했다.

　　　　이와 같은 1920년대 미디어(론)의 융성은 문화생산자들에게 이전 시기와는 확연히 구분되는 태도의 변화를 가져오게 된다. 앞에서 언급했던 오야는 「문단 길드 해체기文壇ギルドの解体期」 속에서, 당시의 부인잡지의 급성장을 지적하면서, "1차 세계대전 발발 이후, 홍수처럼 밀려온 호경기의 여파는 많은 졸부를 만들어 냄과 동시에, 중산계층 이하의 경제를 윤택하게 하여, 일본 저널리즘을 위한 방대한 시장을 제공했다. 특히 근년의 가장 주목할 만한 현상이라 할 수 있는 부인층의 독서 욕구 증대는, 저널리즘에 있어서는 광대한 신식민지 발견과도 같은 영향을 미쳤다. 이러한 배경 속에서 부인잡지의 급격한 발전은, 중국을 고객으로 하는 방직업의 발달이 일본의 재계에 미친 것과 비슷한 영향을 이 나라 문단에 끼치게 되었다"고 서술한다.[14]

14 大宅壯一, 「文壇ギルド解体期」, 『新潮』 1926년 1월.

이러한 오야의 관찰은, 1920년대에 급속히 발달한 부인잡지가 새로운 독자층(독자대중)을 개척하고 확대시켰다는 사실을 확인함과 동시에 '문단'(문학가)을 포함한 문화생산자들에게도 큰 태도 변화를 강제했다는 지적으로서 주목되는 것이다.

위와 같은 1920년대의 '미디어론'의 일례로부터 예측할 수 있듯이, 모던걸을 그리는 문화생산자들은 그들이 위치한 각각의 미디어를 매개항으로 하여, 대중 표상으로서의 모던걸을 다양한 각도에서 바라보며, 또한 그 미디어를 통해서 새로운 모던걸상을 생산/유통시켜 갔다. 이 책 전체를 통해 제시하듯이, 모던걸 담론의 생산자들은 이와 같은 1920년대의 '미디어(론)'의 편성에 지극히 의식적이었다. 이와 같은 당시의 문화생산자와 미디어 사이의 쌍방향적인 의미생성 과정에 있어서, 모던걸 논자는 적극적인 행위자로서 기능했던 것이다.

이상과 같은 사고의 틀 속에서 이 책은, 모던걸 담론 편성의 분석상에서 다음과 같은 주요한 방법을 택한다. ① 미디어 분석(문화생산자 - 미디어 간 교섭)과 ② 레토릭rhetoric, 修辭 분석(문화생산자가 사회적 담론을 각각의 문화물에 녹여낼 때 행해지는 의미의 변환)에 중심을 두고 분석을 행함으로서 모던걸 담론 편성에 간여하게 되는 행위자 간의 '문화적 헤게모니'를 둘러싼 갈등의 제상을 밝혀나가려 한다.

그 결과로서 일본 사회는 어떻게 일견 화려하기 그지없었던 1920년대의 '도시 모더니즘 시기'에서 암울한 1930년대의 '군국주의 시기'로 이행했는가, 혹은 이행할 수밖에 없었는가, 일본의 여성 담론은 메이지 시기의 가부장제적 질곡에서 벗어나 국민의 일원으로 명명되었을 때 어떠한 기능들을 담당하게 되는가, 그리고 그 속에서 '문화 영역'은 어떠한 본질적 특색을 보여주는가 등이 밝혀지게 될 것이다.

1부.
모던걸과
1920~30년대 일본의 문화지형

고가 하루에(古賀春江), "창 밖의 화장(窓外の化粧)"

1장
'모던걸'이라는 담론공간

1. 인식의 아포리아로서의 모던걸

스즈키 사다미鈴木貞美는 모던걸을 "새로운 도시에 핀 새로운 꽃, 1920년대의 '신여성들'"로서 파악하고 '도시문화의 주체적 표현자'로 위치지으며, "모던걸의 매력을, 그리고 그녀들의 생활이나 마음의 결까지, 1920년대, 1930년대의 소설은, 새로운 작풍으로 표현해 왔다"[1]고 주장하며, 소설 텍스트는 모던걸이란 사회상을 '반영'하여 그렸다고 인식한 점은 서장에서 언급한대로다.

1 鈴木貞美編,『モダンガールの誘惑』, 平凡社, 1989년, 1쪽.

　　그러나 당시의 모던걸 담론을 직접 조사해 보면, 소설 텍스트 등에 나타나는 모던걸 상은 결코 작가(평론가, 영화인 등의 문화생산자)가 사회풍속으로서 이미 등장한 여성을 '반영하여' 그린 것이 아니며, 오히려 실체보다 먼저, 혹은 실체의 유무에 상관없이 그려낸 여성상이라는 점을 알 수 있다. 한 가지 예를 들어보자. 신감각파新感覚派의 일원이었던 가타오카 뎃페片岡鉄兵는 모던걸을 잘 그리는 작가로서 알려져 있지만,[2] 그의 작품 중에는 「어떤

2 평론가 오야 소이치(大宅壮一)는, 「가타오카의 작품(片岡鉄兵の作品)」(『新潮』1929년 11월호)이란 글에서, '가타오카 군의 문학적이라기보다는 저널리스트적인 지위는, 신시대의 기쿠치 간(菊池寛)이란 인상을 준다. 신초샤(新潮社)의 『長編小説全集』을 필두로 대개의 전집에서 제1회 배본으로 선택되는 것이 기쿠치 간의 소설이다. 이와 비슷하게 가타오카 군은 헤이본샤(平凡社)의 『新進傑作全集』 그 외에서 언제나 첫머리를 장식한다. 『文学時代』 10월호의 「단편 25인집」에서도 제일 먼저 가타오카 군의 「恥辱」부터 시작하고 있다'라며, 1920년대 후반 문단에서의 가타오카의 위치를 설명하고 있다.

3 片岡鉄兵, 「ある結末」, 『文芸時代』 1924년 3월.

결말ある結末」[3]이라는 소품이 있다. 그 내용은 한 미대 학생이 육체적 관계를 가지게 된 여성에게 고민 끝에 구혼하게 되나, 그녀 쪽에서 남성의 신체적 약함을 이유로 거절해 버린다는 이야기다. 이 소설은 다음 달의 『분게지다이文芸時代』의 서평회에서 언급되는데, 여기서 주목되는 점은 그와 같은 여성이 실제로 존재하겠느냐는 질문에 대해, 이시하마 긴사쿠石浜金作라는 참가자가 "(그런 여성이 실제로) 있는지 없는지, 현실을 먼저 생각하면 진보가 없습니다. 없는 것을 있게 만든다. 그게 우리들이니까"라고 언급한다. '없는 것을 있게 만든다'는 모던걸 담론의 일례에서 확인할 수 있듯이, 소설 텍스트에 나타나는 모던걸 상은 사회적 실체의 반영이라기보다는, 그 작가들의 일정한 의도 속에서 그려진 여성상인 것이다.

이와 같은 '실체presence'로서의 모던걸과 '표상representation'으로서의 모던걸 사이의 혼동은 그 자체가 모던걸 담론의 큰 특징을 보여주는 것으로, 이러한 혼동을 야기한 요인으로서 먼저 당시에 급속히 성장한 매스미디어의 개입을 지적할 수 있다. 모더니즘 계열 부인잡지로 분류되는 『조세이女性』 등에 기고하고 있던 저널리스트 스즈키 후미시로鈴木文四朗는 "지금이라도 긴자銀座의 길모퉁이에 서서 그 흔한 외형 만으로라도 모던한 여성이 몇 명 지나는지 살펴보면 좋을 것이다. 아마도 천 명 중 한 명도 없을 것이다. [……] 거짓말도 열 번 말하면 진실이 된다. 대량생산으로 알려진 경박한 신문잡지에 의한 모던걸 소동은 마침내 그녀들이 도쿄의 한복판에 당당히 실재하는 듯한 느낌을 일본 전역에 전달하고 말았다"[4]는 다

4 鈴木文史朗, 「モダンガールと普選」, 『女性』 1928년 3월.

소 과장된 기술 속에서, 모던걸상의 형성에 매스미디어가 어떠한 역할을 담당했는지를 단적으로 알 수 있을 것이다. 따라서 모던걸 담론을 고찰할 때 문제가 되는 사항은, 실체로서의 모던걸 등장이 어떠한 의의를 지니는가가 아니라, 오히려 어떠한 인식틀이 모던걸 표상자에게 실체를 동반하지 않는 여성 표상을 가능하게 했는가, 혹은 그것을 가능케 한 문화적 기반은 무엇인가 등 표상하는 측의 문제들인 것이다.

이러한 모던걸을 표상하는 작가들의 인식틀, 즉 '지知'와 미디어 간의 관계를 고찰하는 연구로서, 바바라 하밀 사토バーバラ ハミル 佐藤의 「모던걸의 등장과 지식인モダンガールの登場と知識人」[5]이란 논고가 주목된다.

> 당시의 잡지, 신문에 근거하여 모던걸에 대해 고찰해 보면, 모던걸 그 자체가 아니고, 지식인을 중심으로 한 당시 사람들의 눈을 통해 분석하게 된다. 즉 모던걸은, 그녀들 자체의 의의보다도, 간토대지진에서 쇼와 초기에 걸쳐서 급속하게 변모하고 있던 여성에 대한 반발이나 공감, 혹은 당혹감을 나타낸 지식인이나 그 외의 사람들의 모습을 분명히 해주는 절호의 사회 현상이었다고 할 수 있다.

5 バーバラ ハミル 佐藤, 「モダンガールの登場と知識人」, 『歷史評論』, 제491호, 丹波書林, 1991년 3월. 당시의 지식인이 '현실의 모던걸'과 '이상의 모던걸'을 구별하여 논하고 있다는 모던걸 담론의 중요한 특징은, 『コレクション・モダン都市文化16 モダンガール』(ゆまに書房, 2006년)의 다루미 지에(垂水千惠)에 의한 자료해제에서도 확인되며, 이는 이 연구 분야의 통념이 되었다고 할 수 있을 것이다.

모던걸을 표상하는 측의 '지'적 틀거리를 분석하는 사토의 정리는 다음과 같다. 당시의 많은 지식인들은 할리우드 영화의 모방으로 등장한 '현실적 모던걸'에 대해 각기 주장하는 '이상적 모던걸'을 대비시켜 논했다. 그 이유는 '현실적 모던걸'은 서양적 여성 풍속의 모방에 불과하여 근본적인 정신의 변화는 인정되지 않으며, 단지 사회적 도덕이나 풍속을 어지럽히는 존재에 지나지 않기에, 그를 대신할 '이상적 모던걸'이 주장된다. 그리고 지식인들의 인식틀에서 보자면, 모던걸이 모방의 기준으로 삼고 있는 할리우드 영화나 부인잡지 등 유행을 주도하는 매스미디어에 대한 그들의 평가도 관계되며, 대중의 기호에 영합할 뿐인 대중문화mass-culture는, 지식인이 신봉해 온 "순수문화pure-culture"와는 너무나도 질적으로 떨어지는 것으로 간주되었기 때문에 지식인들의 영향력 밖에 있던 모던걸의 새로움은 인정되지 않았다고 사토는 주장한다.

모던걸 담론이 담당했던 사회적 기능을 중요시하는 입장에서 볼 때, 모던걸 담론을 '표상하는 측/미디어의 개입/표상되는 대중'이라는 관계 속에서 파악하는 사토의 논의는 긍정할 만하다. 그러나 사토는 '현실적 모던걸'과 '이상적 모던걸' 사이의 차이를 설정하는 당대 지식인들의 공통적인 자세를 너무 강조한 나머지, 그 지식인들 사이의 의견 차이를 분명히 하는 데는 실패했다고 지적하지 않을 수 없다. 모던걸 담론을 생산한 모더니스트, 마르크스주의자, 페미니스트, 보수주의자들이 각기 주장한 모던걸 표상은, 당연한 말이지만, 일치하지 않으며, 오히려 중요시되는 점은 그들 사이의 의견의 상이, 대립의 측면인 것은 아닌가? 이것이야말로 표상하는 측의 시대적 한계를 노정하는 것은 아닌가?

또한 사토는 표상하는 지식인과 표상되는 모던걸의 관계를 '순수문화'와 '대중문화'라는 이항대립적인 분석틀 속에서 파악함으로써 지식인들에 의한 대중지도의 측면을 강조하지만, 그것은 일면적인 해석에 불과하다. 모던걸을 그리는 많은 지식인들이 순수문학가(혹은 그 출신)였던 것은 사실이지만, 그들은 당시 급속하게 독자층을 확장시키고 있던 대중잡지에 주목하면서, 그러한 잡지 미디어와 복잡한 교섭을 하면서 소설 텍스트를 생산해 갔다. 즉 사토가 주장하는 대로, 당시의 지식인들이 대중잡지를 '저속하고 어떠한 가치도 없는 것으로 생각했'던 것은 결코 아니며, 그러한 이항대립 만으로는 파악되지 않는 많은 회색지대가 존재한다. 이 점은 이 책 전체를 통해서 밝혀질 것이며, 그들은 작가(문화생산자) - 미디어 - 독자(문화소비자)의 위치관계를 끊임없이 의식하고 있었다.

따라서 필자는 모던걸 담론의 다양한 생산자들을 각자의 인식틀 속에서 대중을 '대변=표상representation'하고, 미디어와의 교섭 속에서 의미를 생산해 간 '행위자actor'로서 파악한다. 모던걸이라는 담론공간은 그와 같은 다양한 행위자 간의 치열한 갈등의 '장場'6이었던 것이다.

그렇다면 왜 모던걸 담론이 일견 위상을 달리하는 다양한 행위자들 사이에서 논쟁의 '장'이 될 수 있었을까? 그것은 모던걸이 일종의 '경계' 개념이자, 그들의 '인식의 아포리아aporia'를 노정하는 개념이었기 때문이라고 생각된다. 이에 대해서는 설명이 필요할 것이다. 모던걸에 대해서는 애초부터 어떠한 여성이 모던걸이며, 그녀들의 특성은 무엇인가를 둘러싸고 다양하게 논의되었다. '모던걸'은 단발이나 서양식 패션을 한 여자다, 첨단적인 도시 풍속이다, 유행의 노예다, 그녀들은 자유연애를 즐긴다, 정조관념이 부족한 창녀다, 가부장제에 저항하는 직업부인이다, 자아에 눈뜬 근대적 여성이다, 새로운 소비대중의 출현이다, 퇴폐적인 부르주아 문화의 말기현상이다, 남자 같은 여자다 등등 모던걸에 따라다니는 수식어를 열거하자면 끝이 없을 정도다. 이와 같은 모던걸 정의에는 표현하는 측의 인식틀이

6 이러한 '장(場)'의 개념은 피에르 부르디외 (『예술의 규칙: 문학장의 기원과 구조』, 하태환 옮김, 동문선, 1999년)에 따라, '미디어 공간'을 지칭하는 구체적인 개념으로 사용한다. 이를 잘 보여주는 텍스트로서, 이시구로 아케미(石黒曉実)의 『모던걸 이야기(モダンガール物語)』(良栄堂, 1928년)를 들 수 있다. 이시구로는 작가 후기에서 "이 글을 쓰는 데, 많은 사람들의 이야기를 듣고, 또 많은 여성의 고백을 들었다. 저에게 호의를 베풀어 준 많은 사람들에게 감사한다. 그리고 많은 사람들의 주장에도 빚지고 있으며, 예를 들어 『조세이(女性)』이나 『가이조(改造)』의 여러 필진들"(237~238쪽)이라고 기술한다. 이시구로에 대해서는 상세한 기록이 남아있지 않으나, 텍스트의 내용으로 보아 여성잡지 기자로 추측되며, 이러한 익명성이 높은 작가에 의해, 게다가 모던걸 담론이 흥미 위주로 이차적 재생산되었다는 사실은 모던걸 담론을 '장'으로 파악하는 충분한 근거가 될 것이다.

반영되어 있다는 점은 이미 언급한 바이나, 여기에서 지적하고 싶은 점은 모던걸을 A라고 정의하면 B의 특성과는 모순되며, X라고 정의하면 Y의 특성과는 모순되는 '아포리아'적인 존재라는 것이다. 그러니까 근대적 자아에 눈뜬 반가부장제적인 여성과 정조관념이 부족한 창녀 사이에는 매우 다른 평가축이 작동하고 있는 것이다.

그림 1-1 "여기서도 저기서도 SOS"
(『지지망가』 1932년 6월 5일호)

이러한 '인식의 아포리아'라는 모던걸 담론의 특징은 [그림 1-1]을 보면 보다 분명해질 것이다. 이 그림은 『지지망가時事漫画』 1932년 6월 5일호에서 인용한 것으로, 1932년 5월 15일 이누카이 쓰요시大養毅 수상이 암살되는 5·15 사건이 발생하고, 그 결과로 사이토 미노루斎藤実 내각이 성립한 후 당면한 문제를 풍자한 만화다. "여기서도 저기서도 SOS"라는 제목하에, '강력 내각호'에 탄 사이토는 구조를 요청하는 '정치외교섬', '경제섬', '사상섬'(그림 윗편 오른쪽에서 왼쪽 순)을 향해 출범하려 한다. 섬에 있는 사람들의 복장이나 표정 등으로 보아, 그것은 각각 만주국의 승인을 둘러싼 일본과 국제연맹과의 관계, 샐러리맨의 실업 문제나 심각한 농촌경제 붕괴 문제, 공산당 문제를 가르키는 것으로 보인다.

그러나 문제는 그림의 하반부, 즉 '강력 내각호'가 등지고 있는 이 쪽(육지 혹은 남성적 문제와 대비를 이루는 내적/여성적 문제)에는 '의문의 여자'라는 문구

가운데 세 개의 의문부호가 그려져 있고, 그 속에는 세 명의 여성이 그려져 각기 '엄마인가 애인인가', '여학생인가 댄서인가', '여선생님인가 숙녀인 가'라는 의문의 내용이 표기(오른쪽에서 왼쪽 순으로)되어 있다. 만화가(오른쪽 아래 의문부호 안에 작게 표기)의 눈으로 보자면, 앞쪽에서 그려진 여성 풍속의 문제는 뒷쪽의 섬에 있는 정부가 해결해야 할 큰 사회적 문제와 동등한 위치를 점하 는 문제라고 말하는 듯하다. 그러나 이 그림을 조금 주의해서 보면, 이 그림 이 드러내는 진정한 내용은 여성풍속이 타락하고 있다는 만화가의 주장에 있다기 보다는, 오히려 여성 문제를 묻는 만화가(=남성관찰자)의 판단기준 자체가 문제된다는 사실을 알 수 있다. 즉, 만화가는 오른편 여성의 정조, 가운데 양장한 여성의 성적 타락 정도, 왼편 기모노 여성이 직업여성인지 아닌지를 판단할 기준을 가지고 있지 못하기에 그것을 '의문'으로서 나타낸 것이다.

이 풍자만화는 모던걸이라는 담론공간이 여성의 정조, 가부장제, 직 업 등 여성의 사회적 위치를 둘러싸고 어떠한 논쟁의 '장'을 형성했으며, 또 모던걸은 어떤 식으로 표상하는 측의 인식 척도를 드러내는 '경계'적 존재, '인식의 아포리아'로서 기능했는가를 단적으로 보여준다.

모던걸 담론을 고찰할 때 발생하는 이같은 인식의 아포리아는 장님이 코끼리를 인지할 때 생기는 아포리아에 비유될 수도 있다. 코끼리의 코를 만진 장님은 코끼리를 긴 원통과 같은 것이라고 인식하며, 귀를 만진 장님은 평평한 물체로, 다리를 만진 장님은 굵은 나무기둥과 같은 물체로 인식한 다. 각각의 인식은 사실을 반영하고 있지만 그들 사이의 인식은 서로 어긋나 며, 그것들을 종합해 보아도 '코끼리'의 전체상이 되는 것은 아니다. '모던걸' 을 논하는 당시의 사람들도 각각의 부분적 해석으로 모던걸을 인식하고, 그 표상은 일정한 사실을 담고 있으면서도 서로 모순되며, 좌담회 등의 토론회를 거치며 서로의 견해(표상)를 좁혀 보려고 해도 모던걸의 전체상에는 결코 도달하지 못한다.

모던걸 담론을 고찰하는 어려움은, 장님이 코끼리를 인식할 때의 조건인 '촉각 만으로 시각은 제로'라는 인식의 '바이어스bias'가 이중, 삼중으로 복잡하게 작용하고 있다는 데에 있다. 그것은 이미 서술한 내용이지만, 모던걸을 논하는 이들에게 있어서 모던걸이란 위의 코끼리처럼 '실체'로서 존재하고 있었던 것이 아니었기 때문이다. 그들에게 있어 모던걸이란 바야흐로 태어나려 하는, 태어나고 있는 (그렇게 주장된) '신시대의 여성'에 대한 예측으로서 결코 현존하는 여성풍속의 해석이 아니었다.[7] 모던걸의 표상은 그들의 인식틀에 의해 파악되는 현재의 해석과 미래의 예상(기대)이 투영된 '이념'의 논쟁이었다. 그렇기 때문에 모던걸이란 개념은 실체와 표상 사이의 비교적 안정된 인식론적 관계를 나타내지 못하는, 불안정하며 유동적인 것이 되며, 바로 이러한 성격 때문에 '현재의 해석 ⇄ 미래의 예상'을 반복하면서 새로운 '지'의 구축을 가능하게 했던 것이다.

또한 이러한 주관성이 개입된 모던걸 표상을 더욱 불안정하게 만드는 것이 신문, 잡지, 영화 등의 미디어의 개입이다. '모던걸' 표상에 있어서의 미디어란, '코끼리'를 인식하는 장님의 촉각처럼 소여의, 변수로 고려하지 않아도 되는 매체가 아니다. 각각의 미디어는 각각의 문화생산 논리와 이데올로기성을 가지면서, 모던걸 담론의 발신자와 수신자 쌍방에 영향을 미치게 된다.

이 장에서는 모던걸이라는 담론공간에서 논의된 여러 '경계'적 문제들, 즉 정조/타락, 일본미/서구미, 남성성/여성성, 가족/사회조직/국가를 둘러싼 이념적 갈등 등을 발신하는 이들의 '지'적 구축행위로서 분석해 갈 것이다.

7 新居格,「モダン・ガールの輪郭」,『婦人公論』1925년 4월; 清沢洌,「モダン・ガールの解剖」,『女性』1927년 2월; 平塚らいてう,「かくあるべきモダンガアル」,『婦人公論』1927년 6월 등에 현저히 나타난다.

앞서 언급했듯이, 이때 발신자 및 미디어의 특성을 가능한 한 고려해야 한다. 이러한 분석을 통해 이 장이 목표하는 바는, 앞의 그림에서도 시사되어 있듯이, 일본의 쇼와 모더니즘기에서 전시체제기로의 이행이라는 문제를 정치, 경제, 사상 분야를 고찰함으로서가 아니라, 그를 일부 포함하면서, 모던걸이라는 문화적 담론을 중심에 두고 살펴봄으로써 시대적 이행을 중층적이며 다이내믹한 문화적 운동으로서 해석해 가려는 데에 있다.

2. 모던걸의 '발견'

앞 절에서는 모던걸 담론에 보이는 '인식의 아포리아'적인 특징을 지적하고, 그 기능에 대해 살펴보았다. 여기서는 '실체'의 존재 여부에 관계없이 담론 차원에서 논의되기 시작한 모던걸이, 어떻게 직접적으로 여성의 단발과 양장 등의 신체 표현과 결부되며, 또 그것이 여성의 정조라는 도덕 문제와 연결되어 가는가 하는 사회적 인식의 프로세스에 대해 살펴보고자 한다. 물론 그것은 '모던걸'이라는 불명확한 존재를 시각화함으로써 비로소 인식 가능한 대상으로서 '실체'화하는 인식론적인 문제임에는 틀림없으나, 또한 그를 통해 분명해지는 사실은, 모던걸 표상을 적극적으로 수행했던 사람들의 사회적 위치나 자세, 그리고 그들에게 영향을 주며 그들의 발신의 '장'으로서도 기능했던 미디어의 기능 등 '문화편성'의 제반 특징이 될 것이다.

우선 일본에서 모던걸 담론이 최초로 나타난 것은 기타자와 슈이치 北沢秀一의 「모던걸의 표현モダーン・ガールの表現」(1923년) 및 「모던걸モダーン・ガール」 (1924년)[8]이라고 널리 인정되고 있으나, 기타자와의 이 에세이들은 그 후에 전개되는 모던걸

8 北沢長梧, 「モダーン・ガールの表現: 日本の妹に送る手紙」, 『女性改造』1923년 4월; 北沢秀一, 「モダーン・ガール」, 『女性』1924년 9월. 모던걸 담론의 시작을 北沢長梧=秀一, 1923년 4월로 보는 주장에 대해서는, 다루미 지에(垂水千恵)의 설명(앞의 책) 참조.

담론의 주요한 논점이 제시되고 있다는 점에서 주목된다. 기타자와는 도쿄 아사히신문 기자를 거쳐 런던에 체류하였으며, 귀국 후에는 닛카쓰日活라는 영화사의 선전부장으로서 영화수입에 종사한 인물로, 이 에세이는 그의 런던에서 체류한 경험에 근거하고 있다. 「모던걸의 표현」은 그 부제가 "일본의 여동생에게 보내는 편지"로서, 그가 런던에서 감상한 한 연극의 여주인공의 감정 표현이 얼마나 자유로우며, 풍요로운가를 지적하면서, 그러한 영국의 '근대적' 여성의 특징과 일본 여성을 비교하는 형태를 취하고 있다. 그리고 그러한 근대적 여성의 출현이 '근대 문명이 일상생활 속에 도입한 기계적 편리가 그들을 가정에서 사회로 해방'한 결과라고 해석하며, '모든 문명국에서 앞으로 출현'할 것이라고 예측한다. '신여성'이 여권신장을 주장하는 일부 엘리트 지식인이었던 것에 반해, 모던걸은 애초부터 '페미니스트의 이상도, 사프라제트[9]의 논의도 없는', '원하는 대로 모든 일을 행할 뿐인' 욕구의 자유를 추구하는 대중적 여성이다. 그리고 '일본어로는 아직 이러한 종류의 여성을 호칭할 적당한 용어조차 없을' 만큼 새로운 존재이지만, 그러한 '모던걸이 지금 존재하지 않는다고 해도 가까운 장래에 분명히 출현할 것'이라고 예상한다.

이러한 기타자와의 모던걸론은 일본 여성의 '미래적 예상'이 되는 영국의 모던걸을 고찰하며, 그것은 머지않아 일본의 현실이 될 것이라고 강하게 시사한다. 여기에서 이미 모던걸 담론의 기본적인 틀거리가 제시되고 있는 것이나, 그것은 '서구 문명을 일본이 모범으로서 따라야 한다(모던하다)'는 인식구조 속에서, 모던걸의 세계적 동시성, '신여성'과의 차별성, 대중성 등의 특징이 지적되고 있는 것이다.

일본의 모던걸 담론은 이 후, 모범으로 할 만한(따라서 모방해야 하는), 서구 문화를 체현하고 있는 여성이란 실제적으로 어떠한 여성을 지칭하는가를

9 사프라제트(suffragette)란, 1903년 영국에서 '여성사회정치동맹(Women's Social and Political Union-WSPU)'을 결성한 여성들을 지칭하는 용어로서 전투적 여성해방운동을 전개했다.

둘러싸고 전개되며, 먼저 카페의 웨이트리스(당시의 용어로 '여급[女給]'), 단발한

여성, 마루노우치 빌딩丸ビル10에 근무하는 양
장한 직업여성을 지칭한다는 식으로 사회적
실체상이 부여되어 갔다.11 이러한 인식 과정
에 이미 일정한 괴리가 존재하고 있음을 지적
하지 않을 수 없다. 그것은 앞에서 지적한 '실
체'와 '표상' 사이의 인식론적인 거리다. 이러
한 인식적 층위는 '모던걸 전문학자'라고 불
릴12 정도로 '모던걸'의 유행에 기여했던 평론
가 니이 이타루新居格의 논의 속에서 전형적으
로 발견할 수 있다. 니이는 「근대 여성의 사회
적 고찰近代女性の社会的考察」(1925년)13이란 논고
에서, 모던걸이란 서양의 음악, 카페문화, 영

10 마루노우치 빌딩은 도쿄 긴자에 위치한 건물로서, 당시의 '모던' 문화를 대표하는 건물로 인식되고 있었다.

11 그 대표적인 예로서, 『婦人公論』 1925년 4월호에 실린 특집을 들 수 있다. 北沢秀一, 「丸ビル中心の現代文明論」을 필두로, 伊村真美, 「カフェー夜話(三)女給の実話」; 薄井長梧, 「「丸ビル女」の顔・服装・表現」; 大泉黒石, 「我が「丸の内」の紳士淑女よ」; 大橋房子, 「断髪婦人の感想」 등의 기사가 수록되어 있다.

12 石黒暁美, 『モダンガール物語』, 良栄堂, 大宅壮一는 「百パーセント・モガ」(『中央公論』 1929년 10월호)에서 'A부인은 일본에서 모던걸의 원조, 원형이다. 적어도 "모던걸"이란 말은, 최초, 그녀 개인을 형용하기 위해서 내 친구인 N군에 의해 발명된 말이다'고 함으로써 '모던걸'의 명명자로 니이를 언급하고 있다.

13 新居格, 「近代女性の社会的考察」, 『太陽』, 博文舘, 1925년 9월.

화, 스포츠 등 '서구 문명을 현재의 생활 내지는 정서상에 섬세하게 수용한'
여성의 출현이라고 설명함으로써, 담론 차원에서 논의되기 시작했던 서구
의 모던걸을 일본의 문화상에 직접적으로 대입해 갔던 것이다. 이러한 모던
걸 담론에 내포되는 '실체'와 '표상'의 괴리 문제는 처음 논의되기 시작했을
때부터 이미 존재했다는 사실을 지적할 수 있다.

　　또한 이러한 표상 과정에는 일정한, 기묘한 인식론적 오류가 발견된
다. 즉 모던걸이 어떠한 존재인가에 대한 실체 인식에 대해서는 각각의
논자가 의견을 달리하고 있지만, 모던걸의 특징에 대해서는 의견이 일치한
다는 점이다. 이와 같은 인식론적 오류는 모던걸 담론에 널리 보이나, 여기
서는 '근대적 여성(모던걸) 비판近代的女性(モダンガール)批判:『婦
人の国』座談会'14(1926년)이란 좌담회를 예로 들어 보자. 니이를

14 「近代的女性(モダンガール)批判:『婦人の国』座談会」, 『婦人の国』, 新潮社, 1926년 5월.

포함하여 신감각파新感覚派의 명명자였던 문학비평가 지바 가메오千葉亀雄, 작가인 구메 마사오久米正雄, 나카무라 무라오中村武羅夫 등이 참가한 이 좌담회는, 먼저 모던걸의 정의에 대해 논의하기 시작한다. 구메는 '다소 방종한 듯한 소녀미를, 저는 마음속으로 구체화시켜서는, 어느덧 모던걸 같은 여성을 머릿속에서 꾸며내고' 있다고 말하며, 그에 대해 니이는 '새로운 시대의 여성을 저는 제 마음대로 분류해서, 소셜걸socialgirl이란 여성과 모던걸이란 여성을 대비시키고' 있다고 한다. 지바는 심지어 '(모던걸이란) 뭔지 알 수 없는 존재다. 이제부터 진정한 정의도 나오겠지만, 지금은 그런 모습이 조금씩 나타나고' 있는 어떠한 사회적 존재라고 말한다. 이처럼 그들이 인식하는 모던걸은 각기 차이가 있음에도 불구하고 흥미롭게도 좌담회의 참가자들은 모던걸의 특징으로서, 도시에 발생한 소비적, 향락적 여성으로, 그 언동이 기지적, 기교적, 말초신경적이며, 찰나적이고 관능적인 춤이나 문학을 좋아하고, 기성의 도덕관념에 얽매이지 않는 무정조한 여성이라고 지적하는 데는 일치를 보이고 있다. 이처럼 '실체'의 인식보다 먼저 그 특징을 지적한다는 것은 가능한 일인가, 이러한 인식론적 오류가 그들 사이에서 가능했다면 그 이유는 무엇 때문인가?

이러한 의문에 대한 대답의 힌트는, 그들이 모던걸 발생의 원인으로 지적하고 있는 부인잡지나 활동사진(영화)의 영향이라는, 그들의 미디어 인식에서 찾을 수 있다. 좌담회의 참가자들은 다니자키 준이치로谷崎潤一郎의 소설 『치인의 사랑痴人の愛』의 여주인공, 나오미ナォミ에게서 전형적인 모던걸의 모습을 본다고 하면서, '지바: 모던걸의 소질이 있는 여성들이 그런 경향의 문화물에 빠지는 것이 아닌가 생각합니다, 하야사카: 그들 속에 있는 모더니즘적 경향이 표출되게 되는 것은 분명하겠죠' 등으로 언급하며, 영화나 잡지 등 미디어의 문화형성력을 인정한 다음, 그 미디어

와 수용자 사이의 관계를 영향/모방 관계로서 파악하고 있다. 그러니까 그들의 사고과정을 쫓아보면, 그들이 모던걸의 실체적 존재 여부에 상관없이 그 특징을 지적할 수 있었던 이유는, 미디어에 묘사되는 서양적 모던걸이 있고 그 모방으로서 나타날 (것인) 일본적 모던걸을 미루어 짐작해서 인식하였기 때문에, '실체'의 인식보다 먼저 그 특징을 지적할 수 있었던 것이다.

이러한 필자의 주장이 단순한 억측이 아닌 것은, 모던걸 논자가 스스로의 주장을 뒷받침하기 위해 '모던걸 찾기'를 하고 있다는 사실이 참고가 될 것이다. 좌담회에서 모던걸의 정조 관념에 대해 논하던 구메의 말을 받는 형태로, 니이는 '구메 씨의 말에서 생각난 것입니다만……'이라고 자신의 말을 꺼내려 하는데, 그의 말은 사사키 후사ささきふさ의 '또 체험담입니까?(웃음)'이란 말로 차단되어 버린다. 사사키 후사가 지적한 바와 같이, 니이의 모던걸론에는 스스로의 주장을 뒷받침하기 위한 많은 '체험담'이 소개된다. 그 일례로서 「모던걸의 윤곽モダン・ガールの輪郭」(1925년)[15]이라는 에세이가 있다. 니이는 그 속에서, '음악, 무용, 영화, 스포츠 등이 지금의 여성들에게 사랑받고 있는 듯하다'고 전제한 후에, 하나의 경험담으로서 한 여성이 니이에게 직접 말했다

15 新居格, 「モダン・ガールの輪郭」, 『婦人公論』 1925년 4월, 中央公論社.

는 내용을 소개한다. "영화 속에서 여배우가 우는 장면을 본 적이 있죠? 눈물이 흐르는 곳을 특하나 크게 찍잖아요? 저도 그런 영화에서처럼 굵은 눈물방울이 뚝뚝 뺨을 흘러내리는 거예요. 슬프지도 아무렇지도 않은 데 눈물이 그렇게 나오다니 멋지지 않나요?"라고 소개하고 있다. 니이는 이런 방식으로 모던걸을 소개하면서, 그녀들의 표현이 자유롭고 기교적이며 에로틱하다고 주장한다. 이 속에서 확인되는 니이의 논리란, 모던걸이 영화의 영향을 받아 그를 모방하면서 '서구 문명을 내면적으로 수용'하는 여성

이라고 스스로의 주장을 입증하려는 것이다. 이것은 달리 말하면, 니이의 인식틀에 의해 제단된 '일본적 모던걸'의 발견이라고 말해도 좋을 것이다. 그리고 이러한 논자들의 인식틀에 의해 규정되는 '현실적인 모던걸' 찾기의 경향은 비단 니이에게서만 보이는 것이 아니라, 모던걸 담론에 전반적으로 보이는 특징이었던 것이다.16

모던걸 담론의 특징인 이와 같은 '실체'와 '표상'의 (의도적) 혼동에 대해 필자는 인식론적 오류라고 지적하였으나, 지금까지의 설명에서 밝혔듯이 모던걸의 전반적인 특징으로 지적된 것들은 부인잡지나 영화 등에서 묘사되는 여성상과 긴밀한 상관관계를 가진다. 따라서 모던걸 담론에 개입하는 그들 미디어 자체의 기능과, 그에 관계하는 모던걸 논자들의 자세를 분명히 하지 않는 이상, 왜 '모던걸'에 위에서 언급한 특성들이 부가되어 갔는가에 대한 충분한 설명이 되었다고는 보기 어려울 것이다.

이러한 미디어의 문제를 생각할 때, 먼저 지적하지 않으면 안 되는

16 모던걸 담론에 보이는 '실체'와 '표상' 사이의 커다란 격차는 다음의 인용을 보면 극명히 알 수 있다. '고현학(考現学)'을 주창한 곤 와지로(今和次郎)는 「1925년 긴자 거리의 복장조사」에서 "여성의 기모노와 양장의 비율은 그림에 나타낸 바와 같이, 양장이 전체의 약 1%입니다. 통계로 나온 이 숫자에 분명히 누구라고 의심을 가지실 거라고 생각합니다만, 몇 번이나 반복해 보아도 같은 결과가 나옵니다. 이 사실은, 우리들 눈에 띄기 쉬운 것은 다수로서 느껴지는 법이라는 것을 가르쳐 주는 듯 합니다. 따라서 우리들의 인상이라는 것으로 사실을 판단하면 터무니없는 오류가 발생한다는 점을 말해 줍니다. 어쨌든 1925년 초여름 긴자에서는 여성의 양장이 기모노 99대 1의 비율에 불과합니다"(『考現学: 今和次郎集 第一卷』, ドメス出版, 1971년, 84~85쪽). 또한 곤 와지로의 '고현학'이란, 고고학적 실증조사라는 방법론을 현대 도시 문화를 조사하는 데에 원용한 필드워크, 혹은 통계학으로서, 그와 함께 이 책의 6장에서 분석하는 유메노 규사쿠(夢野久作)의 『도쿄인의 타락시대(東京人の堕落時代)』라는 텍스트도, 기자의 시선이라는 르포(통

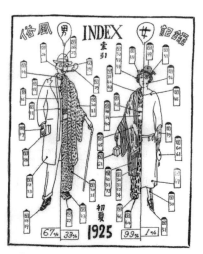

그림 1-2 곤 와지로 "1925년 긴자 거리의 복장조사"

계)의 형식을 취하고 있다는 점은 1920년대의 멘탈리티를 이해하는 데 있어서 중요한 사실이다.

사실은, 부인잡지나 영화 등의 미디어가 간토대지진(1923년) 이후에 뚜렷한 성장세를 보인 것으로서, 그는 단지 모던걸의 표상 과정에 영향을 미쳤을 뿐만 아니라 모던걸 논자에게도 큰 영향을 미쳤다는 점이다.

부인잡지와 작가의 상호관계에 대해서는 이 책의 3장에서 상술하기에 여기서는 약술에 그치지만, 이 시기의 부인잡지가 새로운 독자층을 개척할 수 있었던 것은, 실용계 부인잡지 『슈후노토모主婦之友』의 성공 사례에서 잘 볼 수 있듯이, 독자 대중에게 '소비'를 유발시켜 그를 통해 새로운 '문화생활'(당시 용어로서는 '모던 라이프')을 획득하도록 욕망을 자극했던 점에서 그 이유를 찾을 수 있다.[17] 이와 같은 1920년대 대중소비사회의 성립과 소비대중의 등장을 기반으로 하는 부인잡지가 이상적인 독자층으로 상정한, 소비주의나 향락주의를 체현하는 여성상을 통해 모던걸 논자들이 모던걸의 소비성, 향락성을 발견해 갔다는 점은 부언할 필요가 없을 것이다.

17 前田愛, 「大正後期通俗小説の展開」, 『近代読者の成立』, 岩波現代文庫, 2001년.

모던걸 논자들이 모던걸의 속성을 모두 부정한 것은 아니며, 그들이 모던걸을 지도해야 하는 대상으로서 논하는 '외부적 위치'에 존재하지 만은 않았던 이유는, 그들 중 다수가 부인잡지를 작품 발표의 무대로 삼으면서 그 미디어와 복잡한 교섭을 보이면서 모던걸을 표상해 갔던 적극적인 참가자였기 때문이다. 여기에서 앞에서 분석했던 좌담회에 참가한 작가들의 문단적 위치를 살펴보는 것은 참고가 된다. 마에다 아이前田愛는 1926년이 일본의 대중문학사에 있어서 중요한 시점이라고 지적하면서, '간토대지진을 사이에 둔 6년 간 이 세계(부인잡지의 창작란—필자주)의 신구 교체는 급속히 진행되어, 기쿠치 간菊池寛과 구메 마사오久米正雄가 류테霞亭나 유호幽芳를 대신해서 1인자의 자리를 획득했다. 제작량에서는 오히려 그들을 능가했던 나카무라 무라오中村武羅夫와 가토 다케오加藤武雄는 지진 전후에 통속문학

세계에 진출한 신인'이며, 미야케 야스코三宅やす子나 사사키 후사ささきふさ

18 前田愛, 앞의 책, 236쪽.

등의 "여류작가가 부인잡지에 모습을 보이기 시작했다"[18]고 지적하고 있다. 즉 문예평론가인 니이 이타루와 지바 가메오와 함께 구메 마사오, 나카무라 무라오, 미야케 야스코, 사사키 후사 등의 작가가 참가한 이 좌담회는, 부인잡지를 작품 발표의 근거지로 한다는 작가들의 공통인식 속에서 부인잡지의 영향력과 문화발신자로서의 자신들의 위치를 확인한 후에, 그 영향에 의해 형성되는 새로운 문화와 그 향수자로 상정되는 여성상에 대한 해석이자 예상이었던 것이다. 이러한 미디어와 작가의 관계는 그들의 창작 과정에 깊게 투영된다. 그들은, 여성이 직업을 가지며 경제적으로 자립하고 소비대중으로 등장하는 사실에 대해서는 의견의 차이를 보이지만, 그보다도 그들에게 공통적으로 중요했던 것은 그들이 창작의 대상으로 삼는 '새로운 문화'와 그 체현자로서의 '모던걸'에 대한 해석(예상)이었던 것이다.

이러한 '새로운 문화'와 그 체현자로서의 '모던걸'에 대한 구체적인 이미지를 제공한 것이 다름 아닌 할리우드 영화다. 우치다 로안内田魯庵은 「모

19 内田魯庵, 「モダーンを語る」, 『中央公論』 1928년 10월.

던을 말한다モダーンを語る」[19]에서, "소위 모던이 무엇을 의미하는지는 외국 영화를 보고 처음으로 알게 되는 것이다. 특히 모던걸의 실물교육이라고 할 수 있는 것은 아메리카 영화로서, 클라라 보Clara Bow나 루이스 브룩스Lewis Brucx는 모던걸의 표본이 된 인기 배우다. 그녀들의 헤어스타일, 복장, 태도, 표정, 포즈, 걸음걸이 등 모든 것이 모던걸을 매료시켜 따라하게 했다. 그 시비와 선악을 논하는 것은 이차적인 문제이며, 모던걸을 논하는 자는 먼저 그 표본부터 알지 않으면 안 된다"고 언급한 다음에, "현재 일본의 모던은 아메리카가 표본이다. 아메리카 문명이 모범이 될지 어떨지에 대해서는 사람에 따라 각기 주장하는

바가 있겠으나, 아메리카 문명이 아무리 싸구려이며 경박해 보일지라도 선진국으로서 일본이 배울 점이 많다는 사실은 부정할 수 없다"고 긍정적으로 파악하고 있다.

모던걸과 할리우드 영화를 연결시켜 논하는 많은 모던걸 담론 중에서 로안의 글을 선택한 이유는, 그 글이 당시의 영화라는 시각 미디어의 영향력이 어느 정도인가를 직접적으로 전해 주고 있는 측면도 있지만, 그보다도 일본의 모던걸 풍속이 할리우드 영화의 여배우를 표본으로 한다는 인식이 어느덧, 일본의 '모던'한 문화는 미국 문화를 표본으로 한다는 인식으로 전개되어(뒤바뀌어) 가기 때문이다. 즉 이러한 인식의 전개는, 모던걸 담론이 할리우드 영화의 영향을 받은 실제적 모던걸의 관찰이라기보다는, 오히려 할리우드 영화에 의해 보급되는(될) 미국 문화를 생활과 신체적 차원에서 어떻게 받아들여야 하는가 하는 '문화론'으로서 기능했다는 점을 말해준다.

이러한 사실은 당시의 외국영화의 수입편수, 상영관수 등 문화적 인프라를 고려함으로써 보다 분명해질 것이다. 1차 세계대전을 하나의 전기로 하여 할리우드 영화는 유럽을 위시하여 전 세계에 압도적인 숫자의 영화를 수출해 가는데, 일본에 있어서도 예외가 아니었다. 구체적으로 보면 일본에서 미국 영화를 개봉한 편수는 1913년 67편이었던 것이, 1916년에는 457편이 되고 1917년에는 715편으로 정점에 달한다. 그 후 1920년대 후반에 이르기까지 연간 개봉편수가 400~500편에 이르고 있다.[20] 이것을 전체 수입 영화 총액/미국 영화의 비율로 대비해 보면, 1926년 99만 엔/84만 엔, 1927년 64만 엔/55만 엔, 1928년 63만 엔/51만 엔, 1929년 81만 엔/58만 엔[21] 등으로, 미국 영화는 일본에서 개봉된 외국영화 시장의 약 80~90%를 차지하

20 山本喜久男,『日本映画における外国映画の影響: 比較映画史研究』, 早稲田大学出版部, 1983년, 69쪽.
21 国際映画通信社編,「外国映画各国別輸入額統計」,『昭和五年版 日本映画事業総覧』, 国際映画通信社, 1930년, 154쪽.

고 있었다. 로안의 에세이가 발표된 시기란 이처럼 미국 영화가 압도적인 시장지배력을 행사하는 문화매체로서 인지되던 시기였던 것이다.

게다가 영화관수를 확인해 보면, 그 숫자가 크가 증가하는 것이 1923년에서 1925년 사이로서, 전국적으로 691관에서 944관으로 급증하며, 그 중에서도 도쿄의 영화관이 1924년 101관에서 1925년 191관으로 급증[22]한

22 国際映画通信社編,「最近二ヶ年全国各府県映画館逐年一覧表」, 앞의 책, 159~161쪽.

것이 주목된다. 이 숫자에서도 알 수 있듯이 영화관의 급증은 간토대지진 이후의 도시부흥 과정과 맞물려 있는 것이다. 1925년 도쿄의 영화관은, 외국영화전문관 22, 내외영화전문관 14이며, 그 외가 일본 영화전문관으로 분류되고 있으나, 시내의 외국영화전문관 및 내외영화상영관이 24이며 시외가 12를 차지하고 있다.[23] 1923년에 개장한 신주쿠新宿 무사시노武蔵野관이나 메구로目黒 키네마 등의 외국 영화 전문관의 예에서 알 수 있듯이, 이들은 거의 신주쿠, 이케부쿠로池袋, 나카노中野, 시부야渋谷, 메구로 등 확장되어 가는 도쿄의 교통요지(당시의 구획으로는 신흥 교외 지역)에 설립된 것이다.[24] 이들 통계를 통해 확인할

23 成沢金兵衛編,『大正十三・十四年度版日本映画年鑑』, 朝日新聞社, 1925년.
24 国際映画通信社編,「昭和二年全国主要都市代表的常設館月別入場人員統計」,『昭和三・四年版 日本映画事業総覧』, 国際映画通信社, 1928년, 60~64쪽.

수 있듯이, 도쿄의 영화관은 간토대지진을 계기로 급속하게 진행된 도시화 현상 속에서, 그곳에 몰려드는 인구 증가에 합치하는 형태로 급증한 것이며, 바로 그 곳에 미국 영화는 급속히 보급되어 갔던 것이다.

여기에서 다시 한 번 이번 절에서 제기해 왔던 의문점을 반복해 보도록 한다. [그림 1-3]은 미국 영화 여배우의 외면적(피상적이며, 천박한) 모방자로서의 모던걸을 묘사한 전형적인 일례로서, 만화의 오른편에는 "모던걸의 카탈로그 - 지금 인기 절정의 여배우 클라라 보의 영화가 상영되면, 전 도쿄의 모던걸이 몰려들어 어느새 만원사례, '아 저 멋진 제스처', '매혹적인 눈동자', 일본에 모던걸이 없어지지 않는 한 클라라 보 만만세다"라는 설명이

그림 1-3 나카시마 로쿠로(中島六郎), 「모던걸의 카탈로그(モガのカタログ)」(『現代世相漫画』, 中央美術社, 1928년)

첨부되어 있다. 그런데 이 만화에서 단적으로 묘사되듯이, 왜 여성이 영화를 보면 그것은 즉시 영화와 관객 사이의 직접적 영향＝모방 관계로서 인식되는 것일까? 결론부터 말하면 그것은 역으로 사고해야 할 성질의 문제일 것이다. 즉 지식인들은 부인잡지의 독자대중 인식과 마찬가지로, 미국 영화의 관객이라는 새로운 문화 향유자들에게 영화 미디어에서 보이는 모던걸의 특징을 부가하여 해석해 버린 것이다.

그렇다면 미국 영화에 나타나는 모던걸은 어떠한 특징을 보여주고 있었을까? 여기서는 그 일례로서 "잇트it"(1927년)[25]를 살펴보고자 한다. 클라라 보 주연의 "잇트"에 대해 『키네마준포キネマ旬報』의 영화평이 "잇트라는 신선한 단어를 유행시킨 고마운 영화였습니다 [……] 우리들은 이 영화의 클라라 보를 접하고 모던걸을 연상associate합니다"[26]라고 전하듯이, '잇트걸'이란 말을 유행시킨 영화로서, 모던걸의 표상을 이해하는 데 일정한 참고가 될 것이다. 영화가 말하는 '잇트'(그것)란, 영화의 도입부에서 "자력으로 타인을 끌어당기는 성질. 남성이라면 여성에게, 여성이라면 남성에게 작용하는, 육체적 성질이면서 동시에 심성"이라고 설명되듯이, 인간이 가지는 성적 매력을 지칭하는 말로 사용된다. 영화의 내용은 실로

25 "잇트(it)", 미국 파라마운트사, 1927년, 클라렌스 바져 감독, 엘리노아 그린 원작, 킨리 마틴 촬영, 클라라 보, 안토니오 모레노, 윌리엄 오스틴 주연.
26 「昭和二年顧望」, 『キネマ旬報』 1928년 1월 21일.

그림 1-4
영화 "잇트(it)"의 클라라 보

단순한 것으로서, 도시의 하층에 속하는 한 여성이 한 대형 백화점의 판매원으로 근무하게 되나 그녀가 발산하는 '잇트'가 사장의 마음을 끌게 되어 성공하게 된다는 일종의 신데렐라 이야기다. 이 영화의 특징은 [그림 1-4]에서 볼 수 있듯이, 클라라 보의 풍부하고 자유로운 표정이나 포즈 등의 성적 매력이 사회 상층부의 예의범절이라는 정형화된 도덕률과는 다른 긍정적인 가치로서 평가되고 있다는 데에 있다.

이 영화는 몇 가지 점에 있어서 1920년대 미국 영화의 특징을 잘 보여주고 있다. "잇트it"에서의 클라라 보와 사장의 연애, 그리고 그 무대 배경인 고층빌딩과 요트 등의 물질문명의 강조는, 루이스 제이콥스『미국 영화의 흥망』에 따르면, 1920년대 미국 영화의 "물질 숭배의 경향, 대중과 상류계층의 동일화를 지향하는 것으로서, 이 영화들에는 물질적 성공의 상징으로서, 비단, 모피, 자동차, 축음기, 가구, 집사, 아파트, 가전화된 키친, 호텔 [……] 등이 등장하여, 그 화려함이 과장되어 있는" 영화이며, "모던걸이 등장하는 것, 세련된 여성상, 화려하기 그지없는 집이나 의복, 쇼트 스커트, 음주, 흡연, 단발, 보이시boyish 스타일 등의 풍속, 비행기나 자동차를 몰고

다니는 행동성, 남성에 대한 대담한 행동"[27]이 나타나는 대표
적인 영화인 것이다.

27 Lewis Jacobs, *The Rise of the American Film: A Critical History with an Essay, Experimental Cinema in America*, New York: Teachers University Press, 1968. 이 책에서는 山本(앞의 책, 204쪽)의 정리에 따랐다.

　　이와 같은 1920년대의 미국 영화의 경향이, 동시기 일본의 간토대지진 후의 급격한 도시화 현상과 도시에 집중되는 사람들의 '모던 라이프'에 대한 욕망과 중첩되어, 그리고 영화감상이란 행위가 하나의 '모던 라이프'적 여가활동으로 정착되어 가는 과정에서, 미국 영화는 '새로운 문화'를 전달하는 강력한 미디어로서 인식되었던 것이다. 이러한 '새로운 문화'의 대두와 그 문화주체가 누가인가를 둘러싼 담론적 해석 행위가, 모던걸을 미국 영화 속 여배우의 모방자로서 표상하게 했던 것이다.

　　이상에서 살펴본 바와 같이, 모던걸의 표상은 대중소비사회의 형성속에서 인식되기 시작한, 도시형, 무정형의 대중의 등장을 목격한 문화해석자들이, 부인잡지나 미국 영화라고 하는, 이것도 새로운 문화매체로서 주목되기 시작한 미디어를 경유함으로써, 그 미디어에 나타나는 여성상을 일본의 소비대중적 여성상과 접목시켜 해석한 결과 만들어진 사회적 이미지다. 그렇기 때문에 '실체'를 동반하지 않는 모던걸 표상이 가능했던 것이며, 또 모던걸 담론은 종종 '새로운 문화'의 좋고 나쁨을 묻는 문화해석자간의 '문화론'적 논쟁장으로서도 기능했던 것이다.

3. '모던'으로 의미한 것, '과학'을 말한다는 것

앞 절에서는 모던걸 담론이 간토대지진 후에 형성되고 있던 '새로운 문화'란 무엇인가, 그 문화의 담당자는 어떠한 존재인가를 둘러싸고 진행된 사회적

논의의 '장'에서 형성되었다는 점을 밝혔다. 그와 같은 '문화론'은 우치다 로안의 '아메리카 문명이 아무리 싸구려이며 경박해 보여도' 등의 언급에서도 보이듯이, 그것은 '보는 사람'의 인식적 바이어스에 의해 가치평가되는, 모범으로 할 만한 문화(=모던문화)에 대해 시시비비를 가리는 '문화론'이었다. 예를 들어 미국 영화를 매개로 인지되는 미국 문화는, '보는 사람'의 인식틀에 따라, 일본이 모범으로 삼을 만한 물질문명의 상징으로서도, 혹은 그 역으로 부르주아 문화의 퇴폐성을 상징하는 대상으로서도, 또는 유럽의 세련된 문화와 비교할 때 질적으로 떨어지는, 남성=지식인=고급 문화에 대치되는 여성=대중=저급 문화로서도 인식되었다.

따라서 모던걸 담론은 문화적 위계질서 속에서 각각의 논자들의 위치나 의견이 충돌을 보이게 됨으로써, 문화적 헤게모니를 둘러싼 갈등의 '장'을 형성하게 된다. 이 절에서는 이와 같은 모던걸 담론 속에서 보이는 갈등의 양상을, 각 논자들이 그들의 논의에 정당성을 부여하기 위해 도입했던 '과학' 담론을 고찰함으로써 밝혀나가고자 한다.

모던걸 담론에 보이는 '과학'과 이데올로기적 갈등 양상을 고찰하는 데 있어서, 잡지 『모던 니혼モダン日本』에 게재된 "① 구가해야 할 모던/ ② 배격해야 할 모던"(1930년)[28]이란 설문 기사는 중요한 시사점을 제공해 준다.

28 「1謳歌すべきモダン諸相/2排擊すべきモダン諸相」, 『モダン日本』 1권 창간호, 1930년 10월, 文芸春秋社.

· 니이 이타루(新居格)

1. 이지성 - 과학성, 그로 인한 단재성(斷裁性). 감정적 흐림이 적고 잉여적 감상이 없기 때문입니다. 이지성이 여러 현상을 선명하게 보이게 하기에.
2. 배격해야 할 것은 속류 모던입니다. 형식적 모방만 있을 뿐, 정신 혹은 내용적 측면이 없기 때문입니다. 속류 모던의 횡행을 슬퍼하며.

· 아오노 스에키치(青野季吉)

일반적으로, 모던한 현상은 찬성입니다만, 그것이 모던 데카당스가 되면 배격해야 합니다.

예1) A 여성 복장의 단순화, 활동성 - 양장은 찬성입니다.

　　B 그러나, 노출주의가 중심이 되면 데카당스입니다.

예2) A 마르크스주의적 실천은 가장 모던합니다.

　　B 그러나, 살롱 마르크시스트는 데카당스입니다.

『모던 니혼』은, 모더니즘적 성격의 잡지 창간을 열망하던 기쿠치 간에 의해 1930년 분게이슌주샤文芸春秋社에서 창간된 잡지로서, 그 창간호의 처음 기사가 이 설문 기사다. 이 기사는 당시에 사용되던 '모던'이란 용어에 대해 일정한 개념적 경향을 보여준다. 인용문의 1(혹은 A)은 '구가해야 할 모던'을, 2(혹은 B)는 '배격해야 할 모던'을 각각 지칭하고 있다. 이 인용문 이외에도 이부세 마스지井伏鱒二, 지바 가메오千葉亀雄, 류탄지 유龍胆寺雄, 기타무라 고마쓰北村小松 등 각계에서 활동하던 이들이 '모던'에 대해 말하고 있으나, 그들은 여성 복장의 서구화, 라디오, 레코드, 영화, 재즈 등 새로운 미디어의 발달을 '모던'으로 지칭하며, 그 속에 나타나는 새로운 시대감각을 찬성의 이유로, 그것들이 단순히 퇴폐적인 유행현상으로 그치는 면을 반대의 이유로 들고 있다. 이러한 일정한 경향을 확인한 후에 다시 인용문을 살펴보면, 니이가 '과학성'을, 아오노가 '마르크스주의적 실천'을 각기 '모던'의 개념과 결부시키고 있다는 점이 주목된다.

　현재적 관점으로서는 다소 이해하기 어려운 이와 같은 단어(개념)의 결부를 이해하기 위해서는, 간토대지진 전후, 즉 1920년대 일본의 '과학담론'의 상황을 참조할 필요가 있다. 이 시기의 종합잡지 『다이요太陽』의

'과학'란을 살펴보면, 「최신 보건의 연구」(1924년 6월), 「최신 과학 발명계의 진보」(1925년 1월), 「무선전화」(1925년 4월) 등의 특집기사 속에서, X선 치료, 비행기의 발달, 라디오 방송 등이 주목되고 있다. 『다이요』에는 그 외에도, 아인슈타인 사진 게재(1922년 6월)나 우울증 연구(1922년 8월) 기사도 발견되며, 이와 같은 연구가 이처럼 짧은 시간 동안에 집중적으로 나타나리라고는 생각되지 않을 정도의 연구 내용이 소개되고 있다. 당시 폐간의 위기에 놓여 있던 종합잡지 『다이요』에 이만큼의 과학 담론이 게재되고 있다는 것이 오히려 당시에 있어서 '과학 담론'의 일반적 유통과 관심의 정도를 말해주는 것이나, 실로 1920년대는 의학, 생물학, 화학, 물리학, 심리학 등의 '과학 담론'이 일반 대중에게까지 깊이 퍼져들어갔던 시기였던 것이다. 또한 그것은 단지 이론적 차원에 그쳤던 것이 아니라, 지하철 개통이나 자동차의 보급, 라디오 방송 개시(1925년), 영화의 융성 등 계속해서 현실화하는 과학의 산물이 생활수준(모던 라이프)에까지 영향을 주게 됨으로써, '과학'은 진보성, 합리성, 반전통성을 보장하는 강력한 가치관으로 정착해간 시대였던 것이다.

과학에 대한 신뢰/기대라는 1920년대 일본의 '지'적 상황에 있어서 마르크스주의는 급속하게 그 영향력을 획득해 가게 되는데, 그 이유 중 하나로 마르크스주의가 주장하는 '과학성'이 당시의 '과학주의'적 가치관과 합치했다는 점을 들 수 있을 것이다. 여기에서 새삼스럽게 언급할 필요도 없는 사실이나, 마르크스주의는 인류의 역사를 토대와 상부구조의 변증법적 발전으로 설명하는 유물사관으로서, 역사의 현 단계에 있어서는 프롤레타리아 혁명에 의한 사회주의국가 건설이 '과학'적 필연이라고 주장되고 있었다. 아오노의 '마르크스주의적 실천이 가장 모던하다'는 주장에는, 이와 같이 마르크스주의를 합리성, 진보성을 담보하는 '사회과학'으로 본다는 인식이 깔려 있는 것이다.

당시에서 마르크스주의가 '모던'하다고 인식되었던 이유에는, 마르크스주의가 새롭게 형성되는 도시문화와 그 문화적 주체를 해석하는 인식틀로서 '프롤레타리아'라는 개념을 제공해 주었기 때문이다. 이를 이해하는 데 단명으로 끝난 모더니즘 계열 잡지 『분가쿠지다이文学時代』에 게재되었던 「신」에 대한 좌담회「新」に就ての座談会」[29]는 참고가 된다. 이 책의 5장에서 자세히 고찰하겠지만, 여기에서는 이 좌담회에서 구미 건축계의 '신'경향을 소개하는 무라야마 도모요시村山知義의 다음과 같은 언급을 보는 것만으로도 충분할 것이다.

29 「「新」に就ての座談会」, 『文学時代』 1권 창간호, 1929년 4월, 新潮社. 좌담회 참가자는 니이 이타루(新居格), 하타 도요키치(秦豊吉), 아사하라 로구로(浅原六朗), 다카다 다모쓰(高田保), 오야 소이치(大宅壮一), 가쓰모토 세이치로(勝本清一郎), 나라자키 쓰토무(楢崎勤), 무라야마 도모요시(村山知義), 기타무라 기하치(北村喜八), 무로 사이세(室性犀星), 사사키 도시로(佐左木俊郎).

지금까지의 건축은 예술로 인식되어서, 비합리적인 장식이 예술이라고 인정되었으나, 건축은 지금까지의 예술이 아니라 극도로 합리적인 양식에 새로운 미가 있다는 식이 되었다. 미국의 공장 건축에 유럽의 건축계가 자극을 받았기 때문이다.

이 인용문에서 지적되고 있듯이, 당시의 프롤레타리아 문예인들은 '공장 건축'을 백화점이나 영화관 같은 부르주아 건축의 과잉된, '비합리적'인 장식미에 대비되는, 직선적이며 합리적인 '새로운' 건축양식으로 인식하였으며, 그 예로서 미쓰비시三菱창고나 아사노浅野시멘트 등의 '합리적'인 공장 건축을 언급하고 있다. 이러한 일례에서도 확인할 수 있듯이, 마르크스주의는 새롭게 형성되는 도시문화의 첨단미를 주도하고, 그 문화의 건설자=주체로서 '프롤레타리아'의 대두를 지적했기 때문에 '모던'하다고 인식되었던 것이다. 이러한 마르크스주의적 관점에서 보자면, 오야 소이치가 주장하는 바와 같이, "그녀(모던걸)는, 진정한 의미의 신시대 여성이 되기 위

昭和1年1月号　長峰勇画　　　　大正14年1月号　岡部長範画　　　　昭和9年2月号　高井貞二画

昭和9年3月号　寺島貞志画　　　　大正14年2月号　岡部長範画　　　　昭和10年6月号　高井貞二画

大正15年12月号　斉藤信治画　　　昭和10年3月号　高井貞二画　　　　大正15年11月号　長峰勇画

그림 1-5 1925~1935년 사이에 간행된『가가쿠가호』표지

해서는 중대한 요소를 한 가지 결여하고 있다. 즉, 그녀의 모더니즘은 철두철미 소비적이며, 생산적인 면은 조금도 없는",[30] 말기적 자본주의의 마네킹적 존재로서 비판되었던 것이다.

30 大宅壮一, 「百パーセント・モガ」, 『中央公論』1929년 10월.

하지만 모던걸 담론에 결부된 과학 담론이 마르크스주의적 입장에서만 제기된 것은 아니다. 여기에서는 모던걸 담론에 접속된 다양한 과학 담론의 실제와 그 기능을 잘 보여주는 텍스트로서, 가타오카 뎃페이片岡鉄兵의 「모던걸 연구モダンガールの研究」(1926년)[31]를 고찰하도록 한다. 가타오카의 논의를 고찰하기 전에 먼저 확인해두지 않으면 안 되는 사실은, 반복되는 내용이지만,

31 片岡鉄兵, 「モダンガールの研究」, 『モダンガールの研究』, 金星堂, 1927년.

그가 말하는 모던걸이란 "우리들의 꿈, 창조되는 새로운 여성, 그것이야말로 전형적인 모던걸"(39쪽)인 것이며, 결코 현실적 실체로서의 모던걸이 아니라는 점이다. 즉 신감각파新感覚派의 일원이었던 가타오카가 모던걸을 주장한 이유는, 1920년대적 문단 상황에서는 '개인'에서 '사회'로 라는 패러다임 변환이 진행되고 있었으며, 그 속에서 변모하는 사회, 미지의 신시대를 '모던걸'을 통해서 그려냄으로써 문학가로서의 새로움, 첨단성을 주장하려 하였기 때문이었다.[32] 따라서 가타오카가 모던걸 해석에 도입한 수많은 과학 담론은 그의 주장의 정당성을 획득하려는 논리적 근거로서 기능했던 것이다.

32 佐光美穂, 「新しくあること, 新しさを書くこと, モダン・ガールを書くこと: 大正10年代の文学的状況の中のモダン・ガール」, 『名古屋近代文学研究』제16호, 1998년. 이 佐光의 논문은, 그 분석대상을 1920년대 초의 문학 상황, 그 중에서도 신감각파의 일원이었던 가타오카 뎃페이에 한정하고 있기 때문에, 모던걸을 표상하는 다양한 입장들이 생략되어, 그 결과 모던걸 담론의 '장'에서 논의된 다양한 이데올로기적 갈등 양상에 대해서는 분석의 한계를 보이고 있다.

그렇다면 가타오카는 스스로가 제시하는 모던걸을 어떠한 과학 언설을 도입하면서 설명하고 있었을까? 그에 대해 먼저 지적할 수 있는 점은 가타오카가 주장하는 모던걸은, 마르크스주의가 주장하는 프롤레타리아와 같은 위상을 점한다는 것이다. 즉 마르크스주의가 인류 역사의

필연적 역사 발전 과정의 결과로 프롤레타리아의 대두를 설명하듯이, 가타오카는 "적응자가 부적응자를 이 세상에서 정복해 감으로써"(44쪽), "몇 천년 전부터, 여자는 이런 식으로 되기 위해 서서히 진화해 온"(30쪽) 결과로서, 모던걸 출현의 필연성을 사회진화론적 관점에서 설명한다. 그에 따르면, 모던걸의 전 단계는 세이토샤青鞜社의 '신여성'으로 자연주의문학의 산물이다. 그러니까 자연주의 문학이, 문학에 '과학'적 시선을 도입함으로써 인간의 본능이나 욕망의 추악함을 고발하여 일본 사회에 만연했던 전근대적, 종교적 맹신이나 인습을 타파했듯이, 자연주의 문학의 영향을 받은 신여성은 구시대적 『여자대학女大学』 등의 수신교양서가 제시하는 현모양처상을 부정하고, 도덕 인습을 타파한 존재다. 그러나 신여성은 남성의 모방에 그쳤을 뿐, 여성 본래의 '본성'적인 삶의 방식을 잊어버린 존재이기도 하다.

　가타오카에 의하면, 여성의 본성이란, 남성이 '공상과 환상'을 즐기는 데 비해 여성은 '현실적'이라는 것이며, 그것은 여성의 '모태본능'에 기인한다. 즉 "남녀가 협력해서 이뤄야 할 자손번식에서, 여자만 과도하게 노무에 종사하지 않으면 안 되기" 때문에 "여성의 성격 내지 특질이 특히 '현실적'이 되도록"(21쪽) 만들어졌다. 그러한 '현실적'인 여성이 가장 '현실적'인 '과학'을 믿게 되는 것은 당연한 귀결로서, 여성의 "본능과 과학에 대한 신앙이 모던걸이라는 여성 형태를 만든 것이다. 그러한 특징이 있기에 모던걸은 일체의 사물을 유물론적으로 본다. 그러니까 사물의 정신적 의의를 추구하기보다는, 사물의 사물로서의 효용에 가치를 찾는다"(29쪽)고 설명한다. 따라서 모던걸은 생활을 과학적으로 합리화해 가면서, 감각적 향락이나 육체적 자극을 추구하는 생활감각을 갖게 된다. 연애에서도 인간을 고뇌하게 하는 정신을 추구하지 않으며, 지적인 호기심을 가지고 상대를 잘 관찰하여 자신에게 가장 적합한 남성을 결혼 상대로 선택한다. 이러한 모던걸은 표현에서도 자유로우며, 히스테리를 부리지 않으니 건강하고 밝은 성격의 소유자가 된다고 그는 주장한다.

이러한 가타오카의 모던걸론은 현재적 관점에서 보자면, 조잡한 삼단 논법이나 생물학적 결정론 등의 유사 과학 담론의 남용 등 도저히 받아들이기 어려운 사고 전개를 보이는 글이지만, 그럼에도 그의 논의를 길게 설명한 이유는 그의 텍스트가, 당시의 모던걸 담론에 마르크스주의 이외의 어떠한 '과학' 담론이 접속되어 있는가, 그리고 그 기능은 무엇인가를 고찰하는 데에 좋은 자료이기 때문이다. 텍스트의 어느 부분이라도 좋으나 다음의 인용을 보도록 하자.

> 일단 당신의 의지에 의해 결혼이 맺어진 순간에, 영원한 것으로의 건설이 의지되었음이 분명합니다. 만일 당신이, 무의식적으로 맹목적으로 결혼한 것이 아니라면, 당신의 결혼생활의 모든 감동은, 영원한 것에 대한 희망의 표현, 또는 **부부 상호의 산화(酸化) 작용을 통한 인격 창조에의 한 과정**이었을 것입니다. [……]
>
> A의 처, A대쉬는, A와의 생활에 있어서만 생활건설의 진행이 원만하게 되도록, 산화되어 있다는 사실은, 심리학적으로도, 또한 생물학적으로도, 잘 인식하지 않으면 안 됩니다. 그렇기에, 두 명의 사람이 결혼한다는 것은 **그들의 원형질에서 정신적 동기에 이르기까지, 즉 그들의 전 신체와 정신의 운명적 결정**이라고 아니할 수 없습니다(94~95쪽).

이 인용 부분은 남편과 헤어져 애인과 생활하고 싶다는 어떤 부인의 편지에 대한 가타오카의 답신이란 형식을 취하고 있으나, 여기에서는 강조한 부분의 수사법rhetoric에 주목해 보자. 여기에서 선택된 '산화', '원형질'

등의 과학적 용어는 단지 비유적 표현에 그치는 것이 아니다. 가타오카에 의하면, 화학에서의 '산화 작용'은 '아날로지analogy'로서 인간의 결혼생활에 까지 적용할 수 있는 논리이며, 그것은 '원형질 → 그 진화로서의 인간 → 미래의 인간'에 이르기까지 동질적으로 작용하는 논리라는 것이다.

이러한 '아날로지'적 인식 방법이 당시 얼마나 강력한 '지적 구축 행위'로 기능하고 있었는가를 밝히기 위한 예로서 또 하나의 문장을 인용하고자 한다.

> 미국에서는 여성미는 미용실에서 의사의 손으로 넘어가야 한다는 주장까지 있다. 근대 의술이 행하는 과학적 시술로 화장에 의한 여성 장식을 몰아내려 하는 것이다. 그렇게 된다면 여성미는 과학적 합리주의와 합체되어 미를 향한 신건축에 새로운 발견을 더하는 것이다. 그것은 현대 이지주의의 건축이 태양의 광선과 바람을 악수시키듯이, 여성미 건축도 또한 광선과 공기를 접근시키는 것에서부터 재출발한다는 것이다. 그러니까 단재(斷裁) 미학을 여성미 위에 수립하는 것이다. 즉, 먼저 화장을 그녀의 용모에서 단재하라. 심야의 공기와 먼지 섞인 향락을 단재하여 밝은 햇빛과 고원의 공기로 바꿔라. 대낮의 나태함을 잘라내고, 괴기스런 백일몽을 없애서, 무엇이 가장 단재미학에 의해 창시되어야 하는가를 생각해야 할 것이다.

이 인용문은 지금까지 여러 번 언급했던 니이 이타루의 「단재미학의 한 제언斷裁美学の一提言」(1929년)[33]이란 글에서 취한 것이나, 니이의 주장에 보이는 수사rhetoric를 주목해 보면, 의학이나 건축 등의 '과학' 담론이 여성의 장식미라는 전혀 다른 영역 속으로 '아날로지'로서 적용되고 있는 점이 확인될 것이다. 위의 두 인용문에

33 新居格, 「斷裁美学の一提言」, 『近代生活』 제1권 제5호, 1929년 8월.

서 확인되듯이, '아날로지'라는 인식 방법은 가타오카나 니이와 같은 모던 걸 논자들이, 과학 문명 위에서 새롭게 형성되는 모던 문화를 해석하고, 그 문화 주체로서의 모던걸을 제시하는 인식론적 방법이었던 것이다. 그리고 그것은 남성적 과학 담론을 '아날로지'로서 적용한 결과 '창조'된 모던걸 표상이었던 것이다.

이러한 모던걸 논자들의 맹목적이라고 할 만한 과학에 대한 신념은, 여성성이나 여성 신체를 해석하는 1920년대의 우생학이나 성욕학 등의 '과학' 담론을 모던걸 담론공간에 도입하는 결과를 낳게 되었다. 가타오카는 「모던걸 연구」에서, 여성은 원래 리얼리스트라는 주장을 "오토 바이닝거Otto Weininger는, 여성 가운데 위대한 작곡가가 없다는 사실을 지적하면서, 여성에는 천재가 없다고 까지 극언하고 있으나 [……] 여성의 생활에 공상과 환상이 풍부하지 않다는 사실은 결국 그녀들이 남성보다 한층 리얼리스트라는 의미가 된다"(19~20쪽)고 말하며, 바이닝거의 (유사)과학 담론을 도입함으로써 근거지우려 한다. 이 바이닝거의 학설은 현재로서는 그다지 언급되고 있지 않지만, "1920년대에는, 일종의 새로운 '과학적 지식'으로서, 우생학이나 우생학적 담론은, 대중적으로 확산되기 시작"[34]했던 '지'적 상황 속에서 하나의 유행 과학으로 인기를 얻어,

34 斎藤光, 「「二〇年代・日本・優生学」の一局面」, 『現代思想』 1993년 7월, 134쪽.

그의 저서 『성과 성격Geschlecht und Charakter』(1903년)이 『남녀와 성격』(人文社, 1925년)이라는 제목으로 출판되었다. 바이닝거의 주장은 남녀의 성차에 의한 성격 차이를 설명한 것으로서, 어떠한 남성에게도 여성적인 요소가 있으며 어떠한 여성에게도 남성적인 요소가 있다는 것이다. 가타오카의 주장에는 그 외에도, "히스테리 환자에게 수면을 걸어 고민을 말하고 싶은 만큼 말하게 하면, 그 히스테리가 전부 치료된다는 학설도 있다"(28쪽)고 말하며 프로이트의 『히스테리의 연구』도 원용한다.

이처럼 가타오카는 모던걸의 자유연애, 향락성, 표현의 자유 등을 해석하는 데 있어서 동시대의 우생학이나 성욕학 등의 (유사)과학 담론에 의거하였으며, 또한 이를 통해 자신의 주장을 정당화하려 했다. 그러나 여기에서 잊지 말아야 할 것은, 그 원용되는 과학 담론 자체에 일정한 이데올로기적 성격이 개입되어 있다는 것이며, 또한 그것을 이용하는 사람에 의해서도 이데올로기적 갈등 상황이 개입된다는 것이다. 일례로 가타오카의 앞 인용문은, 과학 담론을 이용함으로써 그 대상이 되는 어떤 부인의 행동을 제약하고 일정한 방향으로 인도하려는, 즉 이혼을 막으려는 식으로 작용하는 것이다.

이 절에서 설명한 내용을 간략하게 정리하면, '모던'을 논한다는 것은 1920년대의 도시화 과정에서 형성되는 '새로운 문화'와 그 문화 주체를 논하는 것으로, 마르크스주의자는 사회주의 혁명의 '과학'적 필연성과 그 주체로서 '프롤레타리아'를 제시하는 것으로, 또 (흔히 지칭되는) 모더니스트들은 '과학' 문명의 구현자로서의 모던걸을 이상적으로 제시하는 것으로서, 각각 자신들이 새로운 도시문화의 첨단(=모던)에 위치하고 있음을 나타내려 했다. 각각의 논자들은 과학 담론을 가지고 서로 경합함으로써, 문화적 헤게모니를 선취하기 위한 이데올로기적 갈등 관계를 전개해 갔다. 그리고 가타오카의 모던걸 논의에서 보이듯 모던걸 담론에는, 1920년대의 낙태 문제, 엘렌 케이Ellen Key의 자유연애사상, 킨제이Kinsey의 우정결혼론 등 여성의 사회적 지위 변화와 관계하는, 여성성, 여성 신체, 결혼, 가족제도를 설명하는 (유사)과학 담론들이 도입되어, 그 과학 담론들은 논하는 사람의 의도에 따라 전용되며 다양한 이데올로기적 갈등 양상을 펼쳐 갔던 것이다.

4. 모던걸 담론의 재편

앞 절에서는 1920년대에 새롭게 형성되었던 도시문화와 그 문화 주체를 해석=예상하는 인식틀로서, 마르크스주의자와 모더니스트들이 '과학'을 주장의 근거로 삼음으로써 스스로가 문화적 첨단에 위치한다는 헤게모니적 경합을 펼쳤다는 점을 분명히 했다. 이 절에서는 모던걸이란 담론공간 속에서, 그들의 주장에 대한 반발이나 논쟁이 어떠한 양태로 전개되었는가, 그리고 그것은 국가의 지배적 이데올로기와 어떠한 관계를 보였는가에 대해 고찰함으로써, 모던걸 담론이 사라지게 되는 프로세스를 밝혀보고자 한다.

여기서 먼저 지적하지 않으면 안 되는 점은, 당시의 일반적인 모던걸 인식은 앞 절까지 살펴보았던 지식인들의 '미래적 여성'으로서의 모던걸 표상과는 상당히 수위가 다르다는 사실이다. 그러한 사회 일반적인 모던걸 인식을 살펴보기 위해 신문 보도를 참고하도록 한다. 「요미우리신문読売新聞 CD-ROM」에서 '모던걸'이란 키워드로 검색해 보면, 1926년에서 1936년 사이에 2446건의 기사가 검색된다. 그 기사 중에서, 여성의 단발이나 양장에 대한 호기심/야유 섞인 시선이 주를 이루는 기사나 앞 절까지 살펴본 지식인들의 주장 이외에도, 체제 측에 의한 모던걸 단속이 눈에 띈다. 몇 가지 예를 들어 보면, "품행불량 외국인 토벌 막오르다, 주모자는 영국인 지점장, 계속해서 78명을 소환"(1927/5/7), "아사쿠사浅草에서 모던걸 검거, 남자와 함께 11쌍 다수"(1927/10/3), "댄스장 단속, 규제를 적용하는 세 가지 주요 골자 입안 중"(1928/6/9), "여름의 번화가를 중심으로 모던걸, 모던보이 일제 단속"(1929/5/31) 등을 들 수 있고, 이러한 신문 보도를 통해 알 수 있는 경찰 당국의 모던걸 인식이란, 맹목적인 서구추종주의, 댄스홀이나 카페를 중심으로 모이면서 기성사회의 도덕률의 허용 범위를 벗어난, 성 풍속을 문란하게 하는 존재로서 단속의 대상이었던 것이다.

이러한 체제 측의 모던걸 인식을 단순히 강권적인 억압이라고 보기보다는, 일정한 지지기반에 근거한 것으로서 보는 것이 올바를 것이다. 그 기반이라는 것은 1920년대에 일본에서 새롭게 형성된 도시문화를 맹목적인 서양 추종의 결과로서 발생한 것에 불과하다고 보는 시선으로서, 서양/도시문화에 대한 강한 경계심이 표출된 인식인 것이다. 그와 같은 시선을 전형적으로 보여주는 것으로서 유메노 규사쿠夢野久作의『도쿄인의 타락

35 夢野久作,『東京人の堕落時代』,『夢野久作全集2』, 筑摩書房, 1992년.

시대東京人の堕落時代』[35]를 들 수 있을 것이다.「도쿄인의 타락시대」는 당시「규슈일보九州日報」의 특파원으로 도쿄에 파견되어 있던, 본명 스기야마 야스미치杉山泰道에 의한 간토대지진 후 도쿄 르포로서, 기자로서의 스기야마의 시선은 "메이지 태생, 규슈 출신, 남성"(382쪽)의 시선으로서, 그는 "메이지 유신(1868년) 이후 60년 가까이 [……] 우리 야마토 민족의 문화의 중심이었던 곳이 하루아침에 '제로'까지 무너져 버렸다. 그 후에는 단지 얕은 본능만이 남아서 1924년 이후 대타락 시대를 만들었다"(408쪽)고 기록한다. 규사쿠에 따르면, 간토대지진 후 새롭게 형성된 도시문화란 맹목적으로 서구를 추종한 결과로서, 프롤레타리아 문예도 모더니즘도 서구 문명의 천박한 모방에 불과한 '유물 문화'에 불과한 것으로서 비판된다. 그리고 "일본의 생명은 수도에는 없고 지방에 있다. 모든 지방의 순수함, 진실함이 일본의 명맥을 정신적으로도 물질적으로도 떠받치고 있다"(414쪽)는 지적에서 알 수 있듯이, 도쿄고 '타락'이 지방에 영향을 주는 것을 막고 싶다는 의지가 표명되어 있는 것이다. 이 책의 4장에서 상술하듯이, 지진 후의 도시문화를 서양 문화의 맹목적 추종으로 인식하는 사고의 경향은 그에 대한 반작용으로 '본질적인 일본미'를 일깨우는 방향으로 기능하게 된다.

규사쿠가 관찰하는 도쿄의 타락상은, "지진은 대지 위 모든 여성의 먼지를 털어낸 듯하다"(190쪽)는 언급에서 단적으로 드러나듯이, 여성의 타락으로 인식된다. 그는 여성을 상류사회/중류사회(직업부인)/하류사회/불량소녀 등 네 가지 범주로 분류하여, 그녀들의 머리형, 화장, 복장, 동작 등에 따라 '보통'과 '불량'으로 구별한다. 규사쿠(스기야마 기자)는 그 구별의 기준에 대해, "이 글을 쓰는 데 있어서, 필자는 단지 거리에서 본 사실에만 의지하지 않고, 이러한 방면의 전문가들, 즉 의사, 교육가, 사법관, 흥행업자, 그 외 많은 사람들의 도움을 받아 기사의 정확함을 기했다"(168쪽)고 그 객관성을 주장하지만, 사실은 [그림 1-1]에서 본 만화가의 시선과 유사하게, 구별 기준이 매우 애매하며, 일정한 선입견에 근거하고 있는 것이 많다. 예를 들어 직업부인 중에는 '보통'의 직업부인과 "안과 밖의 이중 직업을 가지고 있는"(208쪽) 추악한 '불량' 직업부인이 있으나, 후자는 "화장분을 많이 바르지만, 옷깃에는 때가 남기 쉽다. 머리를 소중히 하나, 머릿속은 기름으로 더럽혀져 있다. 아름다운 기모노를 입지만, 소매가 팽팽하지 않다. 콧대를 세우고 걷지만 눈빛이 상스럽다. 그 외에도 입술 모양, 취향의 조화 등 그녀들의 품행에 대해 지적하면 끝이 없을 정도다"(221쪽)라고 묘사된다. 이러한 기술에서 단적으로 알 수 있듯이 '보통'과 '불량'을 구별하는 기준이란 관찰자의 주관이 크게 개입된 것으로서, 그것은 당시의 남성중심사회의 여성에 대한 강한 선입견이 노골적으로 개입되어 있는 것이다.

이러한 도시문화와 모던걸에 대한 비판적 시선은 위와 같은 보수적이며 전통적인 인식적 기반에서만 행해졌던 것은 아니다. 오히려 그러한 비판은 도시문화와 모던걸을 긍정적으로 파악하는 논자들의 내적 모순에 기인하는 바가 크다. 마르크스주의자들은 모던걸을 서구 문화의 유행적 모방자로서 자본주의 사회의 말기 증상으로 진단하면서, 올바른 '과학' 정신(사회주의)

에 의해 주도되는 여성을 진정한 모던걸이라고 주장했다. 그 사회주의 사회의 달성 과정에서는, 여성해방은 계급해방에 부차하는 것이라고 주장되었으나, 이 책의 6장에서 고찰하는 바와 같이, 1933년 6월에 발표된 공산당 최고간부 사노佐野·나베야마鍋山의 '전향' 성명서는, 천황을 중심으로 일본의 '일국사회주의'를 주장함으로써, 여성해방의 극복대상이었던 '가부장제'를 묵인해 버리는 결과를 낳게 되어, 실질적으로는 여성해방을 근본적으로 부정하는 논리로서 기능하게 된다.

또, 모더니스트들은 모던걸을 근대 과학 문명의 발달이 낳은 과학정신의 총아로서, 가부장제에 대한 반역자로서 긍정적으로 파악하고 있었다. 그러나 이 책의 5장에서 밝히듯이, 모더니스트들은 모던걸의 여성미를 창출하기 위해 남성=과학적 담론에 의거하지만, 그들은 여성에게 억압적으로 작용하는 과학 담론의 이데올로기성이나 젠더 정치에 대해서는 눈을 감아버리고 말았다. 이와 같은 모더니스트들의 '여성미의 창출자가 되려 하는/하지만 억압적으로 작용하는' 논리적 모순 때문에, 그들은 국가체제가 '천황제 내셔널리즘'을 내걸고 페미니스트의 요구를 수용하면서 '여성'을 '국민'의 일원으로 재생산해 나가는 과정에 대해 침묵할 수밖에 없었던 것이다. 자유주의자 기요자와 기요시淸沢洌는 마르크스주의자나 모더니스트들에 의한 모던걸 담론의 '아포리아'를 비판하면서, "자네는 잘 여성해방을 외치는데, 그런 것은 남자인 자네 입에서 듣고 싶지 않네. 예전부터 자본가가 스스로 나서서 노동자를 해방시킨 적이 있었나? 정복자가 스스로 피압박민족을 해방시킨 역사가 있었느냐는 말일세. 진정한 운동은, 언제나 아래에 깔려 있던 당사자가 나서는 것이 합당하고, 또 그렇지 않다면 실질적인 효과가 없는 법이네. 일본의 부인이 체념 속에 안주하여 그에 만족하고 있는 데, 옆에서 가타부타 하는 것은 오히려 죄악일세. 고통받고 있다면 그것은 우리들이 아니고 여성들이니까, 해방의 필요가 있다면 그들 스스로 외치기 시작할 것일세"[36]라고 말한다.

36 清沢冽, 『モダンガール』, 金星堂, 1926년, 2쪽.

　　　여성 스스로가 주장하는 여성해방론 속에서는 모던걸이 어떠한 존재라고 인식되고 있었을까? 일본 페미니즘의 효시로서 위치지어지는 히라쓰카 라이초平塚らいてう는 「모던걸의 올바른 방향かくあるべきモダンガール」[37]에서 "진정한 모던걸은 신여성의 모태에서 태어난, 신여성의 친 딸"이라고 주장한다. 그녀에 따르면, 신여성이 가부장제에 대항하여 "비사회적인 때로는 반사회적인 태도조차 보였던 것에 반해, 모던걸은 항상 사회적 관심을 가지고" 있는 존재이며, "모던걸이 표현하려 하는 자아는 사회를 끌어안고 또 사회가 끌어안고 있는 자아"다.

37 平塚らいてう, 「かくあるべきモダンガール」, 『平塚らいてう著作集 4』, 大月書店, 1984년, 290~297쪽.

즉 라이초는, 신여성과 모던걸의 차이를 '사회에 대한 적응력'에 두면서, 구체적인 모던걸의 예로서 "같은 단발, 양장이라도 스포츠 등에 흥미를 가진 쾌활하면서 [……] 건강한 육체를 가진 젊은 여성, 무산자로서 각성한 건장하고 원기발랄한 직업부인이나 노동부인, 흔히 말하는 사회부인으로서 단결된 운동을 하는 젊은 여성 중 일부, 오히려 시대에 대해 민감하면서, 유연한 정신과 신경을 가지고 무엇에도 구속되지 않는 깊은 허무주의적인 입장에서 현대의 모든 새로운 사상, 예술, 생활에 대해 개성 있는 감상력, 비판력, 선택 능력을 가지고 있는 사상적인 또는 시인적인 여성"을 열거한다. 이처럼 라이초는 사회부인, 즉 여성운동에 관계하는 여성들을 모던걸로 보고 있는 것이다. 이에 대해 무정부주의자인 니이 이타루는 "소셜걸이란 존재에 대해 모던걸을 대비시키고 싶다. 소셜걸을 커뮤니티로 본다면, 모던걸은 무정부주의적 성향의 여성이란 식으로 내 마음대로 해석하고 있다"[38]고 말하며 라이초와는 다른 의견을 보인다.

38 「近代的女性批判(モダンガール)『婦人の国』座談会」, 『婦人の国』, 新潮社, 1926년 5월.

이상에서 살펴본 바와 같이, 모던걸을 '개인'적 존재로 보는가, 혹은 '사회'적 존재로 보는가 하는 문제는, 1920년대에서 1930년대에 걸친 시대 상황 속에서는 매우 중요한 의미를 가지게 된다. 일본에서는 1928년 사회주의 사상의 사회적 확산을 막기 위한 치안유지법의 발효와 함께 '보통선거'가 시행되나, 이는 일본의 전시체제 확립 과정에서 매우 중요한 의미를 지닌다. 동시기의 여성운동은 여성의 사회적 지위 향상을 획득하기 위해, '모성보호법', '여성참정권', 남성의 정조를 문제시하는 '화류병'을 중심으로 전개되었다. 이러한 여성의 사회적 위치를 둘러싼 논의는 1920년대 후반의 정치, 경제, 사회적 혼란 속에서 국가체제가 어떠한 대책을 내놓지 않으면 안 되는 사회 문제로 부상하게 된다. 즉, 1929년 미국에서 시작된 대공황은 일본 경제에도 심각한 타격을 입히게 되어, 다음 통계에서 확인되듯이, 실업률 증가와 농촌경제가 붕괴하는 사태를 야기한다. 그에 따라 '이에家제도'(일본의 가족제도, 장남을 중심으로 성을 유지하는 가부장제)의 유지에 직접 관계하지 않는 농촌의 차남 이하의 남성이나 여성이 대거 도시부로 유입되어 도시의 하층부를 형성하게 되고, 여성은 방직공장 등의 공장지대나 하층노동자 계층으로 편입되었다.

이와 같은 1920년대 후반의 사회상 악화는, 기존의 가부장제가 여성의 '낳는 성'을 중시하며 비교적 '노동력'으로서의 성을 경시하던 가치관을 근본적으로 재검토하는 계기로서 기능하게 되었다. 그리고 이러한 기존 사회의 가치관에 대한 재고의 요구는 1931년에 발발한 만주사변에 의해 가속화된다. 이러한 일련의 프로세스는 이 책의 6장 이하에서 논하듯이, '낳는 성'과 '노동력'으로서의 여성을 모순 없이 포괄하는 이데올로기로서, 기존의 가부장제를 재편하는 형태로 '천황제 내셔널리즘'이 국가의 지배적 이데올로기로 확립됨으로써 모던걸의 담론공간은 소멸하게 되는 것이다.

표 1-1 존재형태별 실업자 수

	추정 실업자 수				
	총수(천명)	실업률(%)	급여생활자	일용노동자	그 외 노동자
1929년	294	4.33	62	110	123
1930년	367	5.23	73	134	160
1931년	413	5.92	71	162	180
1932년	489	6.88	82	198	209
1933년	414	5.66	72	190	152
1934년	374	5.01	69	186	122

(일본통계연구소편, 『日本経済統計集: 明治大正昭和』, 日本評論社, 1968년)

표 1-2 농산물 가격 변동표(1921~35년)

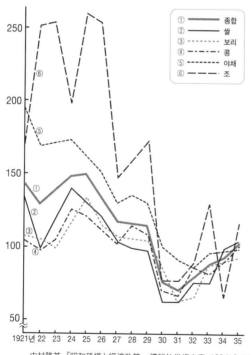

中村隆英, 『昭和恐慌と経済政策』, 講談社学術文庫, 1994년, 111쪽

2장

1920~30년대 일본 영화 속의 모던걸 표상

1. 들어가며

앞 장에서는, 간토대지진을 전후로 한 1920년대에 새롭게 형성되기 시작했던 도시문화의 담지자로서 모던걸이 등장하게 되어, 그러한 모던걸에 대해 문화생산자들은 '이상의 모던걸'과 '현실의 모던걸'로 구별하고 각각의 이념(이상)에 근거해서 모던걸을 해석하고 지도하려 했다는 점, 하지만 그 과정에서 그들의 주의주장이 내포한 '지적 아포리아'를 드러내고 말게 되었다는 사실을 지적했다. 그리고 그들이 모던걸을 인식하는 과정에는, 부인잡지나 영화 등 신흥 미디어의 여성 표상이 개입되며, 그들은 미디어에 표상되는 여성상을 가지고 '모던걸'의 실체적 특징으로 삼았다는 '인식론적 오류'를 지적하면서, 그것을 연구하는 것은 문화생산의 역동성을 밝히는 과정이었다는 점도 지적했다.

이번 장에서는 앞 장에서 기술한 모던걸에 대한 당시의 인식틀을 공유=이용하면서, 새로운 문화생산의 주요 매체로 등장하게 된 일본 영화가 모던걸을 어떠한 방식으로 표상하였는가에 대해 살펴보고자 한다.

1920년대에서 30년대에 걸친 일본 영화 속의 모던걸을 분석한 선행 연구는 대체적으로 다음의 두 가지 방향으로 정리할 수 있다.

모던걸은 기모노를 입지 않는다. 양장을 입고 게다가 단발이다. 그리고 직업을 가지고 있다. 그러니까 전업 주부가 아닌 것이다. 일본 영화에 모던걸이 등장하기 시작한 것은, 여배우가 나타나기 시작한 것과 비슷한 시점으로 매우 오래되어, 1920년대 초반에는 이미 스크린에 등장하고 있다. 단발, 양장의 모던걸이 영화에 나타났을 때에 한 가지 흥미로운 일이 발생했다. 그것은 모던걸과 일본의 전통적인 기모노 복장의 여성이, 마치 페어인 것처럼, 콘트라스트를 이루며 등장하게 되었다는 사실이다. 양장의 모던걸과 기모노의 전통적인 여성을 대조적으로 제시하는 것이 1930년대까지는 하나의 패턴으로 확립되어서, 전자가 부정적인 존재, 후자가 긍정적인 존재라는 가치판단까지 부가되어 갔다.1

1 今泉容子,「和服を着たモダンガール」,『日本シネマの女たち』, ちくま新書, 1997년, 22쪽.

1930년대, 일본 영화는 예술적으로도 기술적으로도 눈부신 성장을 달성했다. 시각 미디어로서 대중 오락의 정상 자리를 차지한 일본 영화는, 천황의 신민이자 자본주의 사회의 시민인 대중 관객의 의식과 욕망을 읽어내며, 그것을 구체적인 이미지로 만들어 제공해 왔다. 대중의 '모던'에 대한 동경과 반발심을 은막의 모던걸 이미지로 투영해 왔으며, 모던 라이프의 구체적인 이미지를 제공하는 쇼케이스이기도 했다. 또 일본 영화는 개개인의 사회적 약자의 고통이나 비애 등의 감각을 추출하는 데에도 뛰어나서, 때로는 기존의 가치관에 반항하는 남성, 여성상을 인상적으로 묘사하면서도, 근본적인 사회 비판을 교묘하게 회피함으로써 지배 질서의 가치관과 타협해 왔다. 그 가운데에서 여성은 어떤 식으로 표상되며, 또 그것은 어떠한 정치성을 띠는 것일까? 그리고 그 정치성은 총력전 체제로 이행하는 사회와의 관계 속에서 어떠한 의미를 지니는 걸일까?[2]

2 宜野座菜央見,「昭和モガの輝きと消失: 一九三〇年代映画の女性」, 早川紀代編, 『軍国の女たち』, 吉川弘文館, 2005년, 181~182쪽.

먼저 앞의 인용문은 이마이즈미 요코今泉容子에 의한 논고의 일절이나, 이마이즈미는 당시의 일본 영화의 모던걸 표상은 현모양처형 여성상과의 대비 속에서 묘사되었다는 사실을 지적하면서, 그 모던걸의 등장이 가지는 의미를 주로 여주인공의 '패션'을 분석함으로써 여성상의 변화를 추적하는 방법론을 취하고 있다. 뒤의 인용문은 기노자 나오미宜野座菜央見에 의한 고찰 중 한 부분으로, 기노자는 이마이즈미가 논한 바와 같은 모던걸의 영상적 표상이 가능했던 역사적 문맥, 혹은 사회적 문맥에 착목하여, 그것이 가지는 '정치적'인 의미를 조명하려 하고 있다.

기노자의 분석은 이마이즈미의 표층적인 분석을 피하고 있다는 점에서는 평가할 수 있으나, '우리들은 지나 온 역사의 결과로서 다양한 문제제기를 할 수 있다'는 언급에 내포되어 있듯이, 대중오락물로서의 영화가 어떻게 국가의 지배 이데올로기적 위기를 회피하게 하는 데에, 그리고 국민통합에 기여했는가 하는 '정치적 해석'을 우선하는 나머지, '지배 이데올로기'의 일부로 기능했던 일본 영화를 무작위로 추출하여 연결한 것에 불과한, 단조로운 논조에 빠져들고 만다. 이러한 관점으로 논할 때에는, 영화라는 표현매체의 큰 특징인, 장르적 규제, 감독의 영상 스타일, 배우의 신체성, 촬영기술의 발달 등 다양한 '영화'적 의미들은 누락되게 된다. 물론 필자도 1920년대에서 30년대의 일본 영화에 나타난 모던걸 표상을 개관하려 할 때 한정된 관점을 취할 수밖에 없다는 점은 인정하나, 그것이 영화 문법이 무시되어도 좋다는 말은 아니다.

당시의 영화생산 시스템 속에서 모던걸은 어떠한 방식으로 표상되었는가를 생각할 때, 다음의 인용은 주목된다.

대체로 금년도 기성 배우의 성과는 현상유지라고 할 수 있으나, 반도 쓰마사부로(阪東妻三郎), 이치가와 모모노스케(市川百々之助) 등 구파(시대극─필자주) 계통의 인기가 현대물 영화의 성황에 따라 예전보다 덜해진 것과, 닛카쓰(日活)가 이리에 다카코(入江たか子) 등의 모던걸을 소유하고, 사와마사(澤正) 극단에 있었던 하마구치 후지코(濱口冨士子) 등의 신진 배우를 획득한 데 비해, 가마타(蒲田)에는 유녀형이나 부인형, 아가씨형의 명배우들은 즐비하지만, 모던걸에는 적임자가 없어서, 전국적으로 각선미 배우를 모집하려 하였으나 그다지 소기의 성과를 올리지는 못한 듯하여, 신인으로는 오이카와 미치코(及川道子)가 일약 스타덤에 올랐다. 제국영화사(帝キネ)의 다카쓰 게이코(高津慶子), 동아(東亜)의 사쿠라 도시코(桜とし子) 등도 올해 등장한 신인 중에서는 장래를 촉망받고 있다.[3]

3 「俳優の移動その他」, 『映画年鑑』 1930년, 356쪽.

이 인용문은 1930년도 영화계의 동정을 정리한 『영화연감映画年鑑』에서 인용한 것으로서, 당시 일본의 영화계에서는 배우가 영화사에 소속되어 있었다는 점, 그리고 여배우의 기용이 부인형, 모던걸형 등으로 정형화된 캐스팅 속에서 이루어졌다는 점을 말해주는 사료로서, 일본 영화 속의 여성 표상은 몇 가지의 패턴 속에서 살펴볼 수 있다는 중요한 사실을 전달해 준다. 일본 영화는 모던걸이라는 '대중'의 등장을, 유형화된 여배우의 신체성을 통해서 표현해 갔던 것이다. 당시의 메이저급 영화사 가운데에서도 쇼치쿠松竹사는 '여성 영화'를 활발하게 제작한 것으로 유명하나, 쇼치쿠 가마타

蒲田 촬영소의 소장이었던 기도 시로城戸四郎는 그 이유로 다음의 두 가지를 들고 있다. ① 여성을 제재로 다룸으로써 풍부한 극적 요소를 포함하게 된다는 점, ② 그것은 흥행적인 관점으로 볼 때 여성이 남성보다 파급력이 크다는 점이다.[4] 이러한 지적은 여성 관객과 영화 제작의 관계, 달리 말하면, 대중과 문화생산의 관계를 생각할 때 중요한 사항이 된다. 즉 대중의 '목소리'가 영화 제작자 측에 전달됨으로써 대중문화 속에 반영되며, 그 대중문화가 다시 대중 속으로 회수된다고 하는 문화생산의 역동성을 기도의 기술은 여실히 보여주고 있기 때문이다.

4 城戸四郎, 『日本映画伝』, 文芸春秋新社, 1956년, 52~56쪽.

앞 장에서 살펴 보았듯이, 당시의 모던걸을 둘러싼 담론공간('장') 속에서, 모던걸은 도시/농촌, 첨단적인 모던 풍속/맹목적인 서양 추종, 소비 대중/유행 노예, 자유연애/창부, 자립한 직업여성/퇴폐·경박한 여성 등 매우 다양한 '경계' 개념으로 논의되고 있었다. 이 장에서도 마찬가지로 모던걸을 '대중'의 표상으로 바라보고 있으며, 영화는 그 대중적인 욕망이나 르상티망ressentiment을 제재로 다룬다는 관점을 취한다. 이는 단순히 시대적 '반영'으로서 영화라는 미디어를 바라본다는 것을 의미하지 않으며, '모던'이란 의미를 둘러싸고 다양한 문화생산자들(행위자[actor]) 사이에서 갈등의 '장'을 형성하며, 따라서 위의 '경계'를 둘러싼 갈등들이 해소되어 가는 과정을 분석함으로써 문화생산자들 사이의 갈등의 구체상을 추적할 것이다.

영화 속의 모던걸 표상은 동시대의 모던걸에 대한 인식틀을 공유하면서도 차이를 보이게 된다. 그 이유로서는, 먼저 무엇보다도 모던걸의 영화적 표상에 있어서는 여배우의 신체성이 여타의 문화생산물보다 중요한 요소로서 기능한다는 점을 지적할 수 있다. 다음으로 당시로서는 영화의 관객이 소설의 독자보다 비교적 '대중'(여성, 저학력, 저소득자)적이었다는 점,

그와 관련되어 영화 생산자들은 소설의 창작자보다 많은 문화생산의 제약 속에 놓여 있었다는 사실을 지적해야 한다. 그리고 영화 생산자들의 '모던'에 대한 지향은 다른 문화 영역보다 할리우드 영화의 영향을 강하게 받고 있었다는 점도 중요한 차이점일 것이다.

이와 같은 관점에 서서 이 장에서는 현존하는 영화를 중심으로, '경계' 개념으로서의 모던걸이 나타나는 주요한 영화들을 고찰함으로써, 일본 영화 속의 모던걸 표상이 의미하는 바, 그 문화적 역동성에 대해 추적해 보고자 한다.

2. 모던걸이 나타나는 일본 영화의 분류

모던걸이 등장하는 일본 영화를 먼저 분류해 보자. 그 분류법은 크게 두 가지로 나누어 볼 수 있다. 그 한 가지는 영화의 장르에 의한 분류, 즉 모던걸이 등장하는 영화를 코미디, 학생 스포츠 영화, 여성 멜로드라마, 음악 영화 등으로 그 영화가 속한 장르에 의해 분류하는 방법이 있을 수 있다. 다른 한 가지는, 모던걸이 각각의 영화에서 묘사되는 방식에 중점을 두고, 모던걸을 그 사회적, 직업적 카테고리로서 분류하는 방법이다. 이 방법은 영화의 내적 논리성보다는 그러한 표상의 문화교섭적인 측면을 중시한다는 것이 되므로, 필자는 후자의 분류법을 선택하고자 한다. [표 2-1]은 그것을 정리한 것이다.

[표 2-1]의 연대별 정리를 참조하며, 그에 더해 감독과 제작사 별로 나열하면 다음과 같다. 즉 오즈 야스지로小津安二郎 감독의 "명랑하게 걸어라朗らかに 歩め", "숙녀와 수염淑女と髥", "비상경계선의 여자非常線の女"(쇼치쿠松竹 가마태蒲田),

표 2-1 모던걸이 등장하는 일본 영화 분류

	여학생, 아가씨	타이피스트	재즈싱어, 댄서	카페의 여급	불량 소녀	그 외
1926				종이인형 봄의 속삭임		
1928						그와 전원
1929	도회 교향곡	살아있는 인형				
1930	고향				명랑하게 걸어라	
1931			마담과 아내		숙녀와 수염	
1932	일곱 바다					
1933		도쿄 여자/비상경계선의 여자	대학의 젊은 주인	도쿄 여자/비상경계선의 여자		진주부인
1934				이웃집 야에짱/끝없는 보도		
1935		아내여, 장미처럼				인생의 짐
1936			도쿄 랩소디		나니와 엘리제	기온의 자매
1937	숙녀는 무엇을 잊었는가					끝없는 전진

"숙녀는 무엇을 잊었는가淑女は何を忘れたか"(쇼치쿠[松竹] 오후나[大船]), 미조구치 겐지溝口健二 감독의 "종이인형 봄의 속삭임紙人形春の囁き", "도회 교향곡都会交響楽", "고향ふるさと"(닛카쓰日活), "기온의 자매祇園の姉妹", "나니와 엘리제浪速悲歌"(第一映画), 고쇼 헤노스케五所平之助 감독의 "마담과 아내マダムと女房", "인생의 짐人生のお荷物"(쇼치쿠 가마타), 시미즈 히로시清水宏 감독의 "일곱 바다七つの海", "대학의 젊은 주인大学の若旦那"(쇼치쿠), 시마즈 야스지로島津保次郎 감독의 "이웃집 야에짱隣の八重ちゃん"(쇼치쿠), 나루세 미키오成瀬巳喜男 감독의 "끝없는 보도限りなき舗道"(쇼치쿠), "아내여 장미처럼妻よ薔薇のように"(PCL), 우치다 도무内田吐夢 감독의 "끝없는 전진限りなき前進"(닛카쓰)이 된다. 이 장에서는 이들 감독의

영화 및 각본을 분석 대상으로 하여, 일본 영화 속의 모던걸 표상이 나타내는
의미에 대해 고찰해 보고자 한다.

3. 모던걸의 문자 표상과 영상 표상의 유사성과 차이점

이 절에서는 일본 영화 속에서 가장 전형적인 모던걸 표상이 나타나는 것으
로서 오즈 야스지로 감독의 "명랑하게 걸어라朗らかに歩め"(1930년)를 살펴보도
록 한다.

"명랑하게 걸어라"에는 불량소녀로서의 모던걸이 등장한다. 다테 사
토코伊達里子가 연기하는 불량 모던걸이 그것이다. 할리우드 여배우 루이스
브룩스의 헤어스타일(그림 2-1)을 하고, 화려한 양장을 걸친 다테의 모던걸
이미지는, 가와사키 히로코川崎弘子가 연기하는 현모양처상과 선명한 대비
를 보이면서 영화의 설화구조 속에 삽입된다(그림 2-2). 이 두 여성상의 대비
적 표상이 영화의 메인 플롯을 구성한다. 즉 유행 풍속으로서의 아메리카
니즘을 체현하고 있는 모던걸이 일본의 현모양처와의 대비 속에서 '갱생'
되어 간다는 것인데, 이와 같은 영화의 플롯은 모던걸의 등장을 자본주의
사회의 유행을 좇는 젊은 여성의 성적 타락으로 인식하고 그를 올바른 방향
으로 교정하고 지도하려 했던 사회적 시각을 반영한 것이라 할 수 있으며
그러한 의미에서 동시대의 모
던걸 담론에 대한 영화적 표현
이라고 할 수 있을 것이다.[5]

이 영화가 나타내는 '모던'
의 의미는, 동시대의 '문화생활

5 당시 내무성에서 영화 검열을 담당했던 다치바나 다카히로(橘高広)
라는 관료는, 「미국 영화와 모던걸(アメリカ映画と『モガ』)」(『現代娯
楽の表裏』, 大東出版社, 1928년, 『余暇·娯楽研究基礎文献集 9』,
大空社, 1989년에 재수록됨) 속에서, '일본의 모던걸은 외국의 플래
퍼(flapper)의 의미로서, 단발머리에, 짧은 스커트, 루즈를 바르고,
눈 주위에 진한 화장을 하며, 담배를 피우고, 남자친구 한 명이나 혹은
다수와 담소하는, 몸을 뒤로 젖혀 걷고, 다리를 쭉 뻗은 자세로 의자에
앉아 있는 등의 외형을 하고 있다. 대지진 이후의 산물로서 흔히 말하
는 신여성은 아니며, 양장을 하고 있다고 해도, 러브 메이킹의 수완이
나, 남성과 스스럼없이 노는 태도는 게이샤 걸과 마찬가지다. 단지
직업적인 것은 아니다. 즉 양장과 플래퍼가 모던걸을 특징지으며,
오피스 걸과 웨이트리스가 그들을 대표하고 있다'고 기술하고 있다.

그림 2-1 "판도라의 상자(Die Büchse der Pandora)"(1929년)의 루이스 브룩스
그림 2-2 "명랑하게 걸어라"에 보이는 모던걸과 현모양처의 대비

로서의 모던'을 영상적으로 표현했다는 점과 할리우드 영화로부터 영화의 형식과 제재를 차용했다는 측면으로 정리할 수 있다. 서양식 구조의 방, 축음기, 엘리베이터, 자동차 등의 문명적 이기가 '모던 라이프'에 대한 지향으로서 긍정되고 있으며, 거리의 풍경이나 기차의 질주가 자동차의 이동쇼트로서 반복적으로 묘사됨으로서, 문명의 이기를 영화적 제재로 삼았던 뤼미에르 형제 이래의 영화적 기능을 반복한다. 그리고 "명랑하게 걸어라"는 영화의 곳곳에서 할리우드 영화의 형식 및 제재를 차용하고 있다. '나이프의 겐謙'이라는 주인공의 닉네임은 "삼문 오페라Die Dreigroschenoper"(1931년)의 모방이며, 불량스런 청년이 마음 착한 여성의 사랑에 의해 갱생한다는 기본적인 스토리 라인도 1920년대에 대량으로 생산되었던 할리우드 갱영화에서 힌트를 얻은 것이다. 또한 "춤추는 딸들Our Dancing Daughters"(1928년)이나 "러프 하우스 로지Rough House Rosie"(1927년)의 포스터가 겐이 사는 실내의 소도구로서 화면에 직접 등장하기도 한다.6

6 デヴィッド・ボードウェル, 『小津安二郎: 映画の詩学』, 青土社, 1992년, 338~347쪽.

　　일본 영화에 나타나는 가장 전형적인 모던걸의 표상을 살펴보기 위해 "명랑하게 걸어라"에 나타나는 모던걸과 현모양처형의 여성상 대비에 주목해 보도록 하자. 현모양처형을 대변하는 야스에やす江 상은 가부장제의 도덕(=윤리)를 내면화한 여성으로 조형되어, 그것을 긍정하기 위한 성격화가 영화의 도처에 나타나게 된다. 야스에는 여학교 출신의 타이피스트로서, 부친이 부재한 가정에서 모친 대신에 생계를 책임지며 어린 여동생의 교육에도 신경쓴다. 말하자면 '좋은 아버지와 어머니'라는 가부장제적 젠더롤을 체현해 보이는 것이다. 이 야스에는 같은 직장에 근무하는 모던걸의 방종한 품행과 대비되어 '좋은 인간'을 나타내며, 미래의 남편 겐지謙二(다카다 미노루[高田稔])를 향하여 '당신이 정직한 사람이 되기 전까지는 만나지 않겠습니다'라고 말하며 질책할 정도로 '좋은 아내(후보자)'이

기도 하다. "명랑하게 걸어라"가 그리는 모던걸은 이러한 현모양처와 대비되기에 극단적인 부정태로 그려진다. 즉 가계가 밝혀지지 않으며, 성적으로 방종하고, 패션이나 귀금속에 대한 물욕만을 표현하는 여성으로서, 이와 같은 모던걸의 '소비성'은 성적, 도덕적으로 타락한 여성과 동격시되며 일말의 감정이입도 용납하지 않는 평면적인 인물이다.

그러나 이 영화에서도 다소 주의해야 하는 점이 있는데, 그것은 당시 사회에서 '타이피스트'라는 직종이 다이쇼大正 말기 이후 다양화해 가는 여성의 직종 중에서도, 이른바 외래어적인 뉘앙스를 풍기는 '모던'한 직종의 하나로 간주되었다는 점이며, 아사하라 로쿠로浅原六朗나 나라자키 쓰토무楢崎勤 등의 신흥예술파新興芸術派 작가들이 모던걸의 직업으로서 반복적으로 묘사하고 있었다는 사실이다. 그들 작가에 의한 문학 텍스트 속에서 타이피스트의 모던걸들은 가부장제적 가족제도에서 해방되어, 여성의 섹슈얼리티를 과시하는 여성상으로서 종종 조형되었으나, "명랑하게 걸어라"의 모던걸 조형에는, 그와 같은 동시대적인 모던걸의 긍정성은 전혀 보이지 않는다. 이해 불가능하며, 교정=지도되어야 하는 존재로서만 표상될 뿐이다. 이러한 의미에서 "명랑하게 걸어라"라는 영화는 대중계몽적인 영화라고 할 수 있다. 앞 장에서도 지적한 바지만, 당시의 지식인들은 모던걸에서 퇴폐적인 경향을 제거함으로써 '올바른 진정한 모던걸'로 이끌 수 있다고 생각했으나, "명랑하게 걸어라"에 있어서도, 그러한 경향은 야스에가 불량배의 길을 걷는 겐지를 갱생시키는 내러티브 가운데서 드러나는 것이다. "명랑하게 걸어라"에 대한 설명은 이 정도만 다루지만, 다만 그것이 이 책의 7장에서 상술할 쇼치쿠사의 '가마타초蒲田調', 즉 인생을 따뜻하게 그려냄으로써 보는 사람들에게 희망을 주도록 한다는 쇼치쿠사의 영화 제작 방침, 혹은 영상 스타일에 따라서 제작된 것이며, 쇼치쿠사의 '여성

그림 2-3
경향 영화의 대표작으로 손꼽히는
"무엇이 그녀를 그렇게 만들었나"

지향 영화'가 상정하는 관객층이나, 가마타초라는 영화 제작 방침이 내포하는 이데올로기성을 보여주는 텍스트라는 점을 확인해 두자.

위와 같은 쇼치쿠 영화와 대비되는 것으로서 '경향 영화傾向映画'라는 것이 있다. '경향 영화'란 프롤레타리아 사상의 '경향'이 표현되는 영화군을 지칭하는 것으로서, 이러한 '경향 영화'에 나타나는 모던걸의 표상은, 부르주아 계급의 퇴폐성을 체현하는 존재로서 묘사된다. '경향 영화'의 대표적인 것들로서는 "무엇이 그녀를 그렇게 만들었나何が彼女をそうさせたか"(1930년, 제국영화사[帝国キネマ], 스즈키 시게키치[鈴木重吉] 감독)나, 가타오카 뎃페이片岡鉄兵·하야시 후사오林房雄·아사하라 로쿠로浅原六朗·다카다 다모쓰高田保의 공동 집필 소설 「도회 교향곡都会交響楽」(『文学時代』 1929년 6월호)를 영화화한 "도회 교향곡"(1929년, 닛카쓰, 미조구치 겐지 감독), 가타오카 뎃페이의 원작 소설을 영화화한 "살아있는 인형生ける人形"(1929년, 닛카쓰, 우치다 도무[内田吐夢] 감독) 등에 오피스 걸, 부유층 영애 등의 모던걸이 등장한다.

현존하는 영화 중 미조구치 겐지 감독의 "고향ふるさと"(닛카쓰, 1930년)에서 '경향 영화'가 묘사하는 모던걸 표상을 확인할 수 있다. "고향"은 현존하는 일본의 토키talkie 영화7 중 가장 오래된 영화로서도 유명한데, 이 영화는 일세를 풍미했던 테너 가수 후지와라 요시에藤原義江의 가창력을 상품화한 영화라고 할 수 있다. 유학에서

7 토키(talkie) 영화란 영상과 음성이 동기화된 영화를 말한다. 무성 영화에서 발성 영화로 이행하던 시기의 영화를 지칭하는 용어로 보아도 무방하다. 일반적으로 미국의 "Jazz Singer"(1927년, 워너브라더스), 일본에서는 뒤에 고찰하는 "マダムと女房"(1931년, 쇼치쿠)를 가장 오래된 토키 영화로 본다.

돌아온 후지무라藤村(후지와라 요시에)는 테너 가수로서의 실력은 누구나 인정하나 집안이 가난하여 출세할 수 있는 기회를 얻지 못한 채, 아내 아야코ぁや子의 지원을 받으며 삼류 호텔 가수 생활을 전전한다. 그러던 중 부르주아 계급의 모던걸 나쓰에夏枝(하마구치 후지코[濱口富士子])가 후지무라의 후원자가 되면서, 후지무라는 화려하게 데뷔하게 된다. 그러던 어느 날, 후지무라가 불의의 교통사고를 당해 가수로서의 재기 가능성이 희박해지자 나쓰에는 후지무라를 버리게 되고, 후지무라는 아내의 헌신적인 간병에 의해 다시 가수로 복귀하게 된다. 하지만 이번에는 자본에 의해 조종되는 상업가수로서가 아니라 대중적(서민적)인 가수로서 재출발하게 된다. 여기서 간단히 소개한 플롯에서도 확인할 수 있듯이, 경향 영화가 묘사하는 모던걸은 대체적으로 부르주아 계급의 비도덕성이나 냉혹함, 혹은 퇴폐성을 드러내 보이는 부정적인 존재로서 그려진다.

　　이 절에서 지금까지 몇몇 작품을 예로 들어 1920년대에서 30년대에 걸친 일본 영화에 나타난 모던걸 표상을 개관해 보았으나, 그것은 동시기의 모더니스트나, 프롤레타리아 예술가, 보수주의자 등에 의한 사회적 담론을 큰 틀에서는 공유하면서, 영화산업의 관객층을 어디에 맞추느냐에 따라 각 영화사(혹은 감독)마다 다양한 차이를 보이는 것이었다고 할 수 있을 것이다. 그러한 정치적 입장이나 관객층에 따라 변하는 모던걸의 묘사는 어디까지나 '표상으로서의 모던걸'일 뿐인 것으로서, 영화가 대중의 욕망이나 르상티망을 다룰 때의 영상적 의미를 구성하는 요소들로 보아야 한다는 점은 유의해야 할 것이다. 다음 절에서 살펴볼 영화의 기술적 요소, 즉 토키라는 당시의 주요한 영화적 발전이 매개가 될 때 모던걸의 표상은 사뭇 달라지게 된다.

4. '모던 라이프'에 대한 찬가_고쇼 헤노스케의 "마담과 아내"를 중심으로

고쇼 헤노스케五所平之助 감독의 "마담과 아내マダムと女房"(1931년, 쇼치쿠)는 일본
최초의 '토키 영화'로 기록되고 있다.8 이 작품
은 "고향"과 같은 인기가수의 노래를 상품화
한 음악극이 아니라, 일상생활의 소소한 제재
를 다룬 이른바 '가마타초'에 따라 제작된 영화
다. 기타무라 고마쓰北村小松가 각본을 썼으며,
쇼치쿠 각본부의 후시미 아키라伏見晁가 개그

8 小林久三, 『日本映画を創った男―城戸四郎伝』(新人物往来社, 1999년, 96쪽)에 따르면, "마담과 아내(マダムと女房)" 이전에도, "여명(黎明)"(1926년, 昭和キネマ発声映画協会, 오사나이 가오루[小山内薫] 감독), "대위의 딸(大尉の娘)"(1929년, 昭和キネマ, 오치아이 나미오[落合浪雄] 감독), "고향(ふるさと)"(1930년, 日活, 미조구치 겐지[溝口健二] 감독) 등의 선행한 토키 영화가 제작되었다고 한다.

적 요소를 가미한 "마담과 아내"는, 일상을 그린 넌센스 희극이라는 형식
속에서 '소리'를 부각시키고 있다. 이 절에서는 "마담과 아내" 속에서 '소리'
라는 영화의 기술적 발전을 고려할 때, 모던걸 표상은 어떻게 달라지는지
살펴보고자 한다.

　"마담과 아내"의 주역은 인물이 아니라 '소리'이다. 극작가인 주인공
시바노 신사쿠芝野新作(와타나테 아쓰시[渡辺篤])는 당시 팽창하고 있었던 도쿄의
교외로 이사를 오지만, 주변에서 들려오는 갖가지 '잡음'들로 인해 원고가
잘 진행되지 않는다. 영화의 전반부는 그러한 잡음에 시달리는 신사쿠의
슬랩스틱적 희극으로 채워진다. 예를 들면 신사쿠가 이사를 끝내고 겨우
집필에 집중하려 하면 천장에서 쥐 '소리가 난다'. 그가 고양이의 울음소리
를 흉내 내면 창 밖에서 진짜 고양이가 우는 '소리가 난다'. 그 고양이를
쫓아 보내고 책상에 돌아오면 이번에는 자신의 갓난아이가 울기 시작하는
'소리가 난다'. "마담과 아내"에는 이외에도 개가 짖는 소리, 자명종 시계
소리, 소방차의 사이렌 소리 등 매우 일상적인 '잡음'들이, 원고마감에 시달
리는 극작가를 자극하는 '소리'로서 묘사된다.

이 영화의 '소리'는 영화의 제목이 나타내는 바와 같이, 이웃집 마담(모던걸, 다테 사토코[伊達里子])과 아내(다나카 기누요[田中絹代])의 대비를 통해서 더욱 부각된다. 다테 사토코가 부르는 경쾌한 재즈 음악에 대비되어 아내역인 다나카 기누요의 간사이[関西] 지역 사투리가 특징적으로 나타난다. 고쇼 감독은 이러한 방언이라고 하는 '소리'를 영화에 삽입하는 것에 대해, "라디오의 아나운서처럼, 대사는 표준어가 아니면 절대 안 된다는 조건을 깨뜨리고, 간사이 사투리의 다나카 기누요가 등장함으로써, 오히려 그 대사가 생생히 살아 있는 뉘앙스를 지니게 되었다"[9]고 지적한다. 이러한 지적에서 알 수 있는 바와 같이, 이 영화의 의도는 '소리'를 통해서 현실생활을 '리얼'하게 그려내는 데에 있었던 것이다. 그렇다고 한다면, 다나카 기누요가 연기하는 아내의 리얼한 현실생활을 강조하기 위해, 모던걸을 연기하는 다테 사토코의 인물상은 어떻게 기능하는가, 그리고 그것은 앞 절의 "명랑하게 걸어라"에도 등장했던 다테의 모던걸 표상과 어떠한 차이를 보이게 되는가에 대해 살펴보도록 하자.

9 岩本憲児, 「トーキー初期の表現」, 『トーキーの時代講座日本映画3』, 岩波書店, 1986년, 91쪽.

다나카 기누요를 통해 표현되는 리얼한 현실생활의 감각은 비단 간사이 사투리에서만 오는 것이 아니다. 오히려 "마담과 아내" 속에서의 역할에 기인하는 바가 크다고 할 수 있다. 기누요의 역할은, 앞 절에서 살펴보았던 신중하고, 조신하며, 남성을 헌신적으로 보살피는 '현모양처'와는 다소 차이를 보인다. 그녀의 역할은 남편인 신사쿠와 동등한 권리를 가지는 여성으로 묘사된다. 아내는 가사일도 육아도 잘 처리하는 여성이기는 하나, 남편의 일을 재촉하기 위해 이사를 도와준 친구들이 마장[麻雀]을 하며 노는 자리를 빨리 파하게 만들거나, 늦잠을 자는 신사쿠를 무리하게 깨운다. 이웃집에서 들려오는 재즈 소리 때문에 원고를 못 쓰겠다고 불평하는 신사쿠에게, '저 음악의 템포에 맞춰 빨리 일하세요'라며 가볍게 채근하기도 하며, 집안

일을 할 때 아이가 울기 시작하면 남편에게 아이를 달래라고 시키기도 한다. 아내 역은 이처럼 전형적인 '현모양처'와는 다소 차이가 있지만, 그것이 "마담과 아내"에서 결코 부정적으로 그려지는 것은 아니다. 신사쿠가 일을 하도록 재촉하는 방법으로서 아이를 이용하거나 애교를 부리거나 하는 '현명'한 여성으로서 그려지는 것이다. 다나카 기누요가 '리얼'한 느낌을 관객에게 주었다는 것은 이와 같은 남편과의 사이에서 펼쳐지는 신혼부부의 생활 묘사가 리얼했기 때문이며, 그것은 당시 도쿄의 교외에 정착되었던 샐러리맨 중심의 중류층 핵가족의 일상생활에 대한 '리얼'한 묘사였던 것이다.

아내의 인물상은 '이웃집 마담'과의 대비를 통해 더욱 구체화된다. 여기에서 먼저 '이웃집 마담'의 조형부터 살펴보자. 마담을 연기한 다테 사토코는 앞 절의 "명랑하게 걸어라"에서 '불량 모던걸'을 연기했던 것과 같이, 당시 일본 영화계에서는 주로 모던걸형으로서 캐스팅되고 있었다. "마담과 아내"에서도 그러한 인물 조형은 크게 변화하지 않는다. 담배를 피우며, 몸의 윤곽이 드러나는 노슬립 양장 차림으로 등장하는 마담은, 재즈 소리를 줄여 달라고 찾아온 신사쿠를 집안으로 들어오게 한다. 마담이 사는 집은 슬리퍼를 신고 생활하는 서양식 주거형이며, 그곳에서 재즈 밴드가 연주하는 곡조에 맞춰 맥주를 마시면서 춤을 춘다.

그러나 "마담과 아내"의 모던걸이 "명랑하게 걸어라"의 불량 모던걸과 크게 다른 점은, 주인공을 오히려 도와주는 조력자로서 긍정적으로 묘사된다는 사실이다. 재즈 밴드의 반주에 마담은 "스피드 시대"라는 곡을 부르는데, 신사쿠는 귀가하여 이 노래를 흥얼거리며 '스피드 업'하여 원고를 완성시켜 버린다. "마담과 아내"에 나타나는 이와 같은 슬랩스틱 코미디적인 요소는 물론 밝은 모던 풍속을 단순하게 묘사한 것에 불과한 것이기는 하지만, 재즈 싱어라는 모던걸에 '소리'가 부여되었을 때, 그 모던걸은 '가마타초'적인 묘사에서조차 타자로서 배제되지 않고, '이웃집' 마담으로서 작품의 이야기 구조 내부로 들어오게 되는 사실은 주목할 만한 점이다.

게다가 "마담과 아내"의 모던걸은 단순히 아내와 대비되어 보조적인 역할에 머무는 것이 아니며, 아내를 자극하여 행동의 변화를 추동하는 역할까지 담당하고 있다. "마담과 아내"에서 아내는 귀가가 늦는 남편을 찾아 이웃집으로 가게 되나, 이웃집 창문 너머로 남편 신사쿠가 마담의 노래를 흥에 겨워 따라 부르는 모습을 엿보고는 질투를 하게 되고, 집에 돌아와서는 '새색시 시절에는 왜 우는 것일까?'라며 신파적인 가요곡을 쓸쓸하게 부르는데, 이때 마담의 재즈와 아내의 가요곡은 '음의 대조contrast'를 보여준다. 그리고 귀가한 남편에게 아내는 다음과 같은 질투어린 채근을 하게 된다. '도대체 당신은 거기에 뭐 하러 간 거예요?/ 재즈 연주를 좀 그만해 달라고 말하려고 간 거지./ 그래서 저 모던걸과 사이좋게 놀다 온 거군요./ 바보 같은 소리, 이웃집 마담이잖아./ 요즘의 마담은 위험해요. 그게 마담이라니./ 마담이 아니라면 이웃집 부인이라고 하지. 단지 양장을 입고 있을 뿐./ 그게 요즘 말하는 '에로'인거죠. 에로 100퍼센트.' 이러한 대화를 통해서

그림 2-5 "마담과 아내" 속 아내의 패션 변화

알 수 있듯이, 모던걸의 양장이라는 기호는, 남편에게는 '마담'과 '아내'의 차이 정도로 인식될 뿐이나, 아내로서는 '위협'적인 에로티시즘을 환기하는 요소로서 인식되고 있다. 그러나 이러한 모던걸의 양장이라는 신체적 기호는 "마담과 아내"에서 퇴폐적 요소로서 부정되지 않으며, 오히려 아내의 '소비'적 욕망을 추동하는 요소로 긍정되고 있다. 남편은 이러한 아내의 태도를 단순한 가정살림에 대한 불만이나 여성 고유의 질투로 치부해 버리고, 아내도 '나도 양장을 사 줘요'라고 말함으로써, 가부장제적 도덕률에 위협적인 의미로 기능할 수 있는 모던걸의 에로틱한 양장은 그 의미를 상실해 버린다.

　　마담의 양장이 아내에게 가져온 변화는 영화의 마지막 장면에서 보이는 아내의 패션 변화를 통해서 표현된다(그림 2-5). 그림에서 확인할 수 있듯이, 아내가 완전한 양장 차림으로 나타나는 것은 아니나, 헤어스타일이 일본식 올린 머리10에서 (당시 유행하던) 웨이브가 걸린 파마머리로 바뀌며, 복장도 전통적 기모노에서 개량된 외출복으로 바뀌고 숄까지 걸치고 있다. 이른바 절충식 스타일和洋折衷式로 바뀐 것이다. 여성이 '소비'를 통해 '문화'를 획득하고, '모

10 일본 여성의 '머리형(結髮)'은 단지 헤어스타일을 의미하지 않는다. 신부머리, 부인머리 등 여성의 머리는 전통적 일본 사회에서 그 여성이 속한 계층이나 지위를 의미한다.

던 라이프'에 대한 지향을 보인다는, 모던걸의 중요한 특징이 드러나는 장면이라고 할 수 있으며, 이에 대해서는 이 책의 3장에서 상술하게 될 것이다. "마담과 아내"는, 남편은 영화의 시나리오에 전념하고 아내는 육아와 가사에 힘쓰면서, 언젠가는 비행기를 타고 오사카까지 날아갈 날이 올 것이라며 꿈에 부푸는 장면으로 끝나게 된다. "마담과 아내"는 이처럼 '모던 라이프'에 대한 중산층의 강한 지향 의식이 나타난 영화라고 할 수 있으며, 또 그러한 '모던 라이프'의 묘사는 당시의 사회상으로 볼 때, 다분히 유토피아적인 환상에 불과한 것이라고 아니할 수 없다. 그것은 오즈 야스지로 감독의 "도쿄의 합창東京の合唱"(1931년, 쇼치쿠)이나 "태어나기는 했지만生まれてはみたけれど" (1932년, 쇼치쿠) 등에서, 도쿄 교외에 사는 샐러리맨의 힘겨운 일상을 '리얼'하게 묘사한 영화들을 대비시켜 보면 쉽게 짐작할 수 있다. "마담과 아내"는 1장에서 살펴보았던 실용계 부인잡지가 주된 타깃으로 삼았던 여성상, 즉 여학교를 졸업하고 결혼하여 도쿄의 교외에 정착한 여성들이 기본적으로는 현모양처적 가치관을 유지하면서, 남편과의 대등한 부부관계나 '소비'를 통해 자신의 문화를 발견해 가면서 자아를 주장할 수 있다는, 중산층 주부의 꿈을 묘사하고 있다고 정리할 수 있을 것이다.

5. 도시와 농촌_기타무라 고마쓰라는 각본가

1920년대 일본은 1차 세계대전 전후로 시작된 '도시화'가 더욱 급속하게 진행된 시대다. 농본주의적 모럴에 근거한 지방적 가치관으로 볼 때, 그 도시 속에서 발달한 향락적인 소비문화는 동경의 대상이자, 동시에 위협적인 존재이기도 했다. 그러한 도시문화의 담지자로서의 모던걸은 그러한 선망과 혐오의 콤플렉스를 대표하는 존재였다고 할 수 있을 것이다. 그렇다면 도시문화를 선도하는 미디어로 성장하고 있었던 일본 영화는 어떠한 방식으로 도시와 농촌의 관계를 파악했던 것일까? 그에 대해 이 절에서는 우시하라 기요히코牛原虚彦 감독의 "그와 전원彼と田園"(1928년, 쇼치쿠)을 분석함으로써 고찰해 보려 한다. 다만 이 영화는 현재 필름이 소실된 상태이기에 각본가 기타무라 고마쓰北村小松의 각본11과 여타 영화 자료를 참조하고자 한다.

11 北村小松, 「彼と東京」, 「彼と田園」, 『北村小松シナリオ集』, 映画知識社, 1930년.

"그와 전원彼と田園"은, "그와 도쿄彼と東京", "그와 인생彼と人生"(1929년, 쇼치쿠) 등 이른바 '그' 시리즈 중의 한 작품이다. 이 연작은 스즈키 덴메이鈴木伝明, 다나카 기누요田中絹代 주연, 우시하라 기요히코 감독, 기타무라 고마쓰 각본이라는 콤비로 제작되어, "건전한 아메리카니즘을 일본에 이식한"12 영화로 평가받는다. 이 '건전한 아메리카니즘'이 무엇을 의미하는지에 대해서는 필름이 현존하지 않기

12 佐藤忠男, 『日本映画史 1』, 岩波書店, 1995년, 221쪽.

에 단언하기는 어려우나, 우시하라 감독의 경력이나 주연배우 스즈키 덴메이의 이미지를 고려할 때 어느 정도 짐작할 수는 있다. 도쿄대 출신 최초의 영화감독으로 기록되는 우시하라는 재학 시절부터 오사나이 가오루小山内薫가 주도하는 '쇼치쿠 영화연구소'에 참가하며 일본 극영화의 효시로 유명한 "노상의 영혼路上の霊魂"(1922년)의 제작에도 깊이 관여하였다. 1926년에는 도미하여 찰리 채플린의 영화 "서커스Circus"의 촬영을 견습한 후, 귀국 후에는 계속해서 쇼치쿠 가마타의 감독으로 영화를 제작하게 된다. 그리고 우시하라 감독이 스즈키 덴메이의 캐스팅에 대해 "덴메이는 쇼치쿠 영화연구소 시절부터 알고 지내던 사이로, 메이지明治대학 시절, 극동極東올림픽에서 수영 선수로도 활약한 바 있는 스포츠맨이며, 대학을 졸업한 후 닛카쓰에 입사, 1925년에 쇼치쿠에 복귀한 영화계의 이색 스타"13였다

13 牛原虚彦, 『虚彦映画年譜五十年』, 鏡浦書房, 1968년, 147쪽.

고 기술하고 있듯이, 스즈키 덴메이는 오토바이나 보트, 승마 등을 잘 타는 만능 스포츠맨이며, 근대적인 스타일이나 용모를 갖춘 배우로서 당시 가장 아메리카화된 배우로 인기를 누리고 있었다. 이 절에서는 "그와 전원"에서 스즈키 덴메이가 연기하는 남성상을 그 각본으로부터 분석함으로써, 선행 연구에서 말하는 '건전한 아메리카니즘'이란 무엇인가에 대해 생각해 보고 자 한다.

"그와 도쿄", "그와 전원"에서 스즈키가 연기하는 '그'는, 영화의 제목 이 말해주는 바와 같이, 농촌과 도시 사이에서 발생하는 갈등의 중심에 위치 하며, 그 갈등을 해결하는 역할을 맡고 있다. "그와 도쿄"에서 도시 도쿄는 퇴폐적인 풍조가 만연한 공간으로 설정된다. 주인공 아오키青木(스즈키 덴메이) 는 불경기 탓에 취직을 못하고 있으나, 시골의 부모는 장래의 며느릿감으로 젊은 여성을 데리고 상경해서는 그녀를 그의 하숙집에 머물게 한 채 돌아가 버린다. 그는 그 도키코とき子(야구모 에미코[八雲惠美子])의 순정에 이끌리게 되어 그녀를 받아들이게 되나, 이웃집 모던보이는 끊임없이 도키코에게 추파를 던진다. 겨우 취직하게 된 회사도 '퇴폐의 소굴'로서 묘사된다. 사내연애를 금지한다는 명목하에 아오키의 동료 나리타成田와 타이피스트를 퇴직시키 는 회사의 과장이 실은 다른 여사원을 농락하려 했다는 사실이 밝혀지는 장면이나, 사원 여행에서 회사의 한 중역이 여직원을 '작부' 취급하는 장면 등에서 도쿄는 도덕적 가치관이 붕괴된 곳으로 묘사되는 것이다.

"그와 도쿄"에서 아오키는 동료 나리타를 구해주고, 영웅적인 태도로 도쿄의 타락을 꾸짖은 후 스스로가 자란 고향으로 돌아갈 결심을 하게 되는 데, "그와 전원"은 말하자면 그 후속 이야기에 해당한다. "그와 전원"에서도 도시는 농촌의 가치관을 붕괴시키는 '타자'적 존재로 파악된다. 아오키는 농사를 지으며 살기 위해 귀향하나, 그곳은 더 이상 과거의 농본주의적 가치

관을 유지하는 장소가 아니었다. 아오키의 부모는 그를 대학에 보내기 위해 토지를 팔 수밖에 없었으나, 그 땅을 매입한 소유자는 그곳을 도쿄의 부자들을 위한 별장지로 바꾸어 버린다. 그 별장에 자동차를 타고 미국 문화에 빠진 모던보이, 모던걸들이 찾아온다. 그 중의 한 모던보이가 도시 문화를 동경하는 아오키의 여동생 시게코ㄴげ子(다나카 기누요)를 유혹하고, 다른 이들은 농촌 생활을 하는 시게코를 모욕한다. 도쿄에서 찾아온 모던보이, 모던걸은 자동차를 타고 다니며, 축음기의 재즈 음악에 맞춰 댄스를 추고, 영화나 긴자의 매력에 대해 표면만을 떠벌리는, 경박한 도시문화의 퇴폐성을 나타내는 존재로서, 농촌의 주민들에게 질시를 사게 된다. "그와 전원"은 이처럼 도시와 농촌, 퇴폐와 건전이라고 하는 이항대립이 강조되며, 도시의 모던 문화는 퇴폐, 향락적인 것으로서 일의적으로 수렴되어 버린다.

　　그러나 그러한 도시문화는 농촌의 젊은이들에게는 동경의 대상이기도 하다. "그와 전원"에서 도쿄에 나가고자 하는 시게코의 소망이 결국 그녀를 모던보이의 유혹에 넘어가게 만든다는 등의 설정을 통해, 농촌부의 젊은이들에게 미혹의 대상으로 비추는 도시문화의 유혹이 확인된다. 게다가 그러한 도시에 대한 동경이 '여성'을 통해 표현된다는 점도 주목할 만한 사실이다. 말하자면 "그와 도쿄"에서의 이웃집 모던보이와 도키코의 관계, 그리고 "그와 전원"의 모던보이와 시게코의 관계 속에서 생각할 때, 소비향락적인 도시문화와 농촌의 전통적 가치관이 '더럽히는/더럽혀지는' 관계로서 표상되는 것이다.

　　"그와 전원"의 주인공 아오키는, 이와 같은 소비향락적인 도시문화의 퇴폐성과 대비되는 '건전한 모던'을 체현하는 인물로 그려진다. 여기에서 스즈키 덴메이의 스타성이 그대로 영화 속으로 투영되게 되는 것인데, "그와 도쿄"에서 아오키는 대학 시절 테니스대회에 출전하여 우승한 경력이 있는 스포츠맨이며, 회사에서는 젊은 타이피스트들에게 호감을 사게 되어 동료인 나리타는 아오키와 타이피스트 사이를 의심하나, 아오키는 그를 집으로 초대하여 아내에게 솔직한 애정 표현을 보여주는 식으로 건전한 인간관계를 보여준다. 즉 전통적인 '색정色恋'의 남녀 관계가 아닌 대등한 남녀 관계를 실천하는 인물로 그려지는 것이다. "그와 전원"에서도, 아오키는 도쿄의 퇴폐적인 풍조를 개탄하며 시골에서 농사를 짓지만, 원래는 도쿄에서의 학생 시절, 댄스나 골프를 즐기는 등 모던보이 이상으로 도회적인 센스를 겸비한 인물로 그려진다. 시나리오의 마지막 장면에서 농사꾼을 멸시하는 모던걸, 모던보이 앞에 한 파티 석상에 '스마트한 턱시도 모습'으로 변신하여 나타남으로써, '도시문화로서의 모던'을 표면적으로만 받아들인 그들보다도 오히려 '이념으로서의 모던'을 내면화한 인물로서 조형되는 것이다.

이러한 아오키의 인물 조형은 무엇을 의미하는 것일까? 영화 비평가 사토 다다오佐藤忠男는, 경박하게 미국 물이 든 모던걸, 모던보이를 본질적으로 '아메리카화'된 스즈키 덴메이가 콧대를 꺾어 보인다는 구조를 언급하면서, "아메리카적인 가치관의 승리를 그렸다고 해야 할까, 일본적인 미덕에 손을 들어 주었다고 해야 할까, 일방적으로는 말할 수 없는 면이 있다. 아메리카니즘에 대한 호의와 반발의 이율배반이 이 영화에는 있다"[14]고 지적하고 있으나, 그렇다면 왜 이 영화는 '아메리카니즘'에 대한 상반된 평가의 축을 포함하고 있는 것일까? 이를 살펴보기 위해서는 각본가 기타무라 고마쓰北村小松에 대해 참조할 필요가 있다.

오야 소이치大宅壮一가 기타무라에 대해 "그는 어느 정도 프롤레타리아적이며", "그의 (모형) 비행기에 대한 사랑은 너무나도 유명하다"[15]고 평하는 바와 같이, 이 시기 기타무라는 마르크스주의적 각본가로서

14 佐藤忠男, 앞의 책, 224쪽.

15 大宅壮一, 「前衛に立つ人々のクロオズ・アップ」, 『新潮』 1930년 1월.

다수의 연극과 영화 각본을 남기고 있다. "그와 전원"에도 그의 이러한 정치적 성향이 다분히 나타난다고 할 수 있다. 앞장에서 이미 서술한 바와 같이, 당시의 마르크스주의자들은 유행 풍속으로서의 '아메리카니즘'은 퇴폐해 가는 부르주아 사회의 '말기'적 증상이며, 이것은 배격해야 할 사회 현상이라고 주장하였으나, 이 영화에서 설정하는, 농촌의 자작농 계급이 붕괴하고 그 곳에 부르주아 계층의 타락한 아이들이 들어온다고 하는 플롯은 동시대적인 마르크스주의적 경제 인식을 보여준다고 할 수 있다.

하지만 이 영화의 결말부는 그러한 마르크스주의적 사고에서 다소 비껴가고 있다. 즉, 노동자, 농민 등의 무산계급이 부르주아 계급의 타락상에 대항하여, 연대를 통해 극복해 간다는 사회주의적 리얼리즘 방식으로 전개되지는 않는다. 농민으로서의 아오키는 부르주아 계급을 '농민'으로서 극복하는 대신에, 부르주아 계급의 자제들도 동경할 정도의 여성(잡지 『후진가호[婦人画報]』의 권두 사진에 등장하는 도쿄대학 총장의 딸)과 함께 나타난 '턱시도' 신사로 변신함으로써 경박한 도시풍속을 대변하는 부르주아 계급을 물리친다는 결말을 보여준다. 이러한 타협적인 결말에서 기타무라의 철저하지 못한 마르크스주의 사상을 지적하는 것은 쉬운 일이다. 하지만 "그와 전원"의 이러한 결말에 대해 단순히 기타무라의 사상적 불철저함을 지적할 수는 없을 것이다. "그와 전원"의 이러한 결말을 두고 사토 다다오가 '아메리카니즘에 대한 호의와 반발의 이율배반'으로 해석한 것에 따른다면, 그것은 우시하라 감독이 일본 영화 근대화의 모범으로서 할리우드 영화를 지향했다는 점, 주연배우 스즈키 덴메이의 스타성이 당시로서는 건전한 아메리카니즘을 체현하고 있었다는 점, '가마타초'라고 하는 쇼치쿠사의 제작방침 등이 기타무라의 마르크스주의적 사상과 결합한 결과, 즉 영화 생산의 다양한 행위자들이 복잡하게 영향을 준 결과로서 생각하는 것이 합당할 것이다.

그림 2-6
일본 육군의 지원하에 제작된
"진군"

　기타무라의 마르크스주의는, 앞 장에서 살펴본 바와 같이, 근대적 과학문명의 발달을 긍정하며, 그 연장선상에서 과학적 사회 이론으로서 마르크스주의를 받아들인 점에서 동시대적 인식을 공유하고 있다. "그와 전원"의 마지막 장면에서, 아오키는 농촌지도자로서의 길을 선택하게 되고, 그의 어린 동생은 '모형 글라이더'를 날리면서 뛰어노는 장면이 묘사된다. 이 모형 글라이더는 아오키가 모던보이들과의 대결 속에서 마지막까지 보호해 지켜낸 것으로서, 시나리오 작가 기타무라의 '미래에 대한 밝은 기대'를 구현하는 상징물로서 묘사된다. 즉 글라이더는 퇴폐적인 모던 풍속에 대한 '진보 사상으로서의 모던'을 구현하고 있는 것이다.

　그러나 이 "그와 전원"의 마지막 장면에서 유념해야 할 사실은, '모형 글라이더'에서 실제 '전투기'까지의 거리다. 기타무라가 묘사한 바와 같은 건전한 모던 사상에 의해 퇴폐적인 도시 풍속을 극복하고, 그러한 풍속을 체현하는 경박한 모던보이, 모던걸을 교화할 수 있다는 자세에서, 건전한 나라 만들기를 위해 대중을 '동원'한다는 생각까지는 그다지 먼 거리가 아닌 것이다. 구체적인 예로서 1930년, 쇼치쿠는 창립 10주년을 기념하여 "진군進軍"이라는 대작을 제작한다. 이 영화도 '덴메이 - 기누요 - 우시하라'라고 하는 쇼치쿠의 스타 체제 속에서 제작된 작품으로, 그 기본적인 플롯은, 비행사를 꿈꾸던 농촌의 한 청년(덴메이)이 모형비행기 제작에 몰두하게 되고, 상경한 후에는 민간 비행사가 되어 비행기술을 연마한 끝에, 마침내 조국을 위해서 '황군'의 일원이 되어 전장으로 향한다는 것이다. 이 영화는 일본 육군의 전면적인 협조를 통해서 제작되었다는 점에서도 화제가 되었는데, 동시대적 상황에서 볼 때, '경향 영화'의 대표작으로 평가받던 미조구치 겐지 감독의 "도회 교향곡都会交響楽"(1929년)이 프롤레타리아 군중을 묘사한 장면을 600피트나 삭제된 채 공개되었던 점이나, '프로키노 운동'(1928~1932년, 프롤레타리아적 사상을 영화 속에서 실천하려 했던 운동의 경향)이 당국의 엄격한 탄압을 받고 있었다는 상황을 고려할 때, 그 정치적 의미가 작다고는 말할 수 없을 것이다. 스즈키 덴메이가 농촌지도자에서 전투 비행사로 변신한다는 묘사는, 건전한 사상에 의해 대중을 지도할 수 있다고 믿었던 모더니스트들의 꿈이 얼마나 간단히 국가체제 속으로 수렴될 수 있는가를 단적으로 보여주는 좋은 예라고 할 수 있을 것이다.

6. '모던' 문화의 젠더 편성

앞 절에서는 도시의 '모던' 문화가 당시의 사회적 젠더 편성 속에서 어떻게 전개되어 갔는가에 대해 잠시 언급했을 뿐이나, 이 절에서는 '학생 스포츠 영화'라는 장르 속에서 젠더 문제를 생각해 봄으로써 모던 문화의 젠더 편성 문제에 대해 구체적으로 고찰해 가고자 한다.

　　1920년대에서 30년대에 걸쳐, 스포츠는 일본의 도시 모던을 밝게 표현하는 중요한 구성요소로서 정착하게 되며, 일본 영화는 그와 같은 스포츠를 다양한 형태로 영화화해 갔다. '학생 스포츠 영화'라는 장르는 그 과정에서 완성되어간 것이다. 영화 사학자 야마모토 기쿠오山本喜久男는, 일본의 '학생 스포츠 영화'라는 장르가 할리우드의 영화 장르인 '대학 코미디'의 모방에서 시작되었다고 지적하면서, 그 두 장르에 나타나는 주인공상의 특징적인 차이에 주목하며 다음과 같이 설명한다.

주인공이 사립 명문 대학 출신의 모범학생으로서 유명한 스포츠맨이라는 것도 일본의 '학생 스포츠 영화' 속 주인공의 전형적인 모습이다. 아메리카 영화에서 주인공은 승리에 의해 로맨스를 포함한 모든 것을 쟁취하기 위해 싸우지만, 일본 영화에서는 무엇보다도 '모교', '스포츠 정신'이라는 대의명분을 위해서 싸운다.[16]

할리우드의 '대학 코미디' 장르를 모범으로 하여 태어난 일본의 '학생 스포츠 영화'에서, 할리우드 영화에는 보이지 않는 새로운 주인공 상이 창조되었다는 지적[17]은 중요한 의미를 지니게 된다. 그것은 일본 영화에서 '모교를 위해, 스포츠 정신을 위해' 싸우는 새로운 주인공상의 등장에는 무엇인가의 문화적 컨텍스트가 개입되어 있음을 말해 주기 때문이다. 이 절에서는 그 사례로서 시미즈 히로시清水宏 감독의 "대학의 젊은 주인大学の若旦那"(1933년, 쇼치쿠)을 사례로 선택하여, 그 속에서 그려지는 주인공상이 동시대적 문화 컨텍스트 속에서 어떠한 의미를 지니는 것인가에 대해 고찰해 가고자 한다.

"대학의 젊은 주인"은 '학생 스포츠 영화'의 장르적 약속, 즉 우수한

16 山本喜久男, 『日本映画における外国映画の影響』, 早稲田大学出版局, 1983년, 272쪽.
17 야마모토 기쿠오는 앞의 책에서, 일본에서 개봉된 주목할 만한 '대학 코미디'물로서, "대학의 브라운(Brown of Harvard)" "로이드의 신입생(The Freshman)"(1926년), "키튼의 대학생(College)"(1927년) 등을 대표작으로 열거하면서, 스즈키 덴메이(鈴木伝明) 주연의 "우리들의 젊은 날(我等の若き日)"(1924년), 아사오카 노부오(浅岡信夫) 주연의 "모교를 위해서(母校のために)"(1925년) 등의 일본 영화에서 당시의 실제 대학생 스포츠맨을 영화에 기용하게 된 것이 '학생 스포츠 영화'의 주류를 형성하게 되었다는 사실을 설명하고 있다(258~278쪽).

그림 2-7
"대학의 젊은 주인"의 주인공
후지이 미노루

스포츠 선수가 일시적으로 선수생활의 위기에 직면하게 되나, 그 역경을 극복하고 시합에 복귀하여 영웅적인 승리를 쟁취한다는 메인 플롯의 패턴을 충실히 따르고 있다. 술집 도매상 마루후지丸藤의 아들 후지이 미노루藤井実(후지이 미쓰구[藤井貢])는 유명 사립대학의 럭비부 주장이나, 여성 문제로 오해를 사게 되어 제명 처분을 받고 잠시 럭비부를 떠나게 된다. 하지만 그는 학교의 명예를 지키기 위해 럭비부에 돌아올 결심을 하고 복귀한 후에는 영웅적인 활약을 통해 승리를 쟁취하게 된다.

　이러한 메인 플롯 속에서 묘사되는 스포츠 영웅의 모습은, 먼저 탈전통적이라는 의미에서 근대적인 신체성을 나타내게 된다. 실제로 대학 럭비의 스타였던 후지이 미쓰구가 연기하는 스포츠맨의 육체는, 대대로 이어져 내려온 술집의 주인인 아버지 고베五兵衛의 신체와 대비되며, 전통적인 가치관과 대비되는 근대적 신체성을 의미하게 된다. 아버지 고베는 럭비를 '수박 던지기'라고 표현하는 등 근대적 스포츠에 대한 이해를 표시하지 않으며, 후지이가 게이샤를 학교에 데려왔다는 이유로 퇴부 처분을 받았을 때 오히려 기뻐할 정도다. 후지이는 빠른 영화 커트의 편집 속에서 격하게 운동하는 스피드가 강조되는 반면, 고베는 다타미 위에 정좌하고 앉아 정적 영상으로만 묘사된다. 즉 아버지와 아들, 전통적 남성상과 근대적 남성상이 '정과 동'이라는 영상적 대비 속에서 묘사되고 있는 것이다. 하지만 고베는 미노루가 퇴부 후, 후배 부원 기타무라北村의 누나인 '레뷰걸revue-girl'과 친해지게 되어 그 쇼를 하는 극장에 다니게 되자, 아들이 도시적 향락에 빠져드는 것을 염려하여 럭비부에 복귀신청서를 제출하게 된다. 그리고 럭비팀은 복귀한 미노루의 활약에 힘입어 극적인 승리를 쟁취하게 되고(영화의 마지막 20초 동안에 극적인 역전극을 펼친다는 스포츠 영화의 전형적인 패턴), 아버지 고베는 이러한 아들의 활약을 '라디오' 중계로 들으며 응원한다는 식으로 영화는 마무리된다. 이처럼 스포츠라고 하는 도시 모더니즘의 중요한 구성요소가 어떻게 전통적인 일본 사회에 침투하며, 그 가치관을 바꾸어 가는가 하는 근대화 과정에 대한 묘사가 "대학의 젊은 주인"에서는 럭비 선수를 연기하는 후지이 미쓰구의 신체를 통해 표현되는 것이다.

"대학의 젊은 주인"에 보이는 이와 같은 스포츠 주인공의 묘사는 1930년을 전후하여 절정에 달하게 되는 스포츠 열기에 근거하고 있다. 여기에서 간단히 일본 사회 속에서 근대적 스포츠가 보급된 역사에 대해 언급하도록 한다. 당시 가장 인기가 있었던 스포츠는 야구로서 '고시엔甲子園' 구장이 1923년에, '메이지진구明治神宮' 구장이 1926년에 완공되어, 각기 '전국 중등학교 야구대회'(현 고교야구), '사립 6대학 야구'의 무대가 되어 오늘날까지 이어지고 있다. 야구 이외에도, 육상, 수영, 테니스, 럭비 등이 근대적 스포츠로서 인기를 모으게 되며, 그러한 스포츠는 1928년 암스테르담올림픽에서 삼단뛰기의 오다 미키오織田幹雄 선수가 일본인 최초로 금메달을 따게 되고, 1932년 로스앤젤레스 올림픽에서 일본인 선수의 활약상이 두드러지는 가운데, 건전한 '모던' 문화로서 정착해 가게 된다. 그리고 이러한 스포츠 열기를 전국적으로 파급시킨 것이 1927년부터 시작되는 라디오 실황 중계의 개시다.[18] 고시엔 구장에서 열린 '전국 중등학교 야구대회' 중계부터 시작된 이 실황 중계방송에 의해, 스포츠는 '하는', '보는' 대상에서 '듣는' 대상으로서 그 의미를 확장시켜가게 된다.

18 和田博文,『テクストのモダン都市』, 風媒社, 1999년, 189~218쪽.

"대학의 젊은 주인"은 말하자면 이러한 근대적 스포츠의 보급 과정을 제재로 다루며, 그 프로세스 자체를 찬미하고 있다고 할 수 있다. 이 영화는 완전한 토키판은 아니나, 박수소리나 '샤미센三味線' 소리를 삽입하는 등 부분 토키를 실현하고 있으며, 주목할 점은 클라이맥스의 럭비 시합 장면이 완전한 실황 중계의 형태로 라디오 아나운서의 목소리를 통해 묘사된다는 점이다. 여기에서 영화의 관객은 그러한 스포츠의 흥분을 '보는 것'과 동시에 '듣게' 되는 것이다. '학생 스포츠 영화'로서의 "대학의 젊은 주인"은 이처럼 건전한 '모던' 문화로서의 스포츠를 제재로 하면서, 그 위에 근대적 과학 기술의 한 실현물인 영화의 '토키' 기술을 중첩시킴으로써, 밝은 미래를 보장해 줄 '모던' 문화에 대한 대중적 기대 심리를 최대한으로 표현하고 있다고 할 것이다. 이러한 의미에서 당시의 영화는 첨단적인 도시풍속을 묘사하며 스스로도 그 첨단 문화의 한 구성요소로서 대중에게 다가가려 했다는 점이 확인될 것이다.

'모던' 문화에 대한 위와 같은 대중적 기대나 욕망은 무엇보다도 영화 스타의 신체성을 통해서 실감되었다고 할 수 있다. 다음의 인용을 보도록 하자.

한 번이라도 '사립 6대학' 리그전을 관전한 사람이라면, 그 열광적인, 스탠드 쪽에서 멀리 야외석을 채운 수만명의 관객이 바라보는 가운데, 다음 공을 날카롭게 바라보고 있는 헤비 배터에게서 분명히 어딘지 모를 영웅적인, 영화 배우를 볼 때와 같은 감동을 얻었을 것이다.[19]

19 今和次郎, 「享楽の東京」, 『新版 大東京案内』, 中央公論社, 1929년(『別巻 資本文化のモダニズム:『文学時代』の諸相』, ゆまに書房, 1997년, 77쪽).

그림 2-8
"대학의 젊은 주인" 속의
레뷰걸

　이 문장은 앞 장에서도 언급했던 곤 와지로今和次郎의 도시 관찰 기술의
일부분이나, 여기에서도 잘 표현되어 있듯이, '학생 스포츠 영화'의 주인공
상은 스포츠 선수에 대한 대중적 열광이나 선망을 배우적 신체성을 통해
구현한 것이라고 할 수 있다. 실제로 앞서 언급했던 스즈키 덴메이가 극동올
림픽에 출전한 경험이 있는 만능 스포츠맨이었다는 점이나, "대학의 젊은
주인"의 주인공 후지이 미쓰구가 게이오대학 럭비부의 선수였다는 사실
등은 실제 배우의 신체성이 그대로 영화적 배역으로 연결된 좋은 예이며,
이러한 스포츠맨＝배우적인 남성상이 근대적 남성상으로 긍정되고 있음
을 쉽게 알 수 있을 것이다.

　하지만 여기에서 주의할 사실은, 이러한 "대학의 젊은 주인"의 근대적
남성상이 '레뷰걸'이라는 근대적 여성상과의 대비를 통해서 부각되고 있다
는 점이다. 후지이의 스포츠맨적인 육체가 건전하고 명랑한 '모던' 문화를
표현하는 반면, 그 스포츠 선수를 동경하는 레뷰걸의 신체는 향락적이며 퇴
폐적인 '모던' 풍속을 나타낸다. 기타무라는 자신의 누나에게 빠져드는 후지
이를 향해 '후지이 선배는 혼자 만의 후지이가 아닙니다. 럭비부의 후지이가
아닙니까? 학교의 후지이가 아닙니까? 럭비계 전체의 후지이가 아닙니까?'

하고 질책함으로써 그의 복귀를 종용한다. 이러한 표현에서 잘 드러나듯이, '모던' 문화의 명암이 젠더적 분할을 통해서 묘사되고 있으며, 결국 후지이가 '모교'를 위해 싸워 승리를 쟁취함으로써 남성적 모던이 긍정되는 반면에, 여성적 '모던'은 억제되고 극복해야 하는 대상으로서 부정되는 것이다.

또한 이러한 스포츠 주인공의 강인한 신체성에 '모교를 위해서'라는 귀속감을 의미부여할 때, 그것은 쉽게 '국가를 위해서'라는 보다 확대된 아이덴티티로 연속되는 것은 두말할 필요도 없을 것이다. 앞의 곤 와지로는 같은 문장 속에서, "암스테르담에 일장기가 펄럭인다는 사실은, 우리들에게, 아마도 개벽 이래 일본인이 맛본 적이 없는 숭고한 감동을 불러일으켜 주었으며, 그 때문인지 스포츠맨, 특히 선수들에게 우리들은 무언가 친밀한 대표자같은 느낌을 느끼게 되었다"고 언급하는데, 이러한 기술 속에서 당시의 스포츠 주인공상과 내셔널리즘의 형성 관계가 쉽게 읽혀질 것이다. 그러나 이러한 과정에서 중요한 것은, 그것이 주로 남성적 신체를 통해서만 욕망되었다는 사실이며, 여성의 '모던'한 신체성은 소비적, 향락적인 것으로 부정되거나, 혹은 남성 중심의 젠더 편성 가운데에서 왜곡되어 버리고 말았던 것이다.

7. 나오며

이 장에서는 1920년대에서 30년대에 걸친 일본 영화들 속의 모던걸 표상을 분석하여, 그 표상이 다양한 의미군들로 이루어져 있음을 설명해 왔다. 그 것은 담론공간의 모던걸 표상과 마찬가지로, 도시와 농촌, 첨단적인 도시 문화인가 맹목적인 서양 추종인가, 소비대중인가 유행만을 쫓는 존재인가,

자유연애를 실천하는 존재인가 창부적인 존재인가 등의 다양한 '경계'적인 개념을 나타내는 존재로서, 그러한 모던걸이 등장하는 영화적 장르나 주제 등에 따라 미묘하게 변용하고 있음을 알 수 있었다. "명랑하게 걸어라"의 모던걸은 불량소녀로서, "그와 도쿄"나 "그와 전원"에서는 타락한 도시 풍속의 상징으로서, "대학의 젊은 주인"에서는 향락적인 도시문화의 체현자로서, 혹은 반전통적인 여성이나 부르주아 계급의 퇴폐성을 나타내는 존재로 묘사되면서, 각기 현모양처나 사라져가는 농본주의적 가치관, 건전한 스포츠 주인공을 유혹하는 타자적 존재로서 그려진다. 그리고 그것은 앞 장에서 살펴본 '이상으로서의 모던걸'과 '표상으로서의 모던걸'에 대한 모더니스트와 프롤레타리아 진영 등의 주장을 넓은 틀에서는 공유하면서, 감독의 스타일이나 배우의 신체성, 혹은 각본가의 위치 등 영화 제작의 제반 규제에 따라 독자적인 표상 시스템을 보여주는 것이기도 했다.

이러한 영화 미디어 속의 모던걸 표상은, 당시의 영화 제작 환경, 즉 산업으로서의 영화는 소설보다 그 대상이 대중(서민)적이며, 엄격한 검열 하에 놓여 있었다는 제약 조건 속에서, 대중적인 욕망이나 르상티망을 표현하여 왔으며, 대체적으로는 기존의 지배적 가치관에 환원되는 경향이 있었다. 그러나 이 책의 7장에서 살펴보는 바와 같이, 그와 같은 '표상으로서의 모던걸'에 대해, '실체로서의 모던걸'로서의 주체적인 주장을 실천해갔던 여배우가 존재했다는 사실을 잊어서는 안 될 것이다. 그리고 이러한 이념/현실, 표상/실체의 모던걸에 대한 종합적인 관점이 필요한 것은 그러한 논의가 현재의 도시문화론까지 연속되고 있기 때문이라는 점을 다시 한 번 지적해 두고자 한다.

이하의 각장에서는 '경계' 개념으로서의 모던걸에 대해 각각의 문화생산자들은 어떠한 모던걸을 그려냈는지 개별적으로 살펴보고자 한다.

2부

대중문화가 그리는 모던걸

1931년 시세이도가 PR용으로 배포한 부채(야마나 후미오[山名文夫], "도쿄 신풍경, 긴자의 야경")

3장
'소비'와 모던걸_기쿠치 간 「수난화」[1]론

1. 신여성에서 모던걸로

니이 이타루新居格는 「근대 여성의 사회적 고
찰近代女性の社会的考察」(1925년)[2]에서, 일본 사회
에서 모던걸이 출현한 사회적 기반을 '생활양
식의 구미화'로 설명하면서, "예전에는 지식
적으로 내지는 개념적으로만 이해하고 있던
서구 문명을 오늘날에는 생활 내지 정서상에까지 세세하게 수용한 느낌이
든다"고 말하고 있다. 이와 같은 간토대지진 직후에 형성된 대중소비사회
가운데서 일어난 '생활양식'의 변화와 '서구화된 정서'를 모던걸과 결부시
켜 묘사한 소설로 기쿠치 간菊池寬의 「수난화受難華」를 들 수 있다.

이 「수난화」에 대해서 기쿠치 간은, "저의 초기 장편소설 중에서는
좋은 작품으로, 지금 다시 읽어 보아도 부끄럽게 여겨지는 곳이 없다"[3]고
자부하고 있으며, 평론가 고바야시 히데오小林秀雄도 「기쿠

1 菊池寬, 「受難華」, 『婦女界』, 婦女界社, 1925
년 3월~1926년 12월 연재(『菊池寬全集 第六巻』
高松市 菊池寬記念館, 1994년). 이하 특별한 표
기가 없는 한, 「수난화」 텍스트는 전집에서 인용
하며, 본문 중에 쪽수만을 기재한다.
2 新居格, 「近代女性の社会的考察」, 『太陽』
1925년 9월, 博文館.

3 菊池寬, 『菊池寬 作家の
自伝10』, 日本図書センター,
1994년, 105쪽.

치간 론菊池寛論[4]에서, "「수난화」는 「다다치카경 행상기忠直卿行状記」보다도 뛰어난 작품이다"라고 언급하는 등 「진주부인真珠夫人」이래의 대표작으로 인정되어 왔다. 그럼에도 이 텍스트에 대해서는 현재까지 주목할 만한 연구 성과가 남아있지 못하다. 그 적은 선행 연구 가운데, 마에다 아이前田愛의 「다이쇼 후기 통속소설의 전개 大正後期通俗小說の展開」[5]는 주목할 만하다. 이 장의 논지와 관계되는 부분을 정리하면 다음과 같다.

4 小林秀雄, 「菊池寛論」, 『小林秀雄 第四卷 作家の顔』, 新潮社, 2001년, 84쪽.
5 前田愛, 「大正後期通俗小說の展開」, 『近代讀者の成立』, 岩波現代文庫, 2001년.

마에다는 1925년 무렵부터 활성화되는 '문학의 대중화' 현상을 다이쇼 시기에 급성장한 부인잡지를 통해서 설명한다. 그는 1925년도 '제3종 소득세 납세자 실수'인 140만 명의 '중산계층'과 주요 부인잡지 6사의 신년호 판매부수 120만 부가 실제적으로 거의 비슷하다는 점을 제시하며, 그 부인잡지의 독자층을 중등교육 이상의 가정주부와 직업부인으로 구체화한다. 마에다는 이러한 독자층을 대상으로 하는 부인잡지의 특집기사나 창작란의 변천을 주로 추적하는 것을 통해 다이쇼 말기에 일어난 변화, 즉 '수양修養'에서 '문화(생활)'로의 변화라는 키워드를 추출한다. 그리고 그러한 '문화(생활)'의 특징을, ① 문화 주체로서 신중간층의 등장, ② 소시민적인 가정중심주의 지향, ③ 소비생활 중시, 향락주의, 취미생활, ④ 그 배경으로서 저널리즘의 발전과 영화, 라디오 등 시청각 미디어의 진출로 정리하고 있다.

이러한 설명 위에서 마에다는 당시의 여성독자층에 압도적인 인기를 끌고 있었던 기쿠치 간의 작품을 케이스 스터디로 분석하면서, 기쿠치 간의 소설 속 주인공상의 변천을 지적하며 다음과 같이 설명한다. "남성 본위의 도덕에 과감하게 도전한 「진주부인」의 루리코瑠璃子에서, 애정보다도 생활의 기쁨을 선택하는 「수난화」의 스미코寿美子로 미묘하게 변화는 여성상은 간토대지진을 사이에 두고 일어난 여성의 생활의식 변화와 관계없지 않을 것이다 [……] 신여성의 모습을 통속소설 세계에 도입한 것이 「진주부인」 이었다고 한다면, 「수난화」는 모던걸의 생태와 풍속을 앞서 그렸던 작품이 었다고 할 수 있다"고 하며, "기쿠치 간의 인기는 그의 통속소설이 소시민적 인 문화생활, 대가족적 구속에서 해방된 둘 만의 결혼생활에 대한 환상을 가장 전형적으로 표현하고 있던 것과 무관하지 않다. 「수난화」에서 그려지 는 세 쌍의 현대적 남녀의 연애는, 모던걸의 생활의식과 제대로 대응하고 있었던 것이다"라고 결론내리고 있다.

　　마에다 아이의 이 논고는 독자론적 지평에서 실증적 방대함을 갖춘 뛰어난 연구이지만, 기쿠치 간의 소설세계를 분석하는 데에 있어서 당시의 마르크스주의적 비평가 아오노 스에키치青野季吉의 주장에 너무 의거하여 분석하고 있다는 점을 지적하지 않을 수 없다.

　　그러나 (기쿠치 간 소설세계가 보이는―필자주) 파괴도, 비평도, 그 자유세계의 창조 도, 결코 래디컬한 색채를 띠어서는 안 된다. 그것은 정감적 요소에 의해, 내용 면에서도 표현 면에서도, 적당히 완화되고 '시화(詩化)'되지 않으면 안 된다. 그것은 예를 들어 말하자면, **무대 위의 불빛이어야지 진짜 화재가 되어 서는 안 되는 것이다**(강조는 마에다에 의함).6　　　　　6 前田愛, 앞의 책, 263쪽.

　　마에다가 아오노의 동시대평을 위와 같이 인용하며 그 주장을 따를 때, 분명히 기쿠치 간의 소설세계는 '쾌적한 문화생활, 안식지로서의 가정 이라는 환상을 신중간층 독자에게 제공'했을 뿐인 것으로 평가되어 버릴 것이다.

　　그러나 과연 그럴까? 이러한 주장에 간과되고 있는 점은, 당시 도래하고 있었던 대중소비사회와 그에 대해 기쿠치 간의 소설이 어떠한 스탠스를 취하고 있었는가 하는 질문이라고 생각된다. 필자는 「수난화」를 단순히 '모던걸의 생태와 풍속'을 반영하여 그린 작품이라고 보지 않으며, 오히려 대중소비사회의 도래와 '소비성'이란 것이 가져오는 여성성의 근본적인 변화를 모던걸을 통해서 그려낸 작품으로 파악한다. 그 속에는 기쿠치 간의 에크리튀르7의 평이함, 자연스러움으로 인해 은폐되어 버린, '소비'를 둘러싼 당시의 여러 이데올로기적 갈등이 보이며, 기쿠치 간 자신도 「수난화」의 창작을 통해서 그 갈등의 '장'에 적극적으로 참가해 간 행위자였던 것이다. 이를 분명히 밝히기 위해서 먼저, 「수난화」의 세 여주인공이 거쳐 가는 공간을 따라 걷는 것에서부터 시작하고자 한다. 그리고 다음으로 「수난화」가 게재되었던 『후조카이婦女界』라는 '실용적 부인잡지'를 작품의 서브텍스트로 분석함으로써, 독자대중 속에서 '소비'가 어떠한 의미의 진폭을 가졌는지를 검증한다. 마지막으로 이러한 분석틀 속에서 여성의 신체성을 독자/구매자로 인식하는 당시의 사회적 담론과 「수난화」를 대비해 봄으로써, 기쿠치 간이 모던걸 담론공간에서 주장했던 것의 사회적 의미에 대해서도 밝혀 가고자 한다.

기쿠치 간은 「도쿄 행진곡東京行進曲」의 주인공을 통해 다음과 같은 주장을 한다.

> 저는 모던걸을 좀 더 존경해 주었으면 좋겠어요. 모던걸이라니, 겉모습만이 문제인 것은 아니잖아요? 조금이라도 양장이라도 하면, 금방 모던걸이라니, 너무 바보스러워요. 모던걸이란 말은 조금 더 내용적인 의미에서 사용했으면

7 에크리튀르(écriture)란 프랑스어로 문자, 쓰여진 것, 쓰는 행위, 문체 등을 종합적으로 지칭하는 말로, 일반적으로 파롤(발화된 언어)에 대비되어 사용된다. 여기에서는 기존의 '작가적 문체'와는 다르게 작가가 소설을 '쓴다'는 행위와 그 소설이 '잡지'의 지면에 게재되어 독자에게 읽히는 과정, 즉 '소설의 의미 생성 과정'을 중시한다는 점에서 이 용어를 사용한다.

좋겠어요. 여성으로서, 분명한 자각을 가지고 있을 것, 새로운 연애관과 정조
관을 가지고 있을 것, 그것이 진정한 모던걸 아니겠어요? 지금까지는 연애할
때 대개 여성이 수동적이었죠. 남성이 선택하고 여성은 따랐었죠. [……] 저는
그것으로서는 부족하다고 생각해요. 인형처럼, 돈 때문에 몸을 맡기는 여자
처럼, 단지 남자 의지대로 좌우되는 것은 정말 못 참겠어요.[8]

8 菊池寬, 『東京行進曲』, 『菊池寬全集 10』, 平凡社, 1929년, 274쪽.

　　이 장의 분석을 통해 기쿠치 간이 그려낸 진정한 모던걸
이란 어떠한 여성을 의미하는 지가 분명해 질 것이다.

2. 대중소비사회의 지도_「수난화」의 공간적 의미

「수난화」의 세 주인공, 스미코寿美子, 게이코桂子, 데루코照子의 결혼 '수난기'
와 대중소비사회의 인프라인 철도, 여행, 백화점 등의 무대 설정은 「수난화」
의 플롯 전개상에서 매우 밀접하게 관계되어 있다. 유라 사부로由良三郎는
「기쿠치 간과 긴자菊池寬と銀座」라는 글에서, "기쿠치의 소설은 전반적으로
희곡적인 색채가 농후하다. 즉 묘사되는 장면 어떤 곳에도, 배경이나 소도
구가 선명하게 안배되어, 각기 독특한 의미를 지니며, 독자는 그 분위기에
빠져들도록 그려져 있다"고 지적하였으나, 이러한 설명은 「수난화」를 독
해하는 데 있어서도 중요한 시사점을 제공해 준다. 즉, 그녀들이 각각의
남성과 만나고, 헤어지고, 재회하고, 관계가 회복되는 장면에서 설정되어
있는 장소나 운송수단 등이 그녀들의 아이덴티티와 교묘하게 연결되어
있다. 따라서 이 절에서는 먼저 그녀들의 행동 반경과 패턴 등을 가능한
한 동시대에 근거하여 읽음으로서 「수난화」의 지도를 작성해 보고자 한다.

우선 스미코와 마에카와 슌이치前川俊一의 만남 장면부터 살펴보도록 하자. 스미코는 한 유명한 은행의 중역인 아버지의 오사카 전근에 따라, 여학교 졸업 전 1년간을 도쿄 시부야에 있는 아주머니 집에서 통학하게 되나, 여름 방학을 오사카에서 보내고 귀경하던 도카이도선東海道線 밤열차에서 마에카와와 처음으로 만나게 된다.

스미코는 엄마가 신신당부하던 말을 기억해 냈다. 기차에서는 잘 모르는 남성과 말을 해서는 안 된다. 아무리 친절하게 대해 주더라도 응해서는 안 된다. 스미코는 상대편 청년 신사가 마음으로부터 친절하게 말해주고 있다는 것은 잘 알았지만, 하지만 어머니의 가르침은 소중했다 [……] 기차 안에서 친절히 대해 주는 남자는 오히려 위험하다고, 그녀의 어머니는, 그렇게 말했다 (436~437쪽).

예상 외로 혼잡했던 도카이도선 열차에서 좌석을 얻지 못한 스미코는 마에카와의 친절함에 도움을 받게 되고, 그 후 도쿄에서 우연히도 "시부야에 도착했을 때, 스미코는 내리는 승객들에 떠밀리듯이 개찰구까지 왔을"(440쪽) 때, 마에카와와 재회하게 된다. 먼저 이 인용문에서, '철도'라는 이동수단/공간이 그때까지의 결혼의 필요조건이었던 집안이나 사회적 위치가 아니라, 우연하며 무매개적인 남녀의 만남의 장소로 설정되어 있다는 점을 지적해두자.

이와 같이 「수난화」의 플롯 전개가 도카이도선 및 전철역으로 설정되어 있다는 점은 주목할 만하다. 이는 1925년 현재적 시점에서 도카이도선 및 전철(JR)의 상황이 작품 텍스트의 독해에 중요하게 관계된다는 말이다. 1899년 개통된 도카이도선은, 1차 세계대전이 가져온 호경기로 인해 물적,

인적 운송이 활발하게 되어 1918년이 되면 그 운송능력이 한계점에 다다르
게 된다. 이 문제를 해결하기 위해 도카이도 본선의 합리화가 진행되어,
고우즈国府津 - 아타미熱海 - 누마즈沼津를 관통하는 단나丹那 터널이 1918년
착공되어 1933년 개통된다.[9] 도심부의 교통량도 1920년을
전후로 하여 비약적으로 증가한다. 전철의 연간 승객수는,
1921년의 1억 2400만 명이 1925년에는 2억 3400만 명으로
증가하고 그 후로는 비슷한 수치를 보인다.[10]

9 竹村民郎,『大正文化 帝
国のユートピア』, 三元社,
2004년, 66~72쪽.
10 和田博文,『テクストの
モダン都市』, 風媒社, 1999
년, 81~82쪽.

　　스미코와 마에카와의 우연한 만남은 실로 이와 같은 도시
화의 진전 상황 속에서 이루어진 것이다. 게다가 그들이 헤어지는 우에노上野
역이나 데루코가 약혼자 신이치로信一郎를 파리로 환송하는 도쿄역, 그리고
무사시노관武蔵野舘이 위치한 신주쿠新宿역을 더한다면, 당시 가장 승객수가
많았던 전철역들이 작품의 무대로 설정되어 있다는 사실을 알 수 있다.
여기에 데루코가 정조를 잃게 되는 '이노가시라井の頭 공원'이 도쿄의 도심
과 교외를 잇는 전철(JR중앙선) 상에 일본 최초의 교외공원으로서 1917년 개
원한 공원이라는 점도 부가할 수 있을 것이다.

　　동시대의 공간감각의 변화를 더욱 분명히 말해주는 것이 「수난화」
속의 '여행'에 관한 기술이다. 스미코는 오사카의 한 은행장의 아들인 하야
시 겐이치林健一와 결혼하게 되어, '다카마쓰高松, 고토헤琴平, 벳푸別府, 미야
지마宮島' 순으로 세토나이카이瀬戸内海를 따라 신혼여행을 떠나게 되는 데,
텍스트는 그 상황을 "둘은 사누키讚岐 다카마쓰의 리쓰린栗林공원을 구경하
며 걸어다녔다. 스미코는 처음 보는 숲과 호수의 아름다움에 눈을 빼앗겼
다. 나무 하나 돌 하나도 모두 인공적으로 세련되어 보였다. 자연이 교묘하
게 가공되어, 자수가 놓인 풍경화처럼, 아름답게 정리되어 있었다"(518쪽)고
묘사한다.

이러한 '여행'의 탄생은 근대 자본주의 사회의 성립과 관련이 있으며, 민속학자 야나기타 구니오柳田国男는 전근대적 '타비旅'(우리말로 표현하자면 '나그네길') 와 여행을 구별하여 설명하나, 이 설명을 따르면서 사회학자 시라하타 요자부로白幡洋三郎는 일본에서 "'여행'은 1920년대부터 모습을 드러낸, 밝고 경쾌한 이미지의 '새로운 문화'였다"[11]고 기술한다. 이와 같은 '여행'에 대한 관심은 1927년 마이니치毎日신문에서 주최한 '일본 신 팔경日本新八景' 선정을 계기로 일대 붐으로 확대되어 간다. 그 결과 해안, 호수, 산악, 하천, 계곡, 폭포, 온천, 평야 등이 선정되어 국립공원 지정으로 연결되나, 그 중에서 다음 절에서 언급하는 '벳푸別府'가 온천으로 선정되었다는 사실을 지적해 둔다.

11 白幡洋三郎, 『旅行ノススメ』, 中公新書, 1999년, 7쪽; 66~70쪽.

'여행'은 일본 국내에 한정되지 않는다. 「수난화」에서는, 데루코에게 구혼했다가 거절당한 모치즈키 게이조望月啓三가 '지나支那'(중국)로 실연의 상처를 달래기 위해 떠나거나, 남성들이 서양 문물 습득을 위해 지향하는 프랑스 파리도 이 범주에 넣어야 할 것이다. 작중 여성들은 남성들처럼 자유롭게 여행을 떠날 수는 없지만, 스미코나 데루코처럼 '세계지도'상에서 항로를 그려 보는 등 공간감각의 변화, 거리감각의 축소가 크게 일어나고 있었던 것이다.

기쿠치 간이 그리는 동시대적 공간 감각이 더욱 세밀하게 묘사되는 것이 '백화점'이다.

어느 날, 스미코는 어머니와 함께 미쓰코시(三越)에서 쇼핑을 마치고 휴게실에서 쉬고 있던 곳에, 부인 한 분이 그녀들에게 다가와 인사했다 [……] **너, 요전에 미쓰코시에서 만났던 분이 너를 꼭 며느리로 데려가고 싶다고 연락이 왔는데…….**

(507~508쪽, 『婦女界』 1925년 10월호)

새해가 왔다. 아직 '소나무 장식'이 남아 있던 어느 날, **데루코는 아주머니도 동반하지 않고, 긴자의 마쓰자카야(松坂屋)에 오랜만에 외출했다.** 어머니 부탁으로 동생들의 신발과 모자를 찾아보았지만, 적당한 물건이 없어서 그곳을 나와 이번에는 **마쓰야(松屋)에 들어갔다.** 입구로 들어서니 마침 오케스트라 연주가 시작되고 있어서 많은 군중이 귀 기울여 듣고 있었다. 데루코는 2층으로 올라가는 넓은 계단의 융단 위를 들뜬 마음으로 올라갔다.

[······]

"아 감사합니다. 이렇게 사람이 많아서는 견딜 수가 없군요."

"신년 세일을 하고 있으니까요."

"그렇습니까? 저는 잠시 구경이나 하러 들렀다가 이렇게 인파가 많을 줄은."

"그렇군요. 여기는 작년에 오픈했으니까 모르시는 게 당연하죠."

[······]

"어디 찻집이라도 없을까요?"

"지하에 가면 있어요."

(545~546쪽, 『婦女界』 1926년 1월호)

맑게 개인 초여름 오후였다. 게이코는 아이와 함께 처음으로 외출했다. 스미야 아주머니에게 아이를 업히고, 오랜만에 미쓰코시로 쇼핑을 갔다. 게이코는, 처음으로 아이를 위해 플란넬 감의 옷을 샀다. 최고급 유모차를 샀다. 아직 이르다고 생각하면서도 장난감을 두세 개 샀다. 그런 다음 아주머니를 휴게실에서 기다리게 하고, **이번 여름의 유카타(浴衣)12 신상**   **12** 일본의 여름철 기모노.
품을 산처럼 쌓아놓고 파는 매장에 들어갔다. 그 때 휴게실에 남아있던 아주머니에게로 한 청년신사가 다가왔다.

(609쪽, 『婦女界』, 1926년 6월호)

그림 3-1
1927년 일본 최초의 지하철 개통(우에노
아사쿠사 간)을 기념하는 포스터

그림 3-2
고급 이미지의 백화점,
1914년 미쓰코시 포스터

그림 3-3
백화점의 대중화,
1930년 미쓰코시 포스터

(스기우라 히스이[杉浦非水], 『愛媛の美術 I
杉浦非水』, 2000년)

위의 세 인용문은 현재적 관점에서 보자면 너무나도 흔한 쇼핑 광경으로 밖에는 보이지 않으나, 당시로서는 변화해 가는 도시풍속과 여성의 관계를 잘 포착하고 있다는 점에서, 기쿠치 간의 도시 감각의 예리함이 잘 드러나는 곳이라고 할 수 있다. 처음 인용문은 스미코가 어머니와 함께 오사카의 미쓰코시로 쇼핑 갔던 장면의 묘사이며, 두 번째 인용문은 데루코가 약혼자를 잃은 상처에서 벗어나 그 계기를 만들어 준 모치즈키와 친해져 가는 장면 묘사, 그리고 마지막 인용문은 게이코가 남편의 결혼 전 과실을 용서하고 화해에 이르게 되는 장면의 묘사다. 인용 후에 게재된 잡지의 권호를 표시한 이유는, 소설 텍스트의 시간과 독자(실제)의 시간이 동시적으로 진행되고 있다는 점을 표시하기 위해서다.

필자는 여기에서 기쿠치 간의 동시대적 도시감각의 예리함이 보인다고 지적하였는데, 그렇다면 일본의 백화점 역사 속에서 이 시기는 어떠한 변화가 있었던 시기이며, 당시의 독자라면 (소설 텍스트에는 직접 서술되고 있지 않지만) 이해했을 풍경에 대해, 백화점 연구사를 참조하면서 설명해 볼 것이다. "오늘은 제국극장, 내일은 미쓰코시今日は帝劇明日は三越"라는 캐치프레이즈로 대표되는 사회적 위치와 위엄을 갖춘 백화점의 고급 이미지는, 간토대지진을 계기로 본격적으로 대중을 상대로 하여 일상 필수품을 판매해 가는 노선으로 변하게 된다. 이는 백화점이 보다 광범위한 고객층을 대상으로 한다는 것으로서 각 백화점은 각지에 지점을 만들어 가게 된다. 미쓰코시는 도쿄 니혼바시日本橋에 있던 본점에 대해 1925년 신주쿠新宿에 지점을 만들게 되고, 마쓰자카야는 우에노上野점에 대해 1924년 긴자銀座 지점을 만든다. 또한 이 시기 백화점의 대중화 현상은 '토족입장土足入場' 단행으로서도 드러난다. 즉 이전에는 백화점이 손님의 신발을 보관하는 시스템을 취하고 있었으나, 그 비용이나 장소 확보 등이 크게 문제가 되기 시작하여, 손님이 신발을 신은 채 백화점에 들어올 수 있도록 시스템을 바꾼 것이 이 시기였던 것이다. 마쓰자카야는 1924년부터, 마쓰야는 1925년부터, 오사카 미쓰코시는 1926년부터 '토족입장'이 실시되게 된다. 즉 이 시기는 "백화점 그 자체가 대중화되어 가는 가운데, 백화점이 위엄을 보이는 장소가 아니게 되었다고 이해할 수 있"는 것이다.[13]

13 初田享, 『百貨店の誕生』, ちくま学術文庫, 1999년, 211~253쪽.

기쿠치 간은 소설 텍스트의 무대배경으로서 자연스럽게 백화점의 대중화 현상을 묘사하면서, 당시 이미 확립되어 있었던 백화점의 '사교장', '도심 속의 휴게소'의 역할을 활용하는 형태로, '소비' 주체로서의 여성을 전경화해 간다. 백화점은 '그녀들'의 공간이지, '그들'의 공간이 아니다. '그들'은 백화점에 구경을 하러 오거나, 가족을 만나러 올 뿐이다. '그녀들'은 백화점에서 느긋하고, 자유롭게 쇼핑을 즐긴다. 이러한 '소비'야말로 기쿠치 간이 모던걸의 특징으로 제시하는 첫 번째 요소다.

연인이란, 순진무구한 젊은 여성에게 하나만 있을 뿐 둘 있는 것이 아니다. **'이것은 이미 팔렸으니까, 저것을'이란 식으로, 대신할 수 있는 것이 아니다.** 그럼에도 결혼 후보자들이, 아니 연인을 대신하려는 자들이 계속해서 다가왔다. 그것이 스미코에게는 바보스럽게 느껴졌다. **비록 상품이라도 자신이 진정 마음에 드는 물건이 손에 들어오지 않을 때는 하루 종일 기분이 좋지 않다. 하물며 평생을 함께 하고 싶은 남성이 아무리 해도 손에 들어오지 않는다면** 그녀의 생활은 축 늘어진 담쟁이덩굴처럼 비틀거릴 뿐이다(506쪽).

이 인용문은 스미코가 연인 사이로 발전한 마에카와와 그가 처자가 있는 기혼남이란 이유로 헤어지게 된 후 오사카의 부모 밑에서 생활하게

될 때 들어오는 다양한 혼담에 대해 그녀가 보이는 심리적 반응을 묘사한
것이다. 인용문에서 강조한 부분을 주목해서 읽어보면, 그것은 연애나 결
혼이 '상품이다/상품이 아니다'라는 비유적 서술 속에서 '소비'가 여성의
도덕률에 미친 변화를 날카롭게 포착하고 있는 부분이라고 할 수 있다.
즉 '소비'의 논리를 내면화한 여성에게 있어서 '물건을 사는 자유'는 '남성을
고를 자유'로 전화될 수 있는 것이다. 이것이 소비성을 구현한 모던걸의
두 번째 특징이다. 「수난화」에서 이러한 소비 의식의 내면화는, 스미코의
'남성을 선택할 자유', 게이코의 '부정한 남편과 헤어질 자유', 그리고 데루코
의 '자신이 선택한 남성에서 정조를 줄 자유' 등으로 그 형태를 바꿔가며
나타나는 것이다.

　　이를 개념적으로 표현하면, 「수난화」의 주인공들이 '소비'의 논리를
내면화함으로써 대중소비사회에 종속되어간다(be subject to)는 것은, 사회적
맥락에서 보면 '가부장제'적 논리에서 해방됨으로써 새로운 여성적 주체
(subject)로 태어난다는 것을 의미한다.[14] '소비'
라는 새로운 문화코드는 소설 텍스트에서 끊
임없이 여성 주인공들의 인식으로 변환되며,
그 변환을 통해서 그녀들의 '정조'를 둘러싼
드라마가 구동된다. 스미코, 게이코, 데루코
가 직면하는 결혼 문제는 각기 '불륜', '남편의
정조', '여성의 혼전 정사' 등 개별적인 문제로 보이지만, 실은 '대중소비사회
의 형성과 가부장제'라는 큰 사회적 맥락 속에서 새롭게 문제시되는 '정조'
인 것이다. 「수난화」에서 정조는 무거운 가부장제적 규제에서 해방되어,
'소비'와 교환가능한 가벼운 문화코드로 변용된다. 그러나 한편으로 그녀
들의 개별적 '정조'라는 자기억제(예를 들면 텍스트에서는, '어머니의 가르침'이란 형태로

14 "주체(subject)가 된다는 것은, 동시에, 특정
한 공공적 질서에 따르는(be subject to) 것을 의미
한다. 완전한 무(無) 속에서 주체성이란 것이 갑
작스럽게 자생적으로 생겨나는 것이 아니라, 일
정한 사회적 문맥(컨텍스트) 속에서만 주체가 생
겨난다는 것은, 현대사상에서는 상당히 상식화
된 논의다." 仲正昌樹, 『「不自由」論: 「なんでも
自己決定」の限界』, ちくま親書, 2003년, 121쪽.

드러난다)는 '소비'적 지향성과 때로는 격하게 충돌하고 갈등한다. 이러한 '소비'와 '정조'라는 양가가치적인 인과/갈등관계가, 스미코를 중심으로 하면서, 「수난화」를 구동하는 큰 갈등축을 형성하게 되는 것이다.

3. 『후조카이』_'소비'의 사이클

앞 절에서는 「수난화」에 나타나는 대중소비사회 속의 공간감각의 변화를 살펴보고, 그 속에서 '소비'라는 새로운 문화코드가 어떻게 여성의 '정조' 관념의 변화와 관계되는 지를 고찰했다. 이러한 「수난화」가 보이는 여성적 '소비'라는 문화코드가 어떻게 독자대중 속으로 수용되어 가는가에 대해서는, 소설이 게재된 잡지 『후조카이婦女界』를 서브텍스트로 고찰하는 것을 통해 더욱 분명해질 것이다. 마셜 맥루언Marshall McLuhan이 지적했듯이, 미디어는 그 자체가 메시지를 전달하는 존재로서 결코 내용을 매개하기만 하는 '투명'한 존재인 것은 아니다. 당연한 말이지만, 텍스트는 미디어를 통과함으로써만 정보수신자의 의미작용을 구현하게 된다. 이 절에서는 「수난화」속의 '소비'라는 코드가 『후조카이』라는 '실용계 부인잡지'를 통과하면서 유통될 때, 어떠한 의미의 확장/변환이 생겨나는가에 대해 밝히고자 한다.

먼저 기쿠치 간과 『후조카이』의 관계 및 『후조카이』라는 잡지의 성격을 정리해 보자. 『후조카이』는 기쿠치 간이나 구메 마사오 등 당대의 유행 작가를 기용하여 창작란을 충실히 함으로써 판매부수를 크게 증가시키게 되나, 기쿠치 간은 『후조카이』와 계약할 당시, 사장 겸 편집장이었던 도가와 류都河龍에게 보낸 편지에서 다음과 같이 언급한다.

『하하노토모』에 집필함에 있어, 다음 사항을 인정해 주시길 바랍니다 [······]
처음부터 『하하노토모』의 취지에 맞게 쓸 생각이니, 도중에 일절 주문이 없
도록, 독자에게 인기가 있든 없든 상관없이, 작가의 입장을 존중해 주시길
바랍니다.[15]

15 鈴木氏享,『菊池寬伝』, 実業之日本社, 1937년, 322~323쪽.『하하노토모(母の友)』은『후조카이』의 전신 잡지명이다.

도가와 류는, 동료였던 하니(羽仁)가 운영하는『후진노토모
(婦人之友)』의 중류지식층 여성 독자와,『후진세카이(婦人
世界)』의 대중적 서민 여성 독자층의 사이에 있는 중간층을, 앞으로의『후조
카이』독자층으로 정해 작업에 들어갔다. 가사, 육아, 요리 등의 실용기사와
재미있는 읽을거리를 합체시킨 편집방침이 대성공을 거둬, 1913년 14만
6500부였던 연간 판매부수가 5년 후인 1918년에는 128만 5000부, 1924년에
는 291만 부로 껑충 뛰게 된다. 게다가 그는 지면 구성에 공을 들였다. 즉 일반
독자에게서 모집한 생활 체험 기록을, 유용한 정보로서 중요시한 것이다.
이러한 독자 참가형 페이지 구성이 여성 실용잡지의 효시가 되었다고 보아도
좋을 것이다 [······] 또한『후조카이』의 참신한 점은 기존의 '임시증간'이라는
간행 방식을 그만두고, 특정한 테마를 선택하여 '특별호'를 연간 4회 발행하는
방법을 취해 표지에 그것을 표시한 것. '부인직업호', '일가경제호'라는 식으
로. 소설 분야에서도, 장편 연재소설을 유명한 작가에게 맡겨 독자를 오래도
록 잡지에 붙들어 두거나, 소설 속 삽화에 공을 들여 흥미를 유발하거나 하는
등 지면 구성에 여러 궁리를 하여 그것이 부수 급증으로 연결
되었다.[16]

16 浜崎廣,『女性誌の源流 女の雑誌, かく 生まれ, かく 競い, かく 死せり』, 出版ニュース社, 2004년, 92쪽.

위의 두 인용문에서, 기쿠치 간이『후조카이』에 장편소설을 연재할
때 그 잡지의 편집방침을 크게 고려하고 있었다는 점,『후조카이』는 서민적

대중과 중류 지식층 사이의 여성을 독자층으로 설정하여 가정의 실용적 기사와 읽을거리를 제공하였다는 점, 그리고 기쿠치 간이 「신주新珠」를 연재하게 되는 1924년 시점에는 『후조카이』가 월간 판매부수 20만 부를 자랑하는 전성기를 맞이하고 있었다는 점 등이 확인될 것이다.

그렇다면 기쿠치 간은 어떠한 방식으로 잡지의 편집방침을 고려하여 소설 창작에 반영한 것이었는지에 대해 「수난화」를 중심으로 고찰해 보자. 이를 생각하는 데 있어서, 「모던걸의 멘탈테스트モダンガールのメンタルテスト」(『후조카이』 1926년 10월)라는 설문 기사는 도움이 된다. 여학생, 타이피스트, 점원 등 67명의 여성에 대해 다음과 같은 설문을 실시하고 있다.

① 결혼하고 싶다고 생각합니까? 아니면 독신으로 살겠습니까?

② 가) 어떤 남편을 원하는가?(지위, 직업, 수입, 학력)

　나) 어떤 결혼생활이 이상적입니까?(생활형식이나 시어머니의 유무 등)

③ 가) 결혼 전 남녀 교제의 좋고 나쁨.

　나) 결혼 후 혹시 남편에게 애인이 생길 경우 어떻게 하겠습니까?

④ 매월 어느 정도의 수입을 희망합니까?

　가) 독신의 경우, 나) 결혼한 경우

⑤ 애독하는 책이나 잡지.

⑥ 좋아하는 작가와 작품.

⑦ 좋아하는 운동.

⑧ 좋아하는 음악.

⑨ 좋아하는 연극 혹은 영화배우(외국과 일본).

⑩ 양장이 좋습니까, 기모노가 좋습니까?

⑪ 댄스의 좋고 나쁨.

⑫ 폐창(廢娼)운동에 대해 어떻게 생각합니까?

⑬ 사회주의에 대해서는?

⑭ 여성참정권에 대해서는?

⑮ 현재 가정 내의 주부의 위치에 대해 불만은 없습니까? 있다면 그 이유는?

『후조카이』편집부가 실시한 이 조사는 내용적인 면에서, 여성이 원하는 결혼관, 문화관, 사회인식으로 정리할 수 있으나, 「수난화」는 실로 『후조카이』가 묻는 위와 같은 내용에 대한 답변의 내러티브라고 생각해도 과언이 아니다.

먼저 게이코의 경우부터 생각해 보자. 게이코의 결혼은 '멘탈 테스트' 가 묻는 질문에 대해 가장 '이상적인 결혼상'을 구현한다. 법학사 출신의 미쓰이三井물산 직원이라는 안정된 수입과 학력을 가진 남편과, 맞선을 통한 결혼이지만 연애결혼과 같은 교제를 거쳐서, "남편의 부모와는 같은 곳이긴 하나 집이 완전히 별채이기에, 게이코는 시어머니를 모시는 수고는 조금도 없는"(473쪽) 결혼생활을 시작한다. 결혼식 때에는 다카시마야高島屋의 예복점 주인이 매일처럼 방문해서는, "이 기모노에는 이 허리끈帶과 이 외출복羽織", "허리끈 장식帶止め에는 다이아몬드, 산호, 비취"(470쪽) 식으로 예물을 장만하며, 부부생활에 있어서도 주말마다 연극이나 음악회를 즐기고, "백화점의 쇼윈도에 세워 놓은 듯한"(480쪽) 패션으로 긴자銀座거리를 걷는 부부로 그려진다.

한편 스미코의 경우는 어떠한가? 스미코는, 구독하는 잡지나 존경하는 여성운동가 등에 대해 서로 '멘탈테스트'(442쪽)를 할 수 있을 정도로 문화적 소양을 갖춘 마에카와와 헤어져, 오사카의 은행장 아들 하야시와 결혼하게 된다. 스미코의 시선을 통해 묘사되는 하야시는, 스미코가 교양있는 소설을 읽고, 영어를 잘 하며, 피아노를 치고, 신주쿠의 무사시노관武蔵野館에서 서양 영화 감상을 좋아하는 것에 비해,『고단講談××』『△△클럽倶楽部』[17] 등의 저질 잡지를 즐겨 읽으며, 나라마루奈良丸·나니와부시浪花節[18] 등 저속한 노래를 흥얼거리고, 아이들이나 좋아할 '맛짱'[19]의 활극에 감탄하고, pride와 proud를 구별 못해도 아무렇지도 않은 무교양적인 인물로 비춰진다. 그러니까 스미코의 가정에 대한 불만은 남편과의 '문화'적 격차로 설명되고 있는 것이다. 이러한 '문화'란「수난화」에 있어서, 프랑스 파리(유럽적 고급문화)를 정점으로 하는 '문화적 위계질서' 가운데서 설명되며, 스미코는 신문사 주최의 강연회 등에 참가하고 '소비'를 통해 그러한 '문화'를 획득하려 노력한다.

17 4장에서 상세히 언급한다.

18 나라마루란, 요시다 나라마루(吉田奈良丸)를 말함. 로쿄쿠(浪曲)의 명인. 로쿄쿠는 나니와부시(浪花節)라고도 하며, 메이지 초기에 시작된 연예의 일종으로, 샤미센을 반주로 하여 이야기를 이끌어 간다.

19 오노우에 마쓰노스케(尾上松之助)는, 애칭 맛짱(マッチャン)으로 불린 일본 영화 초창기의 대스타이자 감독이다. 가부키를 모태로 탄생한 일본 영화의 모습을 잘 보여준다.

이러한 '소비'와 '문화'의 관계에 대해, 마에다 아이는 앞의 논문에서, 당시의 대표적 부인잡지『슈후노토모主婦の友』의 '지방 독자 조직' 방식을 언급하면서, '그(이시카와 다케미[石川武美])의 독창력은 "문화"적인 강연회, 음악회와, 실용적인 전시회를 교묘하게 결합시킨 점에서 나타난다'고 지적하고 있는데, 이렇게 '소비'를 촉진함으로써 '문화'를 제시하는 경향은 잡지사의 독자 조직 방식이었을 뿐만 아니라,『슈후노토모』란 잡지 자체의 특징이기도 했다. 그리고 이러한 경향은 같은 '실용적 부인잡지'로 분류되는『후조카이』에도 해당된다. 달리 말하면,「수난화」의 여 주인공들이 '소비'를 통해 '문화'를 얻으려 하는 자세란, 게재지였던『후조카이』자체가 제시하려는 여성상에 매우 근접한 모습인 것이다. 마에다는 같은 논문에서 '「수난화」는 모던걸의 생태와 풍속을 앞서서 그린 작품'이라고 지적하고 있는데, 위와 같은 의미에서 그의 지적은 정확하다고 할 수 있다. 다만 '소비'라는「수난

화」의 코드가 잡지 미디어를 통과할 때 발생하는 의미작용을 시야에 넣고 생각하게 되면, 마에다의 반영론적 소설관은 일정한 한계를 보이게 된다. 즉 기쿠치 간은 '소비'라는 코드에 직접적으로 관여하며, 끊임없이 새로운 여성상의 내실화로 변환시켜 가려는 작가상이 드러나게 되는 것이다.

그렇다면 「수난화」 속의 '소비' 코드는 구체적으로 어떻게 잡지 미디어 속에서 재고찰될 수 있을까? 이에 대해 먼저 에피소드적인 사례부터 살펴보도록 하자. 스미코는 신혼여행지로서 세토나이카이瀬戸内海를 선택하여, '무라사키마루柴丸'라는 배를 타고, 다카마쓰高松의 리쓰린栗林공원 등을 구경한 다음, "벳푸別府온천에서는, 가메노이亀の井에 묵는다"(『후조카이』 1926년 10월). 이 세토나이카이로의 기행문이 우연히도 「수난화」가 연재 중이던 1926년 8월호에서 10월호까지 '만화 기행문'이란 형식으로 『후조카이』에 연재되고 있다. 이 기행문은 삽화(만화)가 각각의 명소별로 그려 있는 잡지 편집부원의 실감적인 여행 가이드 기사다.

또 『후조카이』는 1절에서 언급했던 '일본 신 팔경' 선정에 발맞추어, 1927년 8월호에 "가족 동반 일본 신 팔경 간담회"라는 특집기사를 싣고 있는데, 기쿠치 간 등의 문학가들이 모여 가족 동반으로 갈 수 있는 여행지에 대해 경험적인 소개를 한 다음, '일본 신 팔경'의 각 명소에 대한 기행문이 연속된다. 그 중의 하나로 작가인 구메 마사오久米正雄가 "세토나이카이의 현관 벳푸"라는 기사를 쓰고 있다. 이 기사는 "오사카보다 동쪽의 사람들은 반드시 무라사키마루를 타는 것이 좋다. 나는 모지門司에서 기차로 간 적이 있으나, 그 때와 무라사키마루를 타고 갔을 때는 전혀 기분이 다르다"거나 '벳푸 제일의 여관 가메노이' 등의 기술에서도 알 수 있듯이, 문학가가 쓴 기행문이라기보다는 여행 가이드적인 성격이 농후하다. 무라사키마루라는 배 이름이나 가메노이라는 여관명이 실명으로 소설과 잡지기사에서 거론되는 것은, 어찌 보면 교통의 발달이 가져온 여행 붐의 한 우연적 결과로 볼 수도 있을 것이나,『후조카이』의 독자라면「수난화」의 배경묘사에서 연속적으로 여행지의 풍경을 상상해 보거나(삽화), 혹은 실제 여행의 참고(실용지식)로 삼을 수 있었다는 점은 쉽게 짐작할 수 있다.

관련 일례로『후조카이』라는 미디어의 특성과 그에 보조를 맞춘「수난화」에크리튀르의 핵심에 연결되어 있다. 사회학자인 기타다 아키히로 北田曉大는 1920년대 후반 이후의 '실용계 부인잡지'와 광고의 관계에 대해 "특기할 점은 무엇보다도 '광고/기사'의 의미론적, 물리적 경계를 애매하게 하는 유형의 광고, '이것은 광고다/광고가 아니다'라는 식으로, 중층적인 코드 적용을 허용하는 광고의 출현이다"[20]라고 주목할 만한 지적을 하고 있다. 이것은『후조카이』잡지 기사의 광고성이란 말로 바꾸어 표현해도 좋을 것이다. 중등교육 이상의 여학생과 직업부인을 대상으로 결혼, 취직, 가사, 육아에 대한 기사 사이사이에 광고가 배치되어, 독자는 기사에서 광고로, 광고에서 기사로 왕복하며 '소비'의 욕망을 자극받는다.『후조카이』의 지면 구성에서 광고는 잡지의 앞부분, 기사 중간, 뒷부분에 배치되며, 게다가 뒷부분에는 잡지사 직영 대리점에 의한 '상품 카탈로그'까지 부록으로 첨부된다. 즉『후조카이』라는 잡지 자체가 '상품 카탈로그'적인 특성을 가지게 되는 것이다.

기쿠치 간은 이와 같은 잡지의 특성을 충분히 인식하고 있었던 것으로 보인다.「수난화」는 1925년 3월에서 1926년 12월까지 연재되나, 1절에서 언급한 바와 같이 스토리의 내적 시간과 실제 시간이 동시적으로 진행된다. 이 시간의 평행 관계는「수난화」의 에크리튀르를 생각할 때 매우 중요하다. 1925년 3월호「수난화」의 첫 연재분이 스미코가 졸업하기 전의 교정 묘사

20 北田曉大,『広告の誕生: 近代メディア文化の歴史社会学』, 岩波書店, 2000년, 149쪽.

에서 시작하는 것으로도 알 수 있듯이, 이러한 시간 설정은 독자를 쉽게 작품세계 내부로 끌어들이게 되고, 그 위에 동시대적인 교통이나 백화점 등의 변모상이 동시간적으로 작품 속에서 묘사됨으로써 리얼리티가 더해져, 독자가 쉽게 주인공들에게 감정이입하도록 기능한다.

그 뿐만이 아니다. 이 시기의 부인잡지는 3월, 4월의 졸업생들을 대상으로 하는 특집, 4월, 10월의 결혼특집을 경쟁적으로 기획하고 있었으나, 「수난화」의 게이코, 스미코, 데루코의 결혼이 각기 1925년 5월호 "결혼의 행복"(4월호에는 「비밀 결혼」), 동년 10월호 "결혼기피증", 1926년 3월호 "돌아오는 새 봄" 속에서 그려지며, 신혼여행이나 백화점 묘사가 이루어지는 것이다. 이것이 의미하는 바는, 독자는 「수난화」의 이야기 세계에서 『후조카이』의 특집기사를 거쳐, 백화점의 '가을 대 바겐 세일'로 '소비 욕망'을 부추기게 된다는, 소설 텍스트와 잡지 사이의 '소비' 순환성이다. 이에 『후조카이』 1925년 9월호 "도쿄 6대 백화점 시찰", 1926년 11월호 "5대 백화점 추천 혼례의상", "유행을 통해 본 결혼 예물의 종류와 가격 조사"나 매월 보이는 각 백화점의 광고를 시야에 넣는다면, 「수난화」의 '소비' 코드는 한층 강화되는 것이다.

「수난화」가 추동하는 '소비' 지향은 이것으로 끝나지 않는다. 「수난화」의 인기에 편승하여 소설 텍스트 자체가 『후조카이』 선전에 이용되게 되는 것이다. 「수난화」가 연재될 시기 『후조카이』는 자사 직영 대리점의 상품을 건 '1만 엔 대현상'이라는 독자참가형 이벤트를 개최하고 있으나, 1926년 3월호 문제가 소설 스토리의 진행에 맞추어 "「수난화」 데루코의 장래 예상: 데루코는 자살했는가? 살아 있는가?"이며, 그 결과가 5월호에 "1만 엔 연속 3회 대현상 추첨 기록: 기쿠치 간 씨 및 애독자 입회하에 집행"으로 보고된다. 그 속에서 6만 장에 가까운 엽서에 대해 "'상당히 많이 왔네요'라며 기쿠치 간 씨는 감동하면서, 한 장 한 장 엽서의 내용을 읽고 계셨습니다"라는 식으로 보고된다. 동년 8월호에는 같은 문제로서 「수난화」의 주인공들에 대한 인기투표가 설문되어, 10월호에 4만 명을 넘는 투표자수 가운데 "1만 엔 대현상 제8회 결과발표: 스미코가 최고 득점을 얻었습니다"라고 보고된다. 여기에서 주의해야 할 점은, 같은 10월호 출제 문제가 "1만 엔 대현상 제10회 문제: 후조카이 대리점, 갖고 싶은 상품 경쟁"이란 것에서 알 수 있듯이, 이 현상 자체가 『후조카이』의 판매부수 향상과 대리점 상품 판매 촉진을 위해 기획되었던 것으로서, 소설가 기쿠치 간은 『후조카이』 독자를 대상으로 '소비'를 촉진시키는 데 있어 일정한 역할을 담당했던 것이다.

　이와 같은 작가 기쿠치 간 -『후조카이』- 독자의 관계 속에서 '소비'를 고찰할 때, 그 소비를 통해서 획득되는 '서구적 문화'나 일본 내의 '문화적 위계질서' 묘사는, 기쿠치 간이 모던걸의 사회적 풍속을 반영하여 그렸다고 보기 보다는 오히려 작가가 따랐던 잡지 미디어의 성격으로 보아야 할 것이며, 그 성격이란 스미코의 인물상으로 구현되는 젠더화된 '소비'에의 욕구 추동으로 보는 편이 올바를 것이다. 그렇기 때문에 당시로서는 앞선 서구적 문화(모던)로 인식되었던 후지야不二家의 양과자나 시세이도 파라資生堂パーラー의 '오렌지에이드' 등이 실명으로 게다가 동경의 대상으로서 묘사되는 것이다.

　하지만 이처럼 '소비'를 통해 서구적 문화를 습득하고 가부장제적 구속에서 일탈된 여성을 모던걸로 그렸기 때문에 기쿠치 간의 소설이 인기가 있었다고 해석하는 것은 일면적인 해석에 불과할 것이다. 기쿠치 간은 스미코라는 인물의 내적 갈등을 통해 '소비'가 추구되는 가치이면서 동시에 지양되어야 할 가치로서 설명한다.

이런 게 생활일까 하고 때때로 생각해. 왠지 조금도 진지해지질 않아. 난 분명
히 평생 한 번도 진정한 생활을 못 하는 게 아닌가 하는 생각이 들어. 이토록
지루한 일도 없다니까. 다소 돈이 있을 뿐, 지루함을 사기 위해 살고 있는
듯한 기분이 드는 거야(621쪽).

이 부분은 스미코가 데루코에게 자신의 결혼생활에 대해 설명하는
편지문 가운데에서 인용한 것이다. 밑줄로 표시한 부분에서도 알 수 있듯
이, 여성이 가부장제적 윤리로부터 해방되고 '문화'의 획득으로 연결되었
던 '소비'라는 코드는, 경우에 따라서는 가사나 육아 등 가정생활(스미코와
같은 중상류 계층이 직업여성으로 사회에 진출한다는 것이 예외적이었던 상황을 고려한다면, 여성의
진정한 생활이란 가정 내의 여성으로 한정된다)적 윤리와 충돌하고, 갈등한다. 여성은
'가정생활'(경제)의 주체이면서 동시에 '소비'적 욕구에 추동되는 존재이기
도 한 것이다. 스미코는 이와 같은 '양가가치ambivalence'를 구현하고 있으며,
그 사이에서 끊임없이 흔들리고 갈등하는 존재인 것이다. 이러한 점은 1절
에서 설명했던 동시대적 문맥, 즉 교외로의 도시생활의 연장과 핵가족의
성립이 가져온 여성적 도덕, 윤리의 변화에 부합하고 있다는 사실은 부연할
필요가 없을 것이다. 이에 대해 기타다 아키히로北田曉大는 1920년대적 여성
의 양의성에 대해 다음과 같이 분석한다.

다이쇼(大正) 말기에서 쇼와(昭和) 초기에 걸쳐, 소비 주체로서의 여성은 '주
부/모던걸'의 대립항, 환언하면 가정적 위치/일탈성이라는 야누스의 두 얼굴
로 갈라져 갔다. 부인잡지는 한 편의 고기 자투리, 한 장의 종잇조각도 아끼는
근면저축 방법을 설명하는 같은 잡지에 감언이설로 대리점 상품을 선전하는
광고가 실려 있어 없는 돈을 쏟아 붙게 만드나, 이 상반되는 두 항은 결코 실체적

그림 3-4
현재에도
고급 레스토랑으로 유명한
시세이도 파라 긴자 본점

그림 3-5
시세이도 파라의
아르 데코 장식

으로 분리되는 존재가 아니며, 어디까지나 여성이라는 '불가해'한 존재 속에 병존하는 속성으로서 파악된다. 그 여성 고유의 양의성을 가장 여실히 보여주고 있는 것이, '주부'가 '모던걸'적 소비에 탐닉하는 순간, 즉 유행이라고 하는 (특수 근대적인) 사회 현상의 존재일 것이다.[21]

21 北田暁大, 앞의 책, 169쪽.

「수난화」의 스미코가 기타다가 위에서 지적한 '여성 고유의 양의성'을 충실히 체현하고 있는 여성상이란 점은 지금까지의 고찰을 통해서 분명해 졌을 것이다. 기쿠치 간이 부인잡지 독자에게 압도적인 지지를 받을 수 있었던 이유도, 이처럼 변화해 가는 여성의 사회적 위상을 기쿠치가 정확하게 포착하고 있었기 때문일 것이다.

4. '소비'를 둘러싼 이데올로기적 갈등

지금까지 「수난화」의 스미코 상을 중심으로 살펴보면서, '소비'라는 코드가 어떻게 가부장제적 논리에서 벗어난 새로운 여성적 주체 형성에 관계되는가, 그리고 그 과정에서 어떠한 내적 갈등을 동반하였는가에 대해 분석해 왔다. 기쿠치 간은 대중소설 작가이자 사회운동가로서, '문예효용론'을 주장한 것으로도 알려져 있으나, 이에서도 유추할 수 있듯이 그는 단지 '소비'와 여성성의 관계를 '묘사'한 것에 그치지 않고 일정한 방향으로 적극적으로 독자대중을 이끌려고 한다. 따라서 이러한 의미에서 「수난화」의 '소비'라는 코드는 동시대 담론공간 속에서 이데올로기적 작용/갈등 관계를 가진다고 할 수 있을 것이다. 이 절에서는 주로 「수난화」 결말 부분의 스미코의 선택—소설적 갈등구조의 해소 과정—을 동시대적 '소비' 담론들과 비교해 봄으로써, 기쿠치 간이 주장하는 '소비'와 모던걸 관계의 사회적 의미에 대해 고찰해 가고자 한다.

「수난화」에서는 '소비'의 논리(선택의 자유)와 정조의 윤리가 서로 인과/갈등 관계에 있으며 그것이 스미코의 내적갈등의 축을 형성한다는 점은 이미 앞에서 언급한 바이나, 그 갈등이 정점에 다다랐을 때, 스미코는 '외적 시선'에 의해 가부장제적 규범에서 일탈하는 존재로서 타자화되어 버린다. 스미코는 결혼 후 오사카에서 마에카와와 재회하게 되고, 그녀는 그에게 자신을 '도덕의 세계'에서 끌어내 달라고 요구한다. 하지만 그 밀회 현장을 남편 하야시가 목격하게 되며, 하야시는 스미코를 다음과 같이 매도한다.

> "아니요, 스미코는 말이죠, 저를 완전히 바보취급하고 있어요. 긴자에 쇼핑간 다고 하고서는 말이죠, 말도 안 되는 물건을 사고 있지 뭐예요. 하하하"(642쪽).

> "대승당! 시계가게인가? 훙, 약혼반지를 또 하나 주문한 거야?"(643쪽).

하야시는 스미코보다 먼저 와서 묵고 있던 호텔로 돌아와, 그곳에 기다리고 있던 스미코의 친구 데루코에게 인용의 전자와 같은 말을 하며, 그 때 돌아온 스미코가 보석가게에 들렀다는 변명을 하자 인용의 아래처럼 비꼬는 말을 하게 된다. 이 인용문에서 잘 드러나듯이, 남성에게 있어서, 여성의 특성으로 인식되는 (젠더화된) '소비'성─즉 '구매하는 성'으로 환언할 수 있다─은 이때까지 가부장제적 윤리를 파괴할 수도 있는 위협적인 성격 으로서만 그려졌으나, 그것이 일정한 한도를 넘었을 때 여성의 '소비'성은 '판매하는 성=창부'로서 인식되어 버리는 것이다. 이것은 극단적인 표현을 쓰자면, 자본주의 사회를 살아가는 여성이 상품을 구매하기 위해 외출한다는 것은 여성이 스스로의 신체를 상품화할 수도 있다는, 매우 남성적이며 전도된 시선인 것이다. 이렇게 '구매하는 성'을 '판매하는 성'으로 전도시켜 바라보는 시선은, '소비'의 논리를 내재화하여 가부장제적 윤리에 대항하려는 여성을 그 여성의 개인적 문제로 축소시켜, 그 여성을 퇴폐적이며 향락자적인 존재로서 사회적 규범에서 일탈된 '타자'로 인식하는 경향이 있는 것이다. 이러한 '구매하는 성'과 '판매하는 성'의 교환 가능성을 모던걸적 '소비'의 위험성으로 바라보는 시선은 단지 보수적 논리에서만 행해지는 비판이 아니다.

가정에 대한 불만을 스미코는 사교적인 활동으로 위로하고 있었다. 어떠한 구실이라도 만들어서 남편과 떨어져 있으려고 노력했다. 그녀는 그러한 사교에서는 천부적인 재능을 발휘했다. 마치 그것이 실패한 결혼에 대한 복수라도 되는 듯이, 그녀는 생기있게 울분을 해소하고 있었다. 젊은 하야시 부인은, 『선데이 마이니치』나 『주간 아사히』나 여러 사진 잡지에, 몇 번이나 아리따운 모습을, 사교계의 새로운 공작으로 한 페이지 크기의 사진으로 장식했는지 모른다 [……] 그는, 처의 평판을 들을 때마다 희색이 만면해졌다. 그는 용돈의 과반을 써서 스미코의 의복이나 일상 잡화를 사다 주었다. 그러나 기모노나 겉옷의 문양은 한 번도 스미코의 마음에 드는 것이 없었다(527~528쪽).

경품으로 신문에 광고되는 것만이 상품인 것은 아니다. 부인잡지의 권두를 장식하는 『영애의 귀감』은, 창녀촌의 집 앞에 붙어 있는 여자 사진의 진열과 얼마나 다른 의미를 가지는 것인가? 어제까지는 머리를 딴 양장 차림의 경쾌한 여학생이었던 딸을, 졸업증서를 손에 쥔 오늘부터는, 전통적인 가정생활에 대한 순응을 상징하는 의미에서인지, 화려한 기모노를 긴 소매자락으로

그림 3-6 부인잡지의 권두를 장식하는 양갓집 영애의 사진 (「아사히 클럽」 1929년 3월 20일)

장식하고, 머리 모양도 갑자기 아름답게 꾸며 올려, 몇 겹의 옷을 입히고, 여러 자태를 각각의 사진 속에 담은 후에, 가깝고 먼 것에 상관없이 모든 교제 범위에 뿌리면서 맹렬한 구혼 경쟁에 참가하는 부모들은, "재고대방출", "특가품 제공"의 광고주들과 무엇이 다른가?

앞의 인용은 「수난화」에서 스미코가 결혼한 직후 그녀의 사교생활을 묘사한 부분이며, 후자는 『후진코론婦人公論』의 특집기사 "연애 매매 시대호 恋愛売買時代号"(1928년 1월) 중 마르크스주의 여성운동가 야마카와 기쿠에山川菊栄의 글 "경품 특가품으로서의 여자景品付き特価品としての女" 가운데서 뽑은 것이다. 이 두 인용문은 결혼 전과 후라는 차이는 있으나, 『후진가호』나 『선데이 마이니치』 등 당시의 '그래픽 사진 부인잡지'를 다루고 있다는 점에서는 비교대상이 된다.

위의 두 인용문에서 보면, '소비'와 여성성의 관계를 둘러싸고 세 종류의 시선이 날카롭게 대립하고 있음을 알 수 있다. 먼저 남편 하야시의 관점에서 보는 '소비'는 부인을 장식함으로써 가부장으로서의 권위나 지위를 과시하려는 수단으로 해석된다. 그에 비해 스미코의 '소비'는, 그 가부장제적 기제에서 해방된 '소비'적 주체로서의 여성상을 알리려는 의미를 가진다. 이처럼 '구매하는 성'으로서의 여성 묘사에 대해, 야마카와는 그것을 '판매하는 성'으로 전도시켜 비판하고 있는 것이다. 야마카와의 논리를 따라보면 다음과 같다. 즉, 모든 것을 상품화시켜 버리는 자본주의 경제에 있어서, 남편(父母)이 부인(딸)을 장식하는 것도, 또 여성이 스스로를 꾸미는 것도 여성의 '성적 상품화'에 다름 없으며, 그러한 현상은 향락성과 퇴폐성을 만연시키는 자본주의 사회의 말기적 현상으로서 비판되고 극복되어야 한다는 것이다. 진정한 여성해방은 자본주의 사회에서는 혁명적 계급투쟁을 통해서만 달성된다고 주장한 마르크스주의적 관점에서 보면, 당연한 말이지만, 자본주의적 논리를 내면화하여 그를 통해 가부장제적 지배 기제로부터 벗어나려 하는 '소비' 주체적 여성은 인정될 수가 없는 것이다. 대표적인 사회주의 소설가 고바야시 다키지小林多喜二는 『당생활자党生活者』(1933년)에서 남성 운동가와 부부인 척하며 그의 가사 일을 돕는 '하우스 키퍼' 가사하라笠原를 묘사하면서 큰 논란을 불러일으키게 되는데, 이 일례에서 알 수 있듯이 마르크스주의는 결과적으로 가부장제를 유지하고, 경우에 따라서는 강화하기조차 하는 방향으로 기능하였다. 이러한 마르크스주의적 사상의 여성해방에 대한 억압 작용은, 애초에 여성해방을 계급해방에 부차적인 것으로 파악한 사상적 '아포리아'에 기인하고 있으나, 이에 대해서는 이 책의 6장에서 자세히 다루도록 한다.

스미코는 결국 마에카와와 헤어져 가정 '내'에 머무는 선택을 하게 되나, 이것은 마에다 아이가 지적하는 '중소 부르주아의 한계'로서 보아서는 안 되며, 오히려 여성의 주체적 선택—기쿠치 간이 모던걸 담론에 참가하고 있는 측면―으로 보아야 할 것이다. 당시의 여성이 가부장제적 기제에서 벗어나도록 추동한 다른 선택사항으로 페미니즘적 여성운동을 들 수 있으나 그에 대해서는 이 책의 5장에서 살펴보도록 한다.

이러한 의미에서 「수난화」의 마에카와가 좌익계 지식인으로 설정되어 있는 것은 우연이 아닌 것이다.

지금, 스미코의 마음속에서는, 왠지 모르게 커다란 변화가 일어나고 있었다. [……] 자기를 남기고 해외로 떠나버린 사람. 그 사람에게 비록 사랑이 있었다고 해도, 그것은 따뜻한 사랑이라고는 생각되지 않았다. 결국 그 사람은, 유물사관적인 사랑 밖에 할 수 없었던 것은 아닐까?(670쪽)

스미코는 마에카와를 "새로운 사상을 가지고 있음에도 도덕적으로는 매우 낡은 사람"(636쪽)으로, 즉 앞에서 설명한 마르크스주의적 여성관을 가지고 있는 인물로서, 그녀의 선택에서 제외시키고 있는 것이다. 스미코는 이처럼 가부장제에 대한 종속을 거부하고, 마르크스주의라는 이데올로기에도 매몰되지 않으면서, '소비'적 주체로서 살아가는 독자적인 여성의 길을 모색하고 있다. 이러한 여성상이야말로 이 장의 서두에서 언급했던 기쿠치 간이 제시하는 여성상인 것이며, 그의 소설은 그때까지 경박한 사회현상으로만 치부되어 온 모던걸을 진보적 사회 존재로서 멋지게 육화해 내었던 것이다. 본질적으로 여성에게 억압적으로 기능하는 '큰 이야기'(주의, 운동)로부터 일정한 거리를 두면서, 여성의 시각에서 독자적인 길을 끊임없이 모색했던 것이야말로 그가 여성 독자들에게 절대적인 지지를 받았던 가장 큰 이유가 아닐까?

5. 나오며

대중소비사회의 도래는 교통과 백화점 등의 도시 인프라를 정비시킴과 동시에 교외주택이나 핵가족의 성립을 불러왔다. 그리고 '소비'는 전통적인 가부장제적 가치관을 근저에서 흔들게 되어, 그를 대신할 여성 윤리를 둘러싸고 격한 논쟁의 장을 형성하게 된다. 기쿠치 간은 「수난화」에서 '소비'와 '정조' 사이의 위태로운 윤리적 경계에서 갈등하는 스미코상을 그림으로써 시대의 패러다임 변화에 능동적으로 참가해 갔다. 한편으로는 '소비'를 조장하는 '광고주'의 얼굴을 하고, 다른 한편으로는 그것을 경계하는 계몽가의 얼굴을 하면서 말이다.

기쿠치 간의 「수난화」에서 선견적으로 제시되었던 '소비'라는 사회적 벡터는 이윽고 모든 문화생산자들이 공유하는 요소가 되어 간다. 문학에서는, 증권 브로커이기도 했던 요시유키 에이스케吉行エイスケ가 「여자 백화점女百貨店」(『近代生活』 1930년 2월), 「향락 백화점享楽百貨店」(『モダンTOKIO円舞曲』, 春太陽, 1930년) 등을 쓰고, 나카무라 세이조中村正常가 「백화점 24시간デパート二十四時間」(『新潮』 1931년 12월)을 쓰는 등 주로 신흥예술파新興芸術派로 분류되는 작가들에 의해 작품이 양산된다. 한편 1929년 미국에서 시작된 대공황을 계기로 사회주의적 주장이 힘을 얻어가는 가운데, 다케다 린타로武田麟太郎의 「소비」(『改造』 1934년 1월) 등 자본주의, 제국주의의 모순성이나 기만성을 폭로하는 작품들이 다수 나타난다.

기쿠치 간은 여성의 시선을 작품의 중심축에 둠으로써 거대한 사회적 격변이나 주의주장을 직접 다루지 않는 가운데, 변화해가는 '새로운 여성상'을 끊임없이 제공해 갔다. 예를 들면 「새로운 여성의 귀감新女性鑑」(『報知新聞』 1928년)의 주인공 구미코久美子는 「수난화」의 스미코와는 달리 향락적인 '소비'를 거부하며, 백화점의 점원으로서, '생산자' 여성으로서 새로운 주체성을 획득해 간다.

종래의 기쿠치 간 연구는 대부분 그의 '문학성' 규명에 초점이 맞추어져 있었다. 그의 대중적 '통속소설'이 논해질 때에도, 그의 '문예작품의 내용적 가치'에 잘 나타나는 '문예효용론'이 얼마나 당시의 작가들이나 문단에 변혁을 가져왔는가가 주로 주목될 뿐이다.22 그러나 이 장에서 고찰한 바와 같이, 기쿠치 간의 '통속소설'은 실은, 근대사회 속의 여성성의 변용을 고찰할 때 매우 중요한 텍스트로서 기능한다. 그의 통속소설은 「진주부인」의 신여성상에서 전시체제의 일부로 포섭되게 되는 여성의 사회적 위상에 이르기 까지, 여성의 시선을 쫓아감으로써 끊임없이 변화하는 여성상을 구현하고 사회적 담론공간에 능동적으로 참여해 간다. 이러한 의미에서 기쿠치 간의 '통속소설'은 보다 치밀하고 신중하게 연구되어야 할 것이다.

22 대표적으로 다음의 논문들을 들 수 있다. 島田厚, 「菊池寛と読者」, 『文学』, 岩波書店, 1962년 11월; 佐藤嗣男, 「菊池寛: 大衆とは何か」, 『国文学解釈と教材の研究』, 2001년 9월.

4장
'일본미'를 불러일으킨 모던걸

_에도가와 란포 「황금가면」론

1. 들어가며

에도가와 란포江戸川乱歩의 「황금가면黃金仮面」은 잡지 『킹キング』(大日本雄弁会 講談社, 이하 고단샤)에, 1930년 9월부터 1931년 10월까지 연재되어, 그 완결과 동시에 1931년 9월, 『에도가와 란포 전집江戸川乱歩全集』(平凡社, 이하 헤이본샤) 제10권으로 간행된 통속장편소설이다. 일본 추리소설계의 창시자로 일컬 어지는 란포의 최초의 전집인 이 헤이본샤판은 「황금가면」을 전면에 내세 워 선전되었다. 그것은 「황금가면」의 완결과 전집의 출판이 시기적으로 일치했던 때문이기도 했으나, 그 보다는 당시에 있어서 그 정도로 「황금가 면」의 인기가 높았다는 점을 나타내기도 한다.[1] 란포는 자신의 문학적 자서전인 『탐 정소설 40년探偵小説四十年』에서, "특히 「황금 가면」은 독자에게서 오는 편지가 놀라울 정

[1] 그림극, 가미시바이(紙芝居) 「황금박쥐(黃金バッド)」의 제작자로 유명한 가타 고지(加太こうじ)는 "『킹』이라는 잡지에 「황금가면」과 포아고베의 「죽은 미인 사건(死美人事件)」을 요시카와 에이지(吉川英治)가 번안한 시대극 탐정소설 「감옥의 신부(牢獄の花嫁)」가 연재되고 있었다. 이 두 소설은 당시의 고등소학교 동급생들 사이에서 큰 인기를 끌었다"고 회고하고 있다 (「乱歩と紙芝居と私: 庶民のなかの乱歩」, 『大衆 文学研究「江戸川乱歩特集」』, 제15호, 1965년).

도로 많았다. 내 고향 사람들은 『킹』에 연재하게 되었다니 너도 출세했구나 라는 식으로 말하곤 했다. 한편, 찻집이나 카페에서도 대접이 좋아 우쭐해졌다"고 언급하며, 잡지 『킹』의 영향력과 「황금가면」의 인기에 대한 실감을 기술하고 있다. 이어서 란포는 "이러한 '허명'은 다음해인 1931년 헤이본샤에서 『에도가와 란포 전집』이 나오면서 정점에 이르게 된다"[2]고도 회고하고 있다.

2 江戸川乱歩,「虚名大いにあがる」,『江戸川乱歩全集 第13巻 探偵小説四十年(上)』,講談社, 1970년, 218~219쪽.

「황금가면」을 평가할 때, 많은 선행 연구는 「황금가면」을 란포의 장편통속소설군 중의 하나로 언급하며, 「황금가면」이 작가 에도가와 란포의 이름을 부동의 것으로 만들었다고 인정한다. 그리고 그 인기의 이유를 해당 독자층의 변동으로 설명하는 경향이 있다. 대표적인 예로서, 나카지마 고타로中島河太郎는 "탐정소설의 전문적인 독자에게는 상투적인 트릭의 조합일지라도, 한정된 독자 밖에는 맛볼 수 없었던 탐정소설의 매력─기상천외한 트릭과 범인의 의외성─을 기본으로 하여, 평범한 문장으로 풀어내었으니 엄청난 반향이 있었던 것도 당연하다"[3]고 설명한다.

3 中島河太郎,「解説」,『江戸川乱歩全集』, 春陽堂, 1955년.

필자는 이러한 요소도 「황금가면」의 에크리튀르를 설명하는 중요한 요소라고 생각하나, 그러나 그것만으로 「황금가면」이 불러일으킨 반향에 대한 충분한 설명이 되었다고는 생각하지 않는다. 여기서 이 장의 중심이 되는 질문을 던져보자. 「황금가면」은, 괴도 루팡이 '시대의 영웅'으로 등장하여 소설의 말미에서는 '일본인 살인자'로 변질되어 가는데, 그 루팡을 일본인 탐정 아케치 고고로明智小五郎가 격퇴한다는 플롯으로 진행된다. 이러한 일견 황당한 플롯을 가지는 「황금가면」이 당시 왜 그토록 큰 인기를 누릴 수 있었던 것일까? 그 이유를 설명하기 위해서는 당연한 말이지만, 우리의 눈을 「황금가면」이 쓰이고, 읽히던 시공간으로 돌려서

4장_'일본미'를 불러일으킨 모던걸 131

생각할 필요가 있을 것이다.

　그 중에서도 필자는 세 가지 문제에 초점을 맞추고자 한다. 먼저 첫 번째로 란포를 둘러싼 미디어 문제를 고찰할 필요가 있다. 란포는 「황금가면」 집필시에, "『킹』의 독자가 매우 많다는 것과, 고단샤가 내세우는 기치를 고려해서, 독자에게 불쾌감을 주는 부분들이 가능한 한 드러나지 않도록 노력했다"고 기술하였는데, 이와 같은 잡지 미디어가 작가의 글쓰기에 미친 영향에 대해 살펴보고자 한다. 두 번째로 「황금가면」의 제재로 사용되는 '비행기'와 같은 다양한 기호들이 동시대적 문맥에서 볼 때 어떻게 인식되었는지를 검토하지 않으면 안 된다. 그러한 기호의 해석은 「황금가면」이라는 소설 텍스트의 내적 해석으로만은 완결되지 않으며, 사회적 컨텍스트 속에서 해석될 것을 요구한다. 그리고 마지막으로 루팡(과 그의 연인으로 등장하는 모던걸 오시마 후지코(大島不二子))의 인물상과 「황금가면」의 플롯이 동시대적 맥락에서 재해석되지 않으면 안 된다. 「황금가면」의 모두에 다음과 같은 일절이 있다.

　　인간사회라고 하는 한 마리의 거대한 생물이, 무엇인지 정체를 알 수 없는 괴이한 병에 걸려, 잠시 동안 정신이 이상해졌는지도 모른다. 그 정도로 상식에서 벗어난, 괴이한 일이 엉뚱하게 일어나는 일이 있다.

　　그래서, 그 황당무계한 「황금가면」의 소문도, 역시 50년, 100년에 한 번 발생할, 사회적 광기의 부류에 속하는 것인지도 모르는 일이다.4

4 江戸川乱歩, 『江戸川乱歩全集 第7巻 黄金仮面』, 光文社文庫, 2003년, 87쪽. 이하 「황금가면」의 인용은 본문 중에 쪽수만을 표기한다.

　「황금가면」의 서두에 기술된 위의 문장은, 일견 「황금가면」의 독해를 독자의 일상적 감각에서 벗어난 이야기 세계로 이끌어 들이는 방법으로 생각될 것이다. 그러나 이 장에서 밝히듯이,

란포의 이러한 화법은 '작가와 독자가 공유하는 시대인식'이 있을 때, 비로소 성립되는 것이다. 이 장의 목적은 「황금가면」에서 제시되는 '작가와 독자가 공유하는 시대인식'이란 무엇인가, 달리 말하면 란포가 「황금가면」을 창작할 때 직면한 '사회적 광기', 혹은 '사회 불안'이란 무엇인가 하는 점을 「황금가면」이란 소설 텍스트를 분석함으로써 밝히려는 데에 있다.

「황금가면」이 앞서 언급한 바와 같이 '대중적 인기'를 획득했다는 데에서 우리가 분석해야 할 것은, 란포가 단지 대중 영합에 성공한 통속소설을 썼다는 식으로 그것을 가볍게 취급하는 것이 아니라, 란포의 미디어 인식을 분석함으로써 란포가 어떻게 '작가와 독자가 공유하는 시대인식'에 도달했는가 하는, 텍스트 생성의 문제에 있는 것이다. 이 책의 1장에서 필자는, 1920년대 일본의 '지'적 상황에서 과학주의가 일반 대중 차원까지 깊이 침투하였고, 아메리카니즘과 마르크스주의가 그러한 과학주의의 첨단성을 담보하는 도시문화로서 인식되고 있었다는 사실을 지적했다. 이러한 상황을 염두에 두고 이 장의 결론을 미리 말한다면, 「황금가면」에서 란포가 제시하는 '작가와 독자가 공유하는 시대인식'이란, 그러한 도시문화 및 모던걸에 대한 일반 대중의 시선이란 것이 된다. 「황금가면」이 흥미로운 이유는, 그러한 시선이 '동경과 위협'이라는 '복합감정'(컴플렉스)으로 나타나게 되며, 그것은 마침내 '일본미'를 불러일으키는 대중심리로 전화되어 가는 심리적 프로세스가 표현되어 있기 때문이다. 따라서 이 장에서는 '시대의 영웅'에서 '일본인 살인자'로 바뀌어가는 루팡의 인물상이나 「황금가면」의 플롯을 분석해 감으로써, 당시의 일반 대중이 '도시문화'에 대해 가졌던 복잡한 시선의 문제를 고찰하고자 한다.

2. 『킹』의 독자층_란포를 둘러싼 미디어 환경

먼저 「황금가면」에 대한 란포 스스로의 해설을 들어보도록 하자. 다소 길지만 전문 인용한다.

『킹』1930년 9월호에서 31년 10월호까지 연재한 것. 처음으로 『고단 클럽(講談倶楽部)』에 썼던 「거미 남자(蜘蛛男)」가 호평이어서, 이 잡지에는 계속해서 1930년 신년호부터 「마술사(魔術師)」의 연재를 시작했으나, 한편으로 같은 고단샤의 대표적 잡지 『킹』으로부터도 간청을 받고, 그 해 여름부터 이 「황금가면」을 쓰기 시작했던 것이다. ① 그 당시 『킹』은 일본 제일의 발행부수를 자랑하는 대잡지로서 100만 부를 넘었다고 생각한다. 따라서 남녀노소 누구라도 읽을 수 있는 글을 쓰도록 요구하는 고단샤적인 조건이 이 잡지에는 특히 강하게 해당되는 것이다. ② 그래서 나도 그러한 기분으로 루팡식의 밝은 소설을 쓰려고 유념하면서 변태심리 등은 드러나지 않도록 했다. 다른 해설에서도 썼듯이 대부수의 오락잡지 연재물은 루이코5와 루팡을 섞어 놓은 취향으로 쓰려고 했으나, 이 「황금가면」에는 루팡 쪽이 강하게 나타나고 있는 듯하다. 아니 이 소설에는 아르센 루팡 자체가 등장하여 아케치 고고로와 정면대결을 한다는 대담한 줄거리로 되어 버렸다. ③ 그러한 까닭으로 이 소설은 내 장편소설 중에서는 가장 건전한, 밝은 작품이 되었다고 말할 수 있을 것이다.

「황금가면」이란 제목은 그 후에 유행한 「황금 무엇무엇」이나, 「무엇무엇 가면」 등의 소년 이야기들의 선구가 되었던 것이나, 나에게 이 제목을 가르쳐 준 것은 그 당시 애독하고 있었던 프랑스 작가 마르셀 슈보브(Marcel Schwob)

5 구로이와 루이코(黒岩涙香)(1862~1920), 메이지 시대의 지식인, 작가, 번역가, 저널리스트, 탐정소설가. 『요로즈초호(萬朝報)』의 창간자로서 유명하며, 100편이 넘는 탐정소설을 번역하여 일본 탐정소설 탄생의 기틀을 마련했다. 대표적인 (번안) 탐정소설로 「철가면(鉄仮面)」(1892년), 「암굴왕(巖窟王)」(1902년) 등이 있다.

6 江戸川乱歩,「自作解説」, 『江戸川乱歩全集 第7巻 黄金仮面』, 光文社文庫, 2003년, 369~370쪽.

의 『황금가면의 왕』이었다.[6] (본문 중의 밑줄 및 ①②③ 번호는 필자에 의함)

란포에 의한 「황금가면」 해설을 크게 정리해 보면, ① 은 란포의 미디어 인식 문제, ②는 「황금가면」의 에크리튀르 문제, ③은 사회적 컨텍스트에서 위치지어지는 「황금가면」의 해석 문제가 될 것이다. 필자도 이 순서로 설명을 진행하려 한다.

란포가 놓여 있던 미디어 상황을 확인하는 한에서, 잡지 『킹』의 특성이나 독자층을 선행 연구를 참조하면서 정리해 보자. 『킹』의 편집부원이었던 사이토 슈이치로斎藤修一郎는 『킹』을 창간할 당시(1925년) 상정하였던 독자상에 대해 "요컨대 재미있으면서 도움이 될 것, 그리고 싸다는 것이 큰 방향이었습니다만, 어디에 대상을 두었는가 하면, 피라미드의 제일 밑에서 조금 위를 노렸던 것으로 생각합니다"[7]라고 설명한다. 모든 한자에 읽는 음을 표기한다거나 사진, 일러스트를 많이 사용했던 점에서도 그러한 사실을 알 수 있을 것이다. '재미있다!

7 講談社史編纂委員会, 『講談社の歩んだ五十年明治・大正編』, 講談社, 1959년, 637쪽.

도움이 된다! 싸다!'는 것이 『킹』의 대표적인 선전 문구였으나, '도움이 된다'는 잡지의 내용이란, 성공 미담을 근간으로 한 입신출세주의였으며, 그것은 1927년의 신년호 부록 "메이지 천황, 메이지 미담明治大帝 明治美談"에 대표적으로 보이듯이, 국가봉사 이데올로기로 연결되는 것이었다. 『킹』이 국민적인 잡지로 성장해 갔던 가장 큰 이유 중 하나로, 이러한 내용적 요소가 지방 청년들의 교화나 수양으로 기능하게 되어 새로운 독자층을 획득해 갔다는 사실은 주목할 만하다. 도시부에서는 50전이라는, 당시 잡지로서는 파격적인 가격에다가, 당시 이미 존재하고 있었던 고단샤 계열 잡지의 경영에서 축적된 노하우나 정보가 『킹』의 편집에도 활용되어, 『킹』은 '한 가정에 한 권'이란 식으로 가족구성원이 개별적으로 구독하는 잡지

그림 4-1 『킹』의 창간호 표지

다음으로 가족 모두가 읽는 종합잡지의 위치를 점해갔던 것이다.[8]

또 『킹』이란 잡지의 독자층을 생각할 때 신문의 수용 형태와의 비교는 주목된다. 미디어 연구가 야마구치 고지山口功二는, 당시의 신문 미디어는 양대 신문인 「아사히신문朝日新聞」과 「마이니치신문每日新聞」이 각각 130만의 독자를 가지고 있었으나, 이 두 신문은 도쿄와 오사카의 두 지역을 지배하고 있었던 것에 불과하다고 지적하면서, "『킹』의 100만 부는 신문 미디어의 100만 부와는 달리 전국 방방곡곡에 침투하여 대가족 일가 전원에게 읽히고, 또 친구들에게 대여되며 독자를 확대해 갔다. 한 권, 한 부 당 독자수는 당시 출판물 가운데에서 가장 높았던 것으로 추측된다. 신문이 일일 한정의 라이프 사이클 밖에 가지지 못했던 것에 비해, 잡지는 한 달 동안 가정에 머물렀다"[9]고 주목할 만한 지적을 하고 있다. 여기에서도 당시에

8 佐藤卓己, 『「キング」の時代: 国民大衆雑誌の公共性』, 岩波書店, 2002년.

9 山口功二, 「乱歩作品と新聞・雑誌・単行本, 全集そして講談社文化」, 『国文学解釈と鑑賞別冊 江戸川乱歩と大衆の二十世紀』, 至文堂, 2004년 8월, 87쪽.

있어서『킹』이 가졌던 압도적 영향력을 확인할 수 있을 것이다.

논의를 란포 쪽으로 돌리도록 하자. 란포가 이와 같은『킹』에 등장하는 것은, 게재 의뢰가 잡지 창간시부터 있었음에도 1930년이 되어서야 겨우 이루어진다. 란포는 왜『킹』의 의뢰를 오래도록 받아들이지 않았을까? 이에 대답하기 위해서는 란포의 문단 데뷔부터『킹』연재까지의 경위를 살펴볼 필요가 있다.

주지하는 바와 같이, 란포는 「이전 동화二錢銅貨」를 모더니즘 계열 탐정소설 잡지『신세이넨新青年』(1923년 3월)에 게재하면서 화려하게 데뷔한다. 이후 란포는 같은 잡지에 「한 장의 티켓一枚の切符」「무서운 착각恐ろしき錯覚」「두 폐인二廃人」「쌍생아双生児」「D고개의 살인 사건D坂の殺人事件」「심리실험心理試験」 등을 연속해서 발표하면서 창작 탐정소설작가로서의 입지를 굳혀간다. 란포는, 당시의『신세이넨』편집장이자 란포의 데뷔에 크게 관여했던 모리시타 우손森下雨村의 '이른바 값싼 통속물에 붓을 적시지 말라'는 경구에 대해, "저는 탐정소설은 대중문학이 아닌, 순문학보다 더 어려운, 즉 독자가 적은 특수한 문학이라고 생각해서", "몇 년 동안 이를 굳게 지켰다"[10]고 기술하고 있다. '고급' 문예로서의 탐정소설 장르를 개척하고 있던 란포가 볼 때, '대중노선'을 기반으로 하는 고단샤 잡지『킹』은 피할 수밖에 없는 존재였던 것이다.

이러한 자세를 견지하며 창작 탐정소설가의 대표격으로 부상하던 란포에게 두 가지 위기가 닥쳐온다. 한 가지는 탐정소설의 아이디어 고갈이라는 소설가의 내적 위기이며, 다른 한 가지는 그 동안 란포의 주된 활동 무대였던『신세이넨』이 노선을 변경한 것이다. 즉, 인간의 삐뚤어지고 복잡한 내면 심리를 탐정소설 창작의 원천으로 하는 란포의 세계와는 다르게『신세이넨』이 세련된 도시풍의 넌센스나 콩트를 중시하

10 江戸川乱歩,「森下雨村に認めらる」,『江戸川乱歩全集 第13巻 探偵小説四十年(上)』, 講談社, 1970년, 32~33쪽.

는 방향으로 편집 방침을 전환하게 된 것이다. 란포는 1년이 넘는 작품 활동 중단기를 거쳐, 그 때까지 작품의 집대성이라고 할 만한 『음수陰獸』를 『신세이넨』에 연재(1928년 9-11월)한 것을 마지막으로, 새로운 활로를 개척하여 작품의 발표 무대를 고단샤의 『고단 클럽』 및 『킹』 등 대중적 오락잡지 쪽으로 바꾸어 간다. "저널리즘 배척이란, 구체적으로는 백만의 독자를 가지면서 남녀노소 누구라도 읽을 수 있는 소설을 쓰라는 주문이 붙는 『킹』 등을 기피하는 태도를 말하는 것이었다 [……] 1920년대 중반까지는 일반 소설가들에게 고단샤 잡지에 소설을 쓴다는 것을 일종의 매문행위로 간주하면서 기피하는 풍습이 있었다"[11]고 인식하고 있던 란포가 그와 같은 잡지에 연재를 시작하게 된 것이다. 이것은 스즈키 사다미鈴木貞美의 말을 빌자면, 일종의 '전향転向'[12]인 것이다. 이러한 '전향' 후에 나온 작가의 폭발적인 인기에 대해, 란포 스스로는 반성조로 '허명'이라고 칭한 것일 것이다.

11 江戸川乱歩, 「探偵小説はどうなったか」, 앞의 책, 175쪽.
12 鈴木貞美, 『モダン都市の表現: 自己・幻想・女性』, 白地社, 1992년.

3. 「음수」의 지적 유희성에서 「황금가면」의 '이야기'로

그렇다면 대중문학으로 '전향'한 란포의 소설은 구체적으로 어떠한 에크리튀르의 변화를 보이게 되는가? 이 절에서는 란포가 '종래 작품들의 집대성'이라고 부른 「음수」와 「황금가면」을 비교함으로써 살펴보려 한다. 「음수」를 비교대상으로 선택하는 이유는, 란포의 탐정소설이 『신세이넨』이라는 탐정소설 전문 잡지에서 『킹』이라는 대중오락잡지로 발표의 '장'이 바뀌었을 때 생겨나는 에크리튀르의 변화를 두 소설 텍스트 내부에 선명하게 드러내고 있기 때문이다. 이것이 앞 절에서 말한 ②의 질문에 대한 답이 될 것이다.

「음수」의 내용은, 이성적 작풍으로 알려진 탐정소설 작가 사무카와寒川가 자신과는 정반대의 변태취미적 작풍으로 알려진 탐정소설 작가 오에 슌데大江春泥를 추적하여, 그가 일으키는 일련의 협박, 살인 사건을 해명해 간다는 것이다. 사무카와는 그에게 사건을 의뢰하는 기업가 고야마다 로쿠로小山田六郎와 그의 처 시즈코静子, 그리고 오에 슌데라는 필명의 히라타 이치로平田一郎 등을 추적하는 과정에서, 사무카와의 추리는 반전에 반전을 거듭하면서 전개된다.

이와 같은 플롯으로 구성되는 「음수」에서 필자가 문제시하는 점은, 그러한 반전을 가능하게 하는 '트릭'과 '추리' 가운데 설정된 '작가와 독자의 관계'다. 이미 란포 연구에서 상식적으로 지적되는 바와 같이, 사무카와寒川와 오에大江라는 이름은 '에도가와江戸川'에서 한 글자씩 딴 것이며, 히라타 이치로平田一郎라는 이름은 란포의 본명 히라이 다로平井太郎를 본 뜬 것으로, 모두 에도가와 란포의 분신적인 존재들이다. 그 뿐만 아니라 「음수」에는, 하쿠분칸博文館에서 발행한 『신세이넨』에 「다락방의 유희屋根裏の遊戯」「한 장의 우표一枚の切手」「B고개의 살인B坂の殺人」「파노라마 나라パノラマ国」「일인 이역一人二役」 등의 오에 슌데 작품이 게재되었다고 기술되나 이들은 모두 란포 자신의 작품에 대한 언급이며, 게다가 이들 작품에 사용되었던 탐정소설의 트릭이 「음수」에도 재이용된다. 말하자면 「음수」에서 란포가 노린 효과가 충분히 달성되기 위해서는, 독자는 란포의 다른 작품을 읽었거나 혹은 「음수」와 병행해서 읽고 있을 필요가 있는 것으로, 란포의 이전 작품들과 「음수」는 상호참조적인 관계에 있는 것이다.

또한 란포가 설정하는 '작가와 독자의 관계'는 「음수」에서 사무카와와 시즈코의 관계로서 나타나게 된다. 란포는 사무카와와 시즈코가 처음

만나는 장면을, "다행스럽게도 그녀는 탐정소설의 독자이며, 특히 내 작품을 좋아하여 애독하고 있다고 말했는데, 이 말을 들었을 때 느꼈던 희열을 나는 지금도 기억한다. 그러니까 작가와 애독자의 관계가 우리들을 조금의 부자연스러움도 없이 친밀하게 만들어 주었다"[13]고 묘사하고 있으나, 란포가 상정하는 「음수」의 독자도 사무카와와 시즈코가 펼치는 지적 게임에 동참하기 위해서는 란포의 작가적 이미지나 작품에 익숙한 '작가와 애독자의 관계'에 있지 않으면 안 되는 것이다. 당시 『신세이넨』의 판매부수가 2만 부 정도였으니, 란포가 설정한 독자층도 이 정도로 좁은 범위의 것이었다고 보아도 좋을 것이다.

13 江戸川乱歩, 「淫獣」, 『江戸川乱歩怪奇幻想傑作選 鑑地獄』, 角川ホラー文庫, 1997년, 287쪽.

「음수」의 독자가 『신세이넨』의 구독자라면, 「음수」의 독해는 두 가지 의미에서 강화된다. 그 한 가지는 잡지 그 자체가 「음수」의 트릭으로 이용되고 있다는 점이다. "하쿠분칸 발행 잡지 『신세이넨』 제6권 제12호(1925년 12월―필자주)"로 「음수」에 명기되는 이 잡지는, 사무카와가 (따라서 독자가) 시즈코가 실은 오에 슌데라는 사실을 확신하는 물증으로 기능한다. 그리고 오에 슌데의 『신세이넨』 편집담당으로 등장하는 혼다本田도, 수수께끼로 가득찬 오에의 정체에 관한 정보를 사무카와에게 흘림으로써, 사무카와가 시즈코에 도달하는 추리적 단서를 제공한다. 즉 독자는 『신세이넨』 편집담당과 작가 사이의 '문단 내적' 정보를 접하게 되고, 또한 란포의 기존 작품들을 「음수」의 연관 텍스트로서 읽음으로써 '보다 친밀하게' 작품세계에 참여해 들어가는 것이다.

그리고 다른 한 가지는, 『신세이넨』 1928년 11월호, 즉 「음수」의 마지막 연재호에 함께 게재된 주요 평론가들의 비평문이다. 이 호에는 모리시타 우손을 포함한 4명의 비평문이 실려 있는데, 『신세이넨』의 독자는 「음수」

의 결말 부분을 이들 비평문과 함께 읽음으로써 자신의 독해를 확인하거나 보강해 갔을 것이다. 란포는 자신의 작가적 자서전이라 할 수 있는 『탐정소설 40년』에서 「「음수」를 쓰다」라는 큰 항목을 마련하여 「음수」를 자신의 대표작으로 위치짓고 있으나, 그것은 '종래 작품의 집대성'이라는 작품의 내용적 의미도 있을 것이나, 지금까지 설명한 잡지의 편집자나 비평가 등이 만들어낸 친밀한 '장'의 감각도 크게 작용했기 때문일 것이다. 즉 그것은 란포가 이상적으로 생각하는 작가상과 「음수」의 텍스트 생산 과정이 합치한 데에서 오는 자신감이었을 것이다.

그렇다면 란포가 위와 같은 친밀한 '장'에서, 대중오락잡지 『킹』으로 발표의 장을 옮겼을 때 어떠한 에크리튀르의 변화가 일어났는지를 살펴보도록 하자. 결론부터 말하면, 비평가나 편집자 등의 친밀한 매개항 대신에, 란포는 신문 미디어의 보도 형식을 참조함으로써 불특정 다수의 독자를 대상으로 직접 '이야기를 설명해가는' 방식을 취하게 되었다는 것이다. 「황금가면」에서 특징적으로 드러나는 란포의 에크리튀르 변화를 설명하기 위해, 「황금가면」의 초회 연재분(『킹』 1930년 9월)에 활용된 란포의 두 가지 실생활과 그의 픽션화 과정을 살펴보는 것이 적절할 것이다.

란포의 실제 경험이란, 한 가지는 란포가 출판기념회에서 연출했던 '탐정 촌극'이며, 다른 한 가지는 '오니쿠마 사건鬼熊事件'을 둘러싼 신문 보도를 말한다. 1926년 9월, 탐정소설계에서는 처음으로 란포를 포함한 4명의 작가가 출판기념회를 열게 되고, 그 연회의 한 토막으로 작가들이 스스로 출연하는 '탐정 촌극'을 상연한다. 그 내용은, 어떤 부부가 부부싸움을 하게 되는데 그 싸움이 격해져서 남편이 권총을 쏘지만, 그것이 스태프의 실수로 공포탄 대신에 실탄이 들어가게 되어 관객 중 한 명이 부상을 당한다. 공연을 감독하던 경찰관이 무대 위로 올라와 취조를 하게 되나, 실은 부상당한 관객도 경찰(란포)도 작가들에 의해 연기된 것이라는 점이 설명되면서 관객들을 속인다는 소극이다. 이러한 '탐정 촌극'이 「황금가면」의 초회분에서는, 황금가면이 일명 '시마志摩[14]의 여왕'이라 불리는 진주를 훔쳐 달아나던 도중 '황금가면'이라는 연극을 상영하던 극장으로 숨어들게 되고, 황금가면과 경찰이 다함께 무대에 올라 쫓고 쫓기는 상황을 연출한 끝에, 황금가면은 관객 속으로 숨어들게 되나, 관객은 그것조차도 연극의 일부라고 착각하게 되어 황금가면은 유유히 도망치게 된다는 식으로 활용된다.

'오니쿠마 사건'이란, '탐정 촌극'과 같은 1926년 9월 지바千葉현 구가무라久賀村에서 발생한 사건으로, 살인마 이와부치 구마지로岩淵熊次郎가 4명을 살상하고 산 속으로 도망치게 되어, 이에 대해 경찰관 6000명이 수색에 동원되었던 대사건을 지칭한다. 이 사건이 「황금가면」에서는 위 장면의 연속으로서, 황금가면이 박람회의 '산업탑' 위로 도망치고, 경찰관이 추격하는 장면의 묘사 속에서 언급된다.

탑의 아래에는, 경찰이나 청년단의 등불이 몰려들어 지구전 양상이 펼쳐졌다. 군중 속에는 철야의 결심으로 식료품까지 사들고 자리를 잡는 자들도 있었다. 아마도 경찰제도가 시작된 이후 처음 있는 대사건일 것이다. 장소가 도쿄의 한복판이니, 예전의 오니쿠마 사건에 비할 바가 아니다. 장사셈이 밝은 신문사 따위는 일개 도적을 위해서 호외까지 발행하는 소동이다. 따라서 괴도의 소문은 도쿄시 전역으로 퍼져, 그렇지 않아도 황금가면의 괴담에 떨고 있던 시민은, 지금 다시 또 다른 공포에 전율하지 않으면 안 되었다(110쪽).

위의 인용은 실제의 '오니쿠마 사건'이 「황금가면」 속에서 서술되는 장면이나, 앞서 설명한 '탐정 촌극'과 이 '오니쿠마 사건'은 「황금가면」 초회

연재분에서 「대진주大眞珠」「무서운 희극恐ろしき喜劇」에 이은 「황금 도마뱀

黃金の守宮」에서 연속적으로 묘사되고 있으며, 또 그것은 『탐정소설 40년』

에서 「최초의 출판기념회와 탐정 촌극最初の出版記念会と探偵寸劇」「오니쿠마

사건鬼熊事件」이란 연속된 항목으로서 1926년 9월의 기록으로 남아 있는

15 江戸川乱歩, 「最初の出版記念会と探偵寸劇」, 「鬼熊事件」, 『江戸川乱歩全集 第13巻 探偵小説四十年(上)』, 講談社, 1970년, 116~121쪽.

바,15 「황금가면」의 초회분이 『탐정소설 40년』의 이 부분에서 착상되었던 것이라는 점은 틀림없을 것이다.

위의 인용이 중요한 것은 란포가 어디에서 소설의 착상을 얻었는가 하는 지엽적인 인과관계가 밝혀지기 때문이 아니다. 그 보다도 란포가 작품 발표의 '장'을 바꾸었을 때 그는 어떠한 '미디어 인식'을 하고 있었는가, 그리고 그 때 란포는 어떠한 '작가 - 독자 관계'를 설정하였는가 하는 점이 여기에서 드러나기 때문이다. 「탐정 촌극」과 「오니쿠마 사건」의 기술 속에서 란포는 이 두 가지 사건은 탐정소설 작가, 에도가와 란포의 이름이 신문지상에 크게 보도되었다는 공통점이 있다고 기술하고 있다. 출판기념회는 그 자체가 요미우리신문사 강당에서 개최되어, 「요미우리신문読売新聞」 1926년 9월 26일호에 기념회의 사진과 더불어 보도되고 있다. 오니쿠마 사건에 대해서는 「호치신문報知新聞」 1926년 9월 27일호에 "탐정소설계의 용사들이 오니쿠마 사건의 탐사에 나서다. 범죄의 동기부터 연구하기 위해 타고多古를 향하다"라는 제목의 기사와 더불어 란포의 사진이 게재되어 있다. 란포는 이에 대해 "탐정소설 작가가 신문지

16 江戸川乱歩, 앞의 책, 120쪽.

상에서 실제의 범죄 사건과 결부된 최초의 일이었다"16고 특기하고 있다.

다카하시 오사무高橋修는 구로이와 루이코黒岩涙香의 신문연재 탐정소설 「무참無惨」17을 분석하면서, 신문기사를 탐정소설의 본문 내에 인용하는 방식에 대해 "세부적인 표현의 변화는 당연하다고 해도, 스캔들리즘이

나 범죄보도를 상품으로 하는 신문이라는 미디어와, '탐정소설'이라는 장르에는 유사한 성격이 있다는 점을 충분히 의식한 위에서 픽션화한 것이다"[18]라고 지적하고 있는데, 란포도 이러한 신문기사와 탐정소설의 장르적 친화성을 충분히 인식한 다음 두 사건 기사를 「황금가면」에 도입한 것으로 보인다. 즉 란포는 불특정 다수의 독자를 대상으로 하는 신문기사의 특성을 힌트로 하여, 백만 독자를 대상으로 한다는 『킹』에 임했던 것이다.

다음으로 란포는 두 가지 신문기사를 어떻게 소설 텍스트 속으로 픽션화하였는가, 달리 말하면 작가 란포와 독자 사이에는 어떠한 거리(위치)가 설정되었는가에 대해 살펴보도록 하자. 「탐정 촌극」을 바탕으로 한 「황금가면」 속의 희극 '황금가면' 장면으로 돌아가 보자. 「황금가면」 본문에서는 희극 '황금가면'에 대해, "말할 필요도 없이 각색자는, 건널목에서 괴물과 마주쳤다는 상인의 이야기를 그대로 극중에 도입한 것이다"(100쪽)라고 묘사하고 있다. 먼저 이 각색자와 작가 란포의 위치를 비교해 보자. 희극 '황금가면'의 각색자는, 세상을 소란스럽게 하는 스캔들한 신문기사를 각색, 극화하여 상연한다. 관객은 극장에서 희극 '황금가면'에 장단을 맞추어 가며 적극적으로 참가한다. 이렇게 묘사되는 각색자 - 관객의 관계는, 원래 「탐정 촌극」의 각색자(겸 연기자) 란포와 관객의 관계였다고 할 수 있다. 그러나 당연한 말이지만, 「탐정 촌극」의 관계는 「황금가면」의 작가 란포와 독자의 관계와는 다르다. 「황금가면」 속에서, 등장인물 황금가면이 희극 '황금가면' 관객의 어리석음을 이용하여 도망치게 된다거나, 경찰에 쫓기는 황금가면이 탑 위에서 여전히 무사히 살아있다는 것을 보고 구경꾼들이 안심한다는 군중심리를 독자들에게 묘사해 보임

17 「무참」(「小説叢」1889년 9월, 별명 「三筋の髪, 探偵小説」), 일본 최초의 창작 탐정소설로 기록되어 있다. 살해된 신원 불명의 사체가 쥐고 있던 3개의 머리카락을 근거로, 두 명의 탐정이 각각, 외견적 특징, 과학적 특징을 통해 추리해 간다는 내용을 담고 있다.

18 高橋修, 「近代日本文学の出発期と「探偵小説」」, 吉田司雄編, 『探偵小説と日本近代』, 青弓社, 2004년, 90~91쪽.

그림 4-2 란포는 오니쿠마 사건에 대한 자신의 신문기사를 잡기장 형태로 남기고 있다.
그림 4-3 지상에 내려오는 '굴뚝남' (「요미우리신문」 1930년 11월 22일호)
그림 4-4 산업탑에 올라간 '황금가면' (요시무라 지로[吉邨二郎]의 삽화, 『킹』 1930년 9월)

으로써, 「탐정 촌극」의 란포 - 관객의 관계와는 다른 「황금가면」의 란포 - 독자의 관계가 정해지는 것이다. 즉 앞의 인용문에서 묘사되듯이, 란포는 '탑'이라는 '극장'형 무대를 설치하여 활극을 펼치고, 선정적인 기사를 추구하는 신문 미디어나 그에 편승하는 군중을 배치한다. 이를 읽는 「황금가면」의 독자는 현장감 넘치는 활극을 경험하면서도, 신문 미디어나 군중의 '어리석음'을 비웃을 수 있는 '안전'한 위치를 확보하게 되는 것이다. 「음수」의 란포 - 독자의 관계가 끊임없는 작가와 독자의 두뇌 게임을 요구하는 수평적인 관계였다고 한다면, 「황금가면」의 란포 - 독자의 관계는 일방적으로 이야기를 서술하는 수직적인 관계로 변화했다고 설명할 수 있을 것이다.

이러한 란포의 미디어 인식 및 신문 미디어와 탐정소설의 장르적 유사성을 설명하는 데 있어서, 지극히 흥미로운 실제 사건이 한 가지 발생하게 된다. '산업탑'을 올라가는 황금가면의 묘사를 '모방'하는 듯한 '굴뚝남煙突男' 사건이 일어난 것이다. '굴뚝남' 사건이란, 후지방직富士紡績 가와사키川崎공장의 대량해고에 반대하여, 당시의 노농당勞農党 당원이었던 다나베 기요시田邊潔가 공장의 굴뚝에 올라가, 1930년 11월 17일에서 22일까지 130여 시간을 농성했던 사건을 지칭한다. 다나베는 박람회의 '산업탑'에 올라가는 대신에 공장의 '굴뚝'에 올라간 것이나, 여기에서 주목하려는 점은 그와 같은 표면적인 유사성보다도, 굴뚝남 - 군중 - 경찰의 위치관계와 사건을 보도하는 신문기사가 「황금가면」의 서술과 흡사하다는 점에 있다. 즉 신문은 "오징어, 빵, 캐러멜, 음료수 등 8일분"(「요미우리신문」 1930년 11월 17일호)의 식량을 준비하여 농성하는 다나베에 대해, 경찰은 "굴뚝 위의 괴인"을 "식량 보급로 차단"으로 공격하려 하나 성과가 없어서 "곤란하군, 곤란해 하며 탄식하는 경찰서장"(동 11월 20일호)을 풍자적으로 묘사하며, 굴뚝의 "동남부 담 밖에 몰려드는 구경꾼 5000명"(동 11월 22일호)의 존재를 보도하고, 마침내는 농성

중인 다나베를 향해 굴뚝 밑의 기자가 "이 체공 농성은 본인이 생각한 것인가, 누군가의 지략인가?/ 물론 내가 스스로 생각한 것이다" 등의 "굴뚝남과의 문답"(동 11월 22일호)을 실황 중계한다. 이러한 일련의 '굴뚝남' 신문 보도와 앞의 인용문을 비교해보면 그 서술의 유사성은 쉽게 드러날 것이다. 이 '굴뚝남'이라는 「황금가면」의 모방으로도 (란포의 예견으로도) 볼 수 있는 사건의 의미에 대해서는 후술하나, 단지 여기에서 확인해 두고 싶은 점은, 「황금가면」이 획득했던 대중성은 란포의 날카로운 미디어 인식과 시대인식의 정확함, 그리고 그것을 충분히 인식할 수 있는 곳에 독자를 위치시킨 것에 기인한다는 사실이다.

란포가 설정한 「황금가면」의 작가 - 독자 관계를 더욱 효과적으로 해주는 것이 '구어체'의 '이야기' 문체다. 란포는 독자를 향해 직접 말을 거는 것이다.

> 자, 독자 여러분. 유감스럽게도, 이번 달은 여기에서 막을 내리지 않으면 안됩니다. 그토록 사람들을 놀라게 했던, 탑 위의 대사건은 애초에 무슨 일이었던 것일까요? 괴물 황금가면의 정체는 무엇일까요? 이 흉악한 도적에 대해, 명탐정 아케치 고고로는 과연 어떠한 수완을 발휘하게 될까요? 이들은 모두 다음 달의 즐거움으로 남겨 두도록 합시다 [……] 계속해서 일어나는 대범죄의 종류들, 그것들이 얼마나 경탄, 전율할 것들인가에 대해서는, 잠시 동안 독자 여러분의 상상에 맡겨 둘 수밖에 없습니다.
>
> (『킹』 1930년 9월호, 50쪽)

이 인용은 단행본 출판시에는 삭제된 『킹』 초회 연재분의 마지막 부분이나, 이 부분을 소리를 내어서 읽어 보길 바란다. 그러면 이것이 일본의 이야기 연극 장르인 '고단講談'의 형식, 즉 영웅이 펼치는 극적 스토리 전개와 그에 동반된 과장, 때로는 해학이 넘치고 때로는 슬픈 페이소스나 유머가 곳곳에 삽입되며, 전 회의 스토리 요약부터 시작하여 다음 회의 예고로 끝맺는 형식과 매우 유사함을 알 수 있다. '고단'과 「황금가면」의 서술이 유사하다는 것은, 달리 말하면 「황금가면」의 서술이 그만큼 독자에게 친근함과 안심감을 준다는 것을 의미한다. 「음수」의 내레이션이 독자를 작가와의 '지적 게임'에 동참시키면서 작가가 말하려는 인간 본성에 내재된 광기를 눈치채도록 하는 것과 비교하면, 「황금가면」의 '이야기 서술적 문체'가 주는 친근함과 안심감은 더욱 두드러진다. 「황금가면」이 획득한 대중성은 이러한 이유로도 설명될 수 있을 것이다.

덧붙여서 「황금가면」의 '이야기 서술적 문체'가 란포의 '소리' 자체에의 관심, 특히 당시 보급 과정에 있던 라디오 매체에의 관심에서 비롯되었을 가능성을 지적해 두고 싶다. 란포는 실제로 라디오 출현이 탐정소설 보급에 도움이 되었으면 하는 바램으로, 1927년 말의 JOAK(현 NHK) 방송 '탐정소설의 밤'에 출연하거나, 「황금가면」의 연재 직전인 1930년 7월에 '취미강좌' 시간에 전국 중계로 30분간 코난 도일의 회고를 방송하고 있다.[19] 「황금가면」이 채용한 '이야기 서술형 문체'는 대중의 뿌리 깊은 인기를 얻고 있던 '고단'은 물론이려니와 새로운 미디어로서 정착 과정에 있었던 라디오의 이야기 전달 특성에 대한 란포의 이해와 무관하지 않을 것이다. 그리고 이러한 가능성은 전후 폭발적인 인기를 끌게 되는 「괴인 20면상怪人二十面相」이나 「소년탐정단少年探偵団」의 라디오 방송으로 직접적으로 연결되는 것이다.

란포는 『신세이넨』이라는 탐정소설 전문 잡지에서 『킹』 등의 대중오락잡지로 작품 발표의 '장'을 바꾸게 될 때 이상에서 살펴본 바와 같이 커다

19 江戸川乱歩, 「探偵作家総出演の放送」, 앞의 책, 167~168쪽; 「コナン・ドイルの死」, 앞의 책, 217쪽.

란 에크리튀르의 변화를 보이게 된다. 그것은 작가 자신이 말하는 '대중영합'이고 스즈키 사다미가 말하는 일종의 '전향'임에는 틀림없을 것이나, 그 속에는 잡지, 신문, 라디오 등 당시의 미디어에 대한 란포의 날카로운 관찰이 작동하고 있으며, 다음 절에서 살펴보는 시대인식도 정확하게 표현된 결과인 것이다. 따라서 '전향' 후의 란포의 작품을 단순히 저속화된 대중소설로서 치부할 것이 아니라, 당시의 작가를 둘러싼 환경적, 시대적 문맥 속에서 조심스럽게 재해석해야 할 것이다.

4. 「황금가면」의 토픽성
_ '태평양횡단비행' '일본 유람안내 포스터'를 통해

앞 절에서는 「황금가면」의 성공 요인으로서, 작가의 미디어 인식이 불러온 에크리튀르의 변화에서 주요한 이유를 고찰해 보았으나, 그것만으로는 설명되지 않을 것이다. 따라서 여기서는 시간/공간의 풍화에 의해 현재를 살고 있는 우리에게는 보이지 않는 것, 당시의 독자들에게는 자명한 사실로서 인식되어 있던 것, 즉 당시의 사회적 토픽이라고 말할 수 있는 것들을 란포가 어떻게 소설 텍스트 내에서 활용하는가를 살펴보고자 한다.

20 호류사(法隆寺)는 UNESCO 지정 일본의 세계유산 중 가장 대표적으로 손꼽히는 사원이다. 스이코(推古) 천황과 쇼토쿠(聖德) 태자에 의해 607년 건축되었다고 전해지며, 쇼토쿠종(聖德宗)의 총본산으로 현존하는 세계 최고(最古)의 목조건물이 있다. 우리에게는 담징의 금당벽화, 백제에서 만들어진 '백제관음상' 등으로 알려져 있다.

황금가면, 즉 괴도 루팡은 호류사法隆寺[20]의 보물 등 수많은 국보급 물건들을 훔쳐내어, 애인인 오시마 후지코大島不二子와 함께 일본을 탈출할 계획을 세우나, 그 탈출 방법으로 '비행기'를 선택하게 된다.

다음날인 18일은, 프랑스 비행가 샤프랑 씨의 세계일주 비행기가 교외 S비행장을 출발하여, 이른바 징검다리식 항로로 태평양 횡단의 장도를 떠나는 당일이었다(356쪽).

루팡의 비행기는 그대로 며칠 동안 아무런 소식이 없었으나, 어느 날, 태평양을 항해 중이던 기선이 해면을 표류하던 샤프랑 씨의 비행기를 발견했다고 하는 신문 보도가 사람들을 놀라게 했다(366쪽).

이 부분은 루팡의 일본 탈출 계획을 아케치 고고로가 좌절시키는 「황금가면」의 마지막 부분에서 인용한 것이나, 이 장면의 설명에서 짐작할 수 있듯이, 그것은 미국 - 일본 간의 비행이 아직 달성되지 않았던 시대의 '태평양 횡단 비행'이라는 모험을 배경으로 하고 있다. 이 '태평양 횡단 비행'에 관한 당시의 신문기사를 검색해 보면 그 과열상에 놀라게 된다. 「아사히신문」으로 '태평양 횡단 비행'을 검색해 보면, 기사가 최초로 등장하는 1927년 5월에서 「황금가면」의 연재가 끝나는 1931년 10월까지 500건에 육박하는 기사가 검색되며, 「요미우리신문」으로도 동시기 200건이 넘는 기사가 검색된다.

그렇다면 '태평양 횡단 비행'이란 어떠한 모험이었으며, 그것은 어떠한 의미로 보도되고 있었는가에 대해 「요미우리신문」의 기사를 참조하면서 정리해 보자. 1927년 미국의 비행사 린드버그C. A. Lindbergh, Jr에 의한 '대서양 횡단 비행'의 성공은, 독일의 비행선 체펠린(그림 4-3)의 세계 일주 비행 및 방일(1929년)과 함께 세계 여행이나 모험을 불러일으킨 사건이었다. 이에 촉발되어 일본에서도 '태평양 횡단 비행'에의 도전이 시작되는데, 다음의 신문 보도는 일본에서의 사회적 반향의 큰 틀을 보여준다. 「요미우리신문」

1927년 6월 17일호 기사가, "미 국 린드버그의 대서양 횡단 비행 의 획기적인 성공에 자극받아, 태평양 횡단 비행은 목하 세계적 인 관심사가 되어 우리나라에서 도 태평양의 처녀 항로는 결코 외 국인에게 빼앗겨서는 안 된다" 고 보도하듯이, '태평양 횡단 비 행'은 자연정복이라는 모험적 요소와 외국과의 '과학' 기술 경 쟁이라는 의미로서 전개되게 된

그림 4-5
1929년 도쿄 긴자의 옥상에서 찍은 체펠린

다. 1927년 9월에는 '제국비행협회'가 설립되며, 그 주도하에 '순 일본제 횡단 비행기'를 제작하기 위한 범국민적 모금운동이 개시된다. 이에 응하 는 형태로 전국 규모의 헌금운동이 전개되는데, 신문은 남성보다는 여성 이, 고학년자보다는 저학년자가, 그리고 효행자나 죄수의 헌금이 많았다고 하며, 이를 미담으로 보도하는 경향이 있었다. 그러나 이 계획은 1928년 3월 고토 유키치後藤勇吉 비행사가 연습 도중 추락하여 사망하는 사고가 발생 하게 되고, 이것을 계기로 비행기의 안전성 문제가 검토되게 되어, 동년 7월 8일 "횡단 비행기 불가능 결정, 실행위원회 기재부 결의"로 보도되듯이, 일본 의 '태평양 횡단 비행' 계획은 중단되게 된다. 이 '태평양 횡단 비행' 자체는 1931년 10월 미국의 '미스 비들Miss Veedol호'에 의해 아오모리青森현 미사와三沢 시 - 워싱턴주 웨나치시 간의 무착륙 비행 성공에 의해 일단락되게 된다.

이처럼 전개되었던 '태평양 횡단 비행'을 란포가 소설의 제재로서 사 용하게 된 것은, 이것도 고단샤와의 관계에 기인한다. 1930년 당시 '잡지계

의 킹'으로 불리고 있던 노마 세지野間淸治는, 격렬한 생존 경쟁을 펼치고 있던 「호치신문」의 사장에 취임하게 되고, 그 재건의 전략으로 대중동원력이 있던 '태평양 횡단 비행'을 이벤트화하게 된다. 그 노마의 간청에 따라 란포는 「호치신문」에 「흡혈귀吸血鬼」를 연재하게 되는데, 이 가운데에서 '태평양 횡단 비행'이 활극의 무대로 이용되며, 「황금가면」의 최종회에서 다시 묘사되게 되는 것이다. 실제로 「호치신문」은 '호치 일미호'라는 비행기를 제작하여, 1931년 5월과 7월, 두 번 다 실패로 끝나지만 '태평양 횡단 비행'을 시도하기조차 하였다. 당시의 독자는 이러한 '태평양 횡단 비행'이라는 사회적 토픽에 대한 일련의 동시대적 문맥 속에서 「황금가면」을 읽었을 것이며, 그것은 「황금가면」에서 "거인(황금가면-필자주)은 엘리베이터로 백화점의 옥상정원에 올라갔다 [……] 옥상정원에는, 수많은 군중이 하늘을 올려다보며, 무엇인가(태평양 횡단 비행기)를 기다리고 있었다"(330쪽)는 기술에서 보이듯이, '과학문명'의 발달에 의해 현실화되는 밝은 미래에 대한 대중적 기대라고 할 수 있을 것이다.

란포는 「황금가면」의 자작 해설에서, "이 소설에는 아르센 루팡 자체가 등장하여 아케치 고고로와 정면대결을 한다"고 밝힌 점은 이미 언급한 사실이나, 그 루팡과 아케치의 인물상이 지금까지 살펴본 '태평양 횡단 비행'과 관계된다. 하지만 그 설명에 대해서는 다음 절에서 다루기로 하고, 여기서는 「황금가면」의 또 하나의 사회적 기호인 '일본 유람안내 포스터'에 대해 고찰하도록 한다.

아케치에게 쫓기는 루팡은 다양한 트릭, 예를 들면 변장, 교묘한 건물 구조, 망토 등을 이용하면서 추격을 피해가는데, 그 루팡의 은신처를 아케치가 밝혀내는 힌트로서 제시되는 것이 '일본 유람안내 포스터'인 것이다.

나미코시(波越) 씨는 초조해하며 아케치를 끌어당겼다. 하지만 아케치는 가게 안의 투어리스트 뷰로 출장소 앞에 선 채로 움직이려 하지 않았다. 그 벽에 아름 다운 포스터가 걸려 있었다. 외국인을 대상으로 한 일본 유람안내. 화면에는 후지산이 있다. 이쓰쿠시마(嚴島)신사의 도리이(鳥居)가 있다. 긴 소매 옷을 입은 여성의 춤추는 모습이 있다. 가마쿠라(鎌倉)의 대불상이 있다(332쪽).

아케치는 루팡이 남긴 '하얀 거인'이라는 수수께끼같은 메모와 이 포스 터만 보고, 루팡이 일본을 탈출하기 전에 숨어있는 곳이 요코하마橫浜 인근의 O마을에 있는 콘크리트 불상 안이라는 것을 밝혀낸다. 독자들에게 설명되 는 아케치의 추리란, 먼저 루팡이 이 포스터를 보았다는 전제 하에, 일본에서 훔친 다수의 미술품과 수하들을 데리고 사람들의 눈에 띄지 않게 해외로 탈출하기 위해서는 당시의 해외 출입항이었던 요코하마 부근일 것이며, 또 한 속이 비어 있는 대불상 가운데 숨어 있을 것이라는 것이다. 하지만 란포는 (독자가 이 추리에 납득을 하는 지에 대해서는 묻지 않는다고 해도) 왜 '루팡이 포스터를 보았 다'는 전제에 대해 상세한 설명을 하고 있지 않는 것일까? 즉 당시의 독자들에 게 자명한 것으로 해석되는 이 '일본 유람안내 포스터'란 무엇인가?

『일본국유철도 백년사』에 따르면, 1930년 외국인 관광객 유치와 외 화 획득을 목적으로 관립 중앙기관으로서 '국제관광국'이 설치되고, 그 산하에 대외 관광 선전을 실행할 기관으로서 '국제관광협회'와 내외 관광 객의 관광 알선업체로 탈피한 '저팬 투어리스트 뷰로'(JTB, 현재는 여행사)가 두 어졌다. 이 JTB는 이 책의 3장에서 설명한, 1920년대 '여행'의 대중화를 국가 차원에서 사업화한 것이라고 할 수 있는데, 「황금가면」에서 언급된 포스터는 이 국제관광국에서 발행한 것이다. 그리고 관광 선전의 요강으 로서, 각 조직의 역할 및 자금 운용에 관한 항목 다음으로 다음과 같은 기술

그림 4-6
'일본유람 안내 포스터' 이쓰쿠시마신사
(『日本の広告美術: 明治·大正·昭和 I ポス
ター』, 美術出版社, 1986년, 151쪽)

이 보인다.

④ 국제관광국 또는 국제관광협회에서 관광사업 발전의 일환으로 외국인 환대 업무를 수행할 것.

⑤ 일본의 사정을 잘 알리기 위해, 외국 공관, 재류 외국인 및 일본에 흥미를 보이는 관광 외국인, 상업용 도래자를 이용할 것.

⑥ 외국의 일본 미술 연구의 풍조를 잘 이용할 것.21

21 『日本国有鉄道百年史 第8卷』, 日本国有鉄道, 1971 년, 339쪽.

이와 같은 요강을 실현하기 위해 국제관광국은, 『계절별 일본 안내』나 『일본 미술 대요』 등의 안내 책자, '차', '벚꽃', '노能' 등을 설명하는 26종의 관광 팸플릿, 3종의 지도, 9종의 사진집, 24종의 포스터와 엽서를 간행한다. 「황금가면」에서 언급된 포스터도 여기에 속하는 것으로(그림 4-6), 그 내용을 보면, '모던 일본'을 선전하는 것도 있으나, 대개는 메이지 시대부터 이미 서구에 정착되어 있던 이국적인 '자포니즘Japonism'을 역으로 관광자원으로 이용한, 이른바 '일본 취미'에 영합한 것들이 대부분이다.

지금까지 이 절에서는 「황금가면」에 삽입된 '태평양 횡단 비행'과 '일본 유람안내 포스터'의 기호성에 대해 살펴보았다. 그렇다면 이 두 가지 기호는 어떠한 의미로 「황금가면」 속에서 해석될 수 있을까? 먼저 지적할 수 있는 점은 2절에서 논한 「황금가면」의 작가 - 독자 관계를 생각할 때

이 두 가지 기호가 독자 대중의 관심을 끄는 사회적 토픽이기 때문에 선택되었다는 것이다. '태평양 횡단 비행'에 대해서는, "도쿄 시민은, 이 전인미답의 장거를 맞이하여, 들끓고 있었다. 빌딩이라는 빌딩의 옥상에는 구경꾼들로 가득차 있었다"(330쪽)고 묘사되며, 신문사 비행기가 '태평양 횡단 비행기'를 유도하고, 라디오는 그 실황을 중계한다. 아케치가 '일본 유람안내 포스터'를 발견하는 것도 그 군중이 몰려든 한 백화점에서인 것이다. 즉 이 두 가지 기호는 당시의 '대중', 즉 신문 독자, 라디오의 시청자, 도쿄의 시민이라면 누구라도 쉽게 접할 수 있는 것들이기에 선택된 것이다.

그리고 보다 중요한 공통점으로서 '서양' 대 '일본'의 대립구도가 나타난다는 것이다. '태평양 횡단 비행'은 그 자체가 서양과의 경쟁이라는 요소를 보여주며, '일본 유람안내 포스터'는 서양의 이국적인 '자포니즘'의 시선을 내포하고 있다. 그것은 단순한 대립구도로서 「황금가면」 속에서 그려지는 것은 아니며, 란포는 '서양에서 본 일본'이라는 시선을 이용하여 '서양에 대한 시선'으로 전화시켜 간다. 그것이 「황금가면」에서는 루팡의 트릭, 아케치의 해독이라는 탐정소설의 재료로 이용되게 되며, 다음 절에서 논하는 루팡의 인물상 변화와 '일본미'의 재발견 과정으로 연결되게 되는 것이다.

5. '일본미'를 일깨우는 모던걸

앞 절까지는 주로 란포의 자작 설명을 참조하면서 「황금가면」 에크리튀르의 성격을 검토해왔다. 그 작업은 소설 텍스트의 생성에 대한 검토라고 할 수 있으며, 그것을 바탕으로 이 절에서는 「황금가면」의 내용 검토로 들어가 보도록 하자. 그것은 「황금가면」의 주된 갈등축인, 후지코不二子를 둘러싼 아케치와 루팡의 갈등관계로 설명된다. 그 속에서 '태평양 횡단 비행'과 '일본 유람안내 포스터'의 작품 내 도입이 단순한 우연이 아니라, 「황금가면」의 구조적 필요에 의해 도입되었다는 점이 설명될 것이다.

후지코를 둘러싼 아케치와 루팡의 갈등은 다음 대화를 마지막으로 막을 내리게 된다.

> "그렇다면 루팡, 자네를 체포하려는 것은 단념하도록 하지. 그 대신, 자네의 계획은 마지막 하나까지도 완전히 포기하지 않으면 안 될 걸세. 자네는 우리나라에서 어떠한 보물도 빼앗아 갈 수 없다는 말이야."
> "뭐, 뭐라고?"
> "나는 말이지, 자네의 유일한 수확이었던 후지코 씨를 자네의 마수에서 되찾으려 한다네."(364쪽)

이 장면은, 일본의 미술품을 약탈하려고 동분서주하는 루팡과 그 루팡을 추격하는 아케치의 대립이, '일본미'를 상징하는 '후지코'를 아케치가 루팡의 손에서 되찾아옴으로써 갈등이 해소되는 순간의 묘사다. 이 루팡과 아케치의 대립을 생각할 때 먼저 고려하지 않으면 안 되는 것이, 활극의 무대로 묘사되는 자동차, 고속정, 비행기, 엘리베이터 등의 과학기술의 산물들이다. 1장에서 설명한 내용의 반복이 되나, 당시에 있어서 이러한 산물들은 근대적 기계, 과학문명이 이룩한 최첨단 기술의 결정으로서, '모던', '근대미'를 설명하는 원천으로 빈번하게 인용되던 것들이다. 즉 루팡은 (루팡의 트릭을 해결하는 아케치도) 근대적 첨단문명을 자유자재로 조종할 수 있는 '모던' 신사로 묘사되는 것이다. 그렇기 때문에 「황금가면」의 서두에서는 황금가면이 희대의 도적이면서 시대의 영웅으로까지 불리게 되는 것이며, 후지코도 "영웅, 그래, 영웅이야. 전 세계의 여자란 여자는 모두 동경해 마지않는, 멋진 거인이지"(190쪽)라고 말하는 것이다.

그러나 「황금가면」에 등장하는 루팡은, '루팡 소설'의 독자가 흔히 생각하는 루팡상, 즉 결코 살인을 저지르지 않고, 상류사회의 우매함을 비웃으며, 서민의 동감을 얻어내는 신사적인 도둑의 모습은 결코 아니다. 「황금가면」의 루팡은 초기의 '모던' 신사에서 점차적으로 '침략자', '일본인 살인마'로 변질되어 간다.

> "그러나 나를 쏘았지. 그건 다행히도 실패로 끝났지만, 우라세(浦瀨) 살인만큼은 아무리해도 피해 갈 수 없을 거야. 자네는 피를 보고 말았어."
> "우라세는 일본인이야." 루팡은 거만하게 말했다. "나는 과거에 모로코인을 세 명, 한 번에 쏴 죽인 일도 있어."
> "빌어먹을." 아케치는 격분했다. "자네도, 백색인종의 편견을 가지고 있는 것인가? 사실을 말하면 나는, 자네를 보통의 범죄자라고는 생각하지 않았어. 일본에는 옛날부터 의적이라는 것이 있지. 나는 자네를 그 의적으로서, 다소간의 경의를 표하고 있었어. 하지만 지금 이 순간 그것을 취소한다. 남는 것은, 단지 무찔러야 하는 도적에 대한 경멸뿐이다."(273쪽)

「황금가면」의 루팡 상은 위의 아케치의 선언을 분기점으로, '모던' 신사에서 인종차별주의자, 흉악한 침략자로 변질되어 간다. 루팡이 호류사의 국보를 훔쳤을 때는 "미국이라면 린치가 일어났을지도 모른다. 온화한 일본인도 이것 만은 참을 수 없어서, 루팡을 잡아라, 국보를 되찾아오라고 규탄하는 소리가 전국적으로 들끓었다"(325쪽)고 서술되거나, 불상 속 아지트까지 추적한 아케치를 사로잡은 루팡은 "나는 피를 보는 것을 싫어한다. 하지만

이 황색 악마만은 가만히 둘 수가 없군"(350쪽)이라고 까지 말하게 된다. 여기에서 한 가지 의문이 생겨난다. 왜 루팡은 인종차별주의적 발언을 서슴치 않는 '무찔러야 하는 도적'으로 왜곡되어 묘사되어야 했던 것일까? 란포가 말하는 루팡 대 아케치 고고로가 펼치는 활극적 요소를 위해서라면 이미 존재하고 있던 루팡의 유명한 이미지[22]를 손상시킬 필요성은 없었을 터이다. 한 마디로 말한다면, 왜 루팡은 '타자화'되지 않으면 안 되었던 것일까?

이와 유사한 질문을 오시마 후지코의 인물상에 대해서도 제기해 볼 수 있다. 「황금가면」의 여주인공 후지코의 인물적 특징은 그 정체불명성[23]에 있다. 루팡의 연인으로 등장하는 오시마 후지코는 대부호인 오시마 기사부로大島喜三郎의 장녀로서 2년에 걸친 서양 유학을 마치고 돌아온 여성으로 설정되어 있다.

22 이미 호시노 다쓰오(保篠龍緒)가 번역한『루팡 전집(ルパン全集)』이 헤이본샤(平凡社, 1929년)에서 출판되어 인기를 끌고 있었다. 가타 고지(加太こうじ)는 앞의 글 속에서 "황금가면이란 괴인의 정체가 루팡이란 사실을 알았을 때, 루팡을 알고 있던 동급생들은 득의만면하여 「기암성」이나 「813」의 스토리를 이야기하며, '루팡이라면 그 정도 일 쯤이야 해낼거야'라고 말하자, 모두들 묘하게 감동했던 것을 기억한다"고 기술하고 있다. 이 설명은 당시의 초등학생들이 '루팡'을 읽을 정도로 널리 읽히고 있었다는 사실을 말해준다.

23 이 책의 6장에서 설명하는 '모던걸'의 큰 특징 중 한가지다. 그리고 참고로 「황금가면」의 루팡 - 후지코는, 후일 만화나 애니메이션으로 제작되는 『루팡 3세(ルパン3世)』에 활용되어 일본의 국민적 캐릭터로 사랑받게 된다.

후지코는 그녀가 루팡의 연인이란 사실이 발각되자 이해하기 어려울 정도로 루팡에게로 향하게 되는데, 텍스트에서는 그 이유로서 앞서 설명한 '영웅'이라는 서술과, "오시마 후지코 씨는, 왜 그토록 무서운 황금가면과 사랑에 빠졌는가? 그것은 그가 아르센 루팡이기 때문입니다 [……] 루팡은 어떠한 여성이라도 끌어들이는, 무서운 마력을 가지고 있습니다"(270쪽)고 하는 루브랑 원작의 루팡상에 근접한 아케치의 설명만이 제시될 뿐이다. 이러한 설명만으로는 루팡과 사랑에 빠진 후지코를 이해하기가 쉽지 않다. 서양인과 사랑에 빠진 유학파 여성, 단발, 사랑하는 연인에 대한 직선적 행동 등으로 묘사되는 후지코가 모던걸로서 등장하는 것은 틀림없으나, 그러한 근대적 여성으로서의 모던걸이, 때로는 정반대적 여성상인 전통적 일본미를 상징하는 여성('후지코[不二子]'='후지코[富士子]'로서 루팡을 바라볼 때에만 기모노 복장으로 온화한 미소를 지으며 정숙한 태도를 취한다)으로서도 묘사된다. 어떻게 이러한 정체불명의, 이해하기 어려운 '타자' 상이 가능한 것일까?

이에 대한 대답은 후지코가 마치 '미술품'과 등가적인 존재로 취급되고 있다는 묘사에서 찾을 수 있을 것이다. 예를 들어, 오시마 기사부로에게는 "『무라사키 시키부 그림일기紫式部日記絵巻』보다도, 이 살아 있는 미술품 후지코 씨의 도난이 더 큰 타격이었다"(『킹』1931년 1월호, 190쪽)고 서술되거나, "제군, 내 말을 들어라. 나는 말이지, 천 개의 미술품보다도 더 값진 보물을 손에 넣었다. 그건 다름 아닌 오시마 후지코다"(359쪽)라고 기술되고 있다. 「황금가면」의 후지코는 이처럼 인물의 성격화라는 측면에서는 약한 반면에 미술품과도 같은 대상으로 처리되고 있다고 할 수 있을 것이다. 그리고 후지코의 정체불명성은 많은 부분 '모던'하면서도 '일본적'이라고 하는 미의식의 혼합에 기인하고 있으며, 이상의 내용을 정리해 본다면 후지코의 인물상은 '모던'과 '일본'이라고 하는 미의식이 충돌하고 갈등하는 헤게모니의 '장'으로 기능하는 것이다.

후지코의 인물상 자체가 미의식이 갈등하는 '장'으로 기능했다는 것과 루팡이 왜 '타자화'되지 않으면 안 되었는가 하는 의문은 연결되어 있다. 이러한 의문에 대해 요시무라 지로吉邨二郎에 의한 「황금가면」의 삽화는 소설 텍스트의 독해에 보완적으로 작용하고 있다고 할 수 있다. 「황금가면」에는 총 51점의 삽화가 포함되어 있는데, 그것을 대강 분류해 보면 루팡을 그린 것 20점, 추격/도망을 그린 것 20점, 그 외 11점으로 분류된다. 추격/도망을 그린 것으로서는 고속보트, 비행기, 폭파 등을 묘사한 것부터 아케치와 루팡이 정면대결을 하는 그림, 혹은 변장 그림 등이 포함된다. 루팡을 그린 그림의 약 반수는 일본의 미술품(및 여성)을 약탈하려 하는 그림이며, 4점은 초승달같은 웃는 입모양에서 피가 한 가닥 흘러내리고 있는 황금가면을 그린 그림이다. 여기에서 고찰하려고 하는 그림은 그 나머지 4점, 즉 '모던' 도시문화와 황금가면이 연결된 삽화들이다.

「시체 분실 사건」의 삽화는 스테인드글라스나 원형 장식으로 수놓아진 건물의 위에서 밤하늘을 배경으로 황금가면이 웃음을 짓고 있는 그림, 「루팡 대 아케치 고고로」의 삽화는, 황금가면의 반 정도가 프랑스 대사, 루제르의 얼굴과 겹쳐져 있으며, 그 옆으로 철문이나 난간 등의 장식에 사용되는 잎사귀 모양의 대칭곡선이 디자인된 그림, 「열려라 세자무」의 삽화는 스테인드글라스나 사각, 곡선 모양의 창이 수놓아진 건물 위를 루팡이 유유히 날아다니는 그림, 「백호의 유리창」삽화는 페이지의 한 구석에 동그라미가 그려져 있고 그 속에 황금가면의 웃는 얼굴이 넣어져 있으며, 페이지 모서리 부분을 따라 넝쿨모양의 대칭곡선이 디자인되어 있으며, 그 일부에 직선과 곡선으로 장식된 칼이 그려져 있다. 이 그림들에서는 먼저 당시의 유행 양식이었던 '아르 데코Art Deco'의 영향이 농후하게 드러난다는 사실을 지적할 수 있다.

'아르 데코'란 1925년 파리에서 개최된 '만국 장식미술 박람회', 약칭 '아르 데코전'에서 이름 붙여진 장식 양식을 말하는 것으로, 유선형이나 지그재그 모양 등 직선과 원형을 조합한 기하학성을 특징으로 하며, 근대적 도시생활에 적합한 기능성과 합리성을 추구하는 간결한 장식 디자인을 말한다. 일본에서도 1920년대에서 30년대에 걸쳐 간토대지진 후의 건축, 회화, 복장, 포스터 등에서 광범위하게 사용되어, 유행 모드의 주류였다고 할 수 있다. 이와 같은 의미에서 요시무라에 의한 삽화는 시대의 유행 모드를 잘 살린 그림이었다고 할 수 있을 것이다.

金仮面」の魔手？

その翌日都下の大新聞の社会面に、左のような激情的な記事が掲せられた。

...に明智小五郎氏をおそう

死体紛失事件

ルパン対明智小五郎

明智総監は、日本語でいっておきます。

「総監！」

明智が血相をかえて、つめよった。

「ワハハハハ、これはいかん、いや、滅入ってしまったよ……ああ、みなさん、舞台をつづけてください。伯爵め、どうかあちら、ああ、跡始末はわれわれにまかせて見せた。

「アハハハハ」総監は覆をかかえんばかりに噴笑した。

「君、そりゃやいかん、いくら名探偵のルージュール伯爵に集中です。死にたいものだ。身動きもできない長い夢のあい、くなんて、そんなばかなことが。ハハハハハ」この男が、証人なら……

この明瞭な事実を、お信じなさらないのですが。

「君」証人なら……

明智は、すでに息絶えた浦瀬刑事を指さした。それに潜死の警視総監は、日本語でいっておきます。

...

「もう、大分以前からこの林の中に黄金仮面が出没するという噂があった。近ごろは関東地方の、遠くは城の最も安宝な隠れが、世にも不思議な美術館なのだ。明智は大仏面の意味の中を歩きながら、ひそひそと話しつづけた、開の中の巨人は、悪夢のように空いっぱいにひろ物の怪のごとく押しよせる。...黄金仮面の怪談がひろがりもなり、子供たちが...とんでいる。

「だが、どうして君は……」

ひらけセザーム

お話はふたたび室内へのルパン対エベールの反対にもどきしもの兇賊も、いまや絶体絶命と、わがピストルエベール氏のために立ちあがった、反対に鉄のつきけたピストルの前に、彼は身動きもできない状態に立実に変転驚きの連続はもはや大変地震命の剣戟拳法、あるまじ、ルパンの連絡は離「どうだい、アルセーヌ・ルパン、おれの気持ちがわか十余年来の鬱憤がグッとはれるような気がしてくるもかわいそうに、こりゃまた、おまえの命をとめるための。

「約束？」はてな、何を約束したのだね」

「ハハハハハ、空とぼけるなよ、君はきっとおれを、それを不覚にも心配していたのだぜ、ホラ、おれはけっして君を捕縛のうえ同意じゃないか、君はまだビストル。

「ああ、あの引かれる者の頭のうえだ！なあに、おれも、怪盗ルパン、この極端の異様に、あえない汚名をとめられるのも、はや名のりをあげてしまったおまえの名にはべこのから

239

238

그러나 여기에서 문제가 되는 것은, 이러한 도시문화의 장식미가 웬일인지 반드시 루팡과 연결되어 있으며 또한 그것이 '위협'으로서 그려지고 있다는 사실이다. 「시체분실 사건」의 그림에서 황금가면은 밤 도시를 지배하고 있는 듯이 밤하늘에서 밑을 바라보고 있으며, 「루팡 대 아케치 고고로」의 그림에서는 프랑스 대사 루제르 백작은 가짜이며, 그 정체는 괴도 루팡이라는 사실이 암시되어 있으며, 「열려라 세자무」 그림에서는 루팡이 밤의 도시를 자유자재로 날아다니고 있는 듯한 인상을 준다. 그리고 「백호의 유리창」 그림에 이르면, 도시문화는 '칼'과 뒤엉켜 있으며, 그 칼을 마치 루팡이 쥐고 위협하는 듯한 인상조차 준다. 도적 루팡이 밤을 활동 무대로 하면서 위협적인 존재로 그려지는 것은 일면 당연한 것일 것이다. 그럼에도 이들 삽화는 서양을 원류로 하는 간토대지진 후의 도시 부흥과 그 곳에서 꽃피어난 도시문화에 대해 '동경과 위협의 중첩된 시선'으로 바라보고 있었던 것도 사실인 것이다. 즉 「황금가면」의 루팡상이 표상하는 것은 일반 대중의 도시문화에 대한 '동경과 위협의 시선'이라고 할 수 있다.

이 책의 1장에서 이미 아메리카니즘과 더불어 사회주의 운동도 첨단적인 도시문화로 인식되고 있었다는 사실을 지적하였으나, 루팡의 표상 속에 보이는 '동경과 위협의 시선'은 사회주의 운동조차도 내포하는 것으로 해석할 수 있을 것이다. 다시 [그림 4-4]로 되돌아 가보자. 「요미우리신문」은 쟁의가 해결되어 굴뚝에서 내려오는 다나베 기요시의 모습에 대해 "굴뚝 남은 겨우 납득하여 다시 군중을 향하여 모자를 벗고 '프롤레타리아 만세…… 노농당 만세……'를 연호한다, 매연에 물 들은 검은 얼굴, 쑥대밭이 된 긴 머리, 목에는 새카맣게 된 적기를 동여매고, 하얀 이빨만이 기분 나쁘게 번뜩여 진짜 흑인과 똑같았다"(1930년 11월 22일호)고 묘사함으로써, 프롤레타리아 운동가의 그로테스크할 정도의 '타자'적 신체성을 강조하여 보도하고 있다. 한편 "굴뚝남에게 쏠리는 정열"이라는 제목의 기사에서는, "'영웅숭배+정열=연애'라는 31년식 연애 공식을 목숨 걸고 증명한 것으로 '적화스포츠'의 용사, 굴뚝남 다나베 기요시가 있다. 가와사키 후지방직 100척 높이의 굴뚝 위에서 보여준 그의 시원스런 데모 모습에, 아마도 영웅의 모습을 발견한 도쿄의 젊디젊은 여성 수십명이 그를 향해 러브레터의 일제사격을 발사하여, [······] 맹렬한 정렬을 그 다나베 군에게 쏟아 구혼했다"(1931년 1월 18일호)고 보도하면서, '굴뚝남'을 동경하는 여성들의 행동을 전하고 있다. 이러한 신문기사들은 모두 '굴뚝남'을 호기심 섞인 사회 현상(굴뚝남을 모방하여 제4의 굴뚝남까지 출현했다)으로 보며, 선정적이고 비아냥거리는 태도로 보도하고 있으나, 그 속에서 첨단적인 도시문화로서의 프롤레타리아 운동에 쏟아지는 대중의 '동경과 위협의 시선'이 반사되어 있는 것 또한 사실인 것이다. 그리고 이 '다나베 기요시 - 그를 동경하는 여성들'의 관계가 「황금가면」의 '루팡 - 후지코' 관계와 중첩되는 성질의 것이라는 점은 부연해서 설명할 필요가 없을 것이다. 즉 그것은 서양 문화의 모방으로서 출현한 (것이라고 인식된) 일본의 도시문화를 구현한 남성을 영웅시함으로써 그에 대한 동경을 표현하는 모던걸에 쏟아진 의혹의 시선인 것이다.

이러한 의미에서 「황금가면」에 표현된, 대지진 후의 도시문화(물질문명으로서의 아메리카니즘과 사회과학으로서의 프롤레타리아 운동)가 진짜인가, 아니면 일시적 유행 현상에 불과한 가짜인가를 의심하는 문맥이, 루팡의 '타자화' 프로세스였다고 이해할 수 있다. 루팡을 '타자화'하는 것에는 후지코 상에 상징적으로 나타나는 바와 같이, 맹목적인 서양추종으로서의 도시문화를 의심스럽게 생각하는 심리가 작동하고 있다. 후지코라는 인물상은 맹목적인 서양 추종을 배제하고, 그를 대신할 새로운 '일본적인 모던'으로 접속하기 위한 장치였던 것이다. 그리고 아케치 고고로야말로 후지코에 대치되는

인물로서 '일본적인 모던'을 구현하고 있다. 란포의 통속장편소설의 유명한 주인공 아케치 고고로는 「다락방의 산보자屋根裏の散歩者」에서 그려지듯, 후줄근한 복장에 작은 방에서 추리만을 하는 모습에서 '모던' 신사로 변모되어 간다. 「황금가면」에서 아케치는 '오차노미즈 개화 아파트お茶の水開花アパート'에서 살며, 루팡에 뒤지지 않을 정도로 근대 문명을 잘 활용하는 인물로 설정되어 있다. 「황금가면」의 아케치 상에 한정하여 말한다면, 그것은 한 번 '모던'을 거침으로써 새롭게 창출되는 '일본미'에 대한 대중적 욕망을 구현하고 있다고 할 수 있을 것이다. 그러나 후지코 상에 나타나는 '일본'적 함의의 부족, 아케치 상이 대변하는 '모던'을 거친 '일본'이 전적으로 국보급의 전통미에 의거하고 있다고 밖에는 말할 수 없듯이, 새롭게 창출될 '일본미'라는 아이덴티티는 그 내실이 동반되고 있지 않다는 한계를 지적할 수 있을 것이다. 이러한 한계가 이미 지적한 바와 같이, 미적 분열을 통합할 수 없는 후지코 상이라는 작가적 딜레마로 드러났던 것이다.

하지만 이것도 란포의 작가적 한계라고 보기 보다는 오히려 시대적 한계라고 보는 편이 올바를 것이다. 실제로 1930년대의 사상, 예술 분야에서 '일본회귀'가 요청되며 그 경향으로 수렴되어 갔다는 것은 역사가 증명하는 사실이다. 란포는 '태평양 횡단 비행'을 그림으로써 서구열강과 어깨를 나란히 하는 '모던' 일본을 표현하며, '일본 유람안내 포스터'를 도입하고 루팡을 일본에 위협적인 서구적 표상으로 타자화함으로써, 새롭게 창출되어야 하는 '모던 일본'에 대한 기대를 교묘하게 표현하였다. 이러한 의미에서 「황금가면」이 내포하는 내셔널리즘적 경향을 일의적으로 비판할 수만은 없는 것이다. 사토 다쿠미佐藤卓己가, 『킹』은 국민독자의 참가욕구에 응했을 뿐이며, 매스미디어로서는 정상적인 기능을 담당했다고 논하고 있듯이, 란포의 「황금가면」에 대해서도 같은 말을 할 수 있는 것이다. 즉 「황금가면」은 지금까지의 분석에서 밝혔듯이, 란포의 매우 날카로운 미디어 인식과 대중관찰 위에서 그에 상응하는 형태로 쓰여진 것으로 보아야 하며, 현재적 관점에서 그것이 포함하는 이데올로기성만을 비판할 수는 없다는 것이다. 오히려 우리가 관심을 가져야 하는 부분은 그러한 이데올로기가 정착해 가는 문화적 다이내미즘에 대한 정확한 이해인 것이다.

6. 나오며

이 장에서는 에도가와 란포의 「황금가면」을 그 텍스트가 쓰이고 읽힌 시공간 속으로 재위치시켜, 「황금가면」이 얻었던 대중적 인기의 이유를, 란포의 미디어 인식과 그것의 결과로서 에크리튀르의 변화, 그리고 동시대의 다양한 기호들에 대한 분석과 그것이 표상하는 사회적 갈등(불안)을 란포가 어떻게 텍스트 속으로 도입하고 해소해 나갔는가 하는 소설적 구조를 살펴봄으로써 고찰했다.

탐정 활극을 표방하는 「황금가면」의 텍스트상에는 직접 기술되지는 않았던, 하지만 당시의 독자들은 공유하고 있었던 '사회불안', 즉 당시의 정치, 경제, 사회적인 상황에 대해 이 장을 끝맺기 앞서 간략하게 정리해 보고 싶다. 먼저 1929년 미국에서 발생한 대공황의 영향을 들 수 있다. 이미 1장의 [표 1-1]에서 언급했듯이, 일본에서는 1929년에서 1932년까지 실업자 수가 20만 명 이상 증가하고, 실업율도 4.3%에서 6.9%로 급상승하게 된다. 노동쟁의도 그에 따라 1930년과 31년에 정점에 다다라, 1929년의 배 이상인 1000건을 넘게 된다.[24] '굴뚝남'은 말할 필요도 없이 이와 같은 사회적 문맥 속에서 일어난 사회 현상이었으며, 그에 대한 동정이 다나베에 대한 재판에서 '자택침입죄'의 징역 3개월에, 집행유예 3년 **24** 中村隆英, 『昭和恐慌と 経済政策』, 講談社学術文庫, 1994년, 123~127쪽.
이라는 판결로 연결되게 된다(「요미우리신문」 1931년 2월 4일호. 하지

만 다나베 기요시는 「요미우리신문」 1933년 2월 15일자 "제1세 '굴뚝남' 다나베 의문

사, 50일을 경과한 익사체로 요코하마의 배수로에서 발견"으로 보도되어, 의문의 죽음을 당하게 되나,

이러한 '의문사'에 대해서는 6장에서 다루도록 한다). 정치면에서도, 1930년 당시의 국제

질서에 따라 영미와 협조함으로써 일본의 지위 향상을 도모하고 있었던

민정당의 하마구치 유키치浜口雄幸 수상은 '금 해금정책'과 '런던 군축회의'

의 성립을 추진하게 되나, 런던조약을 둘러싼 논의가 통수권 문제로 발전하

는 과정에서 우익 청년에게 저격당하는 사건이 발생한다. 이러한 정치적

불안이 1931년의 '3월 사건'이라는 쿠데타 미수 사건과 만주사변으로까지

연속되는 것이다. 또 이 시기는 이른바 '에로, 그로, 넌센스' 전성시대이기도

했으나, 다음 장에서 상술하듯이, '에로, 그로, 넌센스'의 문화생산자들이

주장한 '밝은 미래의 건설'이 오히려 일반적으로는 경박한 도시문화로 인식

되고 있었다는 사실은, 시대의 정치, 경제적 불안의 무거운 그림자를 역으

로 증명하는 사실일 것이다.

　다소의 위험성을 감수하고 이와 같은 실제 사회의 갈등구조를 도식화

해 본다면 다음과 같을 것이다. 즉 그러한 사회 불안은 세계 속의 '일본'으로

발돋움하려는 욕망과 그 세계와의 접촉이 불러온 '위협' 가운데서 생겨난

것으로, 일본 내에서는 내부에 존재하는 '타자'를 발견하여 그것을 배제하

려는 욕구로 추동되었던 것이다. 이러한 사회심리적 다이내미즘이 이 장에

서 분석한 「황금가면」의 갈등축으로 구조화되어 있는 것이며, 소설 텍스트

는 그에 대해 아케치가 루팡을 격퇴하고 새롭게 만들어질 일본적 아이덴티

티를 대표한다는 식으로 상징적, 심미적 차원에서 해소하고 있는 것이다.

이러한 관점에서 볼 때, 종래의 란포 연구는 란포의 통속소설군을 소설의

'질'적 낮음을 이유로 무시해온 경향이 있었으나, 작가 - 미디어 - 독자의 끝없이 순환되는 문화적 다이내미즘 가운데서 생성되고 소멸되는 이데올로기를 문제 삼을 때 더 이상 무시하고 끝날 수 있는 문제가 아니며 이후 더욱 세심한 연구가 요구되는 것이다.

5장
여성 신체의 '해부'와 '건축'

_류탄지 유 「마코」와 '신흥예술파'의 주변

1. 들어가며

이번 장에서는 류탄지 유龍胆寺雄의 단편소설 「마코魔子」[1]를
대상으로 고찰한다. 류탄지는 1928년, 잡지 『가이조改造』의
현상소설 부문에서 「방랑시대放浪時代」가 당선되어 문단에 데뷔하였으며,
그 이후 모더니즘 문학의 총아로 평가받으며 '신흥예술파新興芸術派'의 투장
으로 활동했던 작가였으나, 현재로서는 '선인장' 연구가 이외로서는 거의
잊혀진 작가라고 할 수 있다.

    이러한 류탄지 및 그가 중심적으로 활동했던 신흥예술파에 관한 문학
사적 평가는 지극히 낮다. 먼저 그 평가의 흐름을 정리해 보자. 그(들)의
문학은, 전시기에는 이른바 '근대의 초극近代の超克'론[2] 등에
서 확인되듯이, 내면성을 담보하지 못한 '서구 문화'의 원숭
이 흉내로 적대시되었다. 전후에는 예를 들어 아라 마사토

1 龍胆寺雄, 「魔子」, 『改造』
1931년 10월.

2 「座談会 近代の超克」, 河
上徹太郎 외, 『近代の超克』,
冨山房百科文庫, 1979년.

荒正人의 『쇼와 문학 십이강昭和文学十二講』 등에서 "프롤레타리아 문학도 모더니즘 문학도 내면성, 주체성을 지니지 못한 일방향적인 문학실천이었다'"[3]고 주장되는 점에서는 비록 전전의 평가자들과는 입장을 달리 할지라도 전전기의 논조를 이어받고 있다. 전후의 대표적 비평가 히라노 겐平野謙은 『쇼와문학사昭和文学史』에서, '전통'적인 모더니즘을 요코미쓰 리이치横光利一 등의 '신감각파新感覺派'에서 호리 다쓰오堀辰雄, 이토 세이伊藤整 등의 '신심리파新心理派'의 흐름으로 정리하며, '신흥예술파'는 '저널리즘의 소동'으로 치부해 버리고 있다.[4] 신흥예술파는 프롤레타리아 문예에 대한 반발로서 집결하였을 뿐, 공통되는 명확한 주의주장이 없으며, 경박한 도시풍속의 묘사에 몰두한 끝에 프로 문예의 쇠퇴와 더불어 소멸해 버렸다는 것이 전후 문학사의 통념인 것이다.

그러나 전후에 정착된, '보편적인 가치를 지니는 예술'로서의 '문학'을 전제로 하는 위와 같은 평가는, 몇 가지 배제의 논리 위에 성립하는 것이다. 먼저 이러한 논리는 '문학'을 여타의 문화 영역과 분리한 전제에서 성립하는 것이다. 그리고 신흥예술파가 프롤레타리아 문학과 대립하여 모였을 뿐, 공통되는 주의주장을 지니지 못했다는 일괄된 평가는, 신흥예술파 문학이 공통적으로 지녔던 문학성이나 시대인식을 경시하는 시점으로서, 그들의 문학이 프로 문예와 공유하고 있었던 요소들조차도 보이기 어렵게 한다. 그리고 무엇보다도, 왜 그들의 문학이 프로 문예와 더불어서 당시의 대표적인 문학으로 성립할 수 있었는가 하는 근본적인 질문에 대해서는, 어떠한 답변도 되고 있지 못하다. 세누마 시게키瀨沼茂樹가 주장하듯이, "세계공황의 강습에 의해 깊어진 자본주의의 일반적 위기와, '제국도시부흥사업帝都復興事業'의 완성이 향락적 생활의 기점이 되는 도시문화의 면모를 일신시켰

3 荒正人,『昭和文学十二講』, 改造社, 1950년.

4 平野謙,『平野謙全集 第三巻』, 新潮社, 1975년, 159쪽.

다는 점과 겹쳐지면서, 만성적 실업상태에 빠진 도시인들을 극단적인 허무적 향락으로 몰고 가, 퇴폐의 극치에 이르게 했다"⁵는 점에서 신흥예술파의 존재 이유를 설명한다는 것은 너무나도 좁은 해석이라고 아니할 수 없다. 말을 바꾸어 보면, '신흥예술파'라고 하는 말 속의 '예술(로서의 문학)'을 강조한 나머지, '신흥'의 의미를 묻지 않는 위와 같은 논리는, 동시기에 이타가키 다카호板垣鷹穂의 주도에 의한『신코게이주쓰新興芸術』,『신코게이주쓰켄큐新興芸術研究』라고 하는 문학, 건축, 미술, 영화, 연극 등 '새로운 경향의 문화'를 연구하는 논문집적인 잡지까지 존재한 점을 고려한다면, 그 한계는 명백해질 것이다.

5 瀬沼茂樹,『完本 昭和の文学』, 冬樹社, 1976년, 19~20쪽.

　이 장에서는 류탄지 유의「마코」를 중심에 두고, 모던걸의 주된 표현자들이었던 신흥예술파가 공유하고 있었던 멘탈리티의 하나로서, 여성 신체에 대한 '해부'와 '건축'의 시선이 현저히 나타난다는 점에 주목하여, 그 시선을 분석함으로써 위에서 필자가 제기했던 제반 문제들에 대해 대답해 가려 한다. 시마다 아쓰시嶋田厚는 당시의 잡지『긴다이세이카쓰近代生活』,『분가쿠지다이文学時代』,『신초新潮』가 거의 매호, 동인 중심으로 합평회 내지는 좌담회를 개최했다는 사실에 주목하면서, 일정한 구성원에 의한 '3지 연환'의 특성을 지적하고 있다.⁶ 필자도 시마다의 지적을 이어받는 형태로 그 일련의 좌담회(및 특집)를 고찰의 대상으로 한다. 그를 통해 간토대지진 후 새롭게 형성되는 도시 문화의 대표자로 활동했던 '신흥'예술파의 지향점, 프롤레타리아 문예와의 공통점, 그리고 그 한계까지도 명확히 드러나게 될 것이다.

6 嶋田厚,「文学にあらわれたモダニズム」, 南博編,『日本モダニズムの研究: 思想・生活・文化』, ブレーン出版, 1982년.

2. 현미경 속의 여자, 실험대 위의 여자

류탄지 유가 그리는 '마코' 상은 당시에도 전형적인 '모던걸'의 한 조형으로서 인식되고 있었다. 그렇다면 먼저 「마코」의 어떠한 측면이 모던걸의 특징으로서 지적되는가? 마코는 건축 미술가 U가 설계한 '죽음의 가면死の仮面'이라는 카페의 다락방에서, '둘 만의 자유로운 생활'을 보내고 있다. 그녀의 부모는 그녀가 태어난 지 얼마 되지 않아 죽었으며, 그 마코를 U의 부모가 장래의 며느릿감으로 맞아들인 것이라는 설정으로 되어 있다. 그녀는 '짧게 뒷머리를 커트'하고, '욕실에서 뛰어나온 복숭아빛 알몸 채로' 레코드음악에 맞춰 '영화에서 배운 훌라댄스'를 추는 등 수줍음이나 겸손함 등의 전통적인 일본 여성의 미덕과는 거리가 먼, 길들이기 어려운 자유분방한 소녀로서 묘사된다.

작가 가와바타 야스나리川端康成는 소설 「마코」에 대해, "마코는 서양풍의 동안에 성인같은 골반을 가진 반처녀. 다소 작고 발육이 덜 된 클라라 보다. 즉, 근대 도시풍의 조숙함이다. 새로운 생활 양식이 당연하게 탄생시킨, 국제적인 조숙한 여성이다. 새로운 거리의 색정이다. 미국화된 생활 양식은 이러한 색정을 향해 달리고 있다. [……] 류탄지 씨는 이와 같은 소녀의 신체와 동작을 묘사할 때만 천부적인 재능을 보인다"[7]고 평가하고 있다. 가와바타의 이러한 평가에 대표되듯이, 「마코」는 일본의 전통적인 가부장제적 가족제도의 틀에서 벗어나, 미국 문화(영화)의 영향을 받은 도시문화를 향수하는 모던걸을 그린 소설로서 읽혔던 것이다. 「마코」라는 소설 텍스트의 이러한 측면이, 전중과 전후, 미국과의 전쟁과 패전, 그 사이에 유입된 미국 문화에 대한 반성 과정을 거쳐 다음과 같은 히라노 겐의 평가로 정착된다고 할 수 있다.

7 川端康成, 「文芸時評」, 『中央公論』 1931년 10월(『川端康成全集』 第一八卷』, 新潮社, 1975년, 74~75쪽에서 인용).

茨城県湊海岸にて。昭和6年7月。
右結婚前の「隆子」夫人。「文学時
代」8月号所載。左端と中央の少女
は浅原章子と浅原京子。浅原六朗氏
令嬢。長篇自伝小説「人生遊戯派」
188頁参照。

昭和6年、新婚前の「隆子」夫人。
二人で創案した型「あわびの片思
い」姿で、ギンザを歩き廻ると、数
日後には同じ型が流行したのが。

그림 5-1 「마코」의 모델인 부인 마코
(『龍胆寺雄全集3』, 昭和書院, 1983년, 1쪽)

즉, "류탄지 유의 일련의 작품에 등장하는 마코라는 소녀의 자유 분방한 모던걸 묘사가 신흥예술파의 신흥예술파적인 작풍을 잘 대표할 것이다"고 하면서, 그 문학이 "당시의 어감으로 말한다면, '모던걸'이라거나 '잇트'라거나 '에로 그로 넌센스'[8]라고 하는 이른바 1930년대적인 외잡스런 슬로건과 분리될 수 없는 일종의 부정적인 평가가 그곳에 포함되어 있다는 사실은 역시 주의해야 할 것이다"[9]라고 정리한다.

8 '에로, 그로, 넌센스'란, 영어의 'erotic, grotesque, nonsense'의 약자를 조합한 말로서, 1930년대 도시문화의 퇴폐성을 지칭하는 용어로 후일 조어된 말이다.
9 平野謙, 앞의 책, 161쪽.

　　그러나 히라노 겐과 같은 평가만으로 본다면, 신흥예술파의 문학은 서구화된 도시문화의 경박한 풍속을 반영했을 뿐인 문학에 불과한 것으로, 류탄지와 널리 신흥예술파 작가들이 공유하고 있었던 요소는 완전히 사상되어 보이지 않게 된다. 여기에서 필자는 그들의 문학이 가지고 있었던 공통된 멘탈리티를 밝히기 위해, 먼저 「마코」에서 마코가 묘사될 때의 수사 rhetoric부터 살펴보고자 한다.

　　머리끝에서 발끝까지, 몸이나 마음이나 나에게는 조금의 비밀도 없는 그녀다. 그녀가 스스로는 볼 수 없는 곳에 살짝 숨겨진 벼룩 머리 정도의 점조차, 나는 그녀 신체의 어떤 비밀스런 부분의 표시처럼 확실히 기억하고 있다.

그림 5-2 1930년대 '카페'를 광고하는 성냥갑 라벨
(『朝日クロニクル週刊20世紀 1929』, 65쪽)

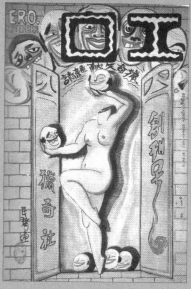

그림 5-3 『에로』 1930년 창간호 표지
그림 5-4 『그로테스크』 1929년 6월호 표지
그림 5-5 『엽기화보』 1930년 10월호 표지
그림 5-6 『데카메론』 1932년 5월호 표지

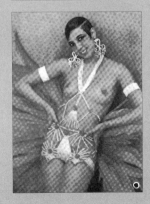

그림 5-7
아사쿠사의 '카지노 포리'에서 공연하는 에노켄과 댄서들

그림 5-8
『현대 엽기 첨단 도감』에 실린 레뷰걸들의 모습

그림 5-9
파리 레뷰계의 대스타 조세핀 베이커

그녀의 기쁨도, 슬픔도, 그리고 눈썹을 흔들 정도의 아주 작은 신경의 떨림도, 그녀의 심리 지도를 스치는 모든 순간의, 어떠한 미세한 감정의 파편조차, 분명하게 내 돋보기에는 확대되어서, 뚜렷하게 내 심리에 현상되어 버린다. 적어도 나는 그녀에 대해서는 정교한 사진기를 언제나 가지고 있는 것이다.[10]

10 龍胆寺雄, 「魔子」, 『龍胆寺雄全集 第五卷』, 昭和書院, 1984년, 10쪽.

이 인용은, 「마코」에 있어서 마코의 임신과 함께 그녀의 심신에 나타나는 변화를 기술하는 부분으로, 여기에서 주인공 U와 마코의 관계가, '보는 남성/보여지는 여성', '관리하는 남성/관리되는 여성'이라는 관계이며, '보는 남성'의 시선이 사진기, 돋보기와 같은 기계광학적 렌즈를 통하여 여성 신체를 '해부'적으로 관찰하고 있다는 점이 확인된다. 그리고 이 렌즈가 현미경 렌즈라는 것은 다음의 인용을 보면 어느 정도 단정할 수 있다.

이 스케일은?

문학의 소재로 커다란 사회기구나 국제문제 등을 다루는 것이 요즈음 유행하고 있으나, 나는 조만간 현미경 속의 세계를 100매 정도로 당당하게 그려보고 싶다고 생각하고 있다. 이러한 문학의 스케일, 과연 작은 것인가?

이 짧은 글은 『긴다이세이카쓰近代生活』(1930년 6월)에 게재된, 류탄지가 「마코」를 예고하는 듯한 문장에서 인용한 것이다. 이러한 기술에 포함된 정치 이데올로기의 문제는 뒤로 미루기로 하나, 여기에서 「마코」에 현미경의 기계광학적 시선이 도입되어 그것이 남성의 여성 신체에 대한 '해부'적인 시선과 결부되어 있다는 사실만을 지적해 두도록 하자.

이와 같은 여성 신체와 기계광학적인 묘사의 연계가 문제가 되는 것은,

동시대의 이토 세이伊藤整와 가와바타 야스나리川端康成의 소설 텍스트에 있어서도 그와 같은 연계가 보이기 때문이다. 다음의 인용을 보자.

'현미경을 바꾸지 않으면 안 돼. 그 난세포의 핵은 세포의 하단에 위치한다는 것이 정설이지만, 나는 그 세포가 위치를 잡을 때까지의 이동 상태를 조사하고 있는 거야. 그것이 이번의 연구과제지.' '형상이 그의 말과 함께 의미를 띠기 시작하여 외설스런 불가해성이 해소되고, 세포조직이 가지는 이유와 방향에 따라 생겨나는 별도의 의미의 생생한 감명. 나는 이 현상을 꽃으로 이해하는 것이 아니라 여성의 육체 해부로 보고 있었던 것이다. 단순한 초목의 번식작용으로 보기에는, 내 흥미와 주의의 정도가 너무 높았던 것은 아닐까.'[11]

11 伊藤整, 「機構の絶対性」, 『伊藤整全集 第一卷』, 新潮社, 1974년, 343쪽.

부인은 거울 속에 그녀의 빛을 잃은 뺨을 보며, (인공임신 기계의 피펫. 프렌치 레터. 침대에 드리워진, 방충망과 같은 모기장. 신혼 시절의 어느 밤 그녀가 밟아 부순 남편의 안경. 어린 시절의 그녀와, 산부인과 의사였던 그녀의 아버지의 진찰실.) 남편은 유리로 된 사슬을 끊어 내듯이 머리를 흔들더니, (여러 가지 동물의 정자와 난자가 들어 있는 실험용 접시가 땅에 떨어져서, 오브젝트글라스와 데크글라스가 산산이 부서지는 소리. 햇빛처럼 빛나는 유리 파편.) 그리고 남편의 말에 붉어져야 할 뺨이 파랗게 질린 건, 그녀의 슬픔 때문이라고 생각할 새도 없이, 거울 속의 파란 그녀의 뺨은, 거울 그 자체의 슬픔인 것처럼 생각되어 버렸다.[12]

12 川端康成, 「水晶幻想」, 『川端康成全集 第三卷』, 新潮社, 1980년, 348쪽.

앞의 인용은 이토 세이의 『신카가쿠테키분게이新科学的文芸』에 실린 중편소설 「기구의 절대성機構の絶対性」 가운데 한 부분이다. 이토는 제임스 조이스James Joyce의 『율리시스』를 일본에서 최초로 번역하여

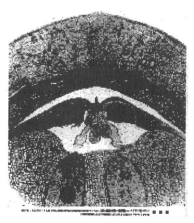

그림 5-10 현미경으로 본 화분세포
(『顕微鏡下の驚異』, 新光社, 1932년)

'의식의 흐름' 기법을 소개함으로서 문단의 주목을 받게 되고, 이후 호리 다쓰오堀辰雄와 함께 '신심리주의'를 주창하게 된다. 「기구의 절대성」은 이토가 「감정세포의 단면感情細胞の断面」(『文芸レビュー』 1930년 5월) 이후 시도하고 있었던 '의식의 흐름' 기법이 현저히 나타나는 작품으로 주로 논의되어 왔다. 작품의 세부적

인 분석에 대해서는 다음 절에서 살펴보겠으나, 이 인용부분은 시인인 나루미鳴海가 식물학자인 친구 구보久保를 방문하여, 그가 보여주는 식물 화분의 세포(그림 5-10)를 현미경을 통해 보면서, 그 세포의 모양에서 '여성 신체'로 연상을 이어가는 '의식의 흐름'을 보여준다.

아래의 인용은 가와바타 야스나리의 「수정환상水晶幻想」(『改造』 1931년 1월, 7월) 가운데 일부다. 「수정환상」은 가와바타의 소설적 실험이 잘 나타나는 초기 작품으로, 그 내용은 수의과 의사를 남편으로 둔 젊은 부인이 불임으로 인하여 고통받는 내면을 '의식의 흐름'을 통해서 묘사한다. 이 인용 부분에서, 불임치료를 받고 있는 부인의 생각 속에서, '피펫(인공수정을 위해 자궁질 내에 정액을 주입할 때 사용되는 기구—필자주) - 남편의 안경 - 오브젝트글라스와 데크글라스(현미경의 재물렌즈와 복개렌즈—필자주) - 안경'이라고 하는 유리(=수정)의 환상이 부인의 '의식의 흐름'으로서 이어지는 것이다.

필자는 기존의 선행 연구가 주로 문제시한 '의식의 흐름'이라는 문학적 기법에 대해서는 이 장의 논지에서 벗어나는 관계로 깊이 논하지 않는다.

여기에서 문제시하고 싶은 점은, 거의 같은 시기에 발표된 위의 세 소설

텍스트에 보이는 '현미경 - 여성 신체 - 생식'이라고 하는 의미군의 연쇄[13]다.

이러한 의미군의 연쇄는 과연 우연의 결과일까? 물론 당시에 있어서 현미경이 대중적인 보급 단계에 있었다는 점[14]을 생각하면, 이들 텍스트에 '현미경'이라는 소재가 도입되어, 그와 강한 연관성을 가지는 '생식'의 문제가 제재로서 다루어진다는 것은 하나의 우연으로 생각될 수도 있을 것이다.

13 이 문제에 대해, 그들이 서로의 작품에 대해 언급하고 있는 점은 흥미롭다. 류탄지는 「수정환상」에 대해 「一九三一年初頭の文芸界の展望」(『新潮』1931년 1월), 「文芸時報」(『新潮』1931년 10월)에서 언급하고 있으며, 가와바타는 「마코」에 대해 「文芸時評」(『中央公論』1931년 10월)에서 논하고 있다.

14 「요미우리신문」1930년 12월 5일자 조간에는 "과학의 첨단을 걷는다(科学の尖端を歩む)"라는 제목의 기사에서 다음과 같이 설명하고 있다. "'렌즈[상현미경 - 현미경이라고 하면 불과 4, 5년 전까지만 해도 대학의 세균학이나 동식물연구소, 혹은 병원에라도 가지 않으면 정교한 것은 거의 볼 수 없었으나, 이 몇 년 사이에 민간의 회사에서 제품의 감정이나 시험에 널리 사용되게 되어, 요즈음에는 학술상으로만이 아니고 상업용으로서도 현미경이라는 것이 필수불가결하게 되었다. 또한 일반 과학 지식의 보급에 따라 학생용의 저가 현미경까지 제작되어, 불완전한 인간의 눈에 미지의 미크로코스모스 세계를 확대시켜 주고 있다".

하지만 문제는 왜 그러한 과학적 소재가 '여성 신체'와 결부되는가 하는 점이다. 게다가 소설 속의 그녀들은 '실험대' 위에 올려져 있다. 이에 대해서는 설명이 필요할 것이다. 먼저 류탄지의 「마코」에 있어서는, 결핵의 유전으로 인해 아이를 낳지 못하는 '하강 종족'인 마코에 대해 우수한 유전을 가진 '상승종족'인 U는 "우수하고 건강한 아이를 반드시 그녀에게 낳게 해 보이겠다!"(32쪽)라며 마코를 우생학적 실험 대상으로서 바라본다. 이토의 「기구의 절대성」에서는, "그 농염한 생식. 화분관의 촉수. 잎사귀 위에 멈춰 있는 벌. 잎사귀 위. 잎맥葉網. 요코葉子"(344쪽)라는 '의식의 흐름'에서 나타나듯이, 식물의 번식력을 조사하는 '실험'적 사고에서, 연애 없이는 하루도 살 수 없다고 주장하는 모던걸 요코葉子에게로 사고가 연결된다. 그리고 가와바타의 「수정환상」에 이르러서는, 전문의사도 아닌, 동물의 발생학을 연구하는 수의사 남편에 의해 인공수정의 '실험대상'이 되어버린 부인이

등장하는 것이다.

　이러한 관점들은 모두들 현재적 관점으로 보자면 무지하며 야만적인 사고방식이다. 하지만 그렇게 치부해 버리기에는 이들 텍스트에 나타나는 여성 신체에 대한 '해부'적, '실험'적인 시선은 너무나도 인상적인 공통점을 보인다. 그들이 공유하는 이와 같은 멘탈리티가 도대체 어떠한 의미를 가지는가 하는 점을 밝히기 위해서는, 이들 텍스트를 보다 넓은 동시대적 컨텍스트 속에서 재검토할 필요가 있다.

3. 여성 신체의 '해부'와 '건축'

앞 절에서 언급한 여성 신체에 대한 '해부'적 시선이 어떠한 문화 기제 가운데에서 생성되었으며, 그것이 무엇을 의미하였는가를 밝히기 위해, 이 절에서는 신흥예술파가 주된 활동무대로 삼았던 『긴다이세이카쓰』, 『분가쿠지다이』, 『신초』라는 세 잡지에 게재된 일련의 좌담회 및 특집을 고찰해 보고자 한다. 먼저 이 시기 이들 잡지의 목차[15]를 살펴보는 것만으로도 알 수 있는 사실이나, 그들은 여성의 단발이나 양장, 직업부인의 등장을 '첨단'적인 도시풍속으로 주목하였으며, 그 출현의 이유를 도시화, 과학기계문명의 발달, 미국문화의 영향으로서 해석했다. 그리고 그와 같은 첨단적인 여성이 지니는 '미의식'을 하나의 '첨단미'로서 파악하면서, 신흥예술파는 그 첨단미를 '에로 그로 넌센스'

[15] 참고로 신흥예술파가 참가한 좌담회 및 특집기사 중 여성을 테마로 한 것만을 모아보면 다음과 같다. 『긴다이세이카쓰』: 「직업 걸 리뷰(職業ガールス・レヴュー)」, 1929년 10월호; 「여성해부도(女性解剖図)」, 1929년 11월호; 「여자백화점(女百貨店)」, 1930년 5월호; 「슈미즈를 벗은 그와 그녀(シュミーズをとつた彼と彼女)」, 1930년 5월호; 「첨단 부인 생활 좌담회(尖端婦人生活座談会)」, 1930년 7월호; 「첨단미 좌담회(尖端美座談会)」, 1930년 9월호/『분가쿠지다이』: 「근대여성 풍경(近代女性風景)」, 1929년 7월호/『신초』: 「배선미, 요선미, 각선미(背線美, 腰線美, 脚線美)」, 1931년 5월호; 「여성건축(女性建築)」, 1931년 6월호.

로 표현한다.

　좌담회 분석으로 들어가기 전에 먼저 확인해 두고 싶은 점은, 신흥예술파가 그리는 '첨단적 여성'(모던걸) 묘사에는 프롤레타리아 문예를 의식한 정치적 이데올로기성이 포함되어 있다는 것이다. 앞 절에서 인용한 '이 스케일은?'이라는 짧은 문장 속에서 류탄지가 언급하는 '커다란 사회기구나 국제 문제'를 다루는 문학이란 두말할 필요도 없이 프롤레타리아 문학(예를 들면 고바야시 다키지[小林多喜二]의 「게공선[蟹工船]」)을 지칭하는 것이며, 그에 대해 현미경의 '해부'적인 시선을 도입한다는 것은 프로 문예에 대한 대항의식에서 나온 것이다. 또 다른 예를 한 가지 들어보자. 『분가쿠지다이』 1929년 7월호에는 「근대 여성 풍경近代女性風景」이라는 항목 속에, 니이 이타루新居格의 「밝은 쓴웃음明るい苦笑」, 나카노 시게하루中野重治의 「새로운 여성新しい女」, 나라자키 쓰토무楢崎勤의 「마시멜로 키스マシマロウ キッス」를 수록하고 있다. 「밝은 쓴웃음」에는 모던걸의 매혹에 휘둘리는 기계학 교수의 모습이 그려지고, 「마시멜로 키스」에서는 '모던 마담'이 그려지며 당시로서는 다소 흔한 모던걸에 대한 묘사로 볼 수 있다. 그러나 그곳에 당시 신예 프롤레타리아 소설가로서 활동하고 있던 나카노 시게하루가 「새로운 여성」이라는 단편을 게재하고 있으며, 그 내용의 일부에 "새로운 여자라거나 옛날 여자라거나 하는 이야기라해도 국제적 기준에 따라 말해야 하며, 결코 도쿄적, 혹은 긴자적 기준에 의해서는 안 됩니다"고 기술된다. 위와 같은 예에서 단적으로 알 수 있듯이, 당시의 작가들은 각자의 입장에서 모던걸이 가지는 (또는 가져야 하는) 첨단미를 표현하였으며, 신흥예술파와 프롤레타리아파는 그 '첨단미'를 둘러싸고 이데올로기적 갈등을 펼치고 있었던 것이다. 먼저 이러한 점을 주의해두자.

　위의 신흥예술파 작가들이 그리려고 하는 '첨단미' 속에서 여성 신체

에 대한 '해부'적인 시선이 보여지게 되는 것이다. 그것을 앞서 언급한 세 잡지를 통해서 보도록 하자. 먼저 눈을 끄는 기사는 『긴다이세이카쓰』 1929년 11월호에 게재된 「여성해부도女性解剖図」라는 특집이다. 그곳에는 호리구치 다이가쿠堀口大学의 「유방乳房」, 나카모토 다카코中本たか子의 「손의 계급성手の階級性」, 아사하라 로쿠로浅原六朗의 「다리에 대한 잡상脚についての雑想」, 나라자키 쓰토무의 「신경쇠약에 걸린 마리神経衰弱になった鞠枝」, 가와바타 야스나리의 「머리와 귀髪と耳」 등의 문장이 실려 있다. 이 중 나카모토의 글 만을 제외하면, 모두 『긴다이세이카쓰』의 동인이거나, 그에 가까운 남성작가들에 의한 여성 신체로의 시선이 제목에서부터 확인된다. 게다가 가와바타는 「머리와 귀」를 시작하면서, "근대생활사의 가지와라梶原 군은 기괴한 선물을 하는 사람이다. 나에게는 여성의 머리와 귀를 주었다"고 기술하듯이, 그것은 잡지 편집자 측의 요청이기도 했던 것이다. 이러한 경향은 세 잡지에서 공통적으로 발견된다. 여성 신체에 대한 '해부'적인 시선이 류탄지로 한정되는 것이 아니었다는 점은 이 정도 설명으로도 충분할 것이며, 그것은 신흥예술파의 공통적인 감각이었다. 다음의 두 인용문을 비교해 보자.

> 윤기가 있는 풍성한 머릿결, 매우 화려하고 인상적인 코와 눈매, 균형 잡힌 가냘픈 골격, 이것들은 대개 '마마'에게서 그대로 물려받은 듯하다 [······] 눈이 인상적이며 화려하고 크다. 조금 촌스럽게 아래를 향한 눈썹은 길다. 아주 뚜렷하게 드러나는 깊은 쌍꺼풀에, 약간 눈꼬리가 올라가 있다. 눈동자가 신경성 때문인지 푸르게 인광빛을 내고 있다(17~18쪽).

> 목이 길다. 턱이 기분 좋은 곡선을 그리고 있다. 가는 머릿결이다. 눈은……

그렇다, 클래식한 아가씨 풍의 눈은 아니다. 감정과 지혜가 검은 안구와 눈썹 속에 움직이고 있다. 근대적인 눈이다. 영화도 음악도 녹아들어가 있는 눈이다.

위의 인용은 「마코」의 신체 묘사 가운데의 한 부분이며, 아래의 인용은 아사하라 로쿠로의 「화려한 회상華やかな回想」(『긴다이세이카쓰』 1930년 6월) 중의 일부로, 주인공이 치과의사의 대기실에서 한 여성을 관찰하는 장면이다. 이 두 문장에 공통적으로 드러나는 시선의 특징은 여성 신체를 부분부분으로 분절하여 관찰하고, 그에 의미를 부여하며, 그것에 의해 여성의 '신체미'를 분석하여 보이려는 점에 있다. 그것이 '첨단미'로 연결되는 것이나, 그러나 도대체 어떠한 눈이 감정과 지혜로 충만하고, '영화도 음악도 녹아들어가 있는' 눈인 것인지, 그 판단기준은 무엇인지, 현재를 살고 있는 우리로서는 쉽게 알 수 있는 묘사가 아니다.

『신초』 1931년 6월호에 게재된 「여성 건축女性建築」이라는 특집기사에 대해서도 비슷한 의문이 생겨난다. 「그녀의 눈彼女の眼」(아사하라 로쿠로[浅原六朗]), 「그녀의 입彼女の口」(이지마 다다시[飯島正]), 「그녀의 손彼女の手」(구노 도요히코[久野豊彦]), 「그녀의 가슴彼女の胸」(나카무라 세이조[中村正常]), 「그녀의 허리彼女の腰」(후나바시 세이치[船橋聖一]), 「그녀의 다리彼女の脚」(오카다 사부로[岡田三郎]) 등 전원 신흥예술파에 속하는 필진에 의한 문장이 게재되어, 편집후기에는 이에 대해 "'여성 건축'이라는 표제로, 그녀의 눈과 입과 손과 가슴과 허리 등 일부분을 모아 한 사람의 '여성'의 빌딩을 건축해 보았다. 이 화려한 포즈의 여성의 매력은 무엇일까?"라고 기술하고 있다. 소설들의 내용은 대개 빌딩에서 근무하는 모던걸들의 '에로 그로 넌센스'적 행동에 대한 것들이지만, 여기서 먼저 주목하고 싶은 점은, 앞서의 "여성 해부도"라는 제목으로 모였어도

좋을 텍스트군이 여기서는 "여성 건축"이란 제목으로 게재되어 있다는 사실이다. 이것은 바꾸어 말하면, 여성 신체의 부분 부분의 분절에 의한 '첨단미'를 가지고 전체를 구축하려는 논리로서, 일종의 몽타주라고 할 수 있다. 하지만 도대체 어떠한 눈이 "세계적 표준에 도달한 눈"(「그녀의 눈」)이며, 어떠한 입이 "에로스의 모양"(「그녀의 입」)인 것인가? 물론 클라라 보와 같은 할리우드 영화의 여배우의 눈이 표준이 되며, 파리의 레뷰걸의 다리가 기준이 될 수는 있다. 하지만 그와 같은 표면적인 풍속을 연결해 보아도, 여성 신체의 '해부'와 '건축'을 통해 '첨단미'라는 것을 구축하려고 하는 그들의 논리적 근거에 대해서는 설명되지 않는다.

　여기에서 류탄지의 「마코」에서 기술되는 마코의 신체 묘사가 그러한 의문에 대한 대답의 단서를 제공해 준다.

> 몸의 형태는 '마마'로부터 물려받아 전체적으로 가냘프다. 거기에는 **근대적인 실용미**도 건강한 생활의 에너지도 느껴지지 않는다. 모든 미가 **소비적**이다. 몰락한 가계의 후예다운 덧없는 아름다움이다. 한가지는 부르주아적인 소녀시대의 생활환경의 영향도 있지만. 피하지방의 침전이 없어서 보기에는 몸도 손발도 남자아이처럼 탄력이 있지만, 발육이 덜 된 근육 속에서 때로 애처롭게 뼈가 드러나거나, 그러니까 한마디로 금방 피로해지는 **비생산적**인 부드러움이 있을 뿐이다(19쪽).

　이 인용문 가운데에서 강조한 부분의 수사를 생각해 보자. 왜 가녀린 마코의 골격이 '근대적인 실용미', '소비적', '비생산적' 등과 같은 형용어로 표현되고 있는 것일까? 물론 이 책의 1장에서 설명한 바와 같이, 당시에 있어서 '향락적', '소비적'인 미는 버려야 할 미로서, '건강'하고 '건설'적인 미는

그림 5-11 '에로 그로 넌센스'적인 여성 표현을 풍자하는 만화
(「요미우리신문」 1931년 10월 18일호)

추구해야 하는 미로서 인식되고 있었다는 점을 생각하면 이와 같은 수사도 넓은 사회적 문맥에서는 그 속에서 읽을 수 있을 것이다. 하지만 이 수사는 건축미술가를 지망하는 U의 시선이며, 그 시선은 마코의 신체를 곳곳에서, 예를 들면 '돔과 같이 융기한 큰 엉덩이' 등으로 묘사하는 등 여성 신체를 '건축'적으로 관찰할 때 사용되는 단어들인 것이다. 당시의 독자에게 이와 같은 여성 신체에 대한 '건축'적인 시선이 위화감 없이 읽혔다고 한다면 그것은 왜일까?

이것에 대해 고찰하기 위해, 『분가쿠지다이』 1929년 4월호에 게재된 「'신'에 대한 좌담회「新」に就ての座談会」는 참고가 된다. 이 좌담회에는 오야 소이치大宅壮一, 니이 이타루新居格, 가쓰모토 세이치로勝本清一郎, 다카다 다모쓰高田保 등의 프롤레타리아계 비평가와 아사하라 로쿠로浅原六朗, 나라자키 쓰토무楢崎勤, 사사키 도시로佐左木俊郎 등의 신흥예술파 작가들, 그리고 건축, 영화, 회화 등 다방면의 문화영역에서 활동하고 있었던 무라야마 도모요시村山知義가 참가하여, '새로움이라는 것, 새로운 문학, 연극, 영화, 건축, 부르주아 문학과 프롤레타리아 문학, 레닌이즘과 아메리카니즘, 예술상의 신방향' 등에 대해 토론하고 있다. 전체적으로는 프로 계열 비평가들의 주도하에 아사하라 만이 예술파를 대표하여 논전해 가는 형태로 좌담회는 진행되나, 이 좌담회에서 주목되는 점은 무라야마 도모요시의 구미 건축계의 소개에서 이어지는, 가쓰모토의 다음과 같은 주장이다.

현재의 사회생활을 두 가지 측면으로 관찰하면, 생산적인 측면과 소비적인 측면이 있다. 소비적인 측면에 서는 건축이 '아르 누보(Art Nouveau)'라거나 '라이트'식이라거나, 주택 건축이나 혹은 여러 형태의 카페, 백화점 건축 등에 많다. 한편 공장 건축 등은 소비적 측면 보다는, 현재 사회생활의 순전히 생산

그림 5-12
1923년 로이드 라이트에 의해 설계된
구 제국호텔

그림 5-13
아르 데코의 대표적 건축물
(신주쿠 이세탄백화점 본점)

그림 5-14
인터내셔널 스타일을 따라 건축된
일본치과전문학교 건물
(山口文象, 1934년)

그림 5-15
인터내셔널 스타일을 탄생시킨
독일 바우하우스 건물

적인 측면에 서 있다. 사회생활에 있어서 생산적 측면은, 소비적 측면보다 한 발 앞서 있기에, 소비적 측면으로서는 아무리 해도 과거 예술의 잔해를 남긴 채, 언제까지나 이렇게 바꾸어 보거나 저렇게 바꾸어 보거나 하고 있다. 그것이 아르 누보나 라이트식과 같은 건축이다. 그에 대해 생산적인 측면에 서는 건축은 현재의 기계문명, 기술적 단계의 최첨단에 서 있기에, 지금 무라 야마 군이 말한 바대로 가장 새로운 건축의 첨단이 되어가는 것이다.

여기에서 가쓰모토가 설명하는 내용을 이해하기 위해, 일본의 건축사 를 잠시 참조해 보자. 4장에서도 언급했던 '아르 데코Art Deco', 라이트식, 표현파 건축 양식은 간토대지진을 계기로 유행했던 것으로서, 그것은 1930 년대의 '일체의 장식을 배제하는' 인터내셔널 스타일로 수렴되어 간다고 정리[16]되나, 무라야마의 언급은 실로 인터내셔널 스타일에 대한 적시적인 언급이었다고 할 수 있다. 프롤레타리아 계급 의 상승에 의해 부르주아의 장식미는 쇠퇴하게 된다고 하는

16 松葉一清,『帝都復興せ り!』, 朝日文庫, 朝日新聞社, 1997년.

무라야마의 논리는, "현대의 직선적 건축이라고 하는 것은 [……] 무엇에 사용되는가 하는 목적과 역학적 법칙에 의해 좋든 싫든 규정되는 선, 그 결과 로서의 직선이기 때문에, 게다가 그 직선이 결국 가장 아름답다는 것이다"고 하는 가쓰모토의 주장에 의해, 소비적 장식미를 근간으로 하는 양식은 폐지 되어야 한다는 논조로 전환되어 간다. 건축 분야에 있어서도 도시문화의 '첨단미'를 둘러싼 이데올로기적 갈등상이 확인되는 것이다.

위와 같은 논의 속에서 문제가 되는 것은, 건축의 '첨단미'를 둘러싼 논의가 다른 예술 영역으로 적용되어갈 때 발생하는 '아날로지analogy'로서 의 문학담론이다. 좌담회는 이후 문학이나 연극, 사회생활로까지 확대되 어 가는데, '건축이 직선적으로 되어 간다는 것은 그것이 실용적인 것이기

때문으로, 그것을 바로 같은 의미로 문학이나 영화로 적용시켜 가는 것은 잘못이다'라고 하는 무라야마의 제지가 걸림에도 불구하고 전반적으로는, '니이: 그것을 문학 쪽으로 가져가서 어떻게든 해야 하지 않나?', '가쓰모토: 어쨌든 매우 단순한 형식으로 글을 써가는 것은 가능하다', '오야: 문학에 실용적 요소가 매우 강하게 나타나면서, 단적인 표현이 환영받고, 인간에게 단적으로 호소하는 표현이 필요해 진다면, 지금까지의 짙은 화장같은 끈적끈적한 표현은 적어질 것이다'라는 식으로, 그들은 건축 분야의 '첨단미'를 문학 쪽으로 '아날로지'로서 적용해 가려고 시도하고 있는 것이다.

지금까지의 논의를 일단 정리해 보자. 「마코」의 신체 묘사에 사용된 '근대적 실용미', '소비적', '비생산적' 등의 수사는 원래 건축(문화)을 논할 때 프롤레타리아 예술 운동에서 주로 사용하던 것이었으며, 류탄지는 그와 같은 수사를 자신이 그리려 하는 마코의 조형에 '전용appropriation'하여 사용함으로써 '첨단미'를 둘러싼 이데올로기적 갈등 상황에 임했던 것이다. 신흥예술파 문학 속에서, 여성 신체에 대한 '해부'와 '건축'의 시선이 넓게 발견되는 것은, 그들이 프로 문예와 '첨단미'를 두고 미적 헤게모니를 선점하기 위한 문필활동을 벌였기 때문에 나타났던 현상이었던 것이다.

4. 과학과 문학의 '아날로지'

앞 절에서는 신흥예술파가 공유하고 있었던 여성 신체에 대한 '해부'와 '건축'의 시선이 프롤레타리아 진영과의 미적 헤게모니를 둘러싼 이데올로기적 경합 과정에서 나타난 현상이었다는 점을 분명히 했다. 하지만 그 논리의 근거까지는 충분히 설명하지 못했다. 물론 마르크스주의에 필적할 만한 공통의 이론을 신흥예술파가 공유하고 있었던 것은 아니지만, 그들의 공통된 인식이 전혀 없었던 것은 아니다. 그것이 필자가 지금부터 설명하려 하는 '아날로지analogy'다.

아날로지의 사전적 의미는 '유사, 유추'를 의미하며, "두 개의 사물이 여러 면에서 비슷하다는 것을 근거로 다른 속성도 유사할 것이라고 추론하는 일. 서로 비슷한 점을 비교하여 하나의 사물에서 다른 사물로 추리하는 것'[17]을 말한다. 필자는 여기에서 한걸음 더 나아가 '두 가지의 서로 다른 지적 영역을 병치하는 것을 통해 새로운 해석을 구축하는 행위'로써 파악하려 한다. 도대체 어떠한 인식의 틀이 '실용적인 직선미를 중시하는 인터내셔널 스타일'이라는 건축 개념을 문학에 도입하여, '문학'을 '실용적'이며, '직선적'으로 쓰자는 식으로 주장하게 만드는가? 달리 말하자면 당시의 어떠한 지적 구조가 '건축론'을 그렇게도 쉽게 '문학론'에 적용시키도록 했는가? 그것을 여기서는 '아날로지'라는 개념을 추출하는 것으로써 대답해 가려 한다.

오늘날에는 거의 일상적으로 사용되는 '해부'라는 용어조차, 당시에 있어서는 아날로지의 의식이 포함되어 있었다. 즉 생명과 병리의 원리를 연구하기 위해 생물을 해부하여 그 원리를 탐구하는 의학적 행위를 지칭하는 해부의 의미가, 아날로지로써 모던걸의 출현에 적용되어, 그 출현의 시대적 첨단성과 사회적 병리성을 탐구하려 하는 행위에 적용되었던 것이다. 마릴린 스트라던은 근대적 '지'의 구축행위에 있어서 아날로지가 수행했던 역할을 다음과 같이 설명한다.

> 메타포는 해석을 구축하는 행위에 있어서 중요한 역할을 했다. 메타포는 인위적으로 자연적인 영역 구분을 지우게끔 도와줌으로써 자연적 사실과 사회적

17 국립국어원 제공, 네이버 국어사전에서 '유추'로 검색한 결과에 따름.

해석 사이에 존재하는 구분을 없애는 효과를 가졌다. '세포'에서 '인간'으로의 연결은, '자연과학적 정보'에서 '법적 결정'으로의 연결로, 연속되는 것으로 생각되었다.[18]

18 Marilyn Strathern, *Reproducing the Future: Essays on Anthropology, Kinship and the New Reproductive Technologies*, Manchester: Manchester University Press, 1992, p.144. 원문은 다음과 같다. "The metaphor occupied the obvious place of a constructed act of interpretation assisting interpretation by so partitioning off this "natural" domain through the artificiality of the metaphor had the effect of glossing over existing partitions between (natural) fact and (social) interpretation. The flow from "cell" to "person", like the flow from "scientific information" to "legislative decision", could be rendered continuous".

이 스트라던의 기술은, 1990년 미의회를 통과한 '인공수정 및 배양법(Human Fertilization and Embryology Act)'에 반대한 대사제의 연설이 실은 카오스이론을 배양기술에 아날로지로서 적용하여 해석했던 것이라는 점을 지적하는 문맥 속에서 발췌한 것인데, 스트라던은 아날로지가 근대적 '지'의 구축행위(종교→자연과학, 자연과학→사회과학)에 있어서, 그리고 1920~30년대 서구의 지적 환경 속에서 어떠한 역할을 담당했는지를 설명하고 있다.

여기에서는 이와 같은 아날로지의 개념을 차용하여 당시의 문맥에 적용해 보려 한다. 여기서 굳이 서양적 문맥의 개념을 도입하는 데는 이유가 있다. 당시의 지적 환경 속에서 프롤레타리아 문예 진영과 모더니스트들이 '첨단성'을 두고 경합을 벌였다는 점, 그 '첨단성'이란 함의적으로 누가 더 서구의 최신(유행) 사상에 가까운가의 경합이었다는 점은 주지되는 사실이나, 이는 결과적으로 당시의 서구와 일본 사이의 많은 지적 공통성을 낳게 되었기 때문이다. 이와 같은 아날로지의 개념으로 당시의 '지'적 상황을 부감하여 보면 먼저 그 적용이 되는 폭의 넓음에 압도당한다. 건축에서 문학으로, 의학에서 문학으로 뿐만이 아닌, 기계학, 화학, 의학, 천문학, 심리학 등의 순수, 응용과학에서 우생학 등의 (유사)과학까지가, 영화, 회화, 건축, 문학 등의 문화 영역들 사이에서 거미줄과 같이 복잡하게 아날로지의 논리가 움직이고 있다.

이와 같은 아날로지의 기능을 살펴보는 것을 통해서만이 무라야마 도모요시村山知義나 이타가키 다카호板垣鷹穗 등 건축, 회화, 문학 등 다방면에 걸친 활동을 보이던 문화인들의 동시대적 출현을 설명하는 실마리를 제공하며, '신흥예술파'(문학만이 아닌)의 '신흥'의 의미를 설명하는 데 있어서도 도움이 될 것이다. 실제로 류탄지도 또한 '표현파'(회화)의 공부를 하며, 건축사나 전기기사가 될 꿈을 꾸고, 『가이조』 신인상 수상으로 화려하게 문학가로 등단하기 전에는 게이오대학 의학부를 중퇴한 경력을 가지고 있다. 류탄지는 그가 추구하는 모더니즘 문학에 대해 다음과 같이 기술하고 있다.

> 사회는 그 진화에 도움이 되지 않는 모든 존재를 기각해 간다. 문학도 마찬가지. 따라서 **모더니즘 문학의 건강한 발달은, 그로 인해 형성된 모던한 풍속이** 과학적으로 합리성이 있는, 즉, 사회의 진화에 부합된 건강한 것이 아니면 안 된다. 이것은 모더니즘 문학가 개인의 건강한 사회인식에 기댈 수밖에 없다. 그것은 무엇에 근거해야 하는가? 여기에서 과학이 결정적인 자격을 가지고 등장하게 되는 것이다.[19]

19 龍膽寺雄, 「モダアニズム文学論」, 『新文学研究 第二輯』, 金星堂, 1931년 4월.

이와 같은 선언에 드러나는 류탄지의 과학에 대한 낙관성에 대해서는 뒤에서 다루기로 하나, 이 인용에서 주목하고 싶은 점은 과학에 의거하려 하는 류탄지의 문학관이다. 그는 과학적인 발전에 의해 현실화되는 '모던 풍속'을 단지 '묘사'하려는 것이 아니다. 그는 '모더니즘 문학에 의해 형성되는 모던 문화'라는 식으로 사고한다. 이는 단순한 과대망상이 아니다. 그는 그의 근거로 '과학'을 제시하고 있으며, 자신을 과학자와 '같은' 위치에 두고 있다. 즉, 과학자가 '가설'을 세우고 그것을 '실험'에 의해 '사실'

화 하듯이, 문학자도 문학활동을 통해 '모던 풍속'을 '구축'하려 하였던 것이다. 이와 같은 '아날로지'적인 사고가 「마코」에 있어서 마코의 신체를 '해부'하고 '건축'함으로써 첨단미를 '구축'하려 했던 그의 논리나 에크리튀르의 핵심을 이룬다.

이는 오늘날의 관점에서 보자면 어쩌면 너무나도 유치한 과학결정론처럼 보일지도 모르지만, 당시에 있어서 과학 및 타문화 영역에서 문학으로의 아날로지는 류탄지 이외에도 널리 보인다. 일례만을 들어 보자. 다음 인용은 '모던 중개업자' 등으로 불리며, 모던 풍속에 대한 오피니언 리더 역할을 했던 니이 이타루의 글이다.

> 현대의 가장 진보한 건축이 의도적으로 일체의 장식적 첨가물을 배척하고
> 그것을 구시대적 유물로 취급하는 이때, 과거의 건축보다 더더욱 의도적으로
> 겹겹이 치장하는 여성의 태도는 매우 구시대적이라고 단정해도 무방할 것이
> 다. [……] 미국에서는 여성미는 미용원에서 의사의 손으로 이동해야 한다고
> 주장하는 자조차 있다. 근대적 의술의 과학적 시술에 의해 화장에 의한 여성
> 장식을 추방하려는 것이다. 그렇게 된다면 여성미는 과학적 합리성과 합체하
> 여 '미를 향한 신건축'을 향해 새로운 발전을 하는 것이다. 그것은 현대 이지주
> 의적 건축이 태양 광선과 바람에 악수를 청하듯이, 여성미의 건축 또한 빛과
> 공기에 접근하는 것으로부터 재출발하는 것이다. 그것은 '단재미학(斷截美
> 學)'을 여성미 위에 수립하는 것이다. 즉, 먼저 화장품을 그녀의 얼굴에서 단재
> 하라. 밤의 공기와 먼지 쌓인 향락을 단재하여 화창한 햇빛과 고원의 공기로
> 바꿔라. 나태함을 잘라내고, 기괴한 백일몽에서 깨어나, 무엇이 가장 단재미
> 학에 의해 창시되어야 하는지 생각해 보아야 한다.[20]

20 新居格,「斷截美学の一
提言」,『近代生活』1929년
8월.

이 니이의 주장에 나타나는 아날로지에 대해 부연해서 설명할 생각은 없으나, 그의 장식주의에 반대하는 '단재미학'은 인용한 여성미의 '건축'에 머무르지 않고 문학자의 생활 '건축'에까지 이르고 있음을 첨언해 둔다. 인용문은 일종의 극단적인 목적문학론이지만, 이 인용이 중요한 것은 '여성의 장식미를 단재하라'라는 그의 주장이, 명백히 지금까지 고찰해 왔던 신흥예술파의 여성미 '건축'론과 같은 근거에서 출발하고 있다는 점이다. 즉, 의학이나 건축의 논리를 아날로지로서 '여성 신체의 해부와 건축'에 적용함으로써, 그를 통해 첨단미를 '구축'하려 했던 신흥예술파의 논리성과, 건축과 의학의 과학성을 아날로지로서 이용하여 여성의 장식미에 반대하였던 니이의 논리가 그 내용적 상반성과는 무관하게 논리적 회로는 완전히 일치한다는 점이다.

이것이 '아날로지'의 '구축적 기능'에 개입하는 이데올로기성이다. 여기에서 앞서 인용하였던 「마코」의 인용 부분을 다시 한 번 참조하길 바란다. 그곳의 마코의 신체 묘사와 니이의 '단재 미학'이란 것을 비교해 보면, 아날로지가 단지 대상의 묘사를 위해서 도입되는 것이 아닌 대상의 '구축' (혹은 배제)을 위해서 도입되는 것이며, 바로 그 순간에 이데올로기적 마찰이 개입된다는 점을 여실히 알 수 있게 된다. 즉 아날로지에 의해 형성된 지식이란, 지식으로 형성되는 순간에 이미 이데올로기적인 것이다.

또한 필자는 이와 같은 문학과 과학의 '아날로지'야말로 당시에 있어서 신흥예술파와 프롤레타리아 문예를 연결해 주는 주요 개념으로서 제시하고 싶다. 그와 같은 사실을 잘 보여주는 텍스트가 앞서 언급한 이토 세이의 「기구의 절대성」이다.

「기구의 절대성」의 플롯은 다음과 같다. ① 나 나루미鳴海는 문학자(시인)다. ② 나는 식물학자인 친구 구보久保의 연구실을 방문하여 화분의 세포를 관찰한다. ③ 나는 연애를 유희로 생각하는 모던걸 요코葉子를 관찰한다.

④ 나는 요코의 소개로 알게 된 공산당원 사키타佐木田의 활동을 돕는다.
⑤ 나는 공산당원으로서의 자각을 가지기 시작한다. 나루미는 이처럼 구보, 요코, 사키타 순으로 시선을 옮겨가는데, 그 시선은 "자신에 대해, 따라서 물론 제2자, 제3자에 대해 객관적이며, 자신의 감정조차 객관"(348쪽)시하려 하는 '과학자'적인 시선이며, 그것은 "그(구보)의 정신의 내부를 확대하라"(346쪽)나 "요코가 사키타에게 어떤 식으로 작용하는가, 그는 어떻게 요코에게 반응하는가"(345쪽)를 관찰하려는 태도 등에서 확인된다.

지금까지의 논지에서 이 텍스트가 흥미로운 이유는, ①~⑤까지의 플롯이 '자연과학적 실험' → '연애의 실험' → '사회주의의 실험'으로서 동심원적으로 배치되어 있기 때문이다. 즉 친구 구보의 말, "(화분의) 난세포의 핵은 세포의 하부에 있다는 것이 정설이지만, 나는 세포가 그 위치를 잡을 때까지 핵의 이동 상태를 조사하고 있다"(343쪽)라고 하는 자연과학적인 실험의 시선에 자극받아, 나루미는 연애를 실험시하는 태도를 통해 요코의 행동이나 심리를 분석하는 행위로 전환되며, 플롯의 끝에서는 나루미 자신이 공산당 조직의 세포細胞로써 활동함으로써 사회주의의 실험에 참가해 가는 것이다. 미크로에서 매크로로의 시점의 이동과 과학에서 문학을 걸쳐 사회운동으로의 이동이 아날로지를 매개로 하여 연속적으로 이루어지고 있는 것이다. 실로 스트라던이 지적한 바와 같이, '세포'에서 '인간'으로의 흐름이 연속적으로 생각되어졌던 것이다. 게다가 이와 같은 세 영역에의 시선이 '가설(정설)' → '실험' → '사실화'라는 '과학자'의 시선으로써 통괄되어 있다는 사실은 주목해야만 한다.

나는 요코에게 좌지우지되는 것이 근본적으로 싫어졌다. 그것이 연애라면, 아니 유희라면 유희 속의 수동적 입장에 나는 견딜 수 없었던 것이다. 그래서

나는 사키타의 생활에 매력을 느끼기 시작했다. 요코 스스로가 사키타에 열중하기 시작했던 것과, 내가 사키타의 생활과 그를 통해서 피가 통하고 있는 xx당의 기구와 활동에 흥미를 느끼기 시작한 것은 거의 동시였다(352쪽).

이 인용은 나루미가 연애 실험에서 사회주의의 실험으로 관심을 이행시켜 가는 논리를 설명하고 있는 부분이나, 지금까지의 논지에 비추어 설명해 보면, 신흥예술파의 '여성 신체의 해부와 건축'의 논리에서 프로 진영의 문예론으로의 아날로지의 연속성을 보여주는 곳이라고 말해도 좋을 것이다. 그 양쪽에 공통되는 것은, 현실의 분석(해부)에서 도출되는 밝은 미래건설의 의욕이며, 아날로지의 구축적 기능을 특징으로 하는 과학정신이었던 것이다. 이와 같은 인식의 공유점을 가지고 있었기에, 프롤레타리아 문예와 신흥예술파 양 진영은 '건강한' 미래건설을 둘러싸고 헤게모니의 경쟁을 펼칠 수 있었던 것이며, 서로의 논리를 전용하는 것도 가능했던 것이다.

논지에서 다소 벗어나기에 자세히 논하지는 않으나, 참고적으로 당시의 사회주의 조직론 속에서 '세포', '심장', '오거나이저organizer', '벨트' 등의 인체학적, 기계학적 메타포가 얼마나 많이 사용되는가 하는 점은 지금까지의 문맥 속에서 재고되어야만 할 것이다. 이미 지적한 바와 같은 공통의 멘탈리티를 통해서 고찰해야만, 프롤레타리아 문예와 함께 신흥예술파 문학이 1920년대 후반의 문학을 대표할 수 있었던 근본적인 이유가 설명될 것이다.

4. 초현실주의 회화의 미래 여성도

이상까지 고찰한 '여성 신체에의 해부와 건축의 시선'을 통해 분석해본 당시

지식인들의 과학 지향성, 미래사회 건설에의 의지는 단지 '문학' 영역에 국한되어 나타나는 것은 아니다. 이 절에서는 '신흥'예술파의 탈영역적 특성을 보여주는 단적인 예로써 회화 영역에 대해 살펴보겠다.

『신초』1931년 5월호에는 "배선미, 요선미, 각선미背線美·腰線美·脚線美"라는 제목하에, 「나부裸婦」(사노 시게지로[佐野繁治郎]), 「아프로디테의 허리ァフロディテの腰」(아베 곤고[阿部金剛]), 「다리의 꽃脚の花」(세노 마사히코[妹尾正彦]) 등 신진화가에 의한 문장이 게재되어 있다. 다음의 인용은 아베 곤고의 「아프로디테의 허리」가운데 일부다.

> 나는 한 젊은 여성을 나체로 아틀리에의 모델대 위에 세운다. 혹은 소파 위에 눕힌다. 그것은 외과의사가 수술대 위에 환자의 육체를 눕히는 것과 마찬가지다. 나는 이 존경할 만한, 용감한 직업부인의 육체 각 부분을 지극히 예민한 시력으로 세세하게 점검한다. 볼. 눈. 턱. 코. 가슴. 어깨. 옆구리. 팔. 배, 허리. 허벅지. 다리. 등. 등. 등. 그리고 나는 먼저 연필을 잡기 전에 그녀 육체의 각 부분의 발육상태를 생리학적으로 관찰하여, 심미적 가치를 예술적으로 비판한다.

아베는 이어지는 문장 속에서, 피부, 근육, 포즈 등을 '해부학적 명칭을 나열'하면서 설명해 간다. 인용문에서 보여지는 여성 신체에 대한 해부적인 시선이 새로운 미의식의 추구와 연결되며, 그것이 의학적인 시선에서 화가의 시선으로 '아날로지'를 통해 서술되고 있는 점은 이미 기술한 신흥예술파와 공통된 인식을 보여준다. 이와 같은 공통된 시선, 인식이 문학과 회화의 영역에서 보이는 것은 우연한 사실이 아니다.

아베는 1926년에서 27년까지 프랑스에 유학하여, 귀국 후인 1929년

"도고 세지 · 아베 곤고 유화 소품전東鄕靑兒 · 阿部金剛油繪小品展"을 개최하였으며, 그 후 이과전二科回에 있어서 고가 하루에古賀春江, 도고 세지와 함께 초현실주의surrealism적 화풍으로 주목받게 된다. 이 세 화가와 신흥예술파 사이에는 매우 밀접한 관계가 파악된다. 고가는 『신초』 1930년 4월호 좌담회 "문예, 미술, 건축, 기계의 교류에 대해 말한다"에 참가하고 있으며, 그 해에 간행되기 시작한, 신흥예술파가 중심이 되었던 「신예문학총서」(改造社)의 책 정장을 담당하고 있다. 또한 도고와 아베는 잡지 『분가쿠지다이』의 표지그림을 그리고 있었다. 이와 같은 인적 관계를 확인한 위에서 다음의 세 그림을 보도록 하자.

[그림 5-16]과 [그림 5-17]은 제16회 이과전(1929년)에 전시된 아베의 "걸린Girleen"과 고가의 "바다海"이며, [그림 5-18]은 제17회 이과전(1930년)에 전시된 도고의 "수술실手術室"이다.

이 세 그림은 지금까지 분석해 온 신흥예술파의 인식틀을 뚜렷하게 공유하고 있다. 즉 그것은 여성 신체, 생식, 낙태, 과학, 기계 등의 이미지군이다.

아베의 "걸린"은 수영모를 쓰고 신체 발육이 좋은 여성이 거대한 시험관 속에서 생성된다는 발상으로써, 그것은 모던걸의 해부와 건축을 통해 첨단미를 구축하려고 했던 신흥예술파의 인식과 연결된다. 특히 류탄지의 「마코」에 나타나는 우생학적 사고와 매우 인접해 있다고 할 수 있다.

고가의 "바다"에서는 그 표현 방법에 주목하고 싶다. 이미 지적된 사항이지만, "바다"에 나타나는 잠수함, 기계의 내부, 비행선, 범선 등의 이미지는 당시 이미 『가가쿠가호科學畵報』(그림 1-5 참조)에 게재되어 있었던 도판을 바탕으로 하여 고가가 몽타주한 것으로서,[21] 그 몽타주도 내부를 드러내 보이는 잠수함, 심해의 생물, 그림의 전면에 확대된 수영복 차림의 여성 등 현미경이나 망원경 등의 기계광

21 速水豊, 「古賀春江の超現實主義繪畵と同時代のイメージ」, 『美術史』 137호, 1995년 3월.

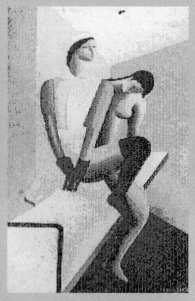

그림 5-16 고가 하루에, "바다", 1929년 제16회 이과전
그림 5-17 아베 곤고, "걸린(Girleen)", 1929년 제16회 이과전
그림 5-18 도고 세지, "수술실", 1930년 제17회 이과전

학의 발달에 의해 가능하게 된 인간의 시각의 확대를 주된 모티브로 하고 있다. 과학, 기계문명의 발달에 의해 가시화된 밝은 미래, 그것을 구가하듯이 수영복 차림의 모던걸은 팔을 들어 올리며 전면에 클로즈업된다. 여기에서 표현되는 '미래의 여성상'이야말로 '신흥'예술파가 표현하려 했던 여성상의 이미지였을 것이다.

도고의 "수술실"은 그와 같은 과학(의학)의 합리성 속에 감추어진 '차가움, 어둠'을 표현하는 그림으로 해석되며, 그것은 가와바타의 「수정환상」에 그려졌던, 인공수정의 실험대상으로 스스로의 신체가 이용당하는 부인의 모습을 연상시킨다.

위의 세 그림은 사회주의적 과학성과는 차별되지만, 당시의 과학기술 발전에 무한한 신뢰를 보내며 새롭게 구축될 미래 사회에 대한 '기대(光)와 불안(影)'을 표현하고 있으며, 이것이야말로 '신흥'예술파가 공유했던 시대 인식이었던 것이다.

6. 「마코」와 '산아조절'을 둘러싼 과학 담론

류탄지는 '과학'에 의거함으로써 자신의 문학을 정당화하려 했다. 이 절에서는 「마코」에 기록된 당시의 과학 담론의 구체적인 예를 고찰함으로써, 그 '과학' 정신 자체에 대해 검토해 보려 한다. 그것은 류탄지 문학의 한계, 나아가서는 '신흥'예술파의 조락 이유를 설명하는 중요한 단서가 될 것이다.

「마코」에는 '낙태'가 소설의 제재로서 다루어지고 있으나, 그것은 당시로서는 매우 시사성이 높은 사회 문제였다. 한마디로 말하면 낙태는, 미국발 대공황의 영향으로 일본의 경제 상황이 악화되어 가는 가운데, 실업과

22 예를 들어 다음과 같은 신문기사 속에서 쉽게 알 수 있다. "살해된 태아, 실로 73명!(殺された嬰児, 実に七三名!)", 「요미우리신문」 1930년 6월 7일.

빈곤 가정층에서의 유아살해, 낙태 문제가 사회 문제화한 것이다.[22] 류탄지는 이러한 시사성이 높은 문제를 소설의 제재로 삼으면서, '산아조절'을 둘러싼 우생학적인 '과학' 담론을 마코의 조형에 대입해 갔다. 이 우생학적 인식은 물론 그에게 한정되어서 나타나는 것이 아니며, 오히려 사이토斎藤光가 지적하는 바와 같이, '1920년대에는 일종의 새로운 '과학적 지식'으로서, 우생학이나 우생학적 담론이 대중적 확산을 보이기 시작했다고 할 수 있다.

23 斎藤光, 「二〇年代・日本・優生学'の一局面」, 『現代思想: '特集' 日本の一九二〇年代』 1993년 7월, 134쪽.

'좋은 심신'을 가지는 인간집단을 과학적으로 형성하는 것이 가능하다고 보는 시각이 대중화되어 갔'[23]던 것으로, 류탄지는 그렇게 대중화된 우생학으로부터 취사선택한 '과학' 담론을 마코의 조형에 활용해 갔던 것이다. 그렇다면 그 구체적인 '과학' 담론에 대해 살펴보도록 하자.

「마코」는 낙태 수술 장면의 묘사부터 시작되나, 그 낙태의 이유로서 '결핵'이 언급되고 있다. 물론 당시에는 낙태는 불법이었으나 산아조절론자들에 의해 암암리에 시행되고 있었으며, 고이즈미 에이치小泉英一의 『낙태죄 연구堕胎罪研究』에서 '임신중절 적용례'의 첫 번째 사례로 언급되고 있듯이, 임산부의 결핵에 의한 낙태는 일본 정부 내에서도 민족 우생의 관점에서 논해지고 있었다. 게다가 마코의 낙태 이유로서 결핵이 선택된 것이 그것이 '유전'되기 때문이다. 고이즈미는 같은 책에서 "(결핵) 환자의 유전은 학설에 이론은 있으나, 배종胚種 세포에 의한 결핵균의 이양, 모계의 혈액에 의해 유전된다고 전해진다. 학설이 어찌되었든 간에 유감스럽게도 결핵 환자 아이들의 생활 능력은 현재까지 충분히 만족스럽게 향상되지 못했다는 데에는 이론이 없다"[24]고 기술하고 있으며, 게이오대학 의학부 중퇴의 류탄지는 이러한 당시의 기초적인 의학 지식

24 小泉英一, 『堕胎罪研究』, 巖松堂, 1934년, 160쪽.

을 숙지하고 있었다고 생각된다. 「마코」에서 마코의 결핵의 원인이 모친의
유전이라고 언급되는 것도 이 때문이다.

이러한 마코의 결핵 유전이라는 설정은 다음의 U의 우생학적 인식
속에서 설명된다.

> 몰락종족이란 것이 있다. 이것은 나의 종교이지만, 어떤 종족 계통이 운명적
> 으로 점차 상승하여, 그 번영의 전성기를 넘어서면, 초로에 잇몸이 내려앉아
> 이가 흔들리기 시작하듯이, 군데 군데 빈 곳에 생겨나고, 이윽고 몰락으로
> 향해 간다 [……] 인간의 모든 종족 계통은 누구라도 이러한 운명을 밟아 나간
> 다. 어떤 종족은 아직 가련한 잎사귀에 불과하다. 어떤 종족은 실로 하늘과
> 땅으로 뻗어나가는 젊은 나무다. 어떤 종족은 건장하게 잎과 가지를 사방으로
> 뻗친 큰 나무. 어떤 종족은 가지에도 줄기에도 뿌리에도 생활의 퇴색을
> 보이기 시작하는 늙은 나무다(31~32쪽).

「마코」는 이어서, 마코가 결핵을 유전하는 몰락종족인데 반해, 내레
이터 U의 가계는 '할아버지에서 아버지로, 그리고 내 형으로 삼대에 걸쳐',
'진주 양식장의 보기 힘든 사업적 성공'을 거둔 상승 종족으로 설명하며,
인간은 '누구라도 이러한 종족적 운명의 어느 부분인가를 대표하고 있다'고
하는 우생학적 인식을 보여주고 있다.

류탄지의 이러한 견해는 당시에 유행한 우생학 중에서도, '사회다위니
즘'과 산아조절을 둘러싼 마거릿 생어Margaret
Sanger[25]의 주장을 조합한 것으로 보인다. '사회
다위니즘'이란 다윈의 종형제인 프랜시스 골턴
Francis Galton에 의해 제창된 사상으로서, 다윈

25 마거릿 생어(Margaret Higgins Sanger, 1879
~1966)는 미국의 '산아조절' 활동가로 American
Birth Control League(후의 Planned Parenthood)
의 창설자다. 아이를 언제, 어떻게 낳는가는 여성
스스로 결정할 권리가 있다고 주장하여 법정의
지지를 이끌어 내었다. 우생학 사상가로서는 큰
지지를 얻지 못하였으나, 산아제한을 널리 알린
활동가로서는 전 세계적으로 큰 영향력을 행사
했다.

의 자연도태설을 인간사회에 적용하여, 문명 발달의 결과로서의 '역도태' 현상을 비판하며 '유약인종'의 번식억제와 '우량인종'의 번식 장려를 통한 '사회진화'를 주장했다. 일본에서는 이미 19세기 말 메이지 시기부터 '인종개량론'의 근거로서 다양하게 논의되었으나, 1920년대에는 '산아조절론'의 기조를 이루는 주장으로서 여전히 대중적인 인기가 있었다.[26]

그림 5-19 마거릿 생어

26 鈴木善次, 『日本の優生学: その思想と運動の奇跡』, 三共科学選書, 1983년.

한편, 생어의 주장은 「마코」와 직접 관계되는 것으로 주목된다. 생어는 1922년 *Pivot of Civilization*"을 저술하였으나, 이것을 일본에서는 이시모토 시즈에石本静枝가 『문명의 중추文明の中枢』로 번역하여 1923년 간행되었다(実業之日本社). 그 속에서 생어는 종종 '현대 과학'의 권위를 내세우며, 가계조사에 따라 정신장애에서 매병, 매춘이나 빈곤까지가 유전에 의한 것이라고 '실증'한다.[27] 류탄지

27 藤目ゆき, 『性の歴史学: 公娼制度, 堕胎罪体制から 売春防止法 優生保護法体制 へ』, 不二出版, 1997년, 345쪽.

는 이 생어의 주장을 마코와 U의 가계에 도입하여 '과학'적으로 기술하고 있는 셈이다.

그러나 류탄지가 1920년대에 유행했던 위와 같은 '산아조절'에 관한 우생학적 '과학' 담론을 그대로 「마코」에 도입한 것에 그친 것은 아니다. 다음의 인용을 보도록 하자.

그녀의 남자같이 평평한 배에, 미세한 생명이 숨쉬기 시작하더니, 내 의식이 닿지 않는 신비한 영역이, 쑥쑥 그녀의 마음과 몸속에 퍼져가기 시작했다. 마치 뭉게뭉게 창공에 부풀어 오르는 먹빛 소나기구름처럼. 핀의 머리 정도도

안 되는 작은 생물이, 너의 자궁 한 편에 기생하기 시작한 것만으로, 너의 마음과 몸이, 다 알고 있는 나의 감시에서 뻔뻔하게 벗어나기 시작한 것이다! 요전까지만 해도, 무심한 여자아이였던 너는, 마치 내 몸의 일부인 것처럼, 나의 지배에 얌전하게 순종했었는데!(10쪽)

'내 의식이 닿지 않는 신비한 영역'이란 텍스트에서 '모성'이라고 밝혀지고 있으며, 그 모성에 의해 보호되어야 하는 태아는 "귀여운 아기의 얼굴을 하고 나의 마코에게 무참하게도 갈고리를 긁어대게 만든 검은 복장의 저승사자!", 혹은 "현대의 의술에 의해 덧없이 사라진, 새파랗게 질린 '모성'의 망령" 등으로 묘사된다. 이와 같은 의미에서 낙태수술은 마코에게서 '모성'을 소거하여, 그녀 속에 있는 '소녀성'을 되돌리는 것을 의미하게 된다. 하지만 위의 인용에서 알 수 있듯이, 마코가 '소녀성'을 회복한다는 것은 남성의 여성에 대한 강고한 지배/관리의 시선을 의미할 뿐이라고 말하지 않을 수 없다. 그렇다면 류탄지는 왜 자신이 정당화하려 하는 마코의 조형에 그와 같은 남성적 시선을 드러내지 않을 수 없었을까?

그 이유는 「마코」에서 묘사되는 '모성'이 이데올로기적인 용어라는 데에서 설명할 수 있다. 즉 「마코」에서 강하게 반대되는 '모성'의 배경에는 당시의 여성운동에서 주장한 '모성주의'가 있는 것이다. 주지하는 바와 같이 일본에서의 '모성주의'란 1918년 요사노 아키코与謝野晶子, 히라쓰카 라이초平塚らいてう, 야마카와 기쿠에山川菊栄 사이에서 벌어진 '모성주의 논쟁'에 발단하고 있다. 이 논쟁은 일본 여성사에 있어서 중요한 것으로 위치지어지며 다양하게 논의되어 왔기[28] 때문에 여기서는 생략하도록 하나, 다음의 라이초의 주장은 이 장의 논지와 관련되기에 인용하도록 한다.

28 주요한 자료집으로서 香内信子編, 『資料母性保護論争』(ドメス出版, 1984년)을 들 수 있고, 鈴木裕子, 『女性史を拓く』(未来社, 1989년)도 참조.

원래 어머니는 생명의 원천으로서, 부인은 어머니가 되는 것에 의해 개인적 존재에서 벗어나 사회적, 국가적인 존재자가 되는 것이기 때문에, 모성을 보호하는 것은 부인 일개의 행복을 위해 필요한 것이 아니며, 그 아이를 통해, 전 사회의 행복을 위해, 전 인류의 장래를 위해 필요한 것입니다.[29]

29 小林登美枝, 米田佐代子編,『平塚らいてう評論集』, 岩波文庫, 1987년, 110쪽.

'모성주의'는 앞서 언급한 이시모토 시즈에를 포함하여, 히라쓰카 라이초, 가네코 시게리金子しげり 등의 여성운동가가 강하게 영향을 받았던 엘렌 케이Ellen Key[30]의 주장에 의거한 것이다. 이를 간단히 말하면, 여성은 '종족의 어머니'라는 숭고한 사명을 가지며, 병약하고 육체적인 결함이 있는 아이를 낳아서는 안 되는 것이며, 이러한 사명을 다하기 위해서 연애, 결혼, 출산 등은 여성의 자유의지에 의해 이루어지지 않으면 안 된다고 주장되었다. 이와 같은 주장은 일본에서, 여성의 주체적인 자유의지를 존중하자는 초기 페미니즘에 강한 영향력을 행사하며, 1차 세계대전 전후의 '다이쇼 데모크라시'라는 시대적 요청과 맞물리면서 부각되었으나, 이러한 '모성주의'는 이후 여성의 자유의지에 의한 산아조절의 의의는 상대적으로 저하되게 되고, 민족 우생사상의 색채만이 강화되는 방향으로 논의되게 된다.

30 엘렌 케이(Ellen Karolina Sofia Key, 1849~1926)는 스웨덴의 사회사상가, 여성운동가로서, 모성과 아동의 존중을 축으로 사회문제를 논하였다. 저작으로『연애와 결혼(恋愛と結婚)』(1919년),『모성의 부흥(母性の復興)』(1919년) 등이 있으며, 그녀의 저작은 일본에서도 여성문예지『세이토(靑鞜)』을 통해 소개되어, 일본의 여성운동에 절대적인 영향력을 행사했다.

1930년대에 가네코 시게리는 "연애의 자유, 결혼의 자유를 확보하려 하는 근대 부인이 임신의 자유를 요구하는 것은 당연한 주장으로서, 이에 의해 성적 방종으로 치닫는 부인도 물론 존재합니다만 상당수 엘렌 케이가 설명한 종족의 어머니로서의 자각하에 행동하고 있습니다"[31]라고 주장하거나, 히라쓰카 라이초도 "여성이 이상으로서 요구하는 결혼의 자유는 모성을 거부하여 얻게 되는 자유가 아니며, 완전히

31 金子しげり,『婦人問題の知識』, 非凡閣, 1934년, 293쪽.

그 반대로, 모성이 가장 중시되어, 아이를 낳는 성으로서, 차세대의 창조자, 민족의 유지자로서 존중되고 옹호되기 위한 자유"[32]라고 주장하는 곳에서 구체적인 예를 확인할 수 있다. 「마코」 속에서 류탄지가 염두에 두었던 '모성'이란 이와 같은 모성인 것이다.

32 平塚らいてう,「結婚と離婚」,『婦人公論』1936년 4월(『平塚らいてう著作集6』, 大月書店, 1984년, 114쪽).

　　지금까지 살펴본 바와 같이, 「마코」에서 기술된 '모성'이 당시의 사회적 문맥에서 어떠한 의미를 가졌는가를 살펴보는 것은, 그에 반대한 류탄지의 작가적 자세까지도 설명해 주는 것이 된다. 즉, 류탄지가 '모성'주의에 반대하였던 근본적인 이유는 다음과 같다고 할 수 있다. 류탄지는 데뷔작인 「방랑시대放浪時代」 이래로 다양한 이유 속에서 전통적인 가족제도에서 일탈하여 도시부로 몰려드는 청춘남녀의 도시생활을 그림으로써, 전통적 가치관에서 벗어난 '개인'으로서의 생활방식 속에서 새로운 미래적 가치를 발견하였던 데 반해, '모성'주의는 재차 그 '개인'을 사회로, 국가로 종속시키는 가능성을 너무나도 강하게 내포하고 있었기 때문이다. 과학이나 기계문명의 발달에 의해 가능해진 '모던' 풍속을 '과학'적으로 해석함으로써 첨단적인 도시문화의 표현자를 자임하고, '국적도 계급도 여기에 간섭할 수 없다'며 밝은 미래상을 꿈꾸었던 류탄지로서는, '개인'의 생이 국가에 의해 좌우되는 국가주의적 미래상은 도저히 받아들일 수 없었던 것이다. 「마코」에 나타나는 남성 주인공 U의 마코(여성, 모던걸)에 대한 일견 강고한 지배/관리적 시선, 그리고 '모성'주의에 대한 반대의 주장은, '모던' 도시문화의 표현자로서 주도적인 위치를 점하려는 류탄지의 작가적 자세에 기인할 뿐만 아니라, 그것은 국가의 지배 이데올로기로서 재편되고 있었던 우생학적 '과학' 담론에 대한 저항의 표현이기도 했던 것이다. 이상에서 '산아조절'을 둘러싼 '과학' 담론을 살펴보았으나, 그것은 누가 어떠한 상황에서 주장하는가에 따라, 즉 젠더나 정치 이데올로기에 따라 다르게 해석될 수 있는, 매우 뒤틀린 관계성 속에서 포착되는 성질의 문제라는 점은 주목하지 않으면 안 될 것이다.

　　지금까지의 논의를 바탕으로 류탄지의 한계도 보이게 될 것이다. 즉 그것은 류탄지가 「모더니즘 문학론」에서 표명했던 '과학'에 대한 인식의 한계로서, 류탄지는 '산아조절'에 대한 당대의 '과학' 담론에서 취사선택하여 마코를 그려냈음에도, 그 '과학' 자체가 내포하는 이데올로기성에 대해서는 눈을 감고 말았다. 부연 설명하면, 「마코」에는 "상승 종족과의 혈연적 악수, 결혼"이라는 기술이나, "두 종족의 운명적 투쟁" 등의 기술이 보이는데, 이러한 사고의 연장선에서 쉽게 생각되는 '단종斷種'이라는 우생학의 암부에 대해서는 '과학'에 대한 맹목적 신념 속에서 충분히 숙고되지 못했던 것이다. 작가 류탄지 유는 1934년에 발표한 「M코에 보낸 유서M子への遺書」를 분기점으로 문단의 전면에서 사라져 간다. 또한 그를 중심으로 활동했던 '신흥예술파'도 이합집산하게 된다. 이에 대해 기존의 연구사는 신흥예술파 내의 갈등(특히 가와바타 야스나리와의 개인적 갈등)으로 설명하거나, 그의 문학의 최대 특징이었던 도시문화의 표현이 15년 전쟁으로 돌입한 시대적 분위기 속에서 적합하지 않았다고 설명하고 있으나, 보다 근본적인 이유는 그가 의거하고 있었던 '과학'에 대한 상대적인 인식이 결여되어 있었기 때문이라는 내적 이유에서 찾아야 할 것이다.

7. 나오며

여기까지의 논의를 먼저 간단히 정리해 보도록 하자. 이 장은 류탄지 유의 「마코」에 나타나는 여성 신체에 대한 '해부'와 '건축'의 시선이 단지 류탄지에게만 나타나는 것이 아니며, 『신초』, 『분가쿠지다이』, 『긴다이세이카쓰』이라는 관련이 깊은 세 잡지의 좌담회나 특집기사를 분석함으로써, 널리 '신흥'예술파에 공유되던 시선이라는 점을 분명히 했다. 그와 같은 시선은 현미경의 일례를 통해 분석한 바와 같이, 과학이나 기계의 발달에 의해 현실화된 도시문화의 발달과 그것을 표현할 새로운 '미의식'을 여성 신체에 초점화하여 표현하려는 그들의 자세에서 기인하는 것이었다. 이러한 모던걸 표상은 결코 선행론에서 지적하듯이 단순히 경박한 도시풍속의 묘사나 반영으로써 치부될 성질의 문제가 아니며, 과학이나 기계의 논리를 '아날로지'로서 문학 혹은 제반 문화 영역에 적용함으로써 밝은 미래를 건설하려 했던 그들의 강렬한 지향성이 있었기 때문에 가능했던 것이다. '미래건설'의 방향성은 달랐지만, 이 같은 지향성이야말로 프롤레타리아 문예와 신흥예술파가 공유하는 시대정신이었던 것이다.

또한 이 장에서는 회화 영역만을 고찰의 범주에 포함시켰을 뿐이나, 당시의 영화, 건축 등 타문화 영역을 시야에 넣으면 '신흥'의 의미가 보다 분명해진다. 즉, '과학'에 절대적인 근거를 부여함으로써 미래를 상상하고, '새롭게 창조될 미'를 표현하려 했던 다양한 예술적 탐구들을 당시에 있어서는 '신흥新興'예술이라 일컬었던 것이며, 이러한 의미에서 '신흥예술파' 문학도, 이 장에서 시도한, 당시의 문화생산이라는 컨텍스트 속에서 재평가되어야 할 것이다. 그러나 '과학'에 절대적인 근거를 부여함으로써 미래를 상상하고, '미'를 표현하려 했던 그들의 자세는, 그 '과학' 자체가 내포하는 정치적 이데올로기에 대해서는 인식이 미치지 못했기에 쉽사리 국가의 지배 이데올로기와의 경합 과정에서 굴복해 버리고 만 것이다.

이 장은 그 자체로 '신흥'예술파에 대한 재평가를 목적으로 하였다. 그것은 세포 배양이나 성형, 여성미의 가치 문제 등 현재적인 문제와 단락적으로 일치하는 논의가 이미 그들에 의해 이루어졌다는 점을 밝히기 위해서가 아니다. 그 보다는 그들이 '쇼와 모더니즘'에서 '전시체제'로의 패러다임 변환를 이해하는 데에 중요한 역할을 담당하고 있으며, 지금까지 충분히 논의되고 있지 못한 사안들에 대해서도 시사점을 제공하고 있기 때문이다. 예를 들어 신흥예술파를 포함하여 당시 널리 공유되고 있었던 '아날로지'라는 인식 방법은 다양한 '전향' 문제(사회주의에서 국가주의로의 전향만이 아니라, 가타오카 뎃페[片岡鉄兵]와 같이 신감각파에서 프롤레타리아 문학가로, 다시 국가주의자로 전향하거나, 히라쓰카 라이초와 같은 페미니스트에서 국가주의자로의 전향 등)를 해명하는 데에 큰 도움이 될 것이다. 그 밖에도 젠더와 문화, 문학과 문화의 관계 등 쇼와 초기의 문화적 다이내미즘을 이해하는 데 있어서도 '신흥'예술파가 차지했던 비중은 결코 가볍지 않았던 것이다.

6장
전향과 모던걸의 종식

_유메노 규사쿠 「소녀지옥」[1]론

1. 들어가며

이 책은 지금까지 모던걸을 일본의 1920년대에서 30년대에 걸쳐 등장한 '대중'의 한 표상으로 파악해 왔다. 그 모던걸을

1 夢野久作, 『少女地獄』, 黑白書房, 1936년.

둘러싼 담론공간은, 사회주의 운동에 있어서의 '프롤레타리아' 개념과 함께, 그와 같은 대중의 해석=지도를 둘러싸고 다양한 이데올로기적 갈등의 '장'을 형성했다. 필자는 그와 같은 '장'을 모던걸을 중심으로 분석하여, 쇼와 모더니즘기에서 전시체제기로의 패러다임 이행을 밝혀 왔다. 그 결과, 그와 같은 이행이 단지 국가체제의 억압이나 국가체제에 대한 저항 실패 등의 단선적인 해석으로는 도저히 설명되지 않는, 보다 복잡하고 역동적인, 때로는 행위자 간의 여러 뒤틀린 관계가 축적된 결과였다는 사실도 분명히 했다.

사회주의 운동과 모던걸 담론이 거의 일치하는 지속기간을 가졌다는

사실은 이미 언급한 바다. 이에 이번 장에서는 사회주의 운동의 실패와 모던걸의 종식이 단지 시기적으로 일치했던 현상이었던 것이 아니며, 본질적으로 연동하는 논리를 지녔다는 점, 그리고 그 때의 젠더 재편과 '지'의 재구축이 어떻게 진행되었나를 밝혀가고자 한다. 그를 위한 텍스트로서 유메노 규사쿠夢野久作의 「소녀지옥少女地獄」(1936년)을 고찰 대상으로 선택한다.

유메노 규사쿠는 일본 탐정소설사의 3대 기서로 일컬어지는 「도구라 마구라どぐらまぐら」(1935년)의 작가로 유명하며, 「도구라 마구라」는 '정신병과 근대'라는 관계성 속에서 현재에도 매우 활발히 연구되고 있다. 「소녀지옥」은 「도구라 마구라」 이후 출판된 작품으로 규사쿠의 유작이다. 「소녀지옥」은 「아무 것도 아니다何でも無い」, 「살인 릴레이殺人リレー」, 「화성 여자火星の女」라는 세 편의 중단편으로 구성되어 있으며, 각각의 텍스트에는 가부장제 사회로부터 해방을 꿈꾸며, 간호사, 버스 걸, 부인기자(를 꿈꾸는 육상선수인 여학생) 등 도시문화의 첨단에서 활동하는 모던걸이 등장한다. 그리고 이들 텍스트는 '1933년'이라는 시간 설정, 수수께끼, 거짓말, 고백(의 편지), 자살, 검사檢死 등 풍부한 동시대적 컨텍스트를 공유하고 있다.

「도구라 마구라」에 관한 연구와는 달리 본론에서 설명하듯, 작품의 중요도에 비해 「소녀지옥」에 대한 선행 연구는 매우 적으며, 그마저도 모던걸과 관련지어 논하거나 동시대적 관점에서 분석한 연구는 매우 드물다고 아니할 수 없다. 지금까지의 선행 연구는 주로 규사쿠가 그들 소녀들을 '지옥'으로 몰아넣는 사회를 '반영'하여 그렸다고 해석하며,[2] 「소녀지옥」을 "유메노 문학의 성립에 필수불가결한, 여러 문체적 실험이 종합되어 있다"[3]고 평가하는 측면에서는 일치점을 보이고 있다. 선행 연구 가운데 니시하라 가즈미西原和海

2 川崎賢子, 「極東の少女/少女の極北」, 江口雄輔, 「夢野久作主要作品案内」, 『ユリイカ』 제21권 제1호, 1989년.
3 川崎賢子, 「夢野久作文學博物館」, 『国文学 解釈と教材の研究』, 제36권 제3호, 1991년

만이 "쇼와 초 년대의 지옥의 계절. 테러와 전향의 풍경. 그 속을 소녀들이 통과할 때, 작가의 펜이 그리는 것은, 여기서도 역시 '뇌의 지옥'"[4]이라고 서술하며, 「소녀지옥」을 가까스로 시대상황과 대비시켜 언급하고 있다. 그러나 그 평가조차도 역시 유메노 규사쿠의 대표작인 「도구라 마구라」에 대한 평가('뇌의 지옥')의 연장선

4 西原和海, 「解題」, 『夢野久作全集 8』, 筑摩書房, 1992년, 448쪽.

상에 둠으로써 기존의 유메노 문학의 평가틀로 환원시키고 있다. 이들 선행연구는 「소녀지옥」의 세 편의 소설을 개별 텍스트로 다루는 경향이 강하여 「소녀지옥」 전체의 텍스트 구조로서 파악되어 있는 '공산당 붕괴'의 프로세스와 여성 담론의 편성, 그리고 모던걸의 관계가 고찰되고 있지 않다. 따라서 「소녀지옥」의 전체 텍스트 '구조'를 통해 밝혀지는 당대의 '지'의 붕괴와 재구축의 문제에 대해서는 어떠한 분석도 행해지지 않은 상태다.

「소녀지옥」의 구조는, 먼저 작품의 이야기 구조가 있고, 그 서브텍스트로서 읽혀지는 1933년의 공산당 붕괴 프로세스와 '미하라三原산 투신자살 사건'이라는 사회 현상, 그리고 그 결과로서 제시되는 당대의 '지'의 붕괴와 재구축이라는 세 개의 층위가 매우 밀접하면서도 복잡하게 연관되어 있는 '원환구조'를 이루고 있다. 이 장에서는 이와 같은 작품의 구조를 분석함으로써, 규사쿠에 의해 제시되는 '전향'과 모던걸의 관계를 설명하려 한다. 여기서 말하는 전향이란 단순히 사회주의 노선의 포기(노선 변경)만을 의미하지 않고, 본론에서 설명하듯, 페미니즘이 천황제 내셔널리즘으로 재편되는 과정을 포함하는 개념으로 사용한다.

또한 여기서는 「소녀지옥」에 나타나는, 유서, 편지, 신문기사, 소문 등의 제반 문체적 특징을 선행론이 지적하듯 단순한 규사쿠 문학의 문체적 실험으로 해석하지 않는다. 오히려 그러한 전달형식(=미디어)이 실제 사회에 있어서, 전향이 모던걸의 일상생활을 규제해 갈 때 억압/저항의 수단으

로서 기능했다는 점을 밝힘으로써, 그들 미디어 자체가 가지는 정치적, 이데올로기적 성격에 대해서도 고찰해 가려 한다. 여기에서 신문기자 경력을 가지는 규사쿠의 미디어에 대한 인식이 중요한 의미를 가지게 된다. 규사쿠는 사건, 보고서, 유서, 성명문, 편지 등을 전하는 신문기사를 소설 텍스트 속에 그대로 도입하면서 전체 구조 속에서 해석하도록 유도함으로써, 그들 미디어의 이데올로기적 성격을 자기언급적으로 드러낸다.

따라서 이 장에서는 먼저 규사쿠가 서브텍스트로서 선택한 공산당 붕괴의 프로세스와 미하라산 투신자살 사건이 어떻게 「소녀지옥」으로 픽션화되는가를 살펴봄으로써, 규사쿠가 문제시하는 전향과 모던걸 종식의 관계, 그리고 그 때 발생하는 '지'의 재구축 과정 속의 '천황제 내셔널리즘'의 형성 순으로 고찰해 가고자 한다.

2. 유메노 규사쿠의 탐정소설관

「소녀지옥」은 규사쿠의 유작으로서 1936년 간행된다. 그러니까 「소녀지옥」의 시간 설정인 1933년은 거의 작가의 동시대였던 것이다. 하지만 그것은 단순히 작가의 현재적 시간으로 우연히 설정된 것은 아니며, 커다란 사회적 변동이 일어난 시기로서 그 변동을 해석하고 문제시하지 않으면 안 되는 시간으로 설정되어 있다.

일본의 근대사에 있어서 1933년은, 국가체제에 의한 공산당 탄압과 공산당 최고 간부의 전향, 그에 따른 당의 붕괴, 만주국(일본의 괴뢰국으로서 1931년에 건국)의 승인을 둘러싼 일본의 국제연맹으로부터의 탈퇴, 농촌 경제 붕괴의 심각화 등 정치, 경제, 사회, 국제정세 등 각 방면에 있어서 심각한 사회적 변동이 일어난 해로 기록되어 있다. 이와 같은 각 방면의 사회적 격변은 많은 이해불가능성, 인식의 진공 상태를 낳게 되어, 그것은 무수한 '수수께끼'(ᆞ괴사건ᆞ)에 관한 신문기사를 양산하게 된다. 이 시기의, 살인이나 가출 등의 민사 사건을 제외한 '수수께끼＝의문'의 신문기사를 몇 가지 무작위로 뽑아보면, "의문의 리튼 보고서(국제연맹에 의한 만주사변 및 만주국 조사보고서－필자주), 어제 저녁 외무성 철야 번역, 미중유의 긴장" "요도바시淀橋경찰서를 애먹이는 붉은 수수께끼의 여성, '오카타 소코大方宗子'(아마도 그런 여자－필자주) 주요한 여성 당원?" "학계, 수수께끼의 처녀지, 만몽의 비경으로! 대탐험대 파견" "경시청 서기가 의문의 자살, 복잡한 사정 내재" "데라시마寺島 중장 의문의 좌천, 해군장관의 진퇴에 파문인가"[5] 등을 열거할 수 있으며, 이 정도의 기사 제목에서도 일본 국내/국제 정치의 변동과 국가체제의 정보통제에 의한 신문 보도의 '의문＝수수께끼' 의 경향이 확인될 것이다.

5 「요미우리신문 CD-ROM」에서 '謎'라는 검색어로 검색한 결과에 따랐다.

　　규사쿠의 「소녀지옥」도 '의문＝수수께끼'의 제시와 그 해결이 메인플롯을 구성한다. 「아무 것도 아니다何でも無い」 「살인 릴레이殺人リレー」 「화성 여자火星の女」에는 각각 거짓말을 하는 히메구사姫草에 대한 우스키臼杵 의사의 보고서, 수수께끼의 운전수 니타카新高와 버스걸의 관계, 의문의 피사체 보도와 그녀가 죽음에 이르게 된 계기에 대한 설명의 순으로 전개된다.

　　일견 「소녀지옥」이라는 탐정소설에 있어서의 수수께끼와 사회적 수수께끼는 차원이 다른 문제라고 생각될지 모른다. 그렇기 때문에 규사쿠 연구가인 니시하라조차도 '쇼와 초 년대의 지옥의 계절. 테러와 전향의 풍경'이라는 시간 설정을 언급하면서도 그를 단순히 시대배경으로 후퇴시켜 생각하는 것이다. 하지만 「소녀지옥」에 있어서 '의문＝수수께끼'는 탐정소설 장르의 상투적인 장치로서 해석되어서는 안 된다. 이 장치를 통해, 규사쿠는 독자를 작품 텍스트의 삼층 구조로 끌어들이며, 독자는 그러한 '의문=수수께끼'를 해명함으로써 큰 사회적 변동의 '진실'에 접근하도록 유도하고 있기 때문이다.

이와 같은 규사쿠의 탐정소설관은 이미 1935년에 발표된 "탐정소설의 진정한 사명",[6] "고가 사부로甲賀三郎 씨에게 묻는다"[7]라는 글속에서 표명되어 있다. 규사쿠는 범인이 설치한 수수께끼나 트릭을 명탐정이 해결해 보이는, 이른바 '본격탐정소설'을 "천박하고 저급한 수수께끼의 매력으로 대중의 주의를 끌려는" 문학이라고 비판하며, "수수께끼도 트릭도, 명탐정도 명범인도 불필요하다면 버려" 버릴 것을 주장한다. 그 대신에 규사쿠가 목표로 하는 '변격탐정소설'은, "프리즘을 통해서, 지난 예술이 초점화한 태양의 백광을 모독하고, 조소하고, 분석하여 무지개빛으로 보이는 첨단 예술이다. 종래의 심리묘사는 평범한 심리묘사에 지나지 않았다. 그렇기에 앞으로의 심리묘사는 진실된 심리 그 자체의 분석과 종합에 있지 않으면 안 된다"라고 설명한다. 다소 비유적인 표현이지만, 규사쿠가 여기서 말하는 '지난 예술'이란 일본의 '자연주의 문학', '프롤레타리아 문학', '모더니즘 문학'을 총칭하는 것으로, 그에 따르면 이들 문학은 근대적 과학 정신에 입각하는 '유물문화'로서 인간성의 일면 만을 다루는 문학이며, 그를 대신할 문학, 규사쿠가 모색하는 탐정소설은 다층적인 분석과 종합을 시도하는 문학이라고 제시하고 있는 것이다. 그를 통해 추구되는 탐정소설의 '진정한 사명'에 대해 규사쿠는 다음과 같이 언급한다.

이 천고불멸의 탐정본능을, 과학이 탄생시킨 사회기구로 향하게 하여, 유물 공리도덕이 낳은 사회악을 향해 잠입시켜 […] 그 밑바닥에 위축되어 꿈틀

6 夢野久作, 「探偵小説の真使命」, 『文芸通信』 1935년 8월호.
7 夢野久作, 「甲賀三郎氏に答う」, 『ぷろふいる』 1935년 10월호(『夢野久作全集 10』, 筑摩書房, 1992년).

거리는 작은 벌레와도 같은 인간성 …… 있는지 없는지조차 알 수 없는 초현미경적인 양심을 절대적인 공포, 전율에 이르도록 폭로해 가는 그 통쾌함, 심각함, 처절함을 마음 갈 때까지 음미시켜주는 가장 대중적인 읽을거리이지 않으면 안 된다.[8]

8 夢野久作, 앞의 책, 74쪽.

이 인용문에서 두 가지 사실이 지적될 것이다. 한 가지는 규사쿠가 다층적인 분석과 종합을 행하는 대상이 되는 것이 '사회기구'이며, 그 목적이 '사회악'을 폭로하는 데에 있다는 점, 또 한 가지는 규사쿠가 상정하는 작가 - 독자 간의 관계 문제로서, 독자는 작가와 마찬가지로 탐정본능을 가동시킴으로서, 즉 소설의 '의문=수수께끼'를 풀어냄으로서 '사회악'의 '진상'에 접근하여, 양심의 자극을 받고 공포를 맛본다는 것이다.

「소녀지옥」은 이와 같은 규사쿠의 탐정소설관이 결실을 맺은 작품이라 할 수 있다. 「소녀지옥」에는 범인도 탐정도 등장하지 않는다. '의문=수수께끼'라는 탐정소설적 장치는 '수수께끼 등장/수수께끼 해소'를 통한 소설의 완결을 위해 기능하지 않으며, 오히려 '사회적 의문=수수께끼'로 '열리도록' 기능한다. 「소녀지옥」의 독자라면, 소설 텍스트의 수수께끼를 풀어냄으로서 모던걸을 지옥에 떨어뜨리는 사회악을 알아차리게 되며, 독자 스스로도 그 사회악의 일부로서 기능하고 있을 지도 모른다는 양심의 가책을 느끼며 공포를 경험하게 된다. 이를 도식화하면 ① 소설 텍스트 독해 →② 사회상의 독해 →③ 스스로가 옳다고 믿었던 가치관이나 지적체계, 즉 '지'의 붕괴의 순서가 될 것이다. 본론에서는 이와 같은 세 층위를 구별하면서, 작품의 구조를 통해 밝혀지는 전향과 모던걸의 관계에 대해 설명해 가고자 한다.

3. '수수께끼 여자'에 대한 신문 보도
_실제 사회와 픽션을 가교하는 '수수께끼'

규사쿠는 소설 텍스트의 수수께끼 해독을 사회기구의 수수께끼 해독에 접속시켜, 이러한 텍스트와 서브텍스트를 관통하는 수수께끼의 의미를 설명하려 한다. 하지만 그것이 '본격탐정소설'과 같이, 작가가 그 의미를 직접 독자에게 설명해 주는 방식을 취하지는 않는다. 소설의 수수께끼는 독자를 향해 던져져 있을 뿐이라고 말하는 편이 좋을 것이다. 독자는 작가가 소설에 장치한 수수께끼를 풀지 않으면 안 된다. 반복되는 말이지만, 여기서 그와 같은 수수께끼 풀기를 가능하게 해주는 것이 작품의 구조이며, 작품에 삽입되어 있는 신문기사, 보고서, 편지 등의 문서형식이다. 그 중에서도 중요한 것이 신문기사다. 규사쿠는 '수수께끼'로서 보도된 신문기사를 '모방'한다. 하지만 그것은 단순한 모방이 아니며, 픽션으로서 재구성된 형태로 소설 텍스트 속에 등장함으로써, 신문기사가 가지는 정치적 이데올로기성에 독자의 주의를 환기시킨다.

　　규사쿠는 「소녀지옥」 속에, 실제 사회에서 '수수께끼'로서 보도된 많은 신문기사 가운데, '전향'(정확하게는 후술하는 바와 같이, 오모리[大森] 갱 사건에서 시작되어 스파이 고문 사건으로 끝나는 공산당 붕괴의 프로세스)과 '미하라산 투신자살사건'이라는 두 가지 신문기사를 작품의 제재로 선택한다. 신문 보도에서는 개별적인 사회 문제로 다루어진 이 두 가지 사건은, 규사쿠의 픽션 가공에 의해 근본적으로 깊이 연관된 사회 현상으로 그려진다. 그것이 '수수께끼'의 '진실'이며 미리 그 결론을 말한다면 다음과 같다. 즉, 코민테른의 지도하에 있던 일본의 사회주의운동이 일국사회주의로 '전향'한 것과, 모던걸을 가부장제의 지배구조 속에 (재)편입시킨 것은 깊은 관련을 가지는 것으로서, 그것은 기

그림 6-1 「화성 여자」의 모델이 된 히토미 기누에 선수
그림 6-2 쌍둥이 자매로 인기를 끌었던 데라오(寺尾) 자매와의 대비
(小原敏彦, 『人見絹枝物語—女子陸上の曉の星』, 朝日文庫, 朝日新聞社, 1990년)

존의 '지'의 붕괴이며 그 '지'는 국가적 차원의 '황민皇民'관으로 재구축되어 간다는 것이다.

그렇다면 규사쿠가 어떠한 픽션화를 통해 그와 같은 결론에 도달한 것일까? 그것을 검증하기 위해, 먼저 어떠한 사회적 담론이 「소녀지옥」의 세 번째 소설 「화성 여자」 속에 픽션화되어 가는가 부터 살펴보도록 하자. 먼저 지적할 사항은, 「화성 여자」의 주인공 아마카와 우타에甘川歌枝의 모델이, 일본 여자육상경기 창시기의 '천재적' 육상선수였던 히토미 기누에 人見絹枝라는 사실이다. 히토미 기누에는 제2회 만국여자올림픽대회(1926년, 스웨덴 예테보리)에 출장하여 백 야드 3위, 멀리뛰기 1위, 제자리멀리뛰기 1위, 원반던지기 2위에 입상하며, 개인종합에서 우승한다. 또 1928년에 개최된 제9회 암스테르담올림픽에서는 일본의 여성선수로서는 유일하게 출전하

여 800미터 부문에서 세계 타이기록으로 2위에 입상하는 등 한때는 여성육
상경기 전 종목에서 일본기록, 및 세계기록을 보유했던 전설적인 여성 육상
선수였다. 그러나 그녀의 경의로운 신체 능력이나 '남성스런' 외모 때문에,
일본 사회에서는 그녀가 동성애자라거나 실은 남자라는 등의 소문이 돌았
으며, 경기장 스탠드에서는 '괴물!'이라는 야유가 쏟아지기도 했다. 경이로
움과 편견이라는 이중적 잣대가 끊임없이 따라다녔던 히토미는, 오사카
마이니치신문의 부인기자로서 지성을 겸비한 스포츠 선수로 활동하던 중,
1931년 24세의 젊은 나이에 폐병으로 짧은 인생을 마감하게 된다. 히토미
기누요의 사회적 이미지는 '한편으로는 말하자면 명예남성(=스포츠 영웅)으로

9 河原和枝,「スポーツ・ヒ
ロイン」, 井上俊・亀山佳明
編,『スポーツ文化を学ぶ人
のために』,   世界思想社,
1999년, 140쪽.

서 스타화되면서도, 여성으로서는 일종의 기형freak적 존재'[9]
로서 인식되었던 것이다.

히토미의 이와 같은 양의적인 이미지가,「화성 여자」의
아마카와 우타에의 인물상으로 중첩된다. 아마카와 또한 남
성적인 외견에 경이적인 신체능력을 갖고 있기에 동성애자로서의 묘사가
암시되어 있으나, 한편으로는 단가短歌에 능한 '문학소녀'로서도 그려진다.
히토미 기누요의 모델화는 아마카와가 오사카 신문사에 취직한다는 세부
사항에까지 미치고 있다.

아마카와의 직접적 모델이 히토미 기누요였다면,「화성 여자」플롯의
원형은 1933년을 자살의 해로 불리게 만든 원인이 되었던 '미하라산 투신자
살 사건'이다.「화성 여자」는 '미하라산 투신자살 사건'을 다음과 같이 언급
한다.

저는 교장선생님과 함께, 부패, 타락한 현대의 제멋대로이며, 이기주의로
가득찬 남성 여러분들께, 하나의 내복약으로 '화성 여자의 새까맣게 탄 재'를

한 봉 씩 드리려 합니다. 새까맣게 탄 재 유행의 시절이기에, 아주 약효가

없지는 않겠지요(378쪽).[10]

10 夢野久作, 『少女地獄』, 黑白書房, 1936년. 이하『少女地獄』의 인용은 본문 중에 쪽수만을 표시한다.

「소녀지옥」은 위의 인용에 보이는 것처럼, 여러 번 동시대의 센세이셔널한 사건보도를 소설 텍스트 속에 언급하며 그 수수께끼적인 사회적 컨텍스트를 작품 속에 의도적으로 끼워 넣음으로써, '1933년'이라는 연도에 의거하여 읽도록 독자를 유도해 간다. 그러면 '새까맣게 탄 재 유행의 시절'로 언급된 미하라산 투신자살 사건은 어떠한 사건이었을까? 그리고 그 사건은 어떠한 의도로 「화성 여자」 속에 삽입된 것일까?

'미하라산 투신자살 사건'이란, 1933년 2월 짓센實踐고등여학교 학생이었던 마쓰모토 기요코松本貴代子의 자살 사건을 지칭한다. 이 사건은 급우인 도미타 마사코富田昌子가 '죽음의 안내자'로서 동행하여 자살의 순간에 함께 있었다는 이유로 커다란 반향을 불러일으킨 사건이었다. 이와 같은 사건이 당시의 일본 사회에 미친 파급은 상상을 초월하는 것으로서, 이 후 미하라산 화구에는 자살(미수)자와 구경꾼이 급증하여, 1933년 만에도 831명이 몸을 던져, 그 가운데 149명이 사망했다고 보도되고 있다(「요미우리신문」 1933년 12월 31일). 이 일련의 자살 사건을 보도하는 신문기사를 1933년에 한정하여 「요미우리신문 CD-ROM」으로 검색해보면, 그 기사수가 350건에 육박하여 평균적으로 거의 매일 한 건 씩 보도된 셈이 된다. 규사쿠가 '새까맣게 탄 재 유행의 시절'이라 언급하면서 「화성 여자」의 시간적 배경으로 설정한 1933년 3월은 실로 일반인의 관심이 '자살의 미하라산'을 둘러싸고 증폭되고 있던 시기에 해당하며, 규사쿠는 그러한 언급을 함으로써, 이미 언급한 바와 같이 텍스트 해석의 시공간을 일정한 사회적 컨텍스트와 연계하는 방향으로 이끌고 있는 것이다.

그림 6-3 미하라산 투신자살 사건을 보도하는 신문기사 (「요미우리신문」 1933년 2월 16일)

표 6-1 미하라산 투신자살 사건과 「화성 여자」의 유사성

	미하라산 투신자살 사건	화성 여자
사건 당사자	마쓰모토 기요코(마모토 미에코[真許三枝子])(자살) - 도미타 마사코(자살방조)	아마카와 우타에(甘川歌枝)(자살) - 도노미야 아이코(殿宮アイ子)(자살방조)
사건 성격	대자연찬미, 만엽집(万葉集)적 탐미주의, 염세적 허무주의	자연찬미, 문학소녀, 염세적 허무주의
부모	기요코(모친 부재), 미에코(계모, 가정불화), 마사코의 부친(사이타마현 시노비초 고등여학교 교사, 도미타 스기타로[富田杉太郎])	우타에(계모, 가정불화), 아이코의 부친(장학관 도노미야 아이시로[殿宮愛四郎])
학교, 교장	짓센고등여학교, 시모타 우타코(下田歌子)	현립 고등여학교, 모리스 레이조(森栖礼造, 기독교 신자)
유서	기요코의 유서 2통 (마사코와 또 다른 친구 마쓰오카[松岡]의 모친 앞)	우타에의 유서 3통 (아이코, 교장, 신문사 앞)
보도 방식 서술 방식	센세이셔널한 사건 보도 →의문의 여학생 →사건의 진상이 밝혀짐	신문 보도의 모방, 사건을 센세이셔널하게 보도하는 신문기사 →의문의 여학생 →사건의 진상이 유서에 의해 폭로됨
의문의 내용	기요코, 미에코는 왜 자살했는가? 마사코는 왜 두 번이나 친구의 자살행위에 동행했는가? '진실을 고백하면 마쓰모토가의 파멸이다'라는 말의 의미는 무엇인가?	우타에 자살의 '진상'이 유서에 의해 설명됨

「화성 여자」에는 위에서 살펴본 '미하라산 투신자살 사건'에 대한 직접적인 언급 이외에도, 사건의 당사자와 관계자, 그들의 성격이나 관계에 이르기까지가 철저히 텍스트를 구성하는 요소로서 이용된다. 사건과 소설을 비교하여 정리하면 [표 6-1]과 같다.

사건과 소설 텍스트를 조응한 이상의 표를 보아도 알 수 있듯이, '미하라산 투신자살 사건'의 신문 보도, 즉 가정 내의 불우함이나 문학소녀로서의 감수성이 염세적 허무주의를 낳게 되어, 그것이 진정한 이해자인 학급 친구를 '죽음의 증인'으로 끌어들여 자살을 이루었다는 기요코(및 미에코)와 마사코의 관계는, 그대로 「화성 여자」의 아마카와 우타에와 도노미야 아이

코의 관계로 설정되어 있다.

사건과 소설 텍스트의 조응 관계, 혹은 소설의 사실성寫実性은 작품의 세부에까지 미치고 있다. 예를 들어 사건 보도의 순서나 '유서' 등의 문장 형식조차도 「화성 여자」의 플롯 전개에 그대로 반영되어 있다. 그 뿐만 아니라, 레토릭 차원에서도, "마사코의 모친 와카ゎゕ가 마사코를 데리러 혼고本郷에 있는 마쓰모토松本가를 방문, 마모토真許가와도 연락을 취해 양가 의 비밀을 지켜 마사코의 잘못을 덮으려 굳게 약속했다"(「요미우리신문」 1933년 2월 17일)는 보도내용이, 소설에서는 신문 형식을 빌린 도노미야 장학사의 기술로서 "딸의 장래를 위해서 그와 같은 내용은 가능한 한 세상에는 알리고 싶지 않습니다"(375쪽) 등으로 이용되고 있는 것이다.

실제의 사건 보도는, 기요코가 왜 자살했는가? 마사코는 왜 두 번이나 급우의 자살행에 동행했는가? 그리고 마사코가 "진상을 고백하면 마쓰모 토가는 파멸합니다"(「요미우리신문」 1933년 2월 16일)라고 말한 이유는 무엇인가? 등 많은 '의문=수수께끼'를 남긴 채 종결되었다. 이상에서 살펴본 바와 같 이 규사쿠는 「화성 여자」에서 '미하라산 투신자살 사건'을 충실하게 재현한 후에, 아마카와 우타에의 유서를 독자에게 공개하는 형태로, 그 '의문=수수 께끼'의 '진상'이 가부장제적 남성중심사회의 위선성이나 부패에 있음을 폭로(=수수께끼 풀기)해 간다.

규사쿠가 이와 같은 수수께끼 풀기를 통해 해명하려 하는 것이 궁극적 으로는 종래의 사회가 공유하고 있는 '지'의 붕괴에 있으나, 「소녀지옥」이 라는 텍스트의 특색은 그와 같은 수수께끼가 「화성 여자」에만 보이지 않고 별개의 거대한 '수수께끼'와 밀접하게 연관되어 있다는 데에 있다. 이러한 수수께끼가 수수께끼를 부르는 '연쇄(=원환) 구조'가 무엇을 의미하는가에 대해서는 다음 절 이하에서 차츰 설명하도록 하고, 이 절에서는 또 다른 한 가지의 사회적 사건의 픽션화에 대해 살펴보도록 하자.

미하라산 투신자살 사건과 시간적으로는 평행하게 발생했던 '공산당 붕괴 프로세스'가 「소녀지옥」의 첫 번째 소설 「아무 것도 아니다」에서 어떤 식으로 그려지고 있을까? 규사쿠는 「아무 것도 아니다」에 다음의 인용처럼 사회적 컨텍스트를 언급한다.

> **히메구사 유리코를 자칭하는 가련한 한 소녀가, 지난 봄 3월 경에 도쿄 지역의 신문이란 신문에 커다랗게 호외로 보도되었던 '수수께끼 여자'**임에 틀림없습니다. 이 사실은 오늘 면회한, 앞서 언급한 사법 당국자에게 제가 설명했기 때문에, 그는 '용의치 않은' 사건이라 생각하여, 즉각 경시청에 이첩했다는 이유도 거기에 있다고 생각됩니다만, **그 신문기사에 따르면 (기억하실지 모르겠습니다만)** 그녀는, 그녀의 정부(?)와의 밀회 장소를 경찰에 발각되지 않도록 하려고, 그 밀회 장소 부근의 경찰에게 자동전화를 걸었다고 합니다 (261~262쪽).

필자가 조사한 바로는, 텍스트에 언급된 1933년 3월 호외 신문기사에는 "수수께끼 여자"라는 제목이 직접 붙은 기사는 발견되지 않는다. 오히려 이 전후 시기는 미하라산 사건의 마사코가 '죽음의 안내자', 혹은 '수수께끼의 여자'로서 크게 보도되고 있었다. 그러나 그렇다고 해서 「아무 것도 아니다」가 완전한 픽션인가 하면 그렇지는 않다. 그 힌트가 되는 것이, 인용문에 보이는 '사법 당국자'가 '가나가와神奈川현청의 다미야田宮 특고特高[11] 과장'으로 기술되어 있다는 사실, 그리고 '용의치 않은 사건'이나 '밀회' 등의 레토릭이며, 그것으로 미루어 생각할 때 그것은 공산당과 관계된 사건이라는 것이 암시되어 있다. 즉 작품의

11 특별고등경찰의 약자로서, 일본의 '15년 전쟁기' 사상 통제의 중심 역할을 담당한 것으로 악명높다.

배경이 되고 있는 사회적 컨텍스트는 1933년 1월에 대대적으로 보도된 '제5차 공산당 사건'을 지칭하는 것이다.

「아무 것도 아니다」의 컨텍스트인 '제5차 공산당 사건'이란 무엇인가? 그것은 '스파이 M'으로 당시 통칭되던 마쓰무라 노보루松村昇의 계략에 의해 일어난 '오모리大森 갱 사건'[12]과, 연속해서 일어난 '아타미熱海 사건'[13]의 조사 보고로 1933년 1월 18일에 신문지상에 일제 보도된 사건을 지칭한다. 이 사건이 당시의 일본 사회에 충격적으로 느껴진 이유는, 국가체제가 공산당의 자금원 근절을 위해 심정적 동조자마저 검거했기 때문에 저명한 지식인(가와카미 하지메[河上肇][14] 등), 판사, 많은 저명인사의 자제, 여성의 검거가 주목되었기 때문이다.

그 신문 보도 가운데 다음의 기사 내용은 앞의 인용문 내용과 극히 유사함을 알 수 있다.

12 1932년 10월 6일 공산당은 운영자금을 마련할 목적으로, 공산당 산하 '가옥자금국'의 지휘 하에 가와사키 제105은행 오모리 지점에 침입하여 3만 엔을 강탈함으로써 공산당의 신뢰를 실추시킨 사건.
13 동년 동월 30일 시즈오카현 아타미에서 당원, 활동가가 모여 공산당전국대표자회의를 열게 되나 스파이 M의 밀고로 인해 검거되는 등 전국적으로 1500여명이 대량 검거된 사건.
14 가와카미 하지메(河上肇, 1879~1946)는 일본의 마르크스주의 경제학자. 『자본론』 등의 번역으로 유명하다.

> 히사요시 쇼이치(久喜勝一)는, 이미 보도된 위장병원을 탈출하여 세상을 시끄럽게 만든 오모리 갱 사건의 지도자, 통상 '아버지'라 불리던 자로서 검거 후 위장병 때문에 12월 10일 고지마치(麴町)구 우치사이와이(內幸)초 위장병원에 입원, 형사 2명이 옆방에 대기하며 치료하던 중, 내연녀 니시무라 나카(西村なか, 25세)의 인도로 동월 25일 오전 1시경 3층 화장실 창문에서 줄을 타고 내려와 도주.

[그림 6-4] 신문기사의 제목만 살펴보아도 알 수 있듯이, 공산당원의 암약과 밀회, 그리고 그들의 도망을 도와주는 여성들을 보도하는 기사 글들

（一）　　読　賣　新　聞

第五次・非常時「共産黨事件」

時記事解禁　日本午後五時解禁

二府十縣に亘つて
千五百名を大檢擧す
果敢なるシンパ活動を資源に
特異なる赤魔の活動

各地檢擧數

熱海事件亂鬪の跡

ピストルの彈を浴び
決死警官隊の大捕物
熱海の代表會議を襲ふ

黨の首腦部

陣營根こそぎ
東京全市檢擧の大嵐

現職判事が黨員
尾崎判事ら四名檢擧
司法部にも延びた恐しい手

ブルジョア子弟の
大金拐帶頻出す
資金局に「大口拐帶係」
その總金額十二三萬圓に達す

巨頭岩田の怪死
左翼陣營虐殺と告訴

그림 6-4　제5차 공산당 사건을 보도하는 신문기사 (「요미우리신문」 1933년 1월 18일)

그림 6-5 제5차 공산당 사건을 보도하는 신문기사 (「요미우리신문」 1933년 1월 18일)

에는 '의문=수수께끼'의 속성으로 가득 찬, 탐정소설을 방불케 하는 수사[15]

가 구사되고 있다. 규사쿠의 「아무 것도 아니다」에서 '수수께끼 여자'로 등장하는 히메구사 유리코의 정체불명성, 위장, 거짓말쟁이 등의 인물조형은, 동시대 사회에서는 공산당원 검거 사건을 보도하는 신문기사의 큰 특징이기도 했던 것이다.[16]

또 한 가지, 호외 기사문 중에서 주목하고 싶은 점은, 예를 들어 취조 중 사망한 이와타 요시미치岩田義道(그림 6-5] 왼쪽 하단 사진)의 사인이 "폐결핵으로 인한 각기충심脚気衝心"[17]이라는 경찰 당국의 발표에 대해, '사인에 대해 좌익 진영에서는 학살이라며 일제히 궐기하여 재판소 습격 등 학살항의 데이를 결행'하리라는 공산당 측의 주장도 함께 보도하는 신문 미디어의 자세. 신문기사는 경찰당국과 공산당 쌍방의 주장을 인용함으로써 보도의 객관성

15 작가인 요시야 노부코(吉屋信子)는 '미하라 산 투신자살 사건'에 대한 촌평에서 '뭐랄까, 탐정소설에라도 등장할법한'(「도쿄아사히신문」 1933년 2월16일) 사건이라고 언급하며, 그 사건의 탐정소설을 방불케 하는 '의문=수수께끼'의 특성에 대해 지적하고 있다.

16 당시의 일본 사회에서, 공산당원과 '수수께끼 여자'를 연관지어 바라보는 시선은 다음과 같은 기사문에서 쉽게 발견된다. '제5차 공산당 사건' 보도 당일의 「요미우리신문」 조간에는, 이미 본문에서 언급했던, "요도바시(淀橋) 경찰서를 애먹이는 붉은 수수께끼의 여성, '오카타 소코(大方宗子)' 주요한 여성 당원?"이란 제목의 기사를 게재하며, 마이너한 공산당원의 체포를 보도하고 있다. 이 기사는, 체포자 중 한 여성이 자신의 이름을 말하지 않아 곤란에 처한 취조 상황을 전하며, "우선 구류인 명부에도 '이름 없음'이라고는 기입할 수 없는 관계상, 요전의 니시키초(錦町)경찰서에서도 있었듯이, 자기성명을 말하지 않는 구류인에게 '오카타 소다로(オオカタソウダラウ―아마도 그런 남자)'라고 명명(?)한 전례가 있기에, '오카타 소코(大方宗子―아마도 그런 여자)'로 이름을 붙여서 조서를 작성하는 수 외에는 방법이 없다고 한다"라고 기술하고 있다.

17 각기충심(脚気衝心), 각기로 인해 발생하는 급성 심장장애, 즉 심장마비.

을 보여주려 하고 있으나, 그러나 그와 같은 자세는 오히려 사건의 '진상'(명백한 공산당 탄압)을 애매하게 만듦으로써 신문 보도의 편향성을 부각시킨다. 결과적으로 신문 보도는 당국의 조사결과 발표와 함께 사건의 '진상'을 애매하게 만드는 방향으로 기능하는 것이다. 규사쿠는 「소녀지옥」에서 세 소녀의 자살이라는 '수수께끼'의 진상을 밝혀나가는 데 있어서, 그러한 당국 보고(검시)의 허위성, 신문기사의 작위성을 다양한 문장 형식을 채용함으로써 문제제기해 가는 것이다.

이상과 같이 살펴보면 「소녀지옥」 속의 두 텍스트, 「아무 것도 아니다」와 「화성 여자」가 서브텍스트로 포함하고 있는 두 가지 사회적 사건이 모두 '1933년 3월'이라는 같은 시간으로 설정되어 있는 것은 결코 우연이 아니다. 규사쿠의 소설은, 미하라산 투신자살 사건과 공산당 붕괴의 과정이 공유하고 있는 일본 사회의 커다란 내적 변화를 날카롭게 연관지어 사고하고 있는 것이다. 그 관계성에 대해서는 다음 절 이후에서 다루기로 하고, 여기서는 다만 「아무 것도 아니다」와 「화성 여자」가 「살인 릴레이」를 사이에 두고 마치 '거울에 비친 이미지'처럼 서로 참조하는 관계로 구성되어 있다는 사실만을 지적해 두고자 한다. 그것은 예를 들어 공산당원의 도피행을 보도하는 신문 보도 방식을 「화성 여자」에서 "도노미야 아이코(19)라는 소녀를 동교외 내의 별실에서 엄중한 취조를 행하나, 취조 속행 과정상 동 오후 3시경, 전기 아이코에게 일단 귀가를 허락하니, 그녀는 대담하게도 엄중한 감시의 눈을 피해"(374쪽) 등으로 그대로 되풀이하거나, 1933년 5월에 사망한 미하라산 사건의 당사자 도미야 마사코의 사인인 뇌막염을 「아무 것도 아니다」의 서두 부분에서 우스키 의사의 수술 내용으로 언급하는 등 소설 텍스트와 두 가지 사회적 사건이 같은 시간 설정과 세부사항의 묘사에 있어서 상호 관련됨으로써, 그들 사건의 '수수께끼의 진상'이 깊은 곳에서 상호 관련되어 있음을 시사하고 있는 것이다.

그렇다면, 사회적으로는 개별적인 사건으로 취급된 이 두 가지 사건(혹은 그로 인해 파생된 사회적 담론)을 규사쿠는 어떠한 의미에 있어서 관련되어 있다고 보고 있는 것일까?

4. '거짓말쟁이 여자'와 '강박증 남자'의 거울 이미지적 관계

앞 절에서는 「소녀지옥」이란 소설 텍스트가 1933년의 중요한 두 가지 사회적 사건을 서브 텍스트로 포괄하고 있다는 점, 그리고 규사쿠가 신문기사에서는 별도의 담론군으로 취급되었던 그 두 사건에 대해 「소녀지옥」에서는 상호 연관된 사회상으로 인식하고 있다는 점을 살펴보았다. 규사쿠는 왜 그 두 담론군을 연결했던 것일까? 바꾸어 말하면, 규사쿠는 두 담론군을 어떠한 의미에서 서로 깊이 연관된 사건으로 제시하였는가에 대해, 이번 절에서는 「소녀지옥」의 작품 구조를 분석함으로써 밝혀 가고자 한다.

　「소녀지옥」은 「아무 것도 아니다」, 「살인 릴레이」, 「화성 여자」라는 세 편의 중단편으로 구성되어 있으나, 이 세 편의 중단편은 개별적인 내용을 취하고 있으나 개별적인 소설이 아니며 전체로서 구성될 때 「소녀지옥」을 이루게 된다. 세 편의 중단편 소설은 그 형식과 주제 면에 있어서 상호 관련되어 있는데, 그것은 '자살'의 릴레이며, '편지'의 릴레이다. 즉, 「아무 것도 아니다」라는 소설 텍스트는 우스키臼杵 의사가 동료 의사인 시라타카白鷹에게 히메구사 유리코姫草ユリ子의 자살과 그에 이르게 된 경위를 보고하는 편지(서두에 히메구사의 유서를 포함함)로 구성되어 있으며, 「살인 릴레이」는 버스걸인 도모나리 도미코友成トミ子가 친구에게 보내는, 살인자 니타카新高와 관계를 맺은 자신의 자살을 알리는 6편의 편지로 구성되어 있고, 「화성여자」는 아마카와 우타에甘川歌枝에 의한 교장 선생님의 부패 고발과 자신이 자살에 이르게 된 경위를 설명하는 편지(=유서)로 구성되어 있는 것이다.

　「소녀지옥」의 전체 구성을 생각할 때 먼저 주목되는 점은, 텍스트의 마지막 편지(아마카와의 유서)에 표시된 시간이 텍스트의 처음에 '수수께끼 여자' 히메구사 유리코가 등장하는 시간과 일치한다는 점이다. 「소녀지옥」

의 전체 플롯 전개와 시간의 흐름을 표시해 보면 [그림 6-6]과 같이 정리할 수 있다. 그림에서 알 수 있듯이, 「소녀지옥」은 하나의 자살이 끝났을 때, 다음의 새로운 자살이 시작되고 예정되는 시간구조를 취하고 있다. 규사쿠는 세 명의 소녀가 자살이라는 궁지로 몰리는 심리 상태를 '무간지옥無間地獄'이라는 불교 용어로 설명하고 있으나, 이 단어는 「소녀지옥」 전체의 시간구조가 끝이 없는(무한한) 자살(지옥)의 연속을 설명하는 자기언급적인 용어이기도 한 것이다.

반복되는 말이지만, 이와 같은 「소녀지옥」의 작품 구조를 생각할 때, 작품의 부분적인 독해는 전체

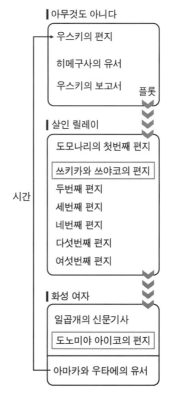

그림 6-6 「소녀지옥」의 편지 릴레이

구조에 의해 규정되어 있다고 말할 수 있다. 달리 말하면, 작품의 구조적 맥락을 고려하지 않으면 부분적인 해석은 불완전한 독해가 되어버린다는 말이다. 지금까지의 선행 연구는 이 점에서 매우 미진했다고 말하지 않을 수 없다. 몇몇 예를 들어 보면, 「아무 것도 아니다」의 천재적 거짓말쟁이 소녀(히메구사)에 대한 남성 의사(우스키)의 보고가 그 내용 그대로 받아들여지고 있을 뿐18으로, 그 의사의 보고에 개입된 화자의 허위성에 대해서는 언급되고 있지 않다. 또한 「소녀지옥」의 주요한 대립축을 형성

18 江口(각주2)의 해석, 즉 '주목할 점은, 유리코의 유서 날짜가 그녀의 "생리적 우울증"의 시기와 일치한다는 점에 있다. 이 시기가 되면 그녀는 뭔가에 홀린 듯이 허언을 입에 담는 경향이 있으니, 유서도 자살도 허구의 가능성이 충분하다'는 지적에서 전형적인 예를 찾을 수 있다.

하는 남녀 관계(화자와 그 대상의 관계)는,「아무 것도 아니다」에서는 남성 화자
- 여성 대상,「살인 릴레이」에서는 살인자(니타카, 남성)가 살해되며, 새로운
살인자(도모나리, 여성)가 자살하는 남녀 관계로 변화하며,「화성 여자」에 이르
러서는 화자인 여성(아마카와)이 허위성에 가득 찬 남성(중심의 사회일반)에게 통
쾌한 복수를 달성하는 관계로, 점차적으로 역전되어 간다. 즉「소녀지옥」
의 부분적인 해석은 전체 구조 속에서 변화하거나 때에 따라서는 반대적
의미로 전화할 때가 있는 데, 이와 같은 텍스트의 구조적 의미를 분석한
선행 연구는 발견되지 않는다.

　이와 같은 작품의 구조적 해석의 중요성을 염두에 둘 때, 그렇다면
먼저「아무 것도 아니다」에 등장하는 천재적 거짓말쟁이 소녀의 엽기적인
행동은 어떻게 재해석되는지부터 살펴보도록 하자.「아무 것도 아니다」의
플롯은, 히메구사 유리코가 우스키 의사의 신용을 얻기 위해서 자신의 정체
(나이, 연령, 성장환경, 전 근무지에서 시라타카 의사와의 관계)를 숨기고 취직하여 거짓에
거짓을 더해간다. 히메구사는 간호사로서는 발군의 실력을 가지고 있으며
우스키 의사가 경영하는 이비인후과의 마스코트가 될 정도로 환자에 대한
대응도 좋다. 이러한 히메구사가 '아무 것도 아닌' 일에 거짓말을 하는 것은
결국 생리기에 나타나는 우울증 때문이었다는 식으로 우스키 의사에 의해
보고된다. 그러나 왜 히메구사가 '아무 것도 아닌' 일에 거짓말을 하는가에
대한 남성 화자의 보고에 대해, 독자는 몇몇 단서를 통해 그 보고 자체의
진위성(화자의 신빙성)을 의심해 가게 된다.

　그 단서는 소설의 마지막 부분에서 직접적으로 나타난다. 우스키는
히메구사의 거짓말과 마력(=매력)으로 인해 자신과 같은 피해(?)를 입었던
(입었으리라 화자에 의해 추측되는) 시라타카 앞으로 히메구사의 자살을 보고하는
편지의 마지막 부분에, "코카인 스프레이로 잠을 쫓으며 겨우 여기까지 써

왔습니다만, 벌서 아침이 밝아오며 뇌수가 눅진눅진 녹아가니 각필하겠습니다"(340쪽)라고 서술한다. 그러니까 우스키는 마약으로 인해 의식이 몽롱한 상태에 있는 화자인 것이다. 그러한 상태에 있는 화자가 히메구사의 거짓말의 원인이 생리기의 우울증 탓이라고 단정짓는다고 해서 독자는 그러한 화자의 주장을 있는 그대로 받아들일 수는 없는 것이다. 우스키는 히메구사가 끝없이 거짓말을 하는 바람에 자신이 강박증에 걸리게 되었다고 말하고 있으나, 그가 신빙성이 결여된 관찰자(=화자)에 불과한 이상, 그의 강박관념조차도 자기망상이 증폭된 결과가 아닌가 하고 의심하지 않을 수 없게 된다. 독자는 소설의 마지막에 와서 이와 같은 의심을 가지게 되며, 그와 같은 의심은 독자로 하여금 우스키의 '보고' 전체에 대한 진위성을 의심하게 만들며 소설 텍스트를 다시 읽는 방향으로 유도한다.

「아무 것도 아니다」의 플롯은 우스키가 히메구사를 '수수께끼 여자'로 단정하는 장면부터 시작되나, 독자는 이와 같은 텍스트 다시 읽기를 통해 그 단정의 근거가 매우 박약하다는 사실을 알아차리게 된다. 즉 우스키의 단정은 히메구사의 주인집 아주머니의 증언에 근거하고 있으나 그 증언 자체도 신빙성이 결여되어 있다.

> 그 아이가 요전부터 도쿄의 온 신문에 크게 났던 '수수께끼 여자' 라지요……
> 아시죠? 그 장본인이라지요? 이 정도 장난이라면 나라도 할 수 있어…… 그랬
> 다네요. 그 애가 동네 젊은 녀석들에게 추켜올려져서 무심코 내뱉었다고 그러
> 더라고요 [……] 그 애가 나간 다음에 나한테 고자질한 녀석이 있어요……
> 그런 말을 듣고 나니 나도 기분이 나빠져서, 그 애가 일자리를 찾으러 나갔을
> 때 나한테 맡겨 두었던 손보자기를 뒤져 보았더니, 세상에나. 새로운 공책
> 속에, 그 '수수께끼 여자'에 관한 신문기사가 몇 개씩이나 오려서 보관되어

있지 않겠어요? …… 아니요. 그 외의 기사는 하나도 없었죠(334쪽).

이 인용문은 우스키가 히메구사를 '수수께끼 여자'로 단정하는 증거가 단순한 '소문'[19]에 불과함을 나타내 주고 있다. 신용할 수 없는 관찰자(=화자)라는 이유가 여기에 있다. 히메구사가 '수수께끼 여자'로 단정되는 프로세스는, 동네 젊은이들 → 집주인 아주머니 → 우스키 의사의 순으로 '입'을 통해 릴레이된 내용에 불과할 뿐, 그것은 아무런 증거도 없는 의심 → 과장/착각 → 단정이라는, '소문'이 사실로 둔갑해가는 과정을 전형적으로 보여주고 있다.

19 소문의 사회학에 대해서는 松本巖, 『うわさの遠近法』, 靑土社, 1989년, 특히 4부를 참조.

이같은 과정에서 문제가 되는 지점은 '소문'에 불과한 정보를 가지고 히메구사를 '수수께끼 여자'(=공산당원)로 단정하는 인물이 사회적으로 신뢰도가 높은 우스키 의사라는 사실에 있다. '수수께끼 여자'와 공산당원과의 연계에 대해서는 추후에 고찰하나, 히메구사가 정말로 암약하고 있던 공산당원이었다면 그와 같은 위험한 행위(자신의 정체가 발각될지도 모를 정보를 수집, 보관, 타인에게 양도하는 등의 모든 행위)를 저지를 리가 없음에도, 우스키는 과장을 섞어 추측하는 동네 아주머니의 이야기를 자신의 강박관념을 입증하는 증거로 삼고 있는 것이다. 규사쿠가 이와 같은 과정을 묘사함으로써 나타내려 했던 것은, 신문 보도에 의해 조성된 '공포심'이 '소문'을 통해 사람들의 선입관에 작용하며 왜곡/변형되면서 유통되는 방식에 있다고 할 수 있을 것이다. '소문'의 릴레이는 '공포심'의 릴레이이며, 그것은 우스키의 강박관념에 의해 의사 소견서라는 '사실'로 둔갑하여 다시 시라타카 의사에게 릴레이된다. 그리고 「아무 것도 아니다」에 보여지는 이와 같은 '소문'의 전파 방식은, 당시의 신문지상에 많이 나타나던 '괴사怪死'에 대한 검시 보고서와 그를 보도하는 신문 언설을 의심스럽게 생각하는 일반 대중의 '소문' 릴레이를

규사쿠가 소설적으로 표현한 것이라고도 할 수 있다.[20]

지금까지의 설명을 바탕으로 생각해 보면, 히메구사의 천재적인 거짓말과 그에 뒤지지 않는 우스키 의사의 강박관념이나 증언의 허위성은 쌍을 이루는 심리구조라는 사실이 분명해진다. 그 양자는 '위협'과 그에 대한 '공포'의 거울적 관계로 다시 파악해야 하는 것이다. 풀어서 설명하면, 우스키는 히메구사의 존재를 자신의 남성적 지배권을 파탄시킬지도 모르는 '위협'적인 요소로서 의식하기 때문에, 히메구사의 '아무 것도 아닌' 거짓말을 세세하게 관찰하는 것이며 그녀의 존재를 부정하려는 것이다. 히메구사의 거짓말은 우스키의 지배를 전복시키키 위한 전략이며 우스키의 지배권에 대한 위기감이 고조될수록 히메구사의 거짓말도 증폭되어 가는 것이다.

그렇다면 우스키는 히메구사를 어떠한 측면에서 위협적인 존재로 인식했던 것일까? 여기에서 놓치지 말아야 할 점은 우스키가 히메구사의 허언증을 생리적 우울증에 근본 원인이 있다고 진단할 때, 사실은 히메구사가 지니고 있는 여성성을 억압하려는 심리가 작동하고 있다는 사실이다. 우스키는 히메구사가 거짓말을 할 때 "그녀의 눈빛 속에는 일종의 정상이 아닌 아름다운 빛이 점차 나타나 빛나기 시작하는 것을 발견했다. 그것은 정신이상자가 흥분할 때 자주 보이는, 순진 이상으로 고조된 순진함, 요염한 아름다움이라고도 뭐라고도 형용할 수 없는, 색정이 넘쳐 흐르는 매혹적인 정욕의 빛이었다"(328쪽)고 서술하면서, 자신의 이해 영역을 초월한 곳에 존재하는 여성미를 인식한다. 하지만 히메구사의 여성미(섹슈얼리티)가 우스키에게 위협으로서 느껴지는 애초의 원인은, 우스키가 히메구사에게 코높이 성형을 해줌으로써 여성미의 창조자로서 지배권을 쥐려 했지만, 그 최초의 순간부터 "말도 안 되는 미인을 만들어 버렸다 [……] 고 간담이 서늘해졌다"(267쪽)

라고 기술되어 있듯이, 그 여성미를 지배할 수 없다고 느꼈기 때문이다. 이와 같은 '여성미의 창조자로서 지배하려 한다/지배할 수 없다'는 모순 상태에 빠진 우스키는, '히메구사 유리코의 불가사의한, 끝을 알 수 없는 매력…… 지금은 내 누나나 처까지 확실히 포섭해 버린 무시무시한 마력을 알아차리게 되었다'고 느낀다. 그리고 우스키는 히메구사의 여성적 매력이 자신의 지배 영역을 넘어 우스키를 중심으로 하는 가정에까지 미치게 되었다고 느꼈을 때, 즉 가부장제를 위협하는 존재로서 인식되었을 때, 히메구사를 공산당원이라는 "난폭하고 비겁한 수단"(307쪽)으로 경찰 당국에 고발해 버리는 것이다.

> "(우스키) 푸훗, 그런 바보같은…… 화려하게 차려입은 간호사를 데리고 왕진을 나갈 리가 있겠습니까?"
>
> [……]
>
> "(특고과장) 하하하, 하지만 그 때의 이야기는 상당히 자세하게 들었습니다만. 환상의 계곡이라거나 뭐라고 하는 멋진 욕장이 그 호텔에는 있다고 들었는데요. 간 일이 없습니까?"
>
> "(우스키) 저는 들어본 적도 없습니다. 그 호텔에서 랜섬이라는 양놈과 식사는 했습니다만. 아직 있을 테니까 물어보시면 아실 테지만, 상당한 신경쇠약에다 중이염을 앓고 있어서 고막절제 수술을 했습니다만……."
>
> [……]
>
> "(우스키) 괘씸하군요 …… 실은 오늘 아침, 귀관으로부터 언제까지나 히메구사를 귀엽게 봐달라는 훈계를 들었습니다만, 그런 식으로 저의 명예에 관한 말을 내뱉다니 용서할 수 없습니다. 지금 당장 쫓아낼 테니까 그리 알아 달라고 부탁하러 온 길입니다"(331~332쪽).

이 인용문은 히메구사가 특고의 취조를 받은 뒤에 무죄로 풀려나게 되고, 그 후 우스키가 특고 과장을 찾아와 나눈 대화에서 따온 것이다. 우스키가 고막절제 수술을 한 서양인에게 사실을 확인하라고 강변하는 점이나 사회적 지위가 있는 의사가 사용하리라고는 생각되지 않는 저속한 말투를 사용한다는 점 등에서, 우스키의 궁색한 자기변명, 그리고 우스키와 히메구사 사이의 불륜 가능성은 쉽게 짐작될 수 있을 것이다. 하지만 그보다 문제가 되는 점은, 히메구사의 여성적 매력이 우스키 개인이나 가정 차원을 넘어 사회적 차원으로 확대될 때 우스키는 남성으로서의 지배권을 지키기 위해 히메구사를 쫓아내었다는 데에 있다. 위협이 되는 여성을 강제적으로 추방했기 때문에 남성은 강박관념에 빠지게 되며, 그 지배 논리는 파탄에 이르게 된다. 이러한 내용이 히메구사의 유서에서 "사회적으로 지위와 명예가 있는 분들의 말씀은 비록 거짓이라도 진실이 되고, 아무것도 모르는 순진한 소녀의 말은 비록 사실일지라도 거짓이 되어 버리는 세상"(256쪽)으로서 고발되고 있는 것이다.

남성적 지배논리의 파탄은 히메구사의 '거짓말'의 성질을 생각할 때 보다 분명해진다. 이미 히메구사와 우스키가 거울 이미지적 관계에 놓여 있다는 점은 기술한 바이나, 히메구사의 거짓말은 남성의 지배논리를 여성(피지배자 측)이 받아들여 내적으로 재생산할 때 만들어지는 것이다. 히메구사는 우스키의 '신용'(지배논리)을 얻기 위해(수용), '참 우스키 선생님은 시라타카 선생님과 꼭 닮았네요'라는 거짓말을 하며, 그에 대해 우스키는 "그녀가 말하는 시라타카 선생님이란, 그녀가 알고 있는 시라타카 선생님과는 성질이 다른 시라타카 선생님이었다. 말하자면 그녀의 기지가 나를 모델로 만들어 낸 [······] 내 기분을 맞추기에 적합하게 창작한 하나의 가공인물에 불과하다"(277쪽)고 인지하고 있는 것이다. 말하자면 히메구사의 거짓말은 우스키의 뒤틀린 자화상이며, 그러한 의미에서 히메구사는 우스키의 내적 타자인 것이다.

하지만 이와 같은 작품 차원의 분석을 수행해 보아도, 「아무 것도 아니다」의 수수께끼, 즉 히메구사가 왜 거짓말을 하는가? 그리고 그녀는 왜 자살할 수밖에 없었는가? 하는 의문에 대한 충분한 '진상'은 설명되지 않는다. 환언하자면 그 수수께끼의 진상은 「아무 것도 아니다」가 서브텍스트로서 포함하고 있는 '공산당 붕괴 프로세스'와 조응시켜 고찰하지 않는 한 해명되지 않는다는 말이다. 여기에서 「아무 것도 아니다」의 시간 설정, 즉 '수수께끼 여자' 히메구사가 등장하는 1933년 3월, 우스키가 개업하는 동년 6월, 히메구사가 자살하는 동년 12월이 각기 공산당 붕괴의 프로세스에서 이정표가 되는 제5차 공산당 사건, 사노·나베야마의 전향, 공산당 스파이 고문 사건과 시기적으로 일치하는 점은 중요한 단서가 될 것이다.

그러면 우선 히메구사가 왜 거짓말을 하는가 하는 수수께끼부터 풀어 보도록 하자. 「아무 것도 아니다」에 보이는 우스키/히메구사 사이의 거짓말은 실제 사회에서 나타나는 국가체제/공산당 간의 거짓말에 조응한다. 즉 규사쿠는 「아무 것도 아니다」에 등장하는 등장인물들의 정체불명성과 상호불신을 전경화함으로써, 공산당 붕괴의 프로세스 중에서도 특히 '스파이' 문제에 관심을 기울이고 있는 것이다. 1933년에 두드러진 스파이 문제란, 특고가 공산당 파괴 책략에서 가장 유효하게 활용한 것으로서, 앞에서 설명한 바와 같이, 1932년에는 오모리 갱 사건과 아타미 사건이 스파이 M에 의해 발생했으며, 1933년 2월에는 저명한 프롤레타리아 소설가 고바야시 다키지小林多喜二가 스파이 미후네 류키치三船留吉의 책동에 의해 체포되어 쓰키지築地서에서 고문사를 당하게 된다. 이러한 사실들은 전후가 되어 겨우 밝혀진 것으로, 당시로서는 계속되는 검거나 수색이 너무나도 정확해

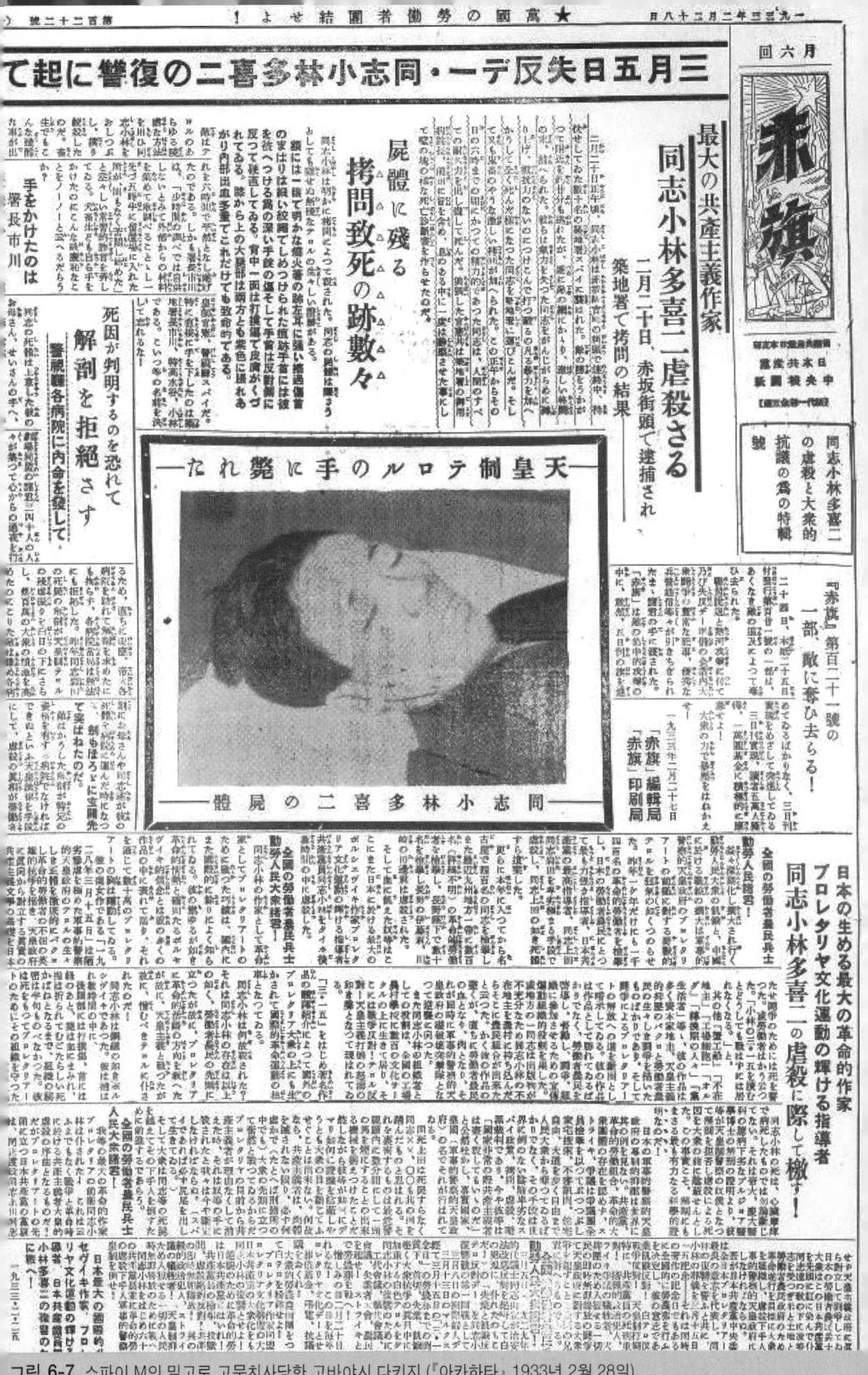

赤旗

六月回

日本共産黨中央機關紙

同志小林多喜二の虐殺と大衆的抗議の爲の特輯號

三月五日反失デー・同志小林多喜二の復響に起て

最大の共産主義作家
同志小林多喜二虐殺さる

二月二十日、赤坂街頭で逮捕され　築地署で拷問の結果

△屍體に殘る
拷問致死の跡數々

死因が判明するのを恐れて
解剖を拒絶さす

手をかけたのは署長市川

―天皇制テロルの手に斃れた―
―同志小林多喜二の屍體―

『赤旗』第二百二十一號の一部、敵に奪ひ去らる！

「赤旗」編輯局
「赤旗」印刷局

一九三三年二月二十七日

全國の労働者農民兵士勤労人民諸君！

日本の生める最大の革命的作家
プロレタリヤ文化運動の輝ける指導者
同志小林多喜二の虐殺に際して檄す！

図 6-7　스파이 M의 밀고로 고문치사당한 고바야시 다키지(『아카하타』 1933년 2월 28일)

서 당내에 스파이가 있다는 것은 확실해도 그것이 누구인지는 알 수 없었으며, 그것은 결과적으로 당원 간의 상호불신과 깊은 의심의 분위기를 낳게 되었다.

　제5차 공산당 사건 이후 당은 노로 에타로野呂栄太郎를 위원장으로 하여 재건되나 그조차도 11월 체포된다. 당은 중앙위원인 미야모토 겐지宮本顯治가 중심이 되어 자체 조사한 결과 같은 중앙위원이었던 고바타 다쓰오小畑達夫와 오이즈미 겐조大泉兼蔵를 스파이 혐의로 감금, 고문하여 고바타를 사망에 이르게 한, 이른바 '공산당 스파이 사문 사건'이 발생하게 된다.[21] 당 내부의 스파이 적출에 대한 자세와 그에 따라 생기는 상호불신감은 공산당의 기관 신문이었던 『아카하타赤旗』의 다음 기사를 참조하는 것만으로도 충분할 것이다.

> 21 松山明重, 『日共リンチ殺人事件』, 恒友出版, 1977년, 66~163쪽.

　　우리들은 일상적 정치생활에 있어서, 이러한 의미에서 의혹이 있는 자를 발견하였다면, 아무한테나 말하지 말고, 그 의혹자가 자신의 윗선일지라도 망설임없이 당중앙위원국 앞으로 밀봉상신서를, 신뢰할 수 있는 선 '예를 들면 『아카하타』의 배포선'을 통해 제공해야 한다. 그 상신서에는 의혹에 대한 구체적 사실과 의견을 확실하게 적어야 한다.[22]

> 22 『赤旗』, 제140호, 1933년 6월 1일.

　이 기사문을 인용한 이유는 이 서술이 「아무 것도 아니다」라는 소설 텍스트가 포착하는 '봉쇄사회'[23]의 형성과 그 사회심리를 날카롭게 표현하고 있기 때문이다. 스파이가 당 중앙위원 차원에까지 침투해 있는데 그 중앙위원국 앞으로 스파이를 밀고하라고 추동하는 것은 스파이를 발견하는 것 자체가 불가능하다고 고백하는 것과 같으며, 게다가 당시에는 스파이 행동이 쉽게 발각될

> 23 '봉쇄사회'라는 용어 및 그 의미에 대해서는, Alan Nadel, *Containment Culture*, Durham: Duke University, 1995를 참조.

스파이는 거의 존재하지 않았다. 그에 더해서 누가 스파이인지 알 수 없는 상황에서는 '신뢰할 수 있는 선' 따위가 존재할 리가 없으며, 이러한 상황들은 결국 공산당 내부에서 누가 스파이인지를 둘러싸고 의혹이 의혹을 증폭시켜, 상호불신의 골만을 깊게 할 뿐이었다. 이 같은 공산당 내부의 깊은 불신의 분위기가 결국 '스파이 사문 사건'으로 폭발된 것이다.

규사쿠는 이러한 봉쇄사회의 사회심리를 「아무 것도 아니다」에서 그려내고 있는 것이다. 우스키가 증거도 없이 '의혹'만으로 히메구사의 정체불명성에 대해 신문기자인 친구에게 상담하자, 그는 우스키의 강박증보다 한층 강경하게 "자네 같은 풋내기에게 발각될 정도의 녀석이라면 이미 예전에 잡혀서 저세상 갔다니까"(319쪽)라고 말하며, 히메구사가 공산당원임을 단언해 버린다. 그에게 이끌리는 대로 우스키는 히메구사를 특고에 인도(밀고)하여, '매우 심한' 취조를 받게 만든다. 게다가 「아무 것도 아니다」의 등장인물 간에는 정체불명성과 상호불신의 시선이 거미줄처럼 둘러쳐져 있다. 즉 히메구사 만이 정체를 감추고 있는 것이 아니라, "어디야, 특고 과장이 있는 데는? 먼가?/ 자네 모르나?/ 몰라/ 모른다니, 자네 옆집이지 않나?"(319쪽)라는 식으로 특고도 정체를 감추고 있으며, 특고와 신문기자는 "그녀와 자네 사이에는 아무 일도 없었다는 거지?"(318쪽)라고 물으며 우스키의 증언을 의심한다. 그리고 모든 등장인물의 말들에는 '허위성'이 따라다닌다. 신문기자는 히메구사가 무죄로 석방된 후에도 그녀를 '빨갱이'라고 계속 의심하며(338쪽), 특고도 표면적인 주장과 내부 정보가 다르다(329쪽). 규사쿠가 「아무 것도 아니다」라는 소설 텍스트에서 묘사하려 했던 진정한 내용은 이와 같은 '봉쇄사회'의 사회 정황이었다고 할 수 있으며, 그것을 도식화하면 [그림 6-8]과 같이 된다.

[그림 6-8]에서 표시된 바와 같이, 규사쿠가 「아무 것도 아니다」의 천재

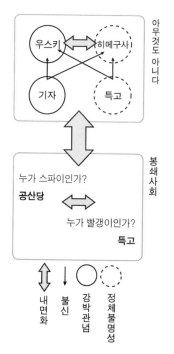

적 거짓말쟁이 히메구사 유리코를 묘사함으로써 보이려 했던 것은, 강권적 지배권력의 탄압이 발생시키는 피지배자 측(혹은 사회 일반)의 상호 불신성이라는 사회병리적 현상인 것이다. 그 결과로서 생성되는 '봉쇄사회'에서 사람들은 '아무 것도 아닌' 일로 서로를 밀고하고, 그 사람은 '아무 것도 아닌' 일로 체포되고, 고문당하며, 죽어간다. 이와 같은 '봉쇄사회'는 국가체제가, 예를 들면 '이웃조隣組'[24]처럼 일방적으로 만들어 낸 것이 아니며, 공산당의 스파이 색

그림 6-8 「아무 것도 아니다」에 나타나는 '봉쇄사회'의 사회심리구조

24 이웃조(隣組)란 1940년 명문화된 것으로 반창회 아래 몇몇 가정을 하나의 조직으로 묶어 배급의 효율화나 사상 통제를 꾀하기 위해 조직되었다.

출 과정에서 살펴보았듯이, 피지배자 측이 지배자의 권력 구조를 거울 이미지적으로 내재화해 가는 과정에서 형성되었던 것이다. 히메구사의 거짓말도, 우스키의 강박관념도 단순히 개인적 차원의 특성이 아니며 '봉쇄사회'의 사회적 구조가 파생시킨 병리였던 것이다.

이러한 특징은 전체주의 사회에 있어서 종종 나타나는 현상이긴 하지만, 규사쿠의 통찰력이 빛나는 것은 모던걸을 중심에 두고 '봉쇄사회' 형성을 바라보고 있다는 점에 있다. 이 문제가 두 번째 '수수께끼', 즉 히메구사는 왜 자살하지 않으면 안 되었던가 하는 의문과 관계가 있을 것이다. 우스키는 히메구사를 특고에 넘겨 '가부장제' 지배권력의 위기를 국가권력에 의존함

으로써 극복하려 하는데, 이것을 '지'적 차원으로 설명하면, '가부장제의 천황제 내셔널리즘'으로의 재편성으로서 개념화할 수 있으나, 이 문제에 대해서는 다음 절에서 보다 상세히 다루도록 한다.

그리고 이와 같은 소설 텍스트의 논리성은 또한 공산당 붕괴 과정과도 조응하는 논리다. 여기서 주목되는 사항이 1933년 6월에 발표된 사노·나베야마의 '전향' 성명문이다. 이미 구속 수감되어 있던 공산당 최고 간부, 사노·나베야마의 이 성명은 다음 내용을 골자로 한다. 즉, 제3 인터내셔널이 주창한 국제주의 노선은 일본공산당을 노농 대중으로부터 괴리시킨 결과를 낳았으며, 그들은 이를 오류라고 지적한 후에 '일국(=일본) 사회주의'를 주장하면서 천황제라고 하는 일본식 군주제를 용인하였으며, 일본제국으로부터 식민지를 분리하는 것을 반대한다.[25] 이와 같은 공산당 최고 간부의 천황제를 용인하는 일국사회주의로의 '전향'은, 가부장제의 개편 위에서 형성되고 있었던 '천황제 내셔널리즘'을 강력하게 백업하는 결과를 가져왔다. '천황제 내셔널리즘'을 중심 이념으로 하는 초국가주의체제는, 공산당원들이 이상할 정도로 불굴의 의지를 가지고 있는 원인을 그들의 배후에서 작동하는 코민테른의 존재에 있다고 보고,[26] 그 연결선을 끊으려고 했던 것이다. 1930년대 초, 가부장제의 재편 위에 형성되고 있었던 '천황제 내셔널리즘'은 이처럼 그 틀 내에 포섭되지 않는 제반 요인은 철저히 배제하는 것만으로 가능했던 논리였던 것이다.

25 "過去は誤てり獄中の 佐野・鍋山共産思想を淸算", 「도쿄니치니치신문」 1933년 6월 10일.

26 나베야마는 전후의 한 인터뷰에서, 일본공산당과 코민테른의 관계에 대해 다음과 같이 말하고 있다. "코민테른이라는 세계 공산당 조직이 있고, 또 그 권력을 틀어쥐고 있는 스탈린이 신처럼 존재하고 있었던 제반 사정 때문에, 모스크바의 결정이다, 모스크바의 의향이다 라는 식으로 되면, 유무를 가리지 않고 그에 따르지 않으면 안 되는 분위기가 있었던 것은 사실이지요.[……] 그러한 이론에 대해, 혹은 언사에 대해 아이와 같은 충실함을 가지고 '코민테른 절대주의'라는 식으로 이렇다할 의심도 없이 활동했었죠." 松本明重, 앞의 책, 58~59쪽.

5. '공포'의 릴레이에서 '저항'의 릴레이로

앞 절에서는 「아무 것도 아니다」의 작품구조를 분석함으로써, 일본공산당의 붕괴 과정이 어떻게 '공포'를 만들어 내고, 그 '공포'가 어떻게 소문이나 신문 보도를 통과하면서 유통되고 증폭되어 가는가, 그리고 '수수께끼 여자'가 매개됨으로써 어떻게 남성 중심의 가부장제적 논리는 파탄을 맞이하면서도 그것이 '천황제 내셔널리즘'으로 재편되는 길을 열어놓았는가에 대해 설명했다. 그와 같은 '공포'의 증폭에 의해 형성되어 가는 '봉쇄사회'의 병리를 규사쿠는 「소녀지옥」의 문체적 특징인 편지의 릴레이라는 형태로 구조화하고 있음도 밝혔다.

이러한 편지의 릴레이는 「살인 릴레이」와 「화성 여자」로 연속되어 가지만, 그 때 '공포'의 릴레이는 소설의 주인공 소녀들이 신문 미디어나 당국의 공식문서(검시보고서) 등이 지니는 이데올로기적 기능을 역으로 이용해 감으로써 '저항'의 릴레이로 그 성격을 변모시켜 간다. '공포에서 저항으로'라는 편지의 질적 변화는, 소설의 화자가 남성에서 여성으로 바뀌고, 의사의 보고서라는 공적 문서에서 그 공문서의 허위성을 고발(해체)하는 여성들의 사적인 글로의 변화로 나타난다. 여기서 부터는, 「아무 것도 아니다」에서 제기된 제반 문제들, 즉 남/녀(지배/피지배)의 거울 이미지적 관계, 신문 보도와 공적 문서(발표)의 허위성, 소문이나 공포의 증폭 등이 어떻게 여성들의 '저항'의 논리로 '전용appropriation'되어 가는가를 살펴보고, 그 의미를 고찰하도록 하자.

「아무 것도 아니다」와 「화성 여자」가 상호 텍스트적으로, 남녀의 거울 이미지적인 전도 관계로 구성되어 있다는 점은 이미 서술한 바이나, 「살인 릴레이」라는 또 하나의 텍스트는 이들 두 텍스트를 가교하면서 다수의 여성 목소리(편지)를 삽입시켜 『소녀지옥』 전체에 '다성성polyphony'을 부가함으로써 '공포'와 '저항'의 진폭을 확장시키는 역할을 담당하고 있다.

「살인 릴레이」의 니타카新高는 "아오 버스青バス에 근무하고 있을 때 몇 명이나 몇 명이나 버스 안내양에게 수작을 걸어서 내연 관계를 맺은 다음에 지겨워지면 모조리 죽인 다음에 어딘가에 버리고 온다고 해요 [……] 하지만 그 방법이 너무도 교묘해서 한 번도 의심받은 적이 없는 이상하고도 이상한, 무서운, 무서운 사람이래요. 이런 소문이 돌고 있는 곳은 우리들, 버스 안내양 사이 뿐이래요"(346쪽)라고 묘사되나, 이러한 서술에서도 알 수 있듯이 「살인 릴레이」는 '사실'보다 먼저 (사실 여부에 관계없이) '소문'에 의해 전달/증폭되는 '공포'를 설정한다. 그 '공포'의 편지는 도쿄의 아오 버스에 근무하는 마쓰우라 미네코松浦ミネ子에게서 하마마쓰浜松[27]의 벤쿄 버스勉強バス에 근무하는 쓰키카와 쓰야코月川ツヤ子를 거쳐 하카타博多[28] 미나토 버스ミナトバス의 도모나리 도미코友成トミ子에게 전달되고, 그것은 다시 버스걸을 꿈꾸는 시골 친구에게 전달된다. 이와 같은 편지의 연쇄/확대를 규사쿠는 '릴레이'로 부르고 있으나, 이러한 '공포'의 릴레이는 도쿄에서 발생하여 일본 전역으로 확장되어 가는 과정으로서 그려지는 것이다.

「살인 릴레이」에 나타나는 니타카와 도모나리의 남녀 관계는, '공포'로서의 가부장제와 그에 반항하는 모던걸의 거울 이미지적 관계로 파악할 수 있다. 다만 「살인 릴레이」라는 텍스트가 「소녀지옥」 전체에 있어서는 「아무 것도 아니다」와 「화성 여자」를 가교하는 역할을 하고 있는 소품이기에 다소 도식적인 개념으로 서술되고 있는 느낌을 지울 수는 없으나, 니타카는 결혼을 약속한 여성을 살해해 버리는 폭력적인 '가부장제'를 나타내며, 도모나리는 그에 반항하는 것으로만 생의 가치를 발견하는 '모던걸'로 조형

27 하마마쓰(浜松)는 일본 중부지역 시즈오카(静岡)에 위치한 도시.
28 하카타(博多)는 일본 남부 규슈(九州) 지역을 대표하는 도시.

된다. 즉 도모나리는 "이것이야말로 목숨을 건 사랑이야. 그리고 또 어쩐지 쓰야코의 원수를 갚아주고 싶어졌어. 니타카 씨를 몰아붙여서 머리조아려 사죄하게 만든 다음에 자살하게 만들던가 하면 얼마나 유쾌할까"(351쪽)라고 결의하는 여성으로서, 가부장제의 지배관계 속에 안주하는 "니타카 씨와의 동거생활의 길은 희망도 아무 것도 없는 회색빛이 죽 지속되는"(352쪽) 생활로 느끼는 모던걸인 것이다.

이와 같은 가부장제와 모던걸 사이의 거울 이미지적 관계를 노골적으로 나타내는 「살인 릴레이」에서 주목되는 점은, 도모나리의 저항 수단으로 사용되는 것이 다름 아닌 '거짓말'이라는 점이다. 소설 텍스트에서 도모나리의 거짓말은 두 장면에서 사용된다. 한 가지는 니타카가 교통사고를 가장하여 쓰키카와 쓰야코를 살해했던(라고 도모나리가 편지에서 읽은) 똑같은 방법(열차 건널목에서 열차와 버스를 충돌시키는 방법)으로 니타카를 살해하는 장면, 그리고 또 다른 장면은, 내연부부의 동반자살이 아닌가 하고 의심하는 경찰의 심문에 대해 그것은 어디까지나 건널목 사고라고 도모나리가 주장하는 장면이다. 도모나리는 이 사고가 신문에 보도되자 그것을 읽은 후 다음과 같이 반응한다.

> 니타카 씨의 교통사고 사건이 신문에 크게 보도되었지. "공포의 색마 살인 릴레이"라는 제목으로 말이야 [……] 그건 전부 거짓말이야. 신문사와 경찰이 꾸며낸 말이지. 나에게 너무 동정한 결과야. 회사에서도 모두들 내 신상을 걱정해 주고 있다나봐. 이상한 일이지 뭐야. 그래도 난 아무렇지도 않아. 세상이란 그런 거 아닌가(360쪽).

이 인용문에서 우선 주목되는 점은, 「아무 것도 아니다」에 나타났던 제반 특징들이 니타카의 정체불명성(니타카가 진정 살인마인가 아닌가 하는 점은 도모나리의 증언과 그녀의 친구의 편지에 근거하고 있기에 단정할 수 없다), 신문 보도와 경찰당국 보고의 허위성,[29] 그리고 도모나리의 '거짓말' 등으로 형태를 바꾸어가며 반복되고 있다는 것이다. 다만 그것은 단순한 반복이 아니다. 「아무 것도 아니다」에서의 거짓말이 모던걸을 가부장제 속으로 봉쇄하려 할 때 생겨나는 사회병리적인 측면이 강했다면, 「살인 릴레이」의 거짓말은 억압적으로 작용하는 가부장제 지배관계와 미디어 편성에 저항해 가는 모던걸의 능동적인 전략으로 사용되고 있는 것이다. 그렇기 때문에 도모나리라는 모던걸은 경찰과 신문기자의 눈을 속임으로써, 천재적 거짓말쟁이 히메구사 유리코조차 이룰 수 없었던 복수를 달성하게 되었던 것이다.

29 「살인 릴레이」의 컨텍스트로서, 「하늘을 나는 파라솔(空を飛ぶパラソル)」(『夢野久作全集 4』, 筑摩書房, 1992년)은 매우 흥미롭다. 「하늘을 나는 파라솔」은, 하카타(博多)를 통과하는 가고시마(鹿児島)선의 한 열차 건널목에서 한 미인 간호사가 자살하려 하는데(「살인 릴레이」와 같은 무대 설정), 그 현장을 목격한 신문기자는 특종에 대한 욕망 때문에 그녀의 자살을 방조한다. 그 기자는 미인 간호사와 대학병원 의사 사이의 불륜 문제(「아무 것도 아니다」의 제재)를 폭로하며 추측에 근거하여 보도한다(신문기사의 허위성, 선정성). 그러나 의사와 간호사의 부모는 자살한 간호사와 불륜 혐의의 간호사는 다른 사람이라고 주장한다(정체불명성). 누구의 말이 맞고, 누가 '거짓말'을 하는지조차 밝혀지지 않은 채 이야기는 신문기자의 눈을 따라 별개의 사건으로 이행한다. 괄호 안에서 설명했듯이, 「하늘을 나는 파라솔」은 「아무 것도 아니다」와 「살인 릴레이」를 연결해서 읽을 때 매우 흥미로운 컨텍스트로서 기능하고 있는 것이다.

6. 여성을 위한 5·15 사건[30]

30 '5·15 사건'이란, 1932년 5월 15일 '대일본제국해군' 급진파 청년장교를 중심으로 일어난 쿠데타 사건을 지칭한다. 무장한 해군 청년장교들은 수상관저에 난입하여 당시 호헌운동의 기수로 불리던 이누카이(犬養毅) 수상을 암살했다. 이 사건을 계기로 일본의 정당정치는 후퇴하게 된다. 그들은 천황제를 무력지배적 상징인 패도(覇道)로서가 아닌 덕의 지배 즉 왕도(王道)로서 재위치시킬 것을 요구하였다.

「살인 릴레이」에서 단편적으로 추구되었던 가부장제 지배구조에 대한 저항의 가능성은 다음 텍스트인 「화성 여자」에서, 모던걸에 대해 억압적으로 기능했던 교육/과학 담론의 모순점을 폭로하는 저항의 연대로 전면적으로

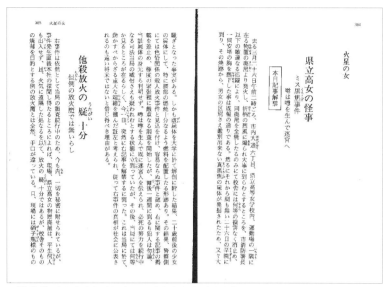

그림 6-9 신문기사의 허구성을 드러내기 위해 채택된 「화성 여자」의 신문기사 모방

펼쳐진다. 그 중심에 「화성 여자」의 주인공 아마카와 우타에甘川歌枝가 위치 지어 지나, 그녀는 신문 보도의 이데올로기성(허위성)을 의식하며, 그것을 전략적으로 '전용'함으로써 신문 미디어를 교란하고, 모리스森栖 교장에 대해 멋진 복수극을 달성하는 여성으로 등장하는 것이다.

「화성 여자」의 처음에 배치되는 신문기사와 아마카와 유서의 병치는, 그 뒤에 펼쳐지는 플롯 전개에 있어서 얼마나 아마카와의 미디어 전략이 뛰어났던가를 보여주기 위해 배치되고 있다. 그 점은 텍스트의 모두에 배치된 신문기사의 제목만 살펴보아도 어느 정도는 추측할 수 있다. "현립 고등여학교의 괴사, 미스 새까만 재사건, 소문은 소문을 낳으며 미궁 속으로", "타살 방화 가능성 충분", "모리스 교장 실종, 유서와 수수께끼의 여성 필체 편지", "현립 고등여학교 엉망진창, 모리스 교장 발광! 도라마虎間 여교사 익사! 가와무라川村 서무 대금 횡령! 새까만 재사건 여파인가?", "의외! 새까

만 재 사건 범인은 장학사의 딸?" 등으로, 이렇듯 신문 보도는 사건의 의외적인 전개에 우왕좌왕하며, 사건의 범인이 도노미야 아이코殿宮ア亻子라고 추측만 할 뿐 진범(?)인 아마카와에게는 접근조차 하지 못한다. 단지 신문 보도는 아이코가 가출할 때 남긴 쪽지를 통해 교장과 장학사의 부패상을 암시하고, 아마카와의 자살을 기재할 뿐이다. 따라서 사건의 '진상'은 도노미야 아이코가 보관하고 있는 아마카와의 유서를 '독자'만이 읽는다는 형태로 폭로되는 것이다. 그 유서에서 아마카와는 모리스 교장의 부패를 폭로하면서 교장과 장학사의 광란의 현장을 기자적 자세로 사진에 남긴다. 그 결과 아마카와는 여성에 의한 사건 보도(편지=유서)에 의해 남성중심사회의 권력관계에 균열을 낳게 되며(교장을 발광시키고 장학사는 사임한다), 신문 미디어의 젠더 편성조차 넘어서게 되는 것이다.

그러나 이와 같은 아마카와의 저항의 의미는, 왜 그녀가 교장에게 처녀성을 빼앗겼다는 이유만으로 분신자살까지 하지 않으면 안 되었던가 하는 「화성 여자」의 '수수께끼'를 풀지 않고서는 분명해지지 않는다. 바꾸어 말하면, 왜 아마카와는 "교장 선생님의 손이 조금 나에게 닿았던 것만으로 곧 검게 타버려 교장 선생님을 저주하지 않으면 안 되었던"(381쪽) 것일까? 물론 그 이유를 간단히 처녀성 상실에 대한 복수라고 생각할 수도 있을 것이다. 그러나 그렇다고 해도 여전히 왜 그 복수가 '여성을 위한 5·15 사건'이라는 젠더와 정치 문제를 포함하는 행위로 묘사되고 있는지에 대한 의문은 남는다.

이러한 의문에 대한 대답은 이미 앞 절까지의 설명 방식으로 부분적으로는 해명할 수 있다. 즉, 모리스 교장의 부패는 가부장제적 지배논리의 파탄이며, 아마카와와 모리스는 거울 이미지적 관계에 놓여 있기 때문이다. 그러니까 아마카와의 복수는 그러한 가부장제적 지배논리의 폭력성,

기만성에 대한 저항으로서 해석된다는 것이다. 아마카와는 "선생님이 이름 붙이신 대로 화성의 여자"(381쪽)가 되었으며, 모리스 교장은 "저는 슬하에 자식을 두지 않았습니다. 그러니까 언제나 여러분들을 저의 진짜 자식들로 생각하고 있습니다"(414쪽)라고 함으로써 둘은 유사부자관계를 맺는다. 그 위에서 아마카와의 "나의 파멸은 교장 선생님의 파멸…… 교장 선생님의 파멸은 나의 파멸…… 나의 파멸…… 교장 선생님의 파멸…… 모두 다 파멸…… 현재 바로 지금 파멸하고 있다……. 그렇기에 어떠한 일이 있어도 파멸시켜서는 안 되는 것이다. 고백하면 안 되는 것이다"(407쪽) 식의 다짐에서 보여지듯이, 둘은 거울 이미지적 관계에 놓여있는 것이다.

　이러한 모리스/아마카와의 남녀, (유사)부자관계에서 가부장제적 지배논리가 모던걸을 더 이상 견딜 수 없는 궁지에 몰아넣었을 때 아마카와는 저항을 시작하게 된다. 교장은 아마카와를 내연녀였던 도라마 여교사로 착각하여 관계를 맺게 되고, 자신의 과실을 덮어버리기 위해 그녀를 오사카의 신문사에 취직시킴으로써 무마하려 한다. 아마카와는 남성인 교장에게는 요구되지 않는 '정조'(과실은 남성에게 있음에도)가 여성인 자신에게는 요구되기에 그 제안을 거부하지 못한다. 아마카와의 부친은 그녀가 오사카행을 주저하는 이유를 마찬가지로 '정조'(애인이 있어서) 문제로 해석해 버린다. 즉 규사쿠는 당대의 가정이나 사회의 가부장제적 지배논리하에서 '정조'란 어떠한 경우에도 여성에게만 해당하는 도덕률이란 사실을 보여주고 있는 것이다. 여기서 주목할 점은 규사쿠가 아마카와가 궁지에 몰리는 마지막 계기로서 당시의 한 '과학' 담론을 도입하고 있다는 점이다. 그것은 여성의 처녀성을 판단하는 수단으로서 '혈액검사'를 행해 보면 알 수 있다는 유사과학 담론이다.

…… 정말로 무서운 과학의 힘 ……

내가 이미 깨끗한 몸이 아니라는 …… 스스로도 그리 생각되지 않을 만큼 덧없는 찰나에 생긴 일 …… 그것을 단 한 방울의 혈액 검사로 안다는 것은 ……

…… 정말로 잔혹한 과학의 심판 …… (408쪽).

아마카와는 처녀성을 침범당한 쇼크로 앓아눕게 되고 왕진 나온 의사는 그녀의 혈액검사를 하게 된다. 위의 인용문은 그 검사 결과 아마카와가 이미 처녀가 아니라는 사실이 판명되었다는 것에 대한 그녀의 반응이다. 이처럼 혈액검사만으로 처녀성을 판명한다는 것은 현재에는 유사과학 담론으로 부정되고 있으나 당시로서는 '과학적 사실'로서 인식되고 있었다. 당시의 대표적 부인잡지 『슈후노토모主婦之友』(1937년)에는 다음과 같은 기사가 게재되어 있다.

왜 처녀성이 요구되는가 하면, 여성은 이성과 접촉한 경우, 비록 그것이 단한 번이었을 지라도, 그 육체에 남성의 영향을 오래도록 남기는 법으로, 달리 말하면 지금까지 순수했던 피가 그 때문에 혼탁해지고 더러워지기 때문입니다. 많은 청결한 남성이 도저히 참을 수 없는 일이며, 또 사고의 자손을 남겨서는 안 되기 때문입니다. 남성의 분비물인 정액에는 이종단백질(異種蛋白)이라는 남성 특유의 것이 있어서, 이 이종단백질은 결혼 후 부부생활을 함으로써 여성의 신체에 들어오게 되고, 그로 인해 여성의 신체에는 지금까지와는 다른 혈액이 체내에 순환하게 되는 것이니, 만일 처녀인지 아닌지를 감정할 때에는, 여자의 혈액검사를 해보면 분명해지는 것입니다. 그런데 이 이종단백질은 정액에만 있는 것이 아니고 남성의 타액 중에도 포함되어 있으니, 키스에

의해 여성의 체내에 들어가는 것이 당연하며, 키스한 여성의 혈액을 검사해

보면, 아무리 스스로가 처녀라고 주장해 보아도, 처녀가 아니라는 증거가

확연히 나타나니, 과학의 힘은 무서운 것입니다.31

31 沢田一, 「人間の血の話」, 『主婦之友』 1937년 3월.

위의 두 인용문에 반복되는 '무서운 과학의 힘'이란 공포 표현을 아마카와의 입장에서 생각해 보면, 그러한 '과학(의학) 담론'은 가부장제적 논리의 모순(부정)을 여성 측에 전가시켜 가부장제를 강권적으로 강화하려는 말 이외의 아무 것도 아닌 것이다. 여성은 가정이나 학교라는 제도적 측면 이외에도, 과학이라는 '지'적 규제에 의해 완전히 남성=과학의 감시하에 놓여 가부장제 내에 갇혀 버리는 것이다.

지금까지의 논의를 바탕으로 다시 한 번 질문을 정리해 보자. 규사쿠는 1933년을 시간적 배경으로 하는 「소녀지옥」에 있어서 왜 그토록이나 집요하게 가부장제 문제를 추급했던 것일까? 그 이유는 1933년이란 시점이 가부장제의 재편/강화와 밀접히 관계된 시간이었기 때문이었을 것이다. 규사쿠의 관심은 그곳을 향하고 있는 것이며 따라서 규사쿠에 따른다면 문제의 초점은 그곳에 맞춰져야 할 것이다.

규사쿠는 이러한 문제가 교육 담론의 재편과 크게 관계되어 있다고 제시하고 있다. 이를 잘 보여주는 장면이 「화성 여자」의 졸업식 장면에서의 교장 연설 부분이다. 졸업식은 '기미가요君が代' 제창부터 시작되나, 그것은 아마카와에게는 "그 장엄하기 이를 데 없는 음률의 파도가 나에게 도달했을 때부터 저는, 이미 온 몸이 오싹오싹해져서, 아무리 참으려야 참을 수 없는 두려움이, 지금에라도 도망치고 싶은 기분이 들었습니다 [……] 마음 깊은 곳에서부터 부들부들 떨려오는 [……] '기미가요의 고문'"(413쪽)으로 느껴진다. 소설 텍스트 차원에서는 모리스 교장의 부패나 기만에 대해서는 언급되

어도, 그것이 왜 '기미가요의 고문'으로 아마카와에게 느껴지는가에 대해서는 직접적으로 설명되고 있지 않다. 이러한 의문에 대해서는, 교장의 연설에 보이는 여성의 사회적 역할에 대한 설명과 그것이 서브텍스트로서 포함하는 당대의 유명한 여성교육가 시모타 우타코下田歌子의 교육 담론을 비교해보면 설명된다.

기미가요 제창에 이어지는 교장의 연설에서 모리스 교장은 역사관, 사회관, 그리고 여성의 역할을 물으며, "인류문화의 역사는 남성을 위한 문화의 역사이며", "현재의 세계는 국제 관계에 있어서도 개인 관계에 있어서도", "먹느냐 먹히느냐"의 약육강식 논리가 지배하는 세계다. 이러한 전쟁터와 같은 사회에서는 "부정부패의 사회악이 사회의 모든 곳에서"(414~415쪽) 발생하는데, 그 속에서 살아가는 여성은 어떠해야 하는가?

> 가정 내 부인의 아름다운 본능 [……] 청순한 애정은, 이러한 남성 사회와 싸울 수 있는 유일무이한 무기입니다. 아무리 거칠고 피도 눈물도 없는 남성일지라도, 이러한 부인의 끝없는 인종과, 한없는 애정으로 보호받는 가정 안에서는 마음 속에서 안심하며 평화를 즐기게 되는 것입니다. 그렇게 해서 스스로도 모르는 사이에 커다란 감화를 마음 깊은 곳에 받게 되는 것입니다. 가정 내에 쟁의를 일으키는 부인에게 재난 있으라 [……] 아무쪼록 여러분들도 하루라도 빨리 건전한 가정을 꾸리고, 깨끗하고 정직한 아이를 많이 길러서, 장래 일본을 가능한 한 깨끗하고, 명랑하고, 정직하고, 강하게 만들어 줄 것을, 저는 진심으로 희망하여 마지않는 바입니다(417쪽).

이 인용 부분은 아마카와에 의해 교장 언동의 모순과 허위가 폭로되며, "교장 선생님의 악덕을, 눈이 캄캄해질 정도로 아름답고, 기품있게 장식한 연극"(413쪽)이라고 질타되는 묘사 가운데서 취한 것이다. 여기에서 가정에서 국가까지가 '가부장제'의 젠더롤로 설명되고 있는 점이 확인될 것이다. 그러나 이 인용에서 주목하지 않으면 안 되는 점은 그러한 젠더롤에 저항하는 여성이 '가정 내에 쟁의를 일으키는 부인'이라는 정치경제학적 수사로 서술되어 배척되고 있다는 점이다. 그리고 그 근저에는 그러한 여성이 공산당과 같은 '비국민'이라는 인식이 깔려 있다. 이것은 단순한 억측이 아니다. 이미 [표 6-1]에서 정리한 바와 같이, 「화성 여자」는 '미하라산 투신자살 사건'을 모델로 하고 있으며, 주요한 픽션의 내용은 ① 짓센実践여학교 교장 시모타 우타코下田歌子(여) → 현립 고등여학교 교장 모리스 레조森栖礼造(남), ② 동성애자가 아닌 문학소녀의 염세자살 → 동성애자이며, 특출한 신체능력을 보유한 소녀의 저항수단으로서의 자살이 될 것이다. 여기에서 ①의 내용이 관련된다.

짓센여학교는 1899년 '현모양처'를 교육이념으로 하여 여성의 실천적 학문을 교육한다는 목표로 시모타 우타코에 의해 창립된 유명한 여학교이며, 규사쿠는 이 학교에 대해 이미 기자 생활 시절부터 글을 남기고 있다.[32]

이러한 배경을 생각할 때 「화성 여자」에서 모리스 교장의 연설이 있었다고 기재된 1933년 3월 23일과 동시기인 1933년 3월 21일자 시모타 우타코의 훈화는 매우 흥미롭다.

32 규사쿠는 「東京人の堕落時代」(『九州日報』1925년)(『夢野久作全集 2』, 筑摩書房, 1992년 수록)에서 "××여학교의 이름은 전 일본에 울려 퍼져 있다. 똑똑하시고 저명하기 그지없는 모 여류 명사께서 창립하신 지 십수년, 올해 몇월 며칠 귀중하신 황족분들이 참관하신 정도의 학교다. 700여 명의 양갓집 규수에게 일정한 제복을 입히고, 머리 모양까지 엄격하다. 설비가 완비되어 있기로는 도쿄의 사립여학교 중에서도 손에 꼽는다"(402쪽)며 짓센여학교에 대해 언급하고 있다.

아마도 근래 우리 일본제국은 국제연맹에서도 탈퇴하게 되리라고 생각됩니다. 국제연맹에서 탈퇴하여 일본이 고립되게 되고, 만주국이 진정한 독립국으로 당당하게 서는 모습을 볼 때까지, 얼마만큼 고심하지 않으면 안될지 모릅니다. 오히려 일본의 위기는 스스로 자초한 것이 아닌가 하는 설도 나오고 있습니다. 그것을 하나의 문제로서, 말하자면 구실삼아, 과격 사상과 같은 사람들이 상당히 지금까지 나타나서는, 어느 정도 국력을 손실했는지 모릅니다만, 보통국민조차도 너무 과한 게 아닌가 하는 생각으로 살짝 투덜거리는 소리도 들려오는 것 같습니다만, 이것은 심히 유감스런 일입니다 [……] 그렇다면 이번에는 여성은 어찌하면 좋을까 하면, 지금 계속 말하고 있는 총후 부인, 총후 부인이라는 이 한가지입니다 [……] 사람이 대의를 위해 힘을 다해 일하다 쓰러진다는 것이 결국 얼마나 행복한 일인가, 고마운 일인가 하는 생각이 듭니다.[33]

33 『実践女子学園八十年史』, 1981년, 274~276쪽.

일본은 1933년 3월 28일 만주국의 승인을 둘러싸고 국제연맹에서 탈퇴한다. 시모타의 논리는 국제연맹 탈퇴라는 '비상시' 일본에서 그에 이의를 제기하는 것은 국력을 분산시키는 '비국민'적 행위이며, 여성은 '총후 부인'[34]이라는 젠더 롤에 입각해서 국민적 책임을 다하지 않으면 안 된다는 것이다. 「화성 여자」의 모리스 교장의 훈화와 시모타의 교육 담론을 비교해 보면, 모리스와 시모타의 주장이 가정 내/외에서의 여성 역할을 말하고 있다는 차이만 있을 뿐 그 논지는 거의 일치함을 알 수 있을 것이다. '가정 내에 쟁의를 일으키는 부인'은 '과격 사상과 같은 사람들', 즉 공산당과 같은 사람들로서 배제하지 않으면 안 되는 것이다. 이와 같은 인식이 위의 두 인용문을 관통하고 있는 인식이라고 한다면, 모리스 교장의 훈화도 마찬가지로 천황을 가부장으로 삼는 천황제 내셔널리즘에 근거하고 있다는 사실은 부연하지 않아도 될 것이다. 그렇기 때문에 아마카와에게 '기미가요'는 고문으로서 느껴졌던 것이다.

이와 같은 '가부장제'의 '천황제 내셔널리즘'으로의 '지'적 재편은 1933

34 '총후 부인'이란, '총후' 즉 전쟁터의 뒤편, 직접적인 전장이 아닌 후방을 지칭하며, 따라서 '총후 부인'은 전쟁터에서 병사들이 전쟁에 임하는 자세로 그들을 일본 본토에서 지원하는 태세를 말한다. '낳아라, 길러라, 나라를 위해(生めよ, 增やせよ, 国のため)'는 총후 부인의 대표적 슬로건이다.

년과 불가분의 관계에 있다. 1933년은 이미 살펴본 공산당 붕괴와 함께, 천황제 내셔널리즘을 전면에 내세우는 국정교과서의 개편이 이루어진 해라는 점을 마지막으로 지적해 두고자 한다. 15년 만에 개편되어, 1933년도부터 사용된 '제4기 국정교과서'에 대해, 교육학자 가라사와 도미타로唐澤富太郎는 "신민의 길을 강화하고, 군국의 충군애국 정신을 고취시킬 교육목표를 가진 이 시기의 교과서는, 종래의 국가주의적 교육에 한층 깊은 철학적 기반을 제공하여 강고한 사상체계를 구축함으로써 '건국의 정신'이 창도되며, 신국 관념이 강조되었다"[35]고 서술하고 있다.

35 唐澤富太郎, 『教科書の歷史』, 創文社, 1956년, 433쪽.

「화성 여자」의 교장 연설이 동시기의 시모타 우타코의 교육 담론이나 국정교과서 개편의 성격과 직접적으로 맞물린 것으로 파악한다면, 규사쿠의 시야는 사회적 사건에 대한 비평의 성격을 넘어 동시대의 '지'적 수준에까지 이르고 있다는 점을 알 수 있을 것이다. 아마카와에 의한 모리스 교장의 가시적인 부패나 타락상에 대한 고발은 단지 가부장제의 억압이나 모순성을 체현하는 한 개인에 대한 비판에 머무는 것이 아니며, 오히려 여성을 가정 내의 존재로 억제하려는 '지적 체계'(한 번 위기에 봉착했던 가부장제적 지배구조)가 근본적인 변화 없이 그대로 '천황제 내셔널리즘'(여성의 사회화/국민화)이라는 또다른 '지적 체계'로 수렴되어 가는 양상에 대한 통렬한 비판을 의미하는 것이다. 규사쿠에 따른다면, 시모타 우타코의 교육 담론을 모리스 교장의 훈화로 픽션화한다는 것은, 시모타(여성)의 여성교육론이 실은 천황제 내셔널리즘으로 재편되고 있었던 가부장제(남성)의 논리를 여성 측에서 '내면화'한 결과에 불과하다는 점을 보여주기 위한 소설적 조작이며, 아마카와의 인물 조형이 동성애자로서 특출한 신체능력을 보유한 소녀로 설정되어 있는 이유는 천황제 내셔널리즘의 틀에서 벗어나는 여성이 어떻게 그 사회에서 배제될 수밖에 없는가를 보여주기 위해서인 것이다.

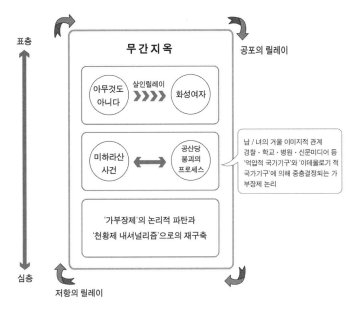

표층

무간지옥

공포의 릴레이

아무것도
아니다

살인릴레이
>>>>

화성여자

미하라산
사건

↔

공산당
붕괴의
프로세스

남 / 녀의 거울 이미지적 관계
경찰 · 학교 · 병원 · 신문미디어 등
'억압적 국가기구'와 '이데올로기 적
국가기구'에 의해 중층결정되는 가
부장제 논리

'가부장제'의 논리적 파탄과
'천황제 내셔널리즘'으로의 재구축

심층

저항의 릴레이

그림 6-10 「소녀지옥」의 전체 구조

　이상에서 고찰한 바와 같이, 「소녀지옥」은 실사회에 있어서는 별개의
사회적 담론으로 다루어지고 있었던 공산당 최고지도자의 '전향'과 짓센여
학교 학생의 '미하라산 투신자살 사건'을 1933년이라는 시점의 '지'적 차원
에 있어서 깊이 연관된 사건으로서 그려냈다. 규사쿠가 소설의 제재로 삼은
사회적 담론, 즉 공산당의 붕괴 과정을 선정적으로 보도하는 신문 언설과
여성을 둘러싼 여러 층위의 담론들은 기존의 '가부장제'적 지배논리의 파탄
을 보이면서도, 한편으로는 '천황제 내셔널리즘'으로 재편되어, 여성을
(다시) 가정 내에 가두는 결과를 낳고 말았다. 그러한 이데올로기적 재편
과정은 결코 단선적이지 않으며, 경찰의 보고서, 신문 보도, 교육 담론, 과학
(의학)담론 등이 '중층'적으로 개입하고 축적된 결과였던 것이다.
　이상의 정리에 따라 「소녀지옥」을 다시 한 번 그림으로 표시해 보면

[그림 6-10]이 된다. 주지하는 바와 같이, 알튀세Louis Althusser는 국가의 지배 이데올로기가 피지배자에 의해 재생산되는 프로세스를 설명하면서, 그것을 경찰, 군대, 감옥 등의 '억압적 국가기구'와 교육, 병원, 가족 등의 '이데올로기적 국가기구'에 의한 '중층결정overdetermination'[36]으로서 설명한다. 규사쿠가 「소녀지옥」을 '무간지옥'이라는 불교 개념을 사용하면서 원환구조로 구축한 이유는, 실로 가부장제가 천황제 내셔널리즘으로 재편되어 가는 프로세스에서 작

36 루이 알튀세, 이종영 역, 「유물론적 변증법에 대하여: 기원들의 불균등성에 관하여」, 『맑스를 위하여』, 백의, 1997년, 247~248쪽.

용하는 여러 층위의 '국가기구'에 의한 '중층결정'의 과정, '국민' 속에 그 이데올로기가 내면화('황민'의 형성)되는 과정을 그려내려 했기 때문일 것이다.

또한 「소녀지옥」의 진정한 목적은 이에 머무르지 않으며, 위에서 정리한 가부장제의 재편이 천황제 내셔널리즘으로 수렴될 때의 다이내미즘을 묘사함으로써 보여주려 했던 점은, 그 재편 과정에 (무의식적으로, 혹은 암묵적으로) 가담하고 있을 동시대인들의 '지'적 자성에 대한 요구, 즉 규사쿠가 탐정소설론에서 언급했던 '있는지 없는지조차 알 수 없는 초현미경적인 양심의 절대적 공포'이며, 또한 여러 층위에서의 '저항'의 가능성에 대한 모색일 것이다.

「소녀지옥」의 세 여주인공, 히메구사, 도모나리, 아마카와는 각기 "그녀의 염원은 간호사로서의 상당한 지위와 교양을 축적한 후에, 여의사로서의 자격을 얻어서, 자신이 믿는 신사와 결혼하고 도쿄의 한 가운데에 개업하는 것"(308쪽), "여자 차장이 될 거야, 일본 제일의 여자 차장"(360쪽), "오사카의 신문사에서 일하는 여성 스포츠 기자"(405쪽)를 꿈꾸며, '가부장제'적 구속에서 벗어나 자립을 꿈꾼다. 그 과정에서 그녀들은 지배 이데올로기를 거울 이미지적으로 모방함으로써, 경찰 등의 '억압적 국가기구'의 폭력성 뿐만 아니라 신문 보도나 교육담론, 과학 담론 등의 '이데올로기적 국가기구'의 기만성까지를 폭로한다. 게다가 그녀들은 여성에게 억압적으로 작용하는

경찰의 보고서, 신문기사 등을 '전용'하여 '편지'라는 사적 미디어를 이용함으로써 새로운 저항의 연대를 모색한다. 천황제 내셔널리즘의 형성에 찬동할 수 없는 모던걸들은 "진정한 의미의 효도"(431쪽)를 하기 위해 '여성을 위한 5·15 사건'이라는 테러와도 같은 직접 행동을 일으켜, "구마모토熊本나 가고시마鹿児島37에서 출발한 임시열차로, 만주로 가는 군인을 가득 태운"(358쪽) 열차에 버스를 충돌시키거나 하는 것이다.

37 구마모토현, 가고시마현은 규슈(九州)의 남부에 인접한 현이다.

그리고 무엇보다 중요한 점은 「소녀지옥」의 세 소녀가 '출산하는 성'이라는 여성의 신체성을 스스로 거부했다는 데에 있다. 히메구사, 도모나리, 아마카와 세 소녀의 자살은 각기 "쓰키지築地의 산부인과 만다라曼陀羅 선생님의 병실에서 자살합니다. 자궁병으로 입원 중에 디프테리아 심장발작으로 사망한 것으로 처리해 주시리라"(255쪽), "저는, 저와 함께 저주받은 이 아이도 죽여버리겠습니다"(363쪽), "스무살 전후 소녀의 사체로, 특히 여성의 중요한 부분이 잘 타도록 연료를 충분히 배치한 흔적 있음"(365쪽) 등으로 묘사되나, 여성이 '출산하는 성'으로서의 신체를 스스로 훼손하는 것은 가부장제 위에 성립하는 '황민'('총후부인')에 대한 최종적인 저항을 의미할 것이다. 이것이 「소녀지옥」에서 소녀들의 자살이 그려지는 궁극적인 이유이며, 이러한 천황제 내셔널리즘의 형성에 대한 저항의 탐색이야말로 「소녀지옥」에서 무엇보다도 주목해야만 할 특징인 것이다.

7. 나오며

이 장은 지금까지 「소녀지옥」의 작품구조를 분석하고 그를 1933년의 정치적, 사회적 컨텍스트에 조응시키는 방법을 취해왔다. 그 결과로서 유메노 규사쿠가 가부장제의 재편 속에서 진행되었던 '천황제 내셔널리즘'의 형성을 날카롭게 응시하고 있었음을 분명히 했다. 규사쿠는 그 과정을 모던걸을 중심으로 재구성함으로써 '천황제 내셔널리즘'의 배타적 성격을 폭로한다. '국민국가'를 부정하는 코민테른의 지시에 따르는 공산당과 함께 모던걸은 '총후 부인'이라는 전시체제의 젠더롤에서 일탈하는 존재로서 배제되어야 하는 존재이며, 「소녀지옥」은 그러한 논리에 대한 다양한 저항의 가능성을 제기하고 있다.

그러나 현재를 살아가는 우리는 규사쿠의 이러한 동시대 인식조차도 일정한 역사적 한계를 극복하지는 못한 것이라고 쉽게 지적할 수 있다. 규사쿠의 비판의식은 애초에, 메이지유신明治維新 이후의 일본 문화를 서구 문명의 무비판적인 수용의 산물에 불과한 것이라는 인식에 근거하는 것으로서, 일관되게 서구맹목적인 과학주의, 유물주의(1920~30년대의 사회주의 사상 및 모더니즘)의 사상적 타락을 비판하여 마지않았다. 그 뿐만 아니라, 그는 그와 같은 사상 위에 성립된 사회에 대한 저항을 '5·15 사건'이라고 부르는 것에도 주저하지 않았다. 규사쿠가 시사한 바와 같은 역사인식은 그 후 '일본 정신' 발굴이란 형태로 전개되어, 그것은 '근대의 초극'론[38]으로서 재차 국가의 지배 이데올로기 속에서 구현된다.[39] '5·15 사건'은 그 후에 발생한 '2·26 사건'[40]과 함께 일본의 군국주의 방향을 가속시킨 군부 쿠데타였던 것으로 이를 진지하게 평가한 규사쿠의 인식은 '위험한' 정치적 견해라 아니할 수 없는 것이다.

그럼에도 규사쿠의 텍스트는 정치사, 사상사, 그리고 사후적인 '역사의 단죄'까지를

38 河上徹太郎, 竹内好 외, 『近代の超克』, 冨山房百科文庫, 1979년

39 유메노 규사쿠의 아버지 스기야마 시게마루(杉山茂丸)는 겐요샤(玄洋社) 계열 국가주의자의 거두였으며, 규사쿠가 따랐던 도야마 미쓰루(頭山満)는 아버지 시게마루와 함께 현양사를 설립, 이후 대륙낭인을 통해 중국 대륙의 스파이 활동을 획책했던 흑룡회(黒龍会)에도 지대한 영향을 미친 우익의 거두다. 이러한 극우적 사상 성향 속에서 시대에 대한 냉정한 분석이 도출되고 있는 점은 주목할 만하다.

40 '2·26 사건'은 1936년 2월 26일, 육군황도파(皇道派)의 영향을 받은 청년장교가 1483명의 병사를 이끌고 '쇼와유신 단행, 존황토간(昭和維新断行, 尊皇討奸)'의 기치를 걸고 궐기한 미증유의 쿠데타 사건. 이 사건을 계기로 일본정치사에 있어서 군부가 정치의 제1선에 등장하게 된다.

그림 6-11
1930년대 일본정신으로의
회귀를 잘 보여주는 건축물
(쓰키지 혼간지[築地本願寺],
伊藤忠太, 1934년)

넘어서는 인식을 포함하는 것으로서 평가하지 않으면 안 된다. 이 장을
마무리하는 지점에서 「소녀지옥」이 현재를 살고 있는 우리에게 제기하는
논점을 분명히 하기 위해, '국민국가와 젠더' 논의를 간략히 정리해 두고
싶다. 주지하는 바와 같이, 베네딕트 앤더슨이 '국민국가'의 자명성을 문제
삼아 그것을 '상상의 공동체'라는 구축된 개념으로 제시한 이래로 '국민'의
탄생 과정이 문제시되었다. 이 연장선상에서 여성사 연구 분야에서도 '여
성의 국민화' 문제가 논의되게 된다. 이러한 여성의 국민화라는 연구과제
는 여성의 자발적인 전쟁협력에 대해 문제제기함으로서, 여성사를 '피해자
사관'에서 '가해자 사관'으로 보는 커다란 패러다임 변화를 가져오게 된다.
그에 따라 히라쓰카 라이초平塚らいてう, 이치카와 후사에市川房枝, 다카무레
이쓰에高群逸枝 등 일본 페미니즘 창시자들의 익찬翼贊사상이 철저하게 규명
되며,[41] 서민 여성의 가해책임[42]도 밝혀지게 되었다.

우에노 지즈코上野千鶴子는 『내셔널리즘과 젠더ナショナリズ
ムとジェンダー』[43]에서, 전시기 여성운동이 총력전 체제를 "종
래의 여러 가지 부인 문제, 여성의 노동 참가와 모성 보호,

41 鈴木裕子, 『女性史を拓
く 1: 母と女』, 『女性史を拓
く 2: 翼贊と抵抗』, 未来社,
1989년.
42 加納実紀代, 『女たちの
'銃後'』, 筑摩書房, 1995년.
43 上野千鶴子, 『ナショナ
リズムとジェンダー』, 青土
社, 1998년.

여성의 공적 활동과 법적, 정치적 지위 향상 등의 현안을 일거에 해결하는 '혁신'으로"(66쪽) 보았기 때문에 적극적으로 전쟁에 가담하게 되었다고 '여성의 국민화' 과정을 규정함으로써 여성의 전쟁책임을 묻는다. 하지만 우에노가 지적하는 바와 같이, 여성의 국민화가 추진되고 있던 당시에 "그것을 비판하는 초월적, 역사 외재적인 시점을 가지는 것은 누구에게라도 곤란한 과제"(87쪽)였음은 부정할 수 없다. 이와 같이 여성사의 연구 성과를 정리하면서 우에노는 보다 근본적인 물음을 던진다. 즉 젠더롤에 입각한 여성의 전쟁 참가는, 그것이 미국의 예처럼 젠더의 역할 분담을 없앰으로써 여성을 전쟁에 직접 동원하는 '참가형'이든, 일본의 '총후 부인'처럼 역할 분담을 유지하는 '분리형'이든, 그것은 남성을 중심으로 하여 여성을 '이차적인 국민'으로 보는 젠더 구분 위에 성립하는 이상, 여성의 해방을 근본적으로 불가능하게 한다. 따라서 여성이 겉으로만 그럴듯한 '국민국가의 젠더 중립성'이란 함정에 빠지지 않고 '국가'를 넘어서기 위해서는 '젠더' 개념 자체의 신화를 해체하지 않으면 안 된다고 주장한다.

유메노 규사쿠의 「소녀지옥」은 모던걸과 가부장제의 갈등을 통과하며 천황제 내셔널리즘으로 수렴되어 가는 여성의 존재를 주목했다. 그와 같은 시점을 통해 규사쿠는, 당시의 여성운동가가 그러한 여성의 국민화 과정을 여성해방으로 인식한 것과는 다른 천황제 내셔널리즘의 배타성을 지적할 수 있었다. 규사쿠의 이러한 동시대 인식의 중요성은 당시의 어떠한 지식인도 쉽게 도달할 수 없었던 인식이었다는 점에서 아무리 강조해도 지나치지 않을 것이다. 규사쿠는 천황제 내셔널리즘의 형성이라는 시대적 변동을 억압적, 이데올로기적 국가기구의 '중층 결정'으로 제시해 보임으로써, 그 과정에 (무의식적, 암묵적으로) 가담하고 있는 사람들(우리들)의 주체적 비판정신 결여를 통렬히 비판한다. 그것은 결과적으로 여성사 연구에서 여성의 전쟁책임을 사후적으로, 초월자적 위치에서 단죄하는 가해자 사관에 대한 경계로도 기능할 것이다.

'총후 부인'이라는 젠더롤에 입각한 여성의 국민화 논리란, 가부장제 위에 성립하는 천황제 내셔널리즘을 여성에게 강요함으로써 좋든 싫든 내면화시킨 배리적인 논리에 불과하다. 그렇다면 그것은 역으로 '국가의 젠더성'을 여실히 드러내는 논리이기도 한 것이다. 이러한 의미에서 규사쿠가 히메구사나 아마카와라는 모던걸의 과잉적성 여성 신체성을 그린 이유는 '총후 부인'의 젠더성을 더욱 부각시키기 위한 장치였다고 해석할 수도 있을 것이다. 결국 「소녀지옥」은 여성이 '남성'과 '국가'라는 이중의 질곡을 넘어서기 위해서 어떻게 해야 하는지, '젠더'라는 개념의 역사성과 현실성에 지금도 강력히 우리의 삶을 규제하는 신화의 탈구축에 우리의 눈을 돌리게 한다. 이러한 의미에서 유메노 규사쿠의 「소녀지옥」은 시대를 초월하여 아직도 해결되지 않은 많은 문제들로 우리를 인도해 주고 있는 것이다.

7장

경계를 넘는 모던걸

_오즈 야스지로 "도쿄 여자" 속의 오카다 요시코를 중심으로

1. 들어가며

이 책에서는 지금까지 '표상으로서의 모던걸'과 '실체로서의 모던걸'을 구
별하여, 주로 모던걸을 표상하는 문화생산자들의 '지'적 양태들에 대해 고
찰해 왔으며, 그 결과로서 그들이 빠져들 수밖에 없었던 다양한 '아포리아'
들을 밝혔다. 그리고 그러한 '지'는 결국 국가에 봉사하는 여성의 젠더롤을
중시하는 '황민'관과 가부장의 제도적 우위를 온존하는 가족제도라고 하
는, 이율배반적인 가치를 양의적으로 표방하는 '천황제 이데올로기'로 수
렴되어 가는 과정을 설명했다. 지금까지 필자는 주로 활자매체를 중심으로
그러한 표상의 문제를 살펴보았으나, 이 장 이하에서는 영화 텍스트를 통해
모던걸의 표상을 살펴보려 한다. 여배우라는 직업의 속성상 '표상으로서의
모던걸'과 '실체로서의 모던걸' 사이에서 나타나는 긴장/모순을 한 개인
속에서 체현하면서, 유메노 규사쿠夢野久作의 『소녀지옥少女地獄』 속의 모던

걸들과는 다른 '길'을 선택해 가는 존재로서 오카다 요시코岡田嘉子를 주목해
보고자 한다.

오카다 요시코는 일본의 영화사 전체를 통해 매우 특이한 경력을 보이
는 여배우다. 이 장의 논지와도 관련되기에 먼저 간략히 언급해 본다. 그녀
는 1902년 히로시마広島 태생으로, 근대식 연극을 말하는 '신극新劇'의 배우
로 활동을 시작한다. 또한 영화계에서 '온나가타女形'[1]가 여
배우로 바뀌어 가던 1920년대 초 데뷔하여, 구리시마 스미코
栗島すみ子, 나쓰카와 시즈에夏川静枝와 함께 대표적인 초기 여
배우로 각광을 받게 된다. 그녀의 닛카쓰日活 소속 시기 영
화 중에서 무라타 미노루村田実 감독의 "거리의 마술사街の
手品師"(1925년)가 '초현실주의'적인 영화 기법의 실험성으로
주목받았다. 하지만 그 후 동 감독의 작품인 "동백공주椿姫"(日活,
1927년)를 촬영하던 중 감독과 의견 충돌을 일으키게 되고, 주연 배우와 함께
'사랑의 도피행駆け落ち'을 하는 형태로 작품을 보이콧하게 되어, 그녀는 영
화계에서 추방당하는 징계를 받게 된다. 그 후 1932년 쇼치쿠松竹에 입사하
여, 오즈 야스지로小津安二郎 감독의 "다시 만날 때까지また逢ふ日まで"(1932년),
"도쿄 여자東京の女"(1933년), "도쿄의 숙소東京の宿"(1935년), 그리고 시마즈 야스
지로島津保次郎 감독의 "이웃집 야에짱隣の八重ちゃん"(1934년) 등에 출연하나 좋
은 역할을 맡지 못한 채, 쇼치쿠사가 가마타蒲田에서 오후나大船로 촬영소를
이전할 때 퇴사한다. 그녀는 이후 같은 쇼치쿠 산하에 속하는 이노우에
마사오 극단井上正夫一座에서 프롤레타리아계 연출가 스기모토 료키치杉本良吉
를 만나게 되고, 그와 함께 1938년 1월 2일, 당시로서는 홋카이도北海道의
관할하에 있었던 가라후토樺太를 육로로 건너 소비에트 러시아에 정치적인
망명을 하게 된다. 전후가 되어 귀국이 허락된 후, 그녀는 일시 귀국하여

1 오야마(女形), 혹은 온나
가타(女方)란 일본의 전통적
연극 양식인 가부키(歌舞伎)
에서 여성 역할을 맡는 남성
배우를 지칭한다. 일본 영화
는 초기에는 가부키의 실연
을 촬영하여 상영하였기에
자연스럽게 온나가타가 여
배우의 역할을 담당하게 되
었다.

야마다 요지山田洋次 감독의 "남자는 괴로워, 토라지로 살짝 물든 저녁노을 男はつらいよ寅次郎夕焼け小焼け"(1976년)에 시노志乃 역할로 출연한다. 그 후 다시 모스크바에 돌아가 그곳에서 파란만장했던 일생을 마감하게 된다.

이러한 오카다 요시코의 일생을 예견적으로, 또한 상징적으로 그려낸 것이 오즈 야스지로 감독의 "도쿄 여자"라고 할 수 있다. 먼저 영화의 줄거리를 간략하게 정리해 보면, 대학생인 동생 시마무라 료이치島村良一를 부양하기 위해 누나인 지카코ちか子(오카다 요시코)는 낮에는 타이피스트로, 밤에는 술집의 여급으로 일하나 사실은 공산당 활동을 돕고 있었다. 이 사실을 알게된 료이치는 낙담하여 자살해 버린다고 하는 지극히 단순한 것이다.

하지만 이 작품이 흥미로운 점은, ① 그것이 앞 장에서 고찰했던 '봉쇄 사회'의 '수수께끼, 거짓말, 소문, 신문기사의 허위성' 등의 의미군을 공유하고 있으며, 그것은 공동으로 각본을 집필했던 오즈 야스지로 감독의 시대인식을 명확히 보여주고 있다는 점, ② 그러한 오즈 감독의 시대인식이 나타나는 "도쿄 여자"는, 실은 모던걸의 영화적 표상 시스템으로 생각할 수 있는 쇼치쿠의 제작 스타일 '가마타초蒲田調'(=大船調)에 대한 대항적 의미로 해석된다는 점, 그리고 ③ "도쿄 여자"는 오카다 요시코라는 여배우가 걷게 될 '길'을 예견적으로, 그리고 암시적으로 영상화함으로써, 모던걸이 국가에 포섭되지 않는 저항의 수단으로서 (자살과는 다른) 국가의 경계선을 넘어 버린다는 망명의 '길'로 열려 있다는 점 등이 주목되기 때문이다. 물론 이러한 영화적 배경으로 오즈가 배우 오카다와 "도쿄 여자"의 지카코를 의도적으로 중첩시켜, 현실과 연속 관계에 있는 영화라는 도구로 국가의 폭주에 대해 저항하려 했다는 작가적 자세를 지적할 수 있을 것이다.

이 영화에 대해 영화평론가 사토 다다오佐藤忠男는 다음과 같이 기술하고 있다.

이 작품을 지금 보면서 생각하는 것은, 누나를 연기하는 오카다 요시코가, 공산당의 자금 조달이라는 대의명분이 있다고는 해도, 매춘을 하고 있으면서도 너무나 죄의식이 없이 당당하게 묘사되고 있다는 점이다. 오즈는, 후일의 "바람 속의 암탉(風の中の牝雞)"(1948년) 속의 주부 매춘 묘사에서도 나타나지만, 그는 불결한 행위, 품위 없는 행위, 불쾌감을 주는 행위 등을 마지막까지 리얼하게 그려내지 못한 감독이었다. 화면을 아름답고 정연하게 구성하는 것을 무엇보다도 중시한 그는, 일그러지거나, 벌벌 떠는 표정조차도 그리지 않았다. 그것은 분명히 하나의 결점이지만, 그 극단적인 청결감이야말로 오즈 미학의 토대라는 점도 또한 사실이다.[2]

2 佐藤忠男,『完本 小津安二郎の芸術』, 朝日文庫, 2000년, 289쪽.

사토는 "도쿄 여자" 속의 지카코가 매춘이라는 배덕 행위를 저지르면서도 '너무 당당한' 태도를 보인다는 점을 오즈 미학의 '분명한 결점'이라고 지적하고 있으나, 하지만 그와 같은 평가는 문화생산물로서의 영화가 사회역사적 문맥에서 작용하는 기능을 고려에 넣지 않을 때나 가능한 주장으로서 일면적인 해석에 불과하다. 지카코(=오카다 요시코)의 '너무 당당한' 태도는 오히려 사회역사적 문맥 속에서 해석되어야 할 성질의 것으로서, 위에서 언급한 ①~③ 전체에 관계되는 중요한 요소다. 따라서 이 장에서는 모던걸의 영상적 표상 시스템으로서 기능한 '가마타초'의 문맥 속에서, 또한 보다 넓게 당시의 사회역사적 문맥 속에서 그 '너무 당당한' 지카코=오카다 요시코의 인물상을 분석함으로써, 그것이 가지는 의미에 대해 고찰해 가고자 한다.

2. 「소녀지옥」과 "도쿄 여자"의 유사성

오즈는 "전 작품을 말하다全自作を語る"라는 인터뷰 속에서 "도쿄 여자"에 대해 다음과 같이 언급하였다.

> ① 이 영화는 아주 급하게 찍은 영화였지, 촬영 일수가 8일 정도였나? 대본도
> 다 쓰지 않은 상태에서 찍기 시작했어. ② 회사에 근무하면서 밤에는 수상쩍
> 은 바에 나가는 여자의 이야기인데, 실제로 그러한 여자의 춤을 모두 함께
> 보다가 생각이 떠올랐지. 원작자의 필명은 가공의 인물이야. ③ 소품이지만
> 잘 정리된 영화가 만들어졌지. 화면의 위치 등도 이때부터 정해진 느낌이
> 들어(①, ②, ③은 필자에 의함).[3]

3 小津安二郎, 「全自作を語る」, 『小津安二郎集成』, キネマ旬報社, 1989년, 197~198쪽.

오즈의 이 언급은, ① "도쿄 여자"의 제작 경위, ② 제재 및 테마, ③ 영화의 영상적 특징으로서 정리할 수 있다. 인용문 중의 '모두'란 공동 각본가로 참가했던 노다 고고野田高梧와 이케다 다다오池田忠雄를 지칭하는 것이며, 또 영화의 타이틀에 나타나는 원작자 "에른스트 슈와르츠 작ェルンスト·シュワルツ作"이라는 것이 가공의 인물이란 뜻이다. 여기서는 "도쿄 여자"의 해석과 관계되는 위의 세 요소를 중심으로 고찰함으로써 오카다 요시코의 '너무 당당한' 태도가 가지는 의미에 대해 생각해 보자.

"도쿄 여자"의 제작 경위에 대해서는 『전일기 오즈 야스지로全日記小津安二郎』[4]가 참조된다. 그에 따르면 "도쿄 여자"가 처음으로 언급되는 것은 1933년 1월 24일 기록으로 "▲'비상경계선의 여자' 대본 읽기/▲촬영소 차장에게서 급한 영화의 촬영을 부탁받고 유가하라湯ヶ原 나카니시中西에 가다/고고高梧 다다忠와 여러 상의"

4 小津安二郎, 『全日記小津安二郎』, フィルムアート社, 1993년, 31~32쪽.

라는 곳부터다. 이러한 기술에서 "도쿄 여자"가 오즈의 그 다음 작품인 "비상경계선의 여자非常線の女"의 대본이 이미 완성되어 배우들 간의 대본 읽기가 진행되어 가던 상황에서, 당시 쇼치쿠 가마타松竹蒲田 촬영소의 차장(실질적으로는 소장)이었던 기도 시로城戸四郎의 급한 의뢰에 의해 제작되었다는 점을 알 수 있다. 2월 9일 개봉을 예정하고 있던 쇼치쿠의 다른 작품의 촬영이 지연되어, 기도는 그를 대신할 작품을 오즈에게 급하게 의뢰하였던 것이다. 오즈는, 기도로부터 "지금 이케다와 쓰고 있는 대본을 빨리 완성하여, 바로 들어가도록"[5] 하라는 주문을 받았음에도 불구하고, 각본이 완성된 "비상경계선의 여자"와는 별개의 영화를 찍기 시작하였던 것이다. 『전일기』에 의하면, 1월 25일 '▲급한 영화의 각본 회의', 1월 26일에 '▲배역 회의'가 있은 후, 1월 27일부터 2월 4일까지 9일 동안 촬영을 강행하여, 2월 5일 '커팅(편집)', 2월 6일 '(사내)시사회'를 마치고, 2월 8일에 '▲도쿄 여자, 검열 cut없음'을 받아, 2월 9일 도쿄 제국관帝国館에서 일사천리로 개봉되게 된다. "도쿄 여자"는 기도의 의뢰에서 개봉까지 불과 16일밖에 걸리지 않은 작품으로서, 그 제작기간의 짧음으로 볼 때 초기의 단편영화 제작기를 제외하면 오즈의 필모그래피 가운데 매우 특이한 작품에 속한다.

이러한 짧은 제작 기간 탓인지 "도쿄 여자"에 대해서는 동시기에 '작품에 대한 불평도 적지 않았고 흥행 성적도 전혀 좋지 않았다'[6]고 기술되고 있다. 또 이후의 오즈 연구사에 있어서도, "도쿄의 합창東京の合唱"(1931년), "태어나긴 했지만生まれてはみたけれど"(1932년), "우발적인 충동出来ごころ"(1933년) 등의 '소시민물'이나 '기하치喜八물'이 오즈의 '비판적 리얼리즘'을 완성시킨 작품이라고 평가받는[7] 점과 비교할 때, "도쿄 여자"는 그 사이에 위치하는 소품으로서 평가되고 있다. 노엘 버치Noel Burch

5 升本喜年, 『女優岡田嘉子』, 文芸春秋社, 1993년, 275쪽.

6 升本喜年, 앞의 책, 277쪽.
7 佐藤忠男, 앞의 책, 253~315쪽.

만이, "도쿄 여자"가 후기 오즈의 영상미학의 특징인 '부정확한 시선의 일치'와 '마쿠라枕 쇼트'가 확립된 영화로서 높이 평가하고 있을 뿐이다.[8]

그러나 "도쿄 여자"는 앞 장에서 분석한 '수수께끼, 거짓말, 소문' 등의 동시대적인 의미군을 풍부하게 포함하고 있으며, 게다가 "비상경계선의 여자"라는 완성된 각본이 있었음에도 별도의 영화로서 제작된 것이다. 여기에서 필자는 오즈의 동시대적 문맥에 입각한 어떤 의도성을 느끼지 않을 수 없다. 그 오즈의 의도성이란, 짧은 제작기간 때문에 작품의 내용에 대해서는 감독에게 일임됨으로써,[9] 오즈는 기도 소장이 원칙으로 하고 있던 쇼치쿠의 '가마타초'라는 강한 영화 제작 규제로부터 비교적 자유롭게 영화를 만들 수 있었다는 점을 의미한다. '가마타초'라는 것은, 다음 절에서 보다 상세히 검토하도록 하지만, 가난 등의 인간생활 현실을 섬세하게 그려내기는 하지만, 그것을 있는 그대로 어두운 톤으로 영상화하는 것이 아니라, 어디까지나 밝은 터치로 그려냄으로써 서민이나 프롤레타리아 계층에게 희망을 제공한다고 하는 쇼치쿠사의 영화 제작 방침을 의미한다. 기도는 간토대지진 전후부터 이와 같은 '가마타초'를 주창하게 되며, 그 '가마타蒲田=오후나초大船調라는 기본선에 입각해서 쇼치쿠는 긴 세월 동안 수많은 걸작, 수작, 다작, 범작을 만들어 왔다'.[10] 오즈 야스지로小津安二郎 - 기노시타 게이스케木下惠介 - 야마다 요지山田洋次 등 쇼치쿠를 대표하는 감독의 공통적 영상 스타일을 지칭할 때 보통 '가마타초'로 지칭하는 것이다. 일본의 국민영화로 이름 높은 야마다 요지 감독의 "남자는 괴로워男はつらいよ" 시리즈는 이렇게 쇼와 초기에 확립된 '가마타초'의 연장선상에서 제작된 것이다.[11]

그러나 "도쿄 여자"는 그러한 '가마타초'에서 분명히 일

8 Noel Burch, *To the Distant Observer: Form and Meaning in the Japanese Cinema*, Berkeley: Univ. of California Press, 1979, 154~185쪽(「小津安二郎論—戦前作品にみるそのシステムとコード」, 西嶋憲生·杉山昭夫訳, 『ユリイカ』1981년 6월호).
9 升本喜年, 앞의 책, 275쪽.

10 佐藤忠男, 앞의 책, 166쪽.
11 小林久三, 『日本映画を創った男—城戸四郎伝』, 新人物往来社, 1999년, 276쪽.

탈하고 있다. 그것을 단적으로 나타내는 것이 텍스트의 플롯 구조—누나와 동생 사이의 평온한 아침 신에서 시작하여, 다음 날 아침 자살한 동생의 시신을 앞에 두고 오열하는 누나의 신으로 끝나는 구조—를 지적하는 것만으로도 충분할 것이다. 그렇다면 '가마타초'에서 비교적 자유로운 영화로서 제작된 "도쿄 여자"에서 오즈가 의도한 것은 무엇일까? 필자는 그것을, 영상 속에서의 지카코와 배우 오카다 요시코의 동일화, 텍스트의 엔딩에 나타나는 주인공의 결연한 의지 표시 등에서 볼 때, 오즈의 동시대 인식에 근거한 영상 표현이라고 생각한다. 환언하면, 유메노 규사쿠가 모던걸을 중심에 두고 그녀들을 '지옥'으로 내모는 사회 기구에 대한 비판을 언어 표현(신문기사 등의 모방)을 통해 수행했다면, 오즈는 그러한 동시대의 폐쇄 상태에 저항하는 모던걸을 표현하기 위해 오카다 요시코를 캐스팅하여, '가마타초'라는 모던걸의 영상적 표상 시스템을 역으로 이용함으로써 수행했다는 것이 된다. 먼저 그와 관련이 있는 동시대평을 하나 살펴보도록 하자.

처음에 (영화를) 보고 있자니, 요전날 신문지상을 시끄럽게 했던, 초등학교 교원이 카페의 여급으로 매춘행위를 했다는 사건이 생각났다. 동생을 학교에 보내기 위해 누나가 고생한다, 뭐라도 한다. 그런 이야기는 지금까지 너무나도 많았다. 흘러넘칠 정도다. 초등학교 교사만큼 센세이셔널한 것도 없을 것이다. 그러한 점에 있어서 이 작품은 손해를 보고 있다고 생각한다. 일반 관객은 그런 눈으로 보기 쉬우며, 또 가마타 영화는 작년에 그러한 '시류편승영화(際物映画)'를 너무 많이 제작하였기 때문이다.[12]

12 北川冬彦, 「東京の女」, 『キネマ旬報』, 第四六二号, 1933년 2월.

　　　　　　이 인용은 『키네마준포キネマ旬報』에 게재된 한 영화평론가의 비평문이나, 여기에서 그는 "도쿄 여자"의 내용적인 인상이 진부한 '시류편승영화'에 불과하다고 지적함으로써, 오즈의 의도를 역설적으로 나타내고 있다는 점은 주목할 만하다. '시류편승영화際物映画'란 사회적으로 화제가 되어 관심을 끈 유행이나 사건 등을 즉각적으로, 또 선정적으로 영화의 제재로 삼는 영화를 말한다. 그 한 예로서, 1932년에 일어난 게이오대 학생과 병든 여성의 동반자살 사건을 신문지상에서는 '천국에 잇는 사랑天国に結ぶ恋'이라고 보도되며 센세이션을 불러일으켰으나, 쇼치쿠사는 그 제목 그대로 "천국에 잇는 사랑"(1932년, 고쇼 헤노스케[五所平之助] 감독)으로 제작하여 크게 히트시켰다.

필자 또한 "도쿄 여자"가 '시류편승영화'라고 생각한다. 다만 그것은 앞서 언급한 바와 같이 사회역사적 문맥을 고려한다는 별도의 각도에서 볼 때이다. 즉 "도쿄 여자"에서 묘사되는, 배우 오카다 요시코의 실상에 근접한 지카코의 조형은, '동생을 부양하기 위해 매춘을 하는 누나의 이중생활'이란 코드로 묘사될 뿐만 아니라, '술집 여자이면서 공산당을 지원하는 여자'라고 하는 강력한 (하지만 암시적인) 코드가 중첩되어 있는 것이다. 이와 같이 이중화된 코드가 "도쿄 여자"에서 보이는 이상, 지카코=오카다 요시코상은 앞 장에서 살펴본 '제5차 공산당 사건' 당시 검거되었던 여급의 신문 보도를 직접적으로 환기하게 된다.

"도쿄 여자"에서는 그러한 여급과 공산당 활동의 연결이 단편적이면서 암시적으로 처리되고 있기에 위의 동시대평에서도 누락되어 있다고 생각된다. 하지만 지카코를 마크하기 위해 그녀가 근무하는 사무실에 경찰관이 찾아오는 장면이나, 료이치良一의 연인인 하루에春江에게 그녀의 오빠인 기노시타木下 순사가 지카코가 술집여급 생활을 하는 것 이외에도 소행에 불량한 점이 있다는 점을 암시하는 장면, 혹은 영화의 마지막 장면에서 "호외 ㅇㅇ사건 일당 십수명 검거"라는 신문기사 제목이 클로즈업되는 장면 등에서 그러한 연결은 분명히 드러나고 있다. "도쿄 여자"는 '제5차 공산당 사건'이 대대적으로 보도된 일주일 후에 크랭크인 되었다는 점에서 전형적인 '시류편승영화'였던 것이다.

그러나 "도쿄 여자"는 센세이셔널한 사건을 제재로 하여 관객을 자극해가는 단순한 의미의 '시류편승영화'는 아니다. 그 영상 표현을 통해서 오즈의 사회 비평이라는 의도성이 드러나기 때문인데, 여기서는 먼저 앞 절에서 언급한 ①의 논점, 즉 어떠한 점에서 '수수께끼, 거짓말, 소문, 신문보도의 신빙성 문제' 등 '봉쇄사회'의 의미군을 "도쿄 여자"가 공유하고 있는가라는 질문부터 생각해 보자.

이러한 의미군은 "도쿄 여자"의 플롯 전개에 있어서 매우 중요한 역할을 하고 있다. 「소녀지옥」의 모던걸들과 마찬가지로, "도쿄 여자"의 지카코는 '수수께끼 여자'이며, '거짓말쟁이 여자'다. 영화의 첫 신, 평온한 아침의 일상성은, 곧 다음 신인 지카코의 사무실 장면에서 경찰의 하얀 손수건의 클로즈업 쇼트가 지카코를 감시하기 위해 경찰이 찾아왔다는 것을 의미하게 되면서 긴장되기 시작한다. 하얀 손수건은 기노시타 순사의 집 장면에서 반복되어, 기노시타는 여동생인 하루에게 지카코가 퇴사 후 한 대학교수의 번역을 돕고 있다고 말하나 그것은 '거짓말'이며, 카페에서 여급을 하면서 공산당 활동까지 돕는다는 '소문'이 있다고 하며, "①(자막 타이틀) 그러니까, 소문이 소문으로 끝난다면 나도 좋겠지만, 너의 오빠로서 주의해 두고 싶구나"라고 충고하게 된다.

'수수께끼 여자'를 둘러싼 '소문'은, 경찰의 제유인 하얀 장갑이 반복적으로 나타나면서 증폭되며, 그 소문은 기노시타 순사 - 하루에 - 료이치에게로 릴레이되어 간다. 이때까지의 일련의 신에서, 지카코가 실제로 카페의 여급을 하고 있는지 어떤지에 대해서는 관객에게 알려지지 않으며, 그렇기 때문에 지카코는 '수수께끼'[13]에 둘러싸이게 된다. 그녀는 어디까지나 여타의 등장인물들에 의해 (그리고 관객들에 의해) 관찰되는 존재로서 묘사되어 가는 것이다.

지카코의 '정체'가 판명되는 것은, 하루에가 료이치에게 지카코를 둘러싼 '소문'을 알리고 난 후의 술집 장면부터다. 지카코는 술집 손님과 함께 차를 타고 어디론가 사라짐으로써 그녀가 몸을 파는 일을 하고 있다는 것이 단정되며, 지카코를 둘러싼 '소문'의 진상이 밝혀지게 된다. 다만 각본의 술집 신에서는 "지카코, 계속 입술에 루주를 바른다. 그곳에 또 다른 취한 청년이 들어온다. 그리고 세면대에서 손을 씻는다. 청년, 씻으면서 팔꿈치로 지카코를 가볍게 친다. 지카코 본다. 청년의 응시하는 진지한 얼굴. 지카코도 일순 진지해져 사방을 둘러보면서 급하게 무언가 종잇조각을 건넨다. 청년, 종잇조각을 빠르게 가방 속에 숨긴다"[14]는 동작이 묘사되어 있었으나, 영화에서는 이 묘사가 생략되어 있다. 이와 같은 '밀회'의 묘사 장면이 생략됨으로써, 영화 속의 지카코와 공산당 활동 간의 연계는 어디까지나 암시적인 정도로 처리되게 되며, 지카코가 왜 바에서 일하게 되는가 하는 의문은 영화 텍스트를 통해서는 충분히 설명되지 않는 것이다. 바로 이러한 점 때문에 사토 다다오와 같은 비평가가 그녀의 '너무 당당한' 태도를 영화만 보아서는 이해하지 못하게 되는 것이다.

"도쿄 여자"에서 보이는 오즈의 사회 비평성은, 영화의 마지막 부분에서 신문기자의 취재 장면이 삽입되는 것을 통해 한층 강화된다. 이 마지막 장면은 지카코 - 료이치/기노시타 순사 - 하루에라는 두 가족의 관계를 중심으로 전개되는 "도쿄 여자"의 메인 플롯과는 관계가 없으나, 여성 멜로드라마라

13 "도쿄 여자"에 나타나는 지카코상의 '수수께끼성'에 대해서는 데이비드 보드웰의 『小津安二郎: 映像の詩学』(青土社, 1992년, 401쪽)에도 언급되어 있다. 다만 보드웰은, "도쿄 여자"의 설화구조 속에서 '수수께끼'가 담당하는 기능을 분석했을 뿐으로, 동시대적인 문맥 속에서 가지는 의미에 대해서는 검토하고 있지 않다.

14 井上和男編, 『小津安二郎全集(上)』, 新書館, 2003년, 410쪽.

는 장르적 코드를 회피하기 위해 묘사되는 것이다. 즉 "도쿄 여자"의 메인 플롯은 자살한 료이치의 사체를 앞에 두고 통곡하는 지카코와 하루에의 묘사에 의해 완결되나, 만일 그것만으로 영화가 끝난다면, "도쿄 여자"는 운명적인 이별(사별)이나 엇갈림 등을 주요 코드로 하는 (쇼치쿠사가 주된 무기로 삼는) 여성 멜로드라마로 환원되는 것이다. 하지만 "도쿄 여자"에는 신문기자의 취재 장면이 영화의 마지막에 배치됨으로써 "도쿄 여자"를 사회비평의 문맥에 접속시키게 된다. 가정극이 사회적 문맥으로 '열려' 가는 것이다.

신문기자의 취재 장면이라는 라스트 신은 신문 미디어에 대한 강한 비판을 담아내고 있다. 기자는 지카코에게 "⑪그렇다면 자살의 원인에 대해 짐작 가는 데가 있나요?"라는 질문을 하며, 그녀는 경멸에 가까운 차가운 시선으로 "⑪이렇다 할 이유는 없습니다"라는 '거짓' 진술을 한다. 그 사이 한 명의 다른 기자가 뻔뻔하게 방 안으로 들어와, 료이치의 사체 앞에서 비탄에 잠겨 있는 하루에를 향해 "⑪당신과 이 분과의 관계는?"이라는 질문을, 짐작간다는 듯이 미소지으며 반복해서 묻는다. 그 때 현관에 서 있던 동료기자는 "⑪여보게, 이건 특종은 안 되겠어"라고 말하며 그들은 사라진다. 이 아파트 장면이 끝난 후, 라스트 신으로 컷어웨이하는 데, 그것이 앞서 언급했던 신문 호외의 클로즈업 장면이며, 그것을 보면서 기자들은 "⑪이 호외는 자네 회사보다 5, 6분 늦었네 그려"라는 식으로 담소하며 길모퉁이를 돌아가고 영화는 그 곳에서 페이드아웃한다. 기자들은 기사의 선정성이나 속보성만을 경쟁할 뿐, 그 기사 내용이 다루는 '인간성'에 대해서는 완전하게 배제하고 있다. 지카코의 입장에서 보는 신문 미디어 및 그 앞잡이로서의 기자는, 동생의 죽음과 공산당의 괴멸(=죽음)조차도 선정성이나 속보성이라는 자본주의 사회의 뉴스(이야기) 소비 논리만을 보이는, 적대해야 할 존재인 것이다.

3. "도쿄 여자"의 이동쇼트 분석

앞 절에서는 "도쿄 여자"의 플롯구조 속에서 '수수께끼, 거짓말, 소문, 신문 기사' 등의 의미군이 어떠한 역할을 하고 있는지에 대해 살펴보았다. 그리고 그러한 의미군은 말할 필요도 없이 앞 장에서 고찰했던 정보(조작)의 작위성, 기만성으로 인해 '봉쇄사회'를 형성해 가는 사회적 문맥에서 발생했던 것들이다. 지카코는 경찰의 취조 대상으로서, 또한 신문 미디어의 보도 대상으로서 이중으로 '관찰'되는 존재로서 '이데올로기적 국가기구'의 압력에서 벗어날 수는 없다.

여기에서 사토 다다오가 제기했던 지카코의 '너무 당당한' 인물 조형에의 의문에 대해 대답해 가도록 하자. 그를 위해서는 사토와 마찬가지로 '도덕적인 의문'을 제기해 보는 것이 효과적일 것이다. 즉 '누가 나쁜가?'하는 것이다. 기노시타 순사는 소행불량의 소문 만으로 지카코를 수사 대상으로 취급하며, 하루에는 "⑤나는 료이치가 불쌍하다고 생각해요"라며 현모양처적인 가치관으로 지카코를 질책한다. 료이치도 "⑥동기가 어찌 되었던 간에 그런 곳에 들락거리다니, 누나는 바보라구"라고 말하며 지카코를 이해하려 하지 않는다. 이러한 질책들에 대해, 지카코는 "⑦료이치는 마지막까지 누나를 이해해 주지 않았구나"라고 말하며 허무함을 표현할 뿐, '내가 잘못했다' 등으로 죄의식을 표현하지 않는다. '당당한' 태도에는 이유가 있는 것이다. 반복되는 설명이지만, "도쿄 여자"의 테마가 평화로운 가정을 죽음으로 몰아넣는, 혹은 사회의 도덕률에서 벗어나는 행위를 할 수밖에 없도록 하는 사회에 대한 비판에 있는 이상, 비도덕적인 행위에 대한 책임을 개인적 차원에서 묻는 것은 그다지 의미를 지니지 못하게 된다.

이러한 지카코의 '너무 당당한' 태도에 대해 "도쿄 여자"는 특유의 영상 표현으로 표현하고 있다. 그것은 「소녀지옥」에서 모던걸들이 저항의 수단으로 선택한 '자살'과 같은 위상으로 해석되는 '살아남는 길의 모색'이며, 그것은 "도쿄 여자"에서 '이동쇼트'를 통해 표현된다. "도쿄 여자"에서는 세 번, 매우 효과적은 형태로 이동쇼트가 사용되고 있다. 물론 주지하는 바와 같이, 오즈의 영상미학에서 이동쇼트는, 오버랩, 팬 쇼트, 페이드인, 페이드아웃 등의 카메라 기법과 함께 로 앵글(타타미 쇼트)이라는 카메라의 위치, 커트만으로 장면을 연결해 가는 편집 기법 등을 확립해 가는 과정에서 점차적으로 사용되지 않게 되었던 기법이나, "도쿄 여자"에서는 영화의 메인 플롯과 연계되면서 매우 중요한 의미로서 사용되고 있다. "도쿄 여자"에서 이동쇼트는 영화의 도입부, 료이치가 밤길을 고뇌에 찬 표정으로 헤매는 장면, 그리고 결말부에서 다음과 같은 방식으로 사용된다.

  ─페이드 인: 가스 버너의 클로즈 업에서, 카메라는 천천히 후퇴 이동하여, 식사가 끝난 후의 테이블이 놓인 방의 모습을 찍는다. (몸빼 복장의 지카코가 뒤돌아보는 롱쇼트, 학생복으로 바꿔 입은 료이치의 미디엄 쇼트로 커트하여, 남매의 일상적인 아침 풍경 상황을 설정하는 상황 쇼트.)
  ─카메라가 아무도 없는 밤길을 찍으며 한동안 전진 이동하면, 한 남자의 신발이 보이며, 그 걸음걸이에 맞춰 전진 이동한다. 커트한 다음 쇼트에서 카메라는 눈물로 얼룩진 료이치를 비스듬하게 정면에서 포착하여 그 남성이 료이치라는 것을 표시한 후, 료이치의 보조에 맞춰 료이치를 정면에서 찍으면서 잠시 동안 뒤로 이동한다.
  ─(화면의 왼편 전방에는 신문의 호외기사가 전신주에 붙어 있고, 길은 화면의 밑에서 위로 뻗어 있으며, 후방에는 빌딩들이 배치되어 있다. 기자들이 담소하며 모퉁이를 지나 사라져 가는 동안 카메라는 고정되어 있다가, 기자들

이 화면에서 사라진 후 카메라는 급격하게 그들이 사라진 거리의 한 점을 향해 4커트 연속 편집으로 확대 전진한다.) 카메라는 아무도 없는 빌딩 앞 보도를 따라 극히 천천히 전진 이동한다. 그 후 페이드아웃.

"도쿄 여자"에 사용되는 이 세 가지 이동쇼트가 의미하는 바를 단적으로 말한다면, 그것은 지카코 남매와 관련되는 것으로서의 '발', 그리고 그 연장선상에 있는 '길'을 의미한다는 것이다. 영화의 오프닝에 사용되는 아파트 장면의 이동쇼트는 물론 상황설정 쇼트이나, 이 장면에는 구멍이 뚫린 양말의 클로즈업과 양말이 빨랫줄에 걸려 있는 장면이 삽입됨으로써, '양말'은 남매의 가난하긴 하지만 밝고 건강하게 살아가는 생활태도를 나타내는 비유적 수단으로 기능한다. 이 '양말'은 '하얀 장갑'이 경찰의 수사를 비유하고 있는 것과 같은 기능을 하는 것으로서, '하얀 장갑'과 '양말'은 기노시타 남매와 시마무라 남매의 관계로까지 반복, 연쇄되는 이미지군을 형성한다.

두 번째 이동쇼트는 료이치가 누나에게 도대체 어떤 '비밀' 생활을 하는 것인가 하고 힐책한 후 방에서 뛰쳐나가 길거리를 헤매는 장면에서 사용되는 데, 이 이동쇼트에서 묘사되는 료이치의 '양말, 신발, 걸음'은 남매가 쌓아 온 건실한 생활이 무너져 내림으로써 어두운 고난의 터널로 빠져들게 되는 남매의 위치를 암시적으로 처리하고 있는 것이다.

게다가 이 이동쇼트에서 주목해야 하는 점은, 카메라가 아무도 없는 길(인간의 부재)을 찍으며 전진하여 료이치의 발까지 도착(존재)한다는 사실이다. 이처럼 이동쇼트를 사용함으로써 인간의 존재와 부재를 환기시키는 것[15]이 "도쿄 여자"에서 의미를 지니게 되는 이유는, 같은 방식이 영화의 라스트 신에서 반복되기 때문이다. 즉 신문기자

15 ドナルド・リチー, 『小津安二郎の美学: 映画のなかの日本』, 山本喜久男訳, 社会思想社, 1993년, 418쪽.

가 사라진(존재) 후의 길(부재)을 카메라는 한 번 급하게 전진한 후, 매우 천천히 미끄러지듯이 옆으로 이동하며 텅 빈 거리를 찍는다. 일견 이 마지막 이동쇼트는 이렇다 할 동기가 없는 쇼트로서, 혹은 신문기자가 걸어간 길과 관계되는 쇼트로서 해석되기 쉬우나, 지금까지 설명한 "도쿄 여자" 속 이동쇼트의 반복과 차이라는 점에서 그것은 지카코의 심정 표현으로 해석되어야만 할 것이다. 즉 이 마지막 이동쇼트는 료이치와 공산당(지카코의 '존재' 이유)의 죽음(부재)이 확정된 후 홀로 남겨진 지카코의 격한 감정의 동요, 혹은 그럼에도 지카코가 걸어가야 할 앞날, 그 험난한 '길'을 암시하고 있는 것이다. 지카코가 유이치의 주검을 앞에 두고 마지막으로 한 말이 "㉠이 정도 일로 죽다니, 료이치는 겁쟁이야"였다는 점을 감안할 때, 이 마지막 이동쇼트가 지카코의 장래를 비유하고 있다고 해석하는 편이 올바를 것이다. 이러한 의미에서 지카코의 '너무 당당한' 인물 조형은 험난한 앞날의 '길'에 대해 의연히 대처해 나가려는 여성의 의지 표현으로서도 해석할 수 있는 것이다.

오즈가 "도쿄 여자"의 지카코에 오카다 요시코를 캐스팅한 것은 이와 같은 강인한 여성상에 오카다가 부합하였기 때문일 것이다. 오즈가 처음으로 오카다 요시코를 캐스팅한 것은, "도쿄 여자"의 직전 작품인 "다시 만날 때까지また逢ふ日まで"부터다. 오즈는 그 영화에 오카다를 기용한 것에 대해 "이 영화에서 오카다 요시코를 처음으로 썼다. 상당히 재능있는 배우라고 생각했다"[16]라고 특기하고 있으며, 애초에 "다시 만날 때까지"는 오즈가 오카다로부터 "영감을 받았기"[17] 때문에 제작된 영화로서, "오카다의 스타성 때문이 아니라, 그녀가 가지고 있는 캐릭터가 필요하다"[18]고 오즈가 요구했기 때문이라고 한다. 그렇다면 오즈가 요구한 오카다 요시코의 '캐릭터'란 어떠한 것일까?

16 小津安二郎, 「全自作を語る」, 앞의 책, 195쪽.
17 ドナルド・リチー, 앞의 책, 353쪽.
18 升本喜年, 앞의 책, 268쪽.

[손]　　　　　　　　[발 1]

그림 7-1 "도쿄 여자"의 '손'과 '발' 이미지군

[발2]　　　　　　　　　　　　　[길]

그림 7-2 "도쿄 여자"의 이동쇼트와 '발', '길'의 이미지군

"다시 만날 때까지"는 유감스럽게도 필름이 유실되어 구체적인 내용을 직접 확인할 수는 없으나, 그 시나리오를 볼 때 "도쿄 여자" 속의 지카코와 유사한 캐릭터로 조형되어 있다는 점을 알 수 있다. "다시 만날 때까지"의 메인 플롯은, 한 남성(오카 조지[岡讓二])이 창부(오카다 요시코)와 사귀게 되어 집안으로부터 의절당하게 되고, 그 후 얼마 지나지 않아 만주사변이 발발하여 그는 징병되게 된다. 플롯은 이처럼 남성과 집안 사이의 갈등, 그리고 남성과 창부 사이의 엇갈림을 축으로 하는 여성 멜로드라마로 전개되나, 오카다 요시코는 영화의 처음과 마지막 장면에서, 즉 그 남성과 만나기 전과 헤어진 후에도 담담하게 스트리트 걸을 계속해가는 여성으로 조형되어, 사회적 격변에 휩싸이면서도 결코 그에 굴하지 않는 당당한 여성으로서 묘사된다.[19] "다시 만날 때까지"와 "도쿄 여자"에서 그려지는 오카다 요시코의 캐릭터란, 국가적인 폭력에 의해 자신의 존재가치를 위협당하게 되나, 그에 굴하지 않고 당당하게 대처해 가는 강인한 여성으로서 조형되고 있는 것이다.

19 小津安二郎, 野田高梧, 『また逢ふ日まで』, 井上和男編, 앞의 책, 386~401쪽.

이 절에서는 주로 "도쿄 여자"에서 특수하게 사용되는 '이동쇼트'에 주목함으로써 그것이 지카코의 '당당한' 태도와 관련되어 있다는 점, 그리고 그것은 애초에 여배우 오카다 요시코에 대해 오즈 야스지로 감독이 지니고 있었던 배우적 캐릭터가 반영된 결과라는 점을 설명했다. 하지만 요카다 요시코를 오즈 감독처럼 기용한 것은, 동시기의 다른 영화 속에 출연한 오카다 요시코의 인물상을 생각할 때 매우 이질적인 것이었다는 사실을 알 수 있게 된다. 다음 절에서는 쇼치쿠 가마타 영화 속에서 오카다 요시코의 전형적인 묘사 방식을 보여주는 작품으로서 "이웃집 야에쨩隣の八重ちゃん"을 선택하여, "도쿄 여자"와 비교해 보고자 한다.

4. "이웃집 야에짱"에 나타나는 오카다 요시코의 '타자성'

이 책의 2장에서 서술한 바와 같이, 당시의 일본 영화계에서는 여배우를 부인형, 숙녀형, 유녀형, 모던걸형 등으로 분류하여 영화의 캐릭터에 맞게 캐스팅하는 여성상의 표상 시스템이 존재했었다. 그리고 그러한 여성상의 표상 시스템은, '여성 멜로드라마'나 '소시민 영화'를 중심으로 제작하는 쇼치쿠사의 '가마타쵸蒲田調'를 특징짓는 중요한 구성요소가 된다. 이 절에서는 당시의 쇼치쿠 가마타 영화에서 오카다 요시코라는 여배우가 주로 어떠한 여성상으로서 표상되었던가를 고찰함으로써, "도쿄 여자" 속의 지카코 상과 비교해 보는 방법을 취하도록 한다.

오카다가 "도쿄 여자"의 다음으로 출연한 작품은 시미즈 히로시淸水宏 감독의 "눈물에 젖은 봄 처녀여泣き濡れた春の女よ"(1933년)이나, 이 영화에서 오카다는 황량한 홋카이도北海道까지 흘러온 술집 여자로 등장한다. 그녀는 그곳에서 만난 한 명의 탄광부를 둘러싸고 한 순정한 여성과 갈등 관계에 놓이게 되나, 결국은 스스로가 희생하여 둘의 사랑을 이루게 만든다는 역할을 맡고 있다. 오카다 요시코는 "다시 만날 때까지", "도쿄 여자", "눈물에 젖은 봄처녀여"까지 계속해서 술집 여자를 연기한 셈이 되는데, "눈물에 젖은 봄처녀여"에서 다소 신파극적인 여성 멜로드라마의 요소가 강조되고는 있지만, 인생의 신산을 경험하면서도 강하게 살아가는 여성으로 등장한다는 점에서는 앞의 두 작품과 공통된다. 하지만 오카다 요시코의 이와 같은 배역이 쇼치쿠 가마타 영화에서 일반적이었는가 하면 그렇지 않다. 이 절에서는 오카다 요시코가 "도쿄 여자"의 지카코와는 상반되는 이미지로 기용된 작품으로서 시마즈 야스지로島津保次郎 감독의 "이웃집 야에짱隣の 八重ちゃん"을 살펴보고자 한다.

"이웃집 야에짱"(1934년)은, 우시하라 기요히코牛原虚彦, 시미즈 히로시清水宏 감독과 함께 쇼치쿠사의 '가마타초'를 확립시키는 과정에서 중심적인 역할을 담당한 시마즈 야스지로 감독의 작품 중에서도, 그 가마타초의 특징을 가장 잘 나타내는 토키 작품으로서 평가되고 있다.[20] 그렇다면, "이웃집 야에짱" 속의 오카다 요시코의 인물상에 대해 분석하기 전에, 그 가마타초에 대해 다소 자세히 정리해 보도록 하자. 가마타초를 확립시킴으로써 '일본 영화를 만든 사나이'로도 칭해지는 기도 시로城戸四郎는 그의 자서전이기도 한 『일본 영화전日本映画伝』 속에서 다음과 같이 가마타초를 설명하고 있다.

20 田中純一郎,『日本映画発達史 II: 無声からトーキーへ』, 中央公論社, 1980년, 297쪽.

(가마타초란 것은) 인간 사회에서 발생하는 소소한 일들을 통해서, 그 속에서 인간의 진실을 직시하는 것을 말한다 [……] 내가 볼 때, 인간의 본질은 영원히 결점이 있다는 데에 있다. 그곳에서 또 예술이란 것도 탄생하는 것이며, 이 세상의 복잡함이 나타나거나, 혹은 명예욕이란 것이 머리를 들거나, 혹은 역으로 그러한 것들에 대한 집착에서 벗어나려고 하는 유쾌한 이야기라거나, 혹은 고독같은 것이 그것들에 대한 반발로서 나타나거나, 어쨌든 인간은 여러 가지 얼굴을 가지고 있다. 이것이 인간의 현실적인 모습이며, 어찌할 수 없는 하나의 진실이다. 이 진실된 모습을 파고들어가는 것이 예술인데, 그 여러 가지 모습들을 가능한 한 따뜻하고, 밝은 기분으로 바라보는 것과 어두운 기분으로 보는 시선이 있다 [……] 어두운 것을 그대로 어둡게 보려는 사고방식 중에는, 구원을 추구하는 종교라거나 혁명같은 것이 있겠지만, 쇼치쿠로서는 인생을 따뜻하게 희망을 가지고 보려고 했다. 결론을 말하자면 영화의 기본은 구원이 되지 않으면 안 된다는 것이다. 영화를 본 인간에게 실망을 안겨주어서는 안 된다. 이것이 흔히 일컬어지는 '가마타초'의 기본선이다.[21]

21 城戸四郎,『日本映画伝: 映画製作者の記録』, 文芸春秋社, 1956년, 39~40쪽.

'닛카쓰日活사의 무코지마向島 촬영소로 대표되는 한촌寒村의, 밤의, 로우 키의, 다분히 토착성이 강한 정념의 세계'에 대비되면서, 쇼치쿠에서는 이와 같은 '가마타초의 기본선'에 따라 '하이 키의 근대미로 채색된 경쾌한 세계'[22]를 묘사하는, 여성 중심 영화나 도시의 소시민 영화를 주로 제작하게 된다. "이웃집 야에짱"은 그와 같은 가마타초의 특색을 가장 현저하게 보여주는 작품으로서 평가되었던 것이며, 그 영화 제작 과정에 후일 대감독으로 성장하는 요시무라 고자부로吉村公三郎, 도요다 시로豊田四郎가 조감독으로, 그리고 기노시타 게이스케木下恵介가 촬영 조수로 참여하고 있다는 점도 첨언해 둔다. 후일 요시무라 고자부로는 시마즈 감독이 이 영화의 제작을 통해 홈드라마의 스타일을 확립했다고 지적하며, 그 특징을 다음과 같이 설명하고 있다.

22 佐崎順昭, 「『隣の八重ちゃん』をめぐる劇世界の変遷—島津保次郎論」, 岩本憲児編, 『日本映画とモダニズム—一九二〇—一九三〇』, リブロポート, 1991년, 170쪽.

1. 이야기는 한 마디로 말할 수 있을 정도로 단순하게.

2. 등장인물들 간의 인간관계는 복잡하게 하지 않는다.

3. 일상의 생활 풍속을 세밀하고 리얼하게.

4. '대사'는 가능한 한 '일상성'을 주어서, 리드미컬하게 템포 좋게.

5. 유머와 페이소스를 잊지 말 것[23]

23 吉村公三郎, 「評伝島津保次郎監督」, 新藤兼人編, 『講座日本映画3: トーキーの時代』, 岩波書店, 1986년, 228쪽.

"이웃집 야에짱"은 위와 같은 원칙에 따라, 단순한 스토리와 인간관계의 설정 속에서 리얼한 일상성을 표현하고 있다. 영화의 내용을 간단하게 설명하면, 도쿄의 교외 지역에 위치한 두 이웃집을 배경으로 하여, 영화의 전반부에서는 도쿄제국대학 독일 법학과에 다니는 게이타로恵太郎(오비나타 덴[大日方伝])와 이웃집에 사는 여학생 야에코八重子

(아이소메 유메코[逢初夢子]) 사이의 순수한 연애심리를 그리는데, 사춘기 소녀의 순진무구함이 일상회화의 자연스런 표현을 통해 묘사된다. 하지만 그곳에 어느날 시집을 간 야에코의 언니 교코京子(오카다 요시코)가 돌아옴으로써 영화의 갈등축이 일변하게 되고, 게이타로를 둘러싸고 전개되는 자매의 대비는 결국 조역인 교코가 다시 집을 나가고, 여주인공 야에코의 아버지가 조선으로 전근을 가면서 야에코는 학업을 마치기 위해 게이타로의 집에 남는다는 식으로 영화는 결말지어진다.

"이웃집 야에짱"에 대한 동시대평은, 토키 영화의 성공작으로서 높이 평가되는 반면, 교코를 연기한 오카다 요시코의 묘사에 대한 비판이라는 두가지 점에 집중되고 있다. 여기서는 후자의 내용이 문제가 되기에 그 몇 가지 예만 들어 보기로 한다. 기시 마쓰오岸松雄는, "이 영화를 본 사람들이 한결같이 말하는 것은, 오카다 요시코가 추악하다는 것이다. [……] 이 여자 이외의 모든 인물이 선량하고, 담백하며, 자연스러운 데 반해, 이 여자만이 풍파를 불러일으키기 위해 마녀적인 움직임을 보인다"[24]고 하며 불만을 표한다. 그에 비해 같은 내용에 대해서도 오쓰카 교이치大塚恭一는 "오카다 요시코의 등장 이후는 이 영화의 명백한 결점이나, 그러한 지적은 다른 이들에게 맡기기로 하고, 그러한 역할, 그러한 취급이라면, 오카다 요시코가 불쌍하다고 밖에는 말할 도리가 없다"[25]고 동정을 표하기도 한다.

> [24] 岸松雄,『キネマ旬報』1934년 8월 21일호.
>
> [25] 大塚恭一,『映画評論』1934년 8월호.

이러한 동시대평에 나타나는 "이웃집 야에짱"에의 비판은, 주로 오카다 요시코라는 배우를 그와 같은 역할에 캐스팅한 시마즈 감독의 연출에 대한 비판이라고 할 수 있다. 영화연구가 사에키 노리아키佐崎順昭는 "이웃집 야에짱" 속의 오카다 요시코 상의 이질성에 대해서, "소시민 영화의 일상적 세계에, 신파적인 연극 취향을 그대로 드러내 버렸기 때문이 아닐까 라고 생각한다"고 분석하며, 그녀의 캐스팅에 대해서도 "시마즈는 신파적인 것을 혐오하여, 점차적으로 일상 세계에 사는 인물상을 발견해 갔기"[26] 때문이라고 설명한다. 즉 사에키는 시마즈가 그의 감독 경력에서 극복해 갔던 신파적인 요소를, 연극 출신인 오카다 요시코의 과장된 동작이나 발성법 등에 남겨둠으로써 야에코/교코의 대립을 분명히 보이며, 자신이 주장하는 일상생활의 리얼리티를 효과적으로 표현할 수 있었다고 지적하는 것이다.

26 佐崎順昭, 앞의 책, 170~171쪽.

필자도 사에키의 주장을 긍정하나, 여기에서는 그 연출법을 다른 관점을 통해 살펴보고자 한다. 그 관점이란 오카다 요시코의 인물상의 이질성을 시마다 야스지로 감독의 경력으로부터 설명하지 않고, 오히려 작품 내적으로, 즉 영화의 설화 구조와 그것에 기묘하게 중첩되어 있는 오카다의 여배우적 이미지를 고찰함으로써 설명해 가려 한다.

"이웃집 야에짱"에 보이는 오카다 요시코와 여타 인물들 간의 대립은 '이념으로서의 모더니티modernity'와 '문화생활(현실)로서의 모던modern' 사이의 대립으로 정리할 수 있다. '문화생활로서의 모던'은 게이타로라는 인물을 중심으로 하여, 이미 정착되어 있는 일상적 현실로서 그려진다. 게이타로는 도쿄제국대학 독일 법학과에 다니는 대학생으로서, 그의 방에는 서양풍의 가구가 배치되며, 벽에는 야구선수의 단체사진이 걸려 있어 그가 한때 야구선수였다는 점을 시사한다. 거실에서 양가의 샐러리맨 부친들이 술에 취해 세상살이를 한탄하고 있을 때, 게이타로는 이 방에서 독일어를 낭독하는 장면으로 연속된다. 즉 게이타로의 방은 다른 공간과는 구별되어, 게이타로의 신체가 체현하는 '서구적인 가치(모던)'를 이미지적으로 보충한다. 게다가 '문화생활로서의 모던'은 야에코가 게이타로를 보고 미국의 영화배우 프레데릭 마치를 닮았다고 지적하거나, 혹은 게이타로가 동생

세지精二의 야구 연습을 코치해 줌으로써, 게이타로를 중심으로 하여 세지와 야에코를 포괄하는 문화적 위계질서를 형성하게 되고, 긍정적으로 묘사된다. 이러한 '문화생활로서의 모던'은 이 책의 1장에서 논했던 '지향(=모방)되어야 하는 가치'로서 제시된다기 보다는, 이미 그곳에 존재하는 일상적인 현실로서 그려지고 있는 것이다. 이와 같은 가치관적 배경에 지탱되면서 "이웃집 야에짱"의 안정된 인물구도가 형성되고 있다는 점을 우선 지적해 두자.

위와 같은 '문화생활로서의 모던'이 논리적으로 내포하는 '이념으로서의 모더니티'는 교코라는 인물상을 통해 구현된다. 즉 교코는 남편에게 돌아가라고 재촉하는 어머니를 향해 "(남편이) 난봉꾼이라서 집안일을 하는 여자도 건드리고, 결혼사기 같은 짓을 해서 경찰에 불려 다니는데, 어떻게 그런 장래성 없는 사람에게 평생을 맡길 수 있겠어?"라고 쏘아붙이면서, "그러니까 나는 혼자 살면서 [······] 그래, 카페에서 일한다면, 지금이라도 충분히 혼자서 살아갈 수 있어"라고 선언한다. 이처럼 교코는 남성과 대등한 주체성을 자각하고 있는 여성으로서, 그리고 인습적인 가부장제적 가치관에 반항하는 인물로서 '이념으로서의 모더니티'를 내면화하고 있다. 말하자면 교코는 기쿠치 간의 「수난화」속에 등장했던 여성들과 같은 문제축에 대해 고민하고 있는 여성인 것이다.

하지만 "이웃집 야에짱"의 교코가 구현하는 '이념으로서의 모더니티'가 결코 긍정적으로 묘사되는 것은 아니다. 오히려 그것은 두 이웃집의 안정된 질서를 파괴할 수도 있는 '악마적인 타자성'으로서 그려진다. "이웃집 야에짱"이 보여주는 안정된 질서는 양가 샐러리맨 부부가 유지하는 가부장제적 가치관과 그 가치관을 게이타로/야에코라는 미래적 부부가 내면화/재생산함으로써 유지되는 것이다. 이러한 사실은 양말 수선 장면에서 전형적으로 나타난다. 야에코가 게이타로의 구멍난 양말을 간단히 꿰매어 건네주려 할 때, 흐뭇하게 바라보고 있던 게이타로는 '내가 아내를 맞는다면 매일 아침 양말을 신겨 줄거야./그래? 나라면 그런 남편은 싫은데./싫다니, 남편이 명하면 어쩔 수 없는 거잖아?/아내는 그렇게 약한 존재야?/물론이지'라는 대화를 나눈다. 이 대화는 그 내용과는 다르게 젊은 남녀의 연정을 서로에게 전하는 유희적 성격이 강하여 오히려 훈훈한 느낌을 전달한다. 이러한 양말 수선 신은 '문화생활로서의 모던'이 전통적인 가부장제적 가치관과 알력을 일으키지 않고, 평화롭게 융합, 혹은 새롭게 재생산되고 있는 소시민적 일상생활을 밝은 터치로 표현한 것이라고 할 수 있다. 그리고 그것은 앞서 언급한 기도 시로의 '쇼치쿠로서는 인생을 따뜻하게 희망적으로 보려 한다'는 가마타초의 스타일을 여실히 드러내는 장면이라고도 말할 수 있다.

그에 대해 '이념으로서의 모더니티'를 구현하는 교코라는 인물상은 '어두운 것을 그대로, 어두운 기분으로 보는 시선'을 나타낸다고 할 수 있다. "이웃집 야에짱"에서의 오카다 요시코의 역할은, '이념으로서의 모더니티'를 구현하는 여성에서, 게이타로와 야에코의 사춘기적인 사랑을 방해하는 어른 세계의 추악함을 나타내는 여성으로, 마침내 두 집의 안정된 일상생활을 위협하는 '악마적인 타자'로 점차적으로 변질되어 간다. 교코라는 인물상의 추악함은 그녀가 게이타로, 야에코, 세지와 함께 긴자銀座에 영화를 보러 외출했다가, 교코 만이 술에 취해 돌아오는 택시에서 게이타로에게 추파를 던지는 장면에서 정점에 이르게 된다. 교코는 택시 안에서 게이타로를 얼싸안으며 '내가 한 턱 냈으니까 이 정도는 용서해 주겠지?'라는 식으로 추파를 보내는 것이다(그림 7-3). 이처럼 교코의 캐릭터 설정은, 결혼에 실패한 여성의 자포자기, 세상의 풍파에 시달린 여성의 타락, 전통적인 인습에

그림 7-3
"이웃집 야에짱" 속
오카다 요시코의 '악마적 타자성'

반기를 들어 직접적인 행동을 일으키는 여성 등으로서, 그것은 분명히 '어두운 것을 그대로, 어두운 기분으로 보는 시선'을 나타내며, '인생을 따뜻하게 희망적으로 보려하는' 가마타초와는 어울리지 않는 인물로 묘사되고 있다. 하지만 여기에서 주의하지 않으면 안 되는 사실은, '이념으로서의 모더니티'를 직접적인 행동으로 옮기는 여성상과 요부상 사이에는 엄연한 위상 차이가 존재한다는 것이나, "이웃집 야에짱"의 설화구조를 통해서는 교코가 왜 타락해 가는가에 대한 이유는 설명되지 않는다.

　　그 이유로서는 영화 텍스트 외적인 두 가지 요인을 들 수 있다. 한 가지는 그러한 인물상의 변화가 동시대의 모던걸에 대한 시선을 공유하고 있다는 점이다. 이 책의 1장에서 설명했듯이 당시의 문화생산자들은 새롭게 형성되는 도시문화의 구현자로서 모던걸을 해석할 때, 할리우드 영화에 등장하는 여배우의 특징들을 모던걸의 특징으로 전도시켜 인식했다는 점, 그리고 자유연애를 즐기고, 가부장제의 악습에 반대하는(이라고 언급된) 모던걸의 특성에 대해 보수적 시선에서는 그런 주장을 하는 여성 개인의 도덕적 타락으로 해석했다는 점을 상기하도록 하자. 말하자면 "이웃집 야에짱"의 지카코의 캐릭터 변화는, 이러한 동시대적인 모던걸 인식을 공유하고 있기에 가능한 것이다.

또 다른 측면에서는 "이웃집 야에짱"이 오카다 요시코라는 여배우의 경력을 기묘한 형태로 지카코 상에 중첩시키고 있다는 점에서 설명될 수 있다. 오카다가 영화계에서 제명된 것은 닛카쓰 시기의 영화 "동백 공주"의 촬영을 보이콧했기 때문이라는 점은 이미 언급했다. 오카다는 그간의 사정을 자전 속에서 설명하고 있는데, 감독인 무라타 미노루村田實는 배우들의 연기에 대한 의견을 전혀 듣지 않고, 배우의 연기조차 무대장치나 의상 등과 같은 영화의 한 요소에 불과할 뿐, 자신의 초현실주의적 스타일의 영화를 구성하는 요소로서만 인식하여, 연기에 대한 스스로의 주장을 가진 오카다 요시코와 끊임없는 충돌을 보였다고 한다. 그리고 영화계에서 제명되었던 표면적인 이유인, 주연배우 다케우치 료이치竹内良一와 사랑의 도피행을 했다는 것에 대해서도 그때까지만 해도 동료였을 뿐, 연인 사이는 아니었다고 해명하고 있다.[27] 영화계에서 오카다 요시코의 배우적 이미지는 이 사건으로 인해 후일까지 강하게 영향을 받게 된다. 오즈 야스지로는 영화 촬영 시 오카다 요시코와 연기를 두고 의견을 나누는 과정에서 자신은 무라타 감독과는 다르다고 말하였다고 전해지듯이,[28] 오카다 요시코는 주로 성적 매력이 있으면서도 강한 주장을 가진 역할에 주로 캐스팅되었던 것이며, "이웃집 야에짱"에서는 가부장제의 구폐를 견디지 못하는 여성의 성적 타락이라는 또 다른 버전으로 그려지고 있는 것이다.

이 절에서는 주로 "이웃집 야에짱"에 나타나는 오카다 요시코의 '마녀적 타자성'이라는 인물 조형에 대해, 그것을 영화의 설화구조와 오카다 요시코의 여배우로서의 이미지라는 측면에서 고찰해 보았다. 그리고 그것은 결국 모던걸의 표상 시스템으로서의 쇼치쿠 가마타초에 대한 설명이기도

27 岡田嘉子, 『ルパシカを着て生まれてきた私』, 婦人画報社, 1986년, 38쪽.
28 升本喜年, 앞의 책, 270쪽.

하였다. 쇼치쿠 가마타 시기의 오카다 요시코는, 시미즈 히로시 감독의 "눈물에 젖은 봄처녀여" 속의 여성상, 즉 인생의 고난을 맛본 술집여자의 애수를 기본적인 이미지로 하면서, 오즈 야스지로 감독의 "다시 만날 때까지"와 "도쿄 여자" 속의 국가의 폭력에 기인하는 불행에도 강하게 살아남으려는 여성상과, 시마즈 야스지로 감독의 "이웃집 야에짱"에 보여지는 강한 자기주장을 가진 여성이 가부장제적 도덕률에 저항하나 결국은 타락의 길로 빠져드는 '마녀적 타자성'까지 진폭을 가지는 이미지로서 조형되었다. 이러한 여배우 이미지의 진폭은 결국 오카다 요시코의 '자기주장이 강한 여성'이라는 '실체로서의 모던걸' 이미지를 영화의 표상 시스템이 활용한 것이라고 말할 수 있을 것이다. 그리고 전반적으로 볼 때, 가마타초라는 영화 제작시스템에서는 그와 같은 '실체로서의 모던걸' 이미지는 긍정되지 못하였으며, 오히려 '가마타초'라는 프티부르주아petit bourgeois적인 보수성에 의해 왜곡되고, 부정되는 존재로서 그려졌을 뿐이다. 오카다 요시코가 쇼치쿠 가마타 촬영소를 퇴사할 때, 촬영소장이었던 기도 시로는 "찬성합니다. 유럽적 이미지를 가진 여배우는 가마타에서는 성장하지 못해요. 다테 사토코伊達里子가 그랬고, 이노우에 세쓰코井上雪子가 그랬습니다. 가마타초와는 안 맞는 것이죠"[29]라고 말했다고 하는데, 이러한 서술은 쇼치쿠의 '가마타초'에 내재된 '실체로서의 모던걸'과 '표상으로서의 모던걸'사이의 괴리나 갈등을 여실히 표현하는 말일 것이다.

29 升本喜年, 앞의 책, 285쪽.

5. 경계를 넘는 모던걸

이 장에서는 지금까지 쇼치쿠 가마타 영화에 나타나는 오카다 요시코의 표상을 중심으로 고찰해 왔다. 그리고 그것은 '실체로서의 모던걸'과 '표상으로서의 모던걸' 사이의 괴리와 갈등을 나타내 주는 것으로서, 오카다 요시코의 '실체로서의 모던걸'적인 주장은 '가마타초'라는 영화적 표상 시스템 속에서, 왜곡되고 뒤틀려 버렸다. 그 가운데에서 오즈 야스지로 감독의 "도쿄 여자"만이 오카다 요시코의 '실체로서의 모던걸'적인 자기주장을 가장 정당하게 그려내고 있다는 점에서 역시 특기할만한 작품이라고 평가할 수 있을 것이다. 또한 "도쿄 여자"는 그 후에 오카다 요시코가 걸어가게 될 '길'을 암시하고 있다는 점에서도 매우 흥미로운 작품이다.

오카다 요시코는 쇼치쿠가 가마타蒲田에서 오후나大船로 촬영소를 옮길 때 퇴사하여, 그 후에는 쇼치쿠의 산하에 있던 연극단체 '이노우에 마사오 극단井上正夫一座'에 소속하게 된다. 그리고 그곳에서 1936년 스기모토 료키치杉本良吉와 운명적인 만남을 이루게 된다. 스기모토는 와세다대학 노문과를 중퇴하고, '일본 프롤레타리아 극장동맹'(약칭 프롯)에서 연출 활동을 하는 한편, 1931년 일본공산당 입당, 1934년 체포된 후, 무라야마 도모요시村山知義를 따라 전향한 연극활동가다. 그 후 무라야마가 프롯의 해산 후에 설립한 '신협극단新協劇団'에 참가하여, 1936년 "히코로크 크게 웃다彦六大いに笑ふ"의 연출자로서 이노우에 극단에 초대되고 그곳에서 오카다 요시코를 만나게 된 것이다. 이후 스기모토에게 오카다는 급격하게 경도되어 가는데, 이 스기모토와의 만남에 대해 오카다는 자서전에서 "스기모토가 공산당원이란 사실에 대해 별다른 거부감은 없었습니다. 저로서도 아버지가 민주주의적인 저널리스트였으니까요. 그리고 쓰키지築地 소극장을 시작으로 해서, 신극의 토양 자체가 역시 그랬습니다"[30]고 술회하고 있다.

이렇게 하여 스기모토와 오카다는 1938년 1월 2일, 홋카이도의 가라후토樺太를 육로로 국경을 넘어, 소비에트 러시아에 정치적

30 岡田嘉子, 앞의 책, 49쪽.

망명을 달성하게 된다. 공식적으로 스기모토의 망명은 1934년의 공산당 지령이었던 코민테른과의 연락로 회복을 위해 감행되었다고 하나, 사실적으로는 '재검거, 소집 영장이라는 국민총동원령하의 정세도 그를 결단하게 만든 요인의 한가지였으며, 러시아어의 일이 없어져 생계의 불안도 컸기'[31] 때문이라고 할 수 있다. 그간의 사정을 오카다도 "내일이라

31 升本喜年, 앞의 책, 90쪽.

도, 스기모토는 전쟁터에 끌려가지 않으면 안 될지도 모른다. 내일이라도, 연극을 할 수 없게 될지 모른다. 그래도 만약 부모님이 살아 계셨다면, 연극의 일정이 쭉 잡혀 있었다면, 만약 1938년 1월에 이노우에 극단의 공연이 있었다면, 그렇다면 아마도 사할린에 가려고 생각하지는 않았을 거예요"라고 회상하고 있다. 국경선을 넘는다는 거의 모험에 가까운 시도가 성공하게 되어, 그들의 망명은 일본 사회에 커다란 쇼크를 주게 된다. 하지만 그들이 꿈꾸었던 소비에트에서 스기모토는 결국 스파이 혐의로 처형당하게 되고, 오카다도 몇 년에 걸친 투옥 생활을 강제당하게 된다. 그들의 이상이었던 사회주의나 소비에트 연방이 결코 그들이 꿈꾸어 왔던 세계가 아니었다고 해도, "도쿄 여자"에서 오카다 요시코가 연기했던 국가적 폭력에 의해 자신의 존재가치를 위협당하지만 그에 굴하지 않고 당당하게 살아가는 여성상을, 그녀는 현실의 궤적을 통해서 실제로 보여주었던 것이다. 오카다 요시코라는 배우는 '표상으로서의 모던걸'에 저항하면서, '실체로서의 모던걸'로서의 자기주장을 실천했던 존재였던 것이다.

전후가 되어 그녀의 귀국이 허락되었을 때, 그녀는 잠시 귀국하여 야마다 요지山田洋次 감독의 "남자는 괴로워男はつらいよ-寅次郎夕焼け小焼け" 시리즈에 출연한다. 쇼치쿠 가마타초의 정통 계승자라고 할 수 있는 야마다 감독의 작품에 그녀가 출연했다는 사실은 무엇이라고 표현하기 어려운 역사적 아이러니라고 아니할 수 없다.

8장

1930년대 일본 영화 속의 여성 담론
_"새로운 땅"과 천황제 내셔널리즘의 대중화

1. 서론

1937년, 일독 합작으로 제작된 "새로운 땅新しき土"은 특기할 만한 영화다. 이 영화는 1936년 '일독방공협정'의 체결을 직접적인 계기로 일독 친선을 선전하기 위해서 독일 정부로터의 요청을 받아 만들어진 선전 영화다. 감독은 "몽블랑의 폭풍우", "성산" 등의 '산악영화'의 거장으로 유명한 아놀드 팡크Arnold Fanck가 맡았으며, 일본 감독 이타미 만사쿠伊丹万作가 일본에서의 촬영을 보조한다는 차원에서 공동 감독을 담당하였다. 하지만 자유주의적 성향의 이타미가 팡크의 선전 영화 제작에 반기를 든 결과, 아놀드 팡크판 "사무라이의 딸"(Die Tochter Des Samurai, 독일판)과 이타마 만사쿠판 "새로운 땅"("新しき土", 국제판)으로 각기 편집, 상영되었다.[1]

또한 이 영화의 특기할 점은, 제작자 가와

[1] 여기에서 분석하는 텍스트는 아놀드 팡크판 "사무라이의 딸"(IVC, 2000년)이며, 이타미 만사쿠판 "새로운 땅"은 NFC(National Film Center)에 소장되어 있다. 하지만 일본 내에서는 팡크판이 "새로운 땅(新しき土)"으로 유통되고 있으며, 따라서 필자도 기본적으로 "새로운 땅"으로 지칭한다.

키타 조세川喜多長政의 오랜 숙원이었던 '일본 영화의 해외진출'이 이루어져, 그는 '일본의 자연과 여성의 아름다움'을 담은 필름을 들고, 주연 여배우 하라 세쓰코原節子와 함께, 조선, 만주, 시베리아를 육로로 건너 독일을 포함하는 유럽에서의 상영을 목적으로 4개월이 넘는 해외선전활동을 벌이게 된다. 이처럼 "새로운 땅"이 일본을 해외에 선전하는 영화라는 점이 당시의 대중을 자극한 면은 상상을 초월한 것으로서, 도쿄역을 출발하는 일행을 전송하기 위해 2000여 명의 군중이 '광적'인 분위기[2] 속에서 운집하였다고 한다. 이 영화가 당시에 있어서 어느 정도의 화제를 낳았는가 하는 점은 다음의 영화평을 참조하는 것만으로도 충분할 것이다.

2 「아사히신문」 1937년 3월 11일자.

어쨌든, "새로운 땅"은 모두들 본 듯하다. 모두가 각자의 입장에서 이토록이나 발언한 영화는 지금까지 없었다. 어느 신문을 보아도, 어떤 잡지 페이지를 펼쳐 보아도, 남자는 남자의 견지에서, 여자는 여자의 각도에서, 노인은 노인, 청년은 청년대로 제각기 이 영화를 논하고 있다. 임시 평론가의 대홍수다. 영화 비평이 이토록이나 대중화하고, 아마추어화했는가 하고 공연히 전문 영화비평가의 심장을 서늘하게 만들 정도의 풍경이 펼쳐지고 있다. **어떤 사람은 이 영화에 나타나는 가족제도가 메이지 시기 이전의 구태라고 하며 그 시대착오성을 비판하고, 어떤 사람은 초라한 민족주의나 방공주의에 침을 뱉으며, 남자는 일본 남성을 모욕한 영화라고 분개하는가 하면, 여자는 현대의 일본 여성은 저렇게 무지하고 수동적인 동물이 아니라며 미간을 찌푸리는 등** 실로 각인각설, 게다가 그 의견이 모두 상당히 뛰어난 비평이며, 본질을 짚고 있기에, 크게 우리의 의욕을 고취하는 바다.[3]

3 『キネマ旬報』 1937년 3월 1일호.

이 인용문의 윗 단락은 "새로운 땅"이 당시 어느 정도 화제가 되었는가를 나타내고 있으며, 아래 단락은 그 내용을 전달하고 있다. 강조한 부분에서도 추측할 수 있듯이, "새로운 땅"이란 영화는 서양인 감독에 의해 제작되어 일본을 '왜곡'되게 그리고 있다고 하는 서양의 '오리엔탈리즘'적인 시선과 그를 역으로 이용하여 일본을 선전하려는 일본 측의 '역오리엔탈리즘'의 시선이 복잡하게 드러난다.

하지만 무엇보다도 이 영화를 특기해야 할 이유는, 이 영화가 일본에 있어서 가부장제를 둘러싼 '여성 담론'이 어떻게 1920년대의 '도시모던'기를 거쳐서 1930년대의 '전시체제' 여성상으로 수렴되는가를 극명하게 보여주고 있기 때문이다. 이 영화의 개봉 당시 제목이 "새로운 땅"인 것은 우연이 아니다. 독일 여성과의 대비를 통해서 그려지는 '일본 여성의 아름다움'이 '정조', '모성'을 거쳐서 만주라는 '대지'로 연결되어 있기 때문이다. 따라서 이 장에서는 주로 "새로운 땅"의 분석을 통해, 어떻게 그와 같은 천황제 이데올로기의 대중화가 완성되는가를 고찰하고자 한다.

그를 위한 연구방법으로서, 먼저 ① 영화 텍스트를 분석함으로써 여주인공의 인물 조형에 있어서 어떻게 '도시 모던'과 '일본적 미'가 갈등을 거쳐서 '황민 사상'으로 수렴되는지를 살펴보며, 그를 바탕으로 이 영화가 반영하고 있는 '일본 선전'이라는 시대적 욕망이 어떻게 '역오리엔탈리즘'이라는 전략 속에서 이루어졌으며, 그것은 결과적으로 어떠한 의미를 가졌는가를 '동시대평'을 분석함으로써 확인하고, 마지막으로 ② 그러한 시대적 욕망을 산출하였던 사회적 맥락을 '정조', '모성', '대지' 등의 전시기의 여성 담론 속에 위치지음으로써 고찰한다. 그것도 기쿠치 간菊池寬의 「정조문답貞操問答」(1934년)이라는 영화화된 신문 소설과 미조구치 겐지溝口健二 감독의 "나니와 엘리제浪花悲歌"(1936년)와의 비교를 통해서 행한다.

1930년대 일본에 있어서 '여성 담론'이 어떠한 사회적 기능을 담당했는가 하는 문제는, 단지 지식인 차원의 '지적 담론'을 분석하는 것만으로는 분명해지지 않는다. 영화와 대중소설과 같은 문화물들 속에서 그러한 여성 담론이 구체화되는 양상을 고찰하는 것을 통해서, '도시대중'이 '전시의 어머니'로 거듭나는 복잡한 문화적 과정이 확인될 수 있는 것이다.

2. "새로운 땅"의 '역오리엔탈리즘' 전략

1937년 2월 3일, 일본 최초의 해외합작영화 "새로운 땅"이 황실관계자를 포함한 각계인사 수백명이 동석한 가운데 도쿄의 제국극장帝国劇場에서 화려하게 시사회를 갖게 된다. 이후 "새로운 땅"은 1937년 일본 영화계에 끊이지 않는 '화제'를 제공하게 된다. 이 절에서는 "새로운 땅"이 낳은 화제성이 과연 어떠한 '의미'를 가지는 것이었는가를 밝히고자 한다. 그를 위해서 먼저 "새로운 땅"이라는 영상 텍스트를 중심으로 이 텍스트가 생성되는 과정을 '역오리엔탈리즘'이라는 키워드를 통해 고찰한다. 여기에서 말하는 '역오리엔탈리즘'이라는 용어는, 서양인이 동양을 사고하는 지식의 틀, 즉 오리엔탈리즘에 대해, 그 대상자가 그와 같은 시선을 역으로 이용하여 자국을 선전하려고 하는 자세, 혹은 시선을 지칭하여 사용한다.

"새로운 땅"의 성공은 어쩌면 충분히 예견된 것이었는지도 모른다. 즉 산악영화의 거장 아놀드 팡크의 도일(1935년) 이후, "새로운 땅"은 직간접적인 무수한 선전 속에 화제를 불러일으키고 있었다. 예를 들어 1936년 『키네마준포』에는 "엄청난 폭풍과 파도가 휘몰아치는 일본! 일본인은 한 명도 남김없이 이 영화를 보지 않으면 안 된다!"라는 광고가 1년간에 걸쳐

실렸으며, '하라 세쓰코의 어디가 아름다운가?'에 대한 설문을 하는 모리나가森永제과와의 타이업tie-up 광고(제휴광고), 게다가 무명에 가까웠던 하라 세쓰코의 발탁이나 70만 엔에 이르는 당시로서는 막대한 제작비 등 "새로운 땅"은 1936년 내내 끊이지 않는 기삿거리를 제공하고 있었다.

하지만 "새로운 땅"의 성공을 단지 이와 같은 선전 효과로 해석하는 것은 충분하지 못하다. 또한 이 영화는 1936년 일독방공협정 조인을 선전하려는 분명한 내용을 가지고 있지만, 단지 그와 같은 정치적인 환경과 영화의 성공을 직접적으로 결부시키는 것은 너무나 단락적인 사고라 아니할 수 없다. 영화는 시대적 욕망 속에서 상상력을 추동하여 새로운 이야기로서 재생산해내는 나름의 논리성을 가지고 있는 것이다.

필자가 주장하는 시대적 욕망은 다음의 동시대평 속에서 요약적으로 발견된다.

> 유려한 산봉우리 후지(富士), 아름다운 일본! 유럽 유학의 데루오가 대표하는 서양 문화와 18살 미쓰코가 대표하는 동양 문화의 상극. 이 두 폭풍이 빚어내는 혼돈스런 슬픔을 아름다운 배경과 격렬한 자연 속에서 묘파한 것이다.[4]

4 千葉伸夫, 『原節子』, 平凡社ライブラリー, 2001년, 69~70쪽.

이 인용은 "새로운 땅"의 일본측 코디네이터를 담당했던 영화평론가 하스미 쓰네오筈見恒夫의 영화평이나, 이 속에서 '일본의 자연미', '동서 문화의 경쟁/대립', '일본 여성'이라는 세 가지 사고의 축을 도출할 수 있을 것이다. 그리고 이 세 가지 사고의 축은 이 책에서 지속적으로 고찰해 왔듯이, 1920년대부터 30년대에 이르기까지 일본 사회에서 지속적으로 논의되어 왔던 요소들이며, "새로운 땅"은 결론적으로 말하면 '역오리엔탈리즘'이라는 전략을 취함으로써 그에 대한 한 가지 대답을 제시하고 있는 것이다.

"새로운 땅"에 보이는 전략으로서의 '역오리엔탈리즘'은 영화 제작의 모든 단계에서, 그것도 매우 치밀하게 준비되었음을 알 수 있다. 이 점에 있어서는 무엇보다도 먼저 제작자 가와키타 조세의 존재가 주목된다. 가와키타 조세는 육군대위였던 아버지 가와키타 다이지로川喜多大治郞가 베이징에서 일본헌병에 의해 살해되는 어린 시절의 사건을 경험한 후, 1922년 베이징대학에 입학하여 동아시아 속에서의 일본의 역할에 대해 고민하나, 곧 1923년 독일로 유학을 떠나게 된다. 이 유학 과정에서 그는 유럽 영화의 작품적 완성도에 주목하게 되어 1928년 귀국 후 '동화상사東和商事'라는 유럽 영화 수입전문회사를 설립한다. 이 동화상사 및 조세는 현재에 있어서 1920년대에서 30년대에 이르는 시기의 주요한 유럽 영화를 일본에 소개한 업적으로 그 선구성이 높이 평가되고 있다. 조세의 이와 같은 경력은 우수한 일본 영화를 역으로 서구에 소개하고 싶다는 강한 욕구를 낳게 되어, 이러한 그의 욕구가 결집된 영화가 "새로운 땅"이었던 것이다. 이후 조세는 1939년 상하이에 설립된 '중화영화中華電影'에 부사장으로 부임하여 다시 중국에 건너가게 된다.5 이와 같은 조세의 '중국 - 일본 - 유럽(독일)'에 걸친 경험은 "새로운 땅"의 플롯에 깊이 투영되어 있다. 여기서 논의의 편의를 위해 간단히 "새로운 땅"의 스토리를 정리하면 다음과 같다.

5 佐藤忠男, 『キネマと砲声: 日中映画前史』, リブロポート, 1985년, 56~73쪽.

오랜 기간 동안 독일 유학(농경학)을 마치고 귀국하는 야마토 데루오大和輝雄 (고스기 이사뮈[小杉勇] 역)는, 선상에서 독일인 여성 게르다(루트 에베라 역)와 만나 사랑에 빠진다. 데루오는 혼인을 약속한 야마토 미쓰코大和光子(하라 세쓰코[原節子] 역)와의 결혼을 눈앞에 두고 있었으나, 유학을 통해 얻은 서양적인 개인주의적 관점으로 그 결혼을 거부한다. 데루오를 염려하는 여동생은, 그를

그림 8-1
"새로운 땅"에서 야마토 이와오
를 연기하는 하야카와 셋슈

데리고 여러 '일본적인 것'을 둘러보게 한다. 이 과정에서 데루오는 자신의 '과오'를 깨닫는다. 미쓰코는 데루오의 귀국을 기다리며 신부수업을 받고 있었으나, 데루오의 변심을 알고 결혼예복을 들고 '화산'으로 자살행을 떠난다. 데루오는 미쓰코를 간발의 차이로 구출함으로써, 서양에 동경하여 일본적인 것의 아름다움을 보지 못했던 자신의 과오를 뉘우치고, '야마토나 데시코大和撫子'(일본 여성)의 아름다움을 재발견한다. 1년 후 무장한 일본 병사에 보호받으며 만주의 대지를 트랙터로 갈고 있는 데루오의 옆에는 그 광경을 바라보는 미쓰코와 아이가 있다는 묘사로 영화는 끝난다.

이와 같은 간단한 "새로운 땅"의 플롯 속에서도 가와키타 조세의 오랜 염원이 깊이 각인되어 있는 사실이 드러난다. 즉, 영화 속의 데루오는, 서구의 발전된 지식(모던)을 흡수하여 일본적인 것으로 재창출하며, 그것을 만주라는 실험 공간 속에서 펼치게 되는데, 이는 조세의 서구 영화를 통해 획득한 영화적 지식/미의식(모던)을 일본적인 것으로 바꾸어, 그것을 다시 서구에 수출하고자 했던 자신의 염원을 구현하고 있는 것이다.

이러한 조세의 염원은 하야카와 셋슈早川雪洲의 캐스팅에서 단적으로 드러난다. "새로운 땅"에서 미쓰코의 아버지 야마토 이와오大和巖를 연기하는 셋슈는 한마디로 당시의 국제적인 스타였다. 그는 1913년 시카고대학을 졸업한 후 "타이푼Typoon"(1915년, 토마스 인스 감독)을 통해 데뷔하게 되지만, 무엇보다 그의 명성을 확고히 한 것은 "치트The Cheat"(1915년, 세실 데밀 감독)이다. 이 영화에서 그는 여인에게 낙인을 찍는 냉혹한 일본인 청년을 연기함으로써 일약 할리우드의 스타덤에 오르게 된다. 그는 미국에서 일어난 배일운동으로 인해 유럽에 건너갈 때까지, 자신이 설립한 영화사(Haworth Pictures Corporation)에서 23편의 영화를 제작하는 등 할리우드에서 대표적인 일본인 영화인으로서 명성을 확고히 하였다. 유럽에서도 각지를 돌며 활동하였으며, 당시의 초대작 프랑스 영화 "라 바타이유La Bataille"(1923년) 등에 출연하기도 했다.[6] "새로운 땅"에서 하라 세쓰코의 엄격한 아버지 역을 담당한 셋슈는 이 영화에서 유일하게 세계적인 지명도를 가진 일본인 배우였으며, 또한 후술하는 바와 같이 그를 통해서 '일본 정신'이란 것이 설파되는 것이다.

6 早川雪洲, 『早川雪洲: 武者修行世界を行く』, 日本図書センター, 1999년.

　　여기까지는 주로 가와키타 조세와 하야카와 셋슈의 경력을 통해서 "새로운 땅"이 의도된 국제적 영화라는 측면을 살펴보았으나, 다음 절에서는 "새로운 땅"의 내용에 보다 천착함으로서 이 영화가 의도한 '역오리엔탈리즘'에 대해 고찰하도록 한다.

3. 일본의 자연미, 일본 여성, 그리고 모던의 두 얼굴

아놀드 팡크는 "새로운 땅"의 구상 단계에서 JTB(Japan Tourist Bureau)의 전폭적인 협조를 받게 된다. 즉 전 세계에 일본을 알리려는 의도로 제작된 "새로운 땅"은, 그 내용에 있어서 '일본의 자연미'를 중심에 두고 있었다. 또한 '일본의 자연미'를 부각시키는 수단으로서, 당시로서는 신예에 가까웠던 하라 세쓰코가 보이는 '일본 여성'의 아름다움이 결합된다. 이 점에 대해 하라는 다음과 같은 회상을 남기고 있다.

> 저는 "새로운 땅"에서 거의 일본 전역을 둘러보았습니다. 지금 다시 생각해 보아도, 촬영 기간 1년 동안, 후지산과 그 주변 각지, 나라(奈良), 고베(神戸), 아키(安芸)의 미야지마(宮島), 마쓰시마(松島), 미토(水戸), 후쿠이(福井), 니가타(新潟), 우바스테산(姥捨)의 다고토노쓰키(田毎の月), 이타코(潮来), 비와호(琵琶湖)와 그 주변, 거기에 고베에서 도쿄까지의 해상 등 물론 이 이상으로 로케이션이 진행되었습니다만, 그 중 3분의 2는 저도 카메라와 함께 갔었습니다. 지금도 이 "새로운 땅"은 저의 17살의 아름다운 앨범과 같은 것으로서, 일본 전역의, 누가 보아도 아름답다고 생각되는 곳에는 전부 가 본 셈이 될 것입니다.[7]

7 千葉伸夫, 앞의 책, 62쪽.

하라 세쓰코의 이와 같은 회상은 일견 아무렇지도 않은 젊은 시절의 추억처럼 읽힐 수도 있으나, 사실은 "새로운 땅"의 핵심에 해당하는 부분이며, 그것은 일본의 '누가 보아도 아름답다고 생각되어지는 관광명소'에 하라 세쓰코의 '17살의 아름다움'을 결부시키는 것이었다. 그리고 '누가 보아도 아름답다고 생각되는 토지', 즉 '관광명소'는 이 책의 3장에서 상술한 바와 같이 1920년대에 걸쳐 '발견'되었던 것이다. 1927년 도쿄와 오사카의 신문사 주최로 '일본 신 팔경日本新八景' 선정이라는 전 국민적 붐이 일게되고, 그 연장선상에서 1934년에는 운젠雲仙, 기리시마霧島, 세토나이카이瀬戸内海 등 세 곳이 일본 최초의 국립공원으로 지정된다. 즉, "새로운 땅"이 표현하는 '일본의 자연미'란 이와 같은 '일본 자연의 신발견', '디스커버리

재팬'⁸이라는 대중적 요구의 영상적 표현이
었던 것이다.

　"새로운 땅"의 제작에 깊이 관여한 JTB에
대해 이 책의 4장에서 이미 설명했으나, 이러
한 시대적 요구를 살펴본 위에서 여기에서 다

8 白幡洋三郎는 다음과 같이 지적한다. "일본 신팔경은 새로운 풍경관을 만들어 내었고, 새로운 관광여행 목적지를 창출했다고 생각된다. 내무성이나 철도청의 직원이 위원에 참여했던 것도 관민일체가 된 디스커버리 재팬이었다는 점을 증거할 것이다"(『旅行ノススメ』, 中公新書, 1999년, 68쪽).

시 한 번 살펴볼 필요가 있다. 자연이 인간에 의해 새롭게 발견된 이상 그
자연은 인간적인 의미가 새로 부여된다. 달리 말하면, '일본 자연의 신발견'
은 일정한 컨셉 속에서 선전되게 되며, 이 과정에서 JTB가 담당한 역할이
크다는 것이다. 현재의 JTB는 일본의 대표적인 민간 여행사로 알려져 있으
나, 당시에는 일본철도청 산하 '국제관광국'에 소속된 기관으로서, 1930년
외국인 관광객 유치와 외자 획득을 목표로 설립되었다. 이 JTB는 1920년대
부터 시작된 '여행'의 대중화를 국가적 차원에서 사업화하려는 취지에서
발족되었으며, 그 주된 사업 내용은 두 가지 방향으로서, 그 한 가지는 '모던
(근대화된) 일본'을 국내외에 선전하는 것, 다른 한 가지는 메이지 시기부터
서구에 알려진 '이국적 일본 취미'(오리엔탈리즘), 즉, 게이샤걸, 후지산, 사쿠라
등의 일본 이미지를 오히려 관광자원으로서 역이용(역오리엔탈리즘)함으로써
해외관광객을 유치하려는 것이었다.⁹ 이 JTB의 두 가지 방향
성은 "새로운 땅"의 제작에 직접적으로 연결되는 것이나, 영
화가 묘사하는 '일본의 자연미'는 이러한 '역오리엔탈리즘'
적인 시선과 깊이 연관되어 있다.

9 『日本国有鉄道百年史第8卷』, 日本国有鉄道, 1971년, 339쪽.

　[그림 8-2]와 [그림 8-3]은 "새로운 땅"이 묘사하는 '일본 자연미'의 특성을
잘 알 수 있는 예를 뽑은 것이다. [그림 8-2]는 4장에서도 인용했던 '일본 유람안
내 포스터'를 재인용한 것이며, [그림 8-3]은 "새로운 땅"의 도입부에서, 신부
수업을 받고 있는 하라 세쓰코가 이쓰쿠시마진자 오토리이嚴島神社大鳥居를

그림 8-2 국제관광국발행「일본 유람안내 포스터」
그림 8-3 하라 세쓰코가 이쓰쿠시마 오토리이를 배경으로 자연과 일체를 보이고 있는 장면
그림 8-4 "새로운 땅"의 타이틀
그림 8-5 후지산 전경

배경으로 사슴이라고 하는 '자연'과 일체되어 있는 장면이다. 이 두 그림은 사진의 구도와 배치, '자연과 일체된 일본 문화'라는 컨셉에 이르기까지 놀라운 일치를 보이고 있음을 알 수 있을 것이다. 이처럼 "새로운 땅"이 묘사하는 '일본의 자연미'는 JTB를 통해 제공된 것으로, 이러한 그림 이외에도, 사쿠라, 후지산, 화산 등 기존의 서양이 일본에 대해 가지고 있는 오리엔탈리즘적인 시선을 역으로 이용하여 일본을 선전하고 있다. 그리고 그 연장선상에 "새로운 땅"의 결말에서 그려지는 '만주'가 위치하고 있는 것이다. 하라 세쓰코는 "새로운 땅"을 17세의 자신의 앨범과 같다고 회술하고 있으나, 실은 당시의 일본 정부가 해외에 선전하고 있었던 '일본의 앨범'이었던 것이다.

다음으로 JTB가 선전하는 '모던 일본'이 "새로운 땅" 속에서 어떻게 그려지는지 살펴보도록 하자. 데루오와 미쓰코라는 남녀 주인공 캐릭터를 통해 구현되는 '모던 일본'은 결론적으로 말하자면, '건설적인 모던'과 '퇴폐적인 모던'의 '두 얼굴'을 가지고 있으며, 퇴폐적인 모던을 지양하여 건설적인 모던(=근대화)을 향해 박차를 가해야 한다는 강한 이데올로기성을 보여주고 있다.

조금 더 구체적으로 살펴보도록 하자. "새로운 땅"은 미쓰코상을 통해, 일본이 서양의 오리엔탈리즘적 시선에 단순히 영합하지 않으며, 일본이 메이지유신 이래로 그 모델로서 추구해 왔던 '서구적 근대'에 이미 도달하였음과 그 결과로서 독자적인 '모던 일본'이 탄생하였음을 '선전'한다. 미쓰코는, 서양의 오리엔탈리즘적 시선을 반영하는 '일본 여성' 야마토나데시코로서, 장래의 남편(데루오)을 기다리는 오프닝신 등에서 보이듯이, 기모노를 입고, 일본식 정원 속에서 자연과 조화를 이루며, 요리, 꽃꽂이, 자수, 차도 등의 신부 수업과 사무라이의 딸로서 궁도, 무도 등의 수업을 쌓는다. 그

그림 8-6 신부의상
그림 8-7 양장
그림 8-8 무도복

뿐 아니라, 독일어, 발레, 수영, 보트, 피아노 등의 서양적 교양도 겸비하고 있으며, 데루오를 마중하러 도쿄에 나갈 때는 단발과 양장의 모습으로 옷을 갈아 입는다. 이러한 모습은 [그림 8-6], [그림 8-7], [그림 8-8] 속에서 확인할 수 있다.

하라 세쓰코라는 배우의 신체성을 통해 표현되는 이러한 '일본미'와 '서양미'의 조화는 기존의 일본 영화 속의 여성 표상에 비추어 볼 때 다소 이질적인 것이다. 즉, 1930년대 초까지의 일본 영화는 기모노를 입은 현모양처와 단발과 양장을 한 '모던걸'을 등장시켜, 전자를 긍정적으로 후자를 부정적으로 그렸으며, 모던걸은 향락적, 퇴폐적이며, 맹목적 서양추종자로서 선도해야 하는 존재였던 것이다. 이 영화를 통해서 확인할 수 있는 점은 여성의 패션을 통해 현모양처와 퇴폐적인 모던걸을 대립시키는 인식은 1930년대 중반에 이르면 점차 소멸되어, 여성의 양장이 자연스럽게 생활 속에 정착하였음을 알 수 있다. 또한 모던걸의 퇴폐, 향락성을 선도할 방향으로 논의되었던 '일본 정신'이라는 것이 구체적인 이미지를 획득하고 있다는 점도 놓쳐서는 안 되나, 이 점에 대해서는 후술하겠다.

"새로운 땅"이 말하는 퇴폐적인 모던의 지양과 건설적인 모던의 찬양은 주로 데루오의 갈등을 통해 표현된다. [그림 8-9], [그림 8-10], [그림 8-11]의 장면은 데루오가 귀국한 후, 그가 느끼는 '서양적 개인주의'(자신이 선택한 여성과 결혼할 자유)와 '일본적 가치'(자신이 약속했던 결혼의 약속을 이행할 의무) 사이의 갈등이, 일본술과 양주라는 형태로 표현되어 있는 장면을 연속 캡션으로 옮긴 것이다. 데루오는 결과적으로 '건설적인 모던'을 상징하는 여동생 히데코(방직 여공)의 인도 속에서, '퇴폐적인 모던', 즉 저녁의 네온사인, 술, 여급, 댄스, 카페 등을 부정하게 되고, 자신이 잊고 있었던 '일본적인 것'을 재발견하는 방향으로 나아가게 된다.

그림 8-9
일본술을 따르는 일본 여성

그림 8-10
일본과 서구적 가치 사이의 갈등

그림 8-11
양주를 따르는 서양 여성

그림 8-12
'서구적 모던'을 거쳐 '일본 정신'
으로 회귀하는 데루오의 묘사

바로 이 지점에서 "새로운 땅"의 선전성propaganda이 강하게 드러나게 된다. 퇴폐적 모던을 지양하고 건설적 모던으로 나아가는 정신적 지침으로서 '천황제 이데올로기'가 전면에 부각되는 것이다. 스모, 노 등 '일본적인 것'을 둘러본 데루오는 사원을 찾아가게 되고, 그곳의 승려는 데루오에게 다음과 같이 말한다. "너는 서양에서 '근대적'이라 불리는 많은 지식을 자신의 것으로 만들었다. 서양의 지식을 흡수하는 것은 분명히 필요하다. 열강과의 경쟁에서 살아남기 위해서는 말이다. 한 인간은 선조 대대로 연속되는 긴 연쇄의 한 단편일 뿐이다. 하지만 그 한 단편이 연쇄 전체의 주체가 된다. 너의 피는 영원히 흐르는 생명의 단 한 방울에 불과하다. 큰 흐름을 벗어나서는 존재할 수 없다. 아버지에 대한 평소의 예의는 전체에 대한 감사의 상징이다. 그 전체의 이름이 일본이다." 또한 데루오의 아버지는 미쓰코의 연적 게르다를 설득하는 장면 속에서, "가족이 일본의 기초입니다. 국가는 가족 위에 성립합니다. 그 최상위에 위치하는 분이 천황입니다. 천황을 위해서 우리는 살고, 그리고 죽습니다"라고 말함으로서, 서양과는 다른 독자적인 '모던 일본'의 근간이 '천황제 내셔널리즘'임을 강조한다.

　　이와 같이 "새로운 땅"은 서양의 오리엔탈리즘적 시선을 역으로 이용하여, 동양 속의 열강으로 등장한 '근대적(=모던) 일본'을 '선전'하기 위해 제작되었으며, 그 '근대적 일본'이란 퇴폐적 도시문화의 부정과 방직 등의 근대 산업의 긍정, 그리고 그러한 근대성을 포괄하는 '천황제 이데올로기'를 선전하는 것이었다.

　　지금까지의 논의를 통해 추측할 수 있듯이, "새로운 땅"이 주장하는 일본의 자연, 일본 여성, 천황제 이데올로기 등은 그 과도한 선전성으로 인해 무수한 찬반양론을 낳게 된다. 서론에 언급했던 동시대평을 다시 한 번 참조해 주길 바란다. "새로운 땅"이 전근대적인 가족제도를 그리고 있다,

일본남성을 모욕하는 영화다, 일본 여성은 그렇게 수동적이지 않다 등등의 비판은 모두 이와 같은 과도한 이데올로기성에 집중되고 있다는 점을 확인할 수 있을 것이다. 하지만 이와 같은 사고 속에서 "새로운 땅"이 실패한 선전 영화라고 단정짓는 것은 섣부른 판단일 것이다. 흥행적인 면은 물론, "새로운 땅"은 국민의식의 통합에 작용했던 측면이 매우 컸던 '성공'적인 영화였으며, 그를 검증하기 위해서는 이 영화를 보다 넓은 사회적 컨텍스트 속에 재위치시켜 볼 필요가 있다.

4. 천황제 내셔널리즘의 대중화

앞 절에서는 "새로운 땅"의 내용을 분석함으로써 이 영화가 '일본의 자연', '일본 여성', '모던 일본'을 선전하는 선전 영화였다는 점을 분명히 하였다. 이 절에서는 그러한 선전성이 동시대적 맥락에서 어떠한 의미를 가진 것이었는가를 보다 분명히 하기 위해, 먼저 "새로운 땅"에 대한 동시대평을 살펴보고, "새로운 땅"과 공통적인 문제의식을 가지는 두 편의 문화물, 「정조문답」과 "나니와 엘리제"와의 비교를 통해 살펴보도록 한다.

　　"새로운 땅"은 1937년 2월 4일 개봉하여 일본 국내에서 3주간 상영되고, 이후 3월 11일부터 약 4개월에 걸쳐서 유럽, 미국 등 해외에서 상영된다. 이 시기에 생산된 일본 국내외의 많은 동시대평은, "새로운 땅"이 어떻게 수용되었는지를 보여주는 좋은 잣대를 제공해 준다. 그 평가의 수위는 이하의 네 가지 맥락[10]으로 정리된다.

① 팡크는 일본을 이타미 만사쿠보다도 (적어도 영화상에서는) 잘

10 "새로운 땅"에 대한 동시대평 및 그 정리에 대해서는 山本直樹, 「風景の(再)発見: 伊丹万作と」, 『新しき土』」(岩本憲児編, 『日本映画とナショナリズム, 1931~1945』, 森話社, 2004년)에 의거하는 바가 크다.

이해하고 있다. 그리고 또, 만사쿠가 적당히 무책임하게 묘사하여 추태가

드러난 곳을 팡크는 노력하여 일본에 호의를 가지고 다루고 있다. 정리해서

말한다면, 일본인 이타미 만사쿠가 만든 "새로운 땅" 보다 외국인 아놀드 팡크

가 만든 "새로운 땅" 쪽이 몇 배나 좋은 것이다. 일본 소개를 목적으로 하면서,

그 주제적 표현으로도, 작품의 가치로도, 일본인이 외국인에 11 左郎,「映画」,『中央公論』
1937년 3월호.

게 진 것이다.11

② 이 작품이 일본 영화계에 끼친 공적은, 화면의 사실적인 아름다움에 의해,

일본의 풍토에 새로운 매력을 발견해냈다는 점에 있다. 말하자면 수묵화의

아름다움을 스크린의 아름다움으로 번역한 곳에 있는 것이다. 이것이 이 영화

를 구하고 있는 유일한 장점이나, 이 유일한 장점은 일본의 영화

제작자, 특히 관광 영화 제작자에게는 크게 교훈적이다.12

③ 이타미 판 "새로운 땅"은, 이타미 만사쿠가 팡크판 "새로운

땅"에 행한 방해공작이다. 소극적 항의다. 일본 시민으로서,

이를 수행한 이타미 만사쿠는 인내와 희생과 용기로 뭉친 국

사이기까지 하다.13

④ 독일의 저널리스트는, 『사무라이의 딸』을 일본에 관한

한 편의 독일 영화로 간주하며, 일본에서 국제 시장에 출품된

최초의 작품으로서는 보지 않는다.14

12 板垣鷹穂,「教育者のた
めの映画鑑賞講座」,『映画教
育』1937년 3월호.
13 北川冬彦,「二つの「新し
き土」に就て: 伊丹万作の立
場」,『映画集団』1937월 4월
호.
14 Janine Hansen, "The New
Earth(1936/37): A German
- Japanese Misalliance in
Film", in Aaron Gerow and
Abe Mark Nornes, eds., In
Praise of Film Studies: essays
in honor of Makino Mamoru
(Yokohama: Kinema Club,
2001), 195쪽.

이상의 정리에서 확인할 수 있듯이, "새로운 땅"에 대

한 평가는 주로 아놀드 팡크판과 이타미판을 비교하는 것을 통해 이루어

지고 있으며, 그것은 ① 이타미판을 비난하며 팡크판을 칭찬하는 것, ②

팡크의 촬영기술만을 부분적으로 칭찬하는 것, ③ 이타미판 옹호론, ④

"새로운 땅"을 오히려 일본을 배경으로 한 독일 영화로 간주하는 평으로

정리할 수 있다. 그리고 그것을 내용적으로 단순화시켜 보면, "새로운 땅"
을 일본 선전(역오리엔탈리즘)의 관점에서 긍정/부정하는 관점과 "새로운 땅"
이 선전하는 천황제 이데올로기에 대해 긍정/부정하는 관점으로 요약할
수 있다.

　이와 같은 "새로운 땅"이 가지는 두 가지 의미의 선전성은 영화의 제목
속에서 확연하게 드러난다고 할 수 있다. 즉 "새로운 땅"은 팡크판의 제목
"사무라이의 딸"이 나타내듯이 역오리엔탈리즘이라는 전략을 구사함으로
써 서구를 향해 일본을 선전하려는 영화인 동시에, 이타미판의 제목 "새로
운 땅"이 나타내듯이 일본 국민을 향해 만주를 선전하는 영화이기도 한 것이
다. 이러한 의미에서 필자는 "새로운 땅"에 대해 전자의 실패와 후자의 성공
이라는 관점으로 바라보고자 한다.

　"새로운 땅"이 의도했던 해외에 일본 영화를 알리려는 의도가 실패했
다는 점은, 일본 선전을 목적으로 제작된 영화가 해당국(독일)에서는 일본
영화로조차 인식되지 않고 독일 영화의 하나로 간주되었다는 사실에서
분명히 드러난다. "새로운 땅"은 산악 영화의 거장 아놀드 팡크의 또 다른
산악 영화일 뿐이며, 이 영화가 말하는 일독 친선과 일본의 가부장제에 근거
한 천황제, 중공업 발전에 근거한 근대국가의 확립이라는 측면은, 나치스
의 게르만족 선민사상과 후발 국가로서 뒤늦게 제국주의 전쟁에 뛰어든
독일의 아이덴티티로 쉽게 전화되어 받아들여졌던 것이다.

　하지만 "새로운 땅"이 천황제 이데올로기를 대중화함으로써 국민의
식을 통합하고, 만주라는 '새로운 땅'을 일본 국민에게 선전했다는 측면에
서는 매우 성공적이었다고 판단된다. 이러한 천황제 이데올로기의 대중화
를 생각할 때 먼저 유의해야 할 점은, 그것이 결코 당시의 일본 사회에 확고
하게 정착되어 있던 이데올로기가 아닌 무수한 '논쟁'의 장을 형성하고 있었

다는 것이다. 이 책의 6장에서 상술한 바이나, 그 정치적 골자를 정리해서 말하면 다음과 같다.

1931년 관동군의 오프사이드적인 군사행동으로 인해 발발한 만주사변은 국제적으로 일본을 고립시키게 되어 일본은 국제연맹에서 탈퇴하는 결과를 낳게 되나, 일본 국내적으로는 만주사변의 정당성[15]을 설파하는 과정에서 '천황제 내셔널리즘'은 중요한 정치 담론으로 급부상하게 된다. 이러한 정치담론은 유일하게 제국주의적 침략전쟁에 대한 안티세력으로 기능

[15] 만주사변은 침략전쟁이 아니며, 서구의 제국주의적 억압으로부터 '형제' 민족을 해방시키고, 천황의 '자애' 속에서 '형제' 민족이 팔굉일우(八紘一宇)하여 대동아공영권을 실현한다고 의미부여한다. 이러한 논조는 만주사변 발발 직후부터 만주국 수립(1934년)에 이르는 동안에 출간된 무수한 사료 속에서 공통적으로 발견된다.

하고 있었던 공산당이 1933년 '제5차 공산당 사건'으로 급속하게 붕괴되고, 연이은 공산당 지도자 사노·나베야마의 전향성명문을 통해 확립된다. 6장에서 논의한 바와 같이 이 전향 성명은 실질적으로 '천황제 내셔널리즘'을 강력하게 백업하게 된다. 이러한 일련의 사건은 정치지형의 우경화를 가속화시켜, 1935년의 '천황제 기관설 사건',[16] 1936년의 '2·26 사건'으로 연결되는 결과를 낳는다.

하지만 이와 같은 '정치'의 급속한 우경화가 직접적으로 국민의식을 통합하는 단계로 연결되었던 것은 아니다. 대중문화 영역에서 진행되는 '천황제 내셔널리즘'의 대중화 과

[16] '천황제 기관설'이란 1914년 헌법학자 미노베 다쓰요시(美濃部達吉)에 의해 주창된 것으로, 국가의 통치권은 법인으로서의 국가에 있으며, 천황은 그 최고기관으로서 내각을 필두로 하는 각 기관의 보조를 얻으면서 통치권을 행사한다는 논리. 이 천황제 기관설은 1935년 군부와 우익으로부터 '반역죄'로 공격을 받게 되고, 미노베는 의원직을 사임하고 우익으로부터 저격당하는 사건이 발생한다. 이를 '천황제 기관설 사건'이라 한다.

정은 보다 복잡하며, 실체적인 이미지로 구현되는 구체화 과정을 필요로 한다.

"새로운 땅"에서 '천황제 내셔널리즘'은, "가족이 일본의 기초입니다. 국가는 가족 위에 성립합니다. 그 최상위에 있는 것이 천황입니다"라고

언급되며, 일본 정신에 새롭게 눈 뜬 데루오가 '가부장제적 정조'를 끝까지 지켜낸 미쓰코를 화산에서 구출하고, 그 둘은 광활한 만주에서 데루오가 트랙터로 경작하며, 그 옆에서 미쓰코가 아이를 기른다는 라스트 신에서 구체적으로 표현된다. 여기에서 하라 세쓰코가 체현하는 '정조', '모성', '대지' 등의 이미지는 물론 '전시의 모성상'이 요구하는 요소들이나, 이러한 천황제 내셔널리즘에 부합하는 여성 표상은 정치 영역의 급진성, 단선성과는 다른 복잡한 문화적 역동성의 결과인 것이다.

5. '모던걸'에서 '모성'으로_기쿠치 간 「정조문답」을 통해

그렇다면 "새로운 땅"에 나타나는 '전시의 모성'이라는 1930년대 일본 여성 담론의 수렴 형태는 어떠한 과정을 거쳐서 가능했던 것일까? 달리 말하면 1920년대 도시모던기에서는 남성중심적 가부장제 윤리에 반하여 여성의 주체성을 주장하는 신여성, 모던걸이 논의의 중심에 있었다면, 이러한 여성상이 어떠한 논리적 과정을 통해서 남성중심적이며, 가부장제적인 '전시기 모성'이라는 여성상으로 이행할 수 있었던 것일까? 이 과정을 잘 보여주는 작품으로 이미 다루었던 기쿠치 간菊池寬의 또 다른 히트작 「정조문답貞操問答」[17]을 고찰하도록 한다.

17 菊池寬,「貞操問答」,「마이니치신문」1934년 7월 22일~35년 2월 4일.

　　　　3장에서 언급한 바와 같이, 기쿠치 간은 여성 독자를 주요한 독자층으로 삼는 가정소설 장르에서 압도적인 지지를 유지했던 작가로서, 다이쇼大正 말기(1920년대 초)부터 쇼와昭和 초기(1930년대 후반)에 이르는 여성상의 변화를 '신여성', '모던걸', '노동하는 여성', '모성'의 형태로 각각의 작품 속에서 지속적으로 그려왔으며, 그의 소설은 거의 모두 영화화

되어 높은 인기를 구가했다.[18] 기쿠치 간의 소설은 둘, 혹은 세 명의 여주인

공을 등장시켜, 각각의 시대적 상황에서 쟁점이 되는 여성 담론을 그 주인공들에게 투영하여 대비시킴으로써 '시대가 요구하는 여성상'의 변화를 추적한다. 이러한 방식으로 「진주부인」에서는 '신여성'을, 「수난화」, 「도쿄 행진곡」에서는 '모던걸'을, 「신여성감」에서는 '노동하는 여성'의 시대적 진보성을 각기 주장하며 여성 독자의 압도적인 지지를 이끌어 내었던 것이다.

18 기쿠치 간의 소설을 원작으로 제작된 영화는 '일본 영화데이터베이스'(www.jmdb.ne.jp)에 의하면 100편 이상에 이른다. 그 중에서도 1920년대에서 30년대에 제작된 주요 영화를 열거하면 다음과 같다. 京子と倭文子(1926, 聯合映画芸術家協会=伊藤映画研究所, 원작명「第二の接吻」), 新珠(1927, 松竹蒲田), 真珠夫人(1927, 松竹蒲田), 結婚二重奏前後篇(1928, 日活大将軍), 東京行進曲(1929, 日活太奏), 新女性鑑(1929, 松竹蒲田), 不壊の白珠(1929, 松竹蒲田), 恋愛結婚制度(1930, 東亜京都), 有憂華(1931, 松竹蒲田), 受難華(1932, 日活太奏), 真珠夫人(1933, 日活太奏), 貞操問答高原の巻, 都会の巻(1935, 入江プロ), 慈悲心鳥(1936, 日活多摩川), 新道前篇, 後篇(1936, 松竹大船), 日本女性読本(1936, P.G.L.), 女性の戦ひ(1939, 松竹大船).

이러한 기쿠치 간이 「정조문답」에서는 '모성'으로 다시 '회귀'한다. 일본 여성의 질곡이 구습적인 '가부장제'에 있으며, 그로부터 벗어나려고 노력하는 여성의 주체성을 찬미해왔던 그가 다시 가정의 소중함과 가부장제의 유지라는 방향으로 돌아서는 것이다. 어떻게 이와 같은 논리가 가능했으며, 그것은 왜 필요했던가에 대해 논지와 관련된 부분을 중심으로 「정조문답」을 살펴보도록 하자.

「정조문답」은 각기 다른 여성관을 대표하는 세 자매의 선택을 비교하면서 '시대가 요구하는 여성상'이란 무엇인가를 묻는다. 아버지가 부재한 가정 속에서, 장녀인 게이코圭子는 '연극'을 통해서 자아를 실현하려 하는, 말하자면 '신여성'적인 여성이며, 막내인 미와코美和子는 '베이비에로'로 묘사되어 퇴폐적 도시풍속을 나타내는 '모던걸'적인 여성이라고 할 수 있다. 그에 비해 차녀인 주인공 신코新子는 가족을 부양하기 위해 가정교사나 카페에서 일하지만 '성모와 같은 청결함과 창부의 에로스를 겸한' 여성으로 묘사

된다. 이러한 여주인공의 이중적 성격화는「정조문답」의 테마와 직접적으로 관련된다. 다음의 인용을 보자.

신코는 이틀 저녁이나 한 숨도 잠을 자지 못했다. 쇼코(祥子)의 병실에서 철야를 하고 있으면, 준노스케(準之助) 씨가 때때로 살펴보러 왔다. 그리고 신코에게 들어가라고 권하고, 신코는 이를 거절하는 사이, 둘 사이에서는 호의적인 감정이 서로 통하게 되었다. 하지만 결국 하녀들보다도 신코가 철야로 간병을 하게 되었다. 쇼코가 그것을 더 기뻐했기 때문이다. 준노스케 씨의 부인은 쇼코가 아파하고 있어도, 오전에는 남편과 골프를 치러 가고, 밤에는 어느 외국인의 별장에서 댄스파티가 있다고 하며 외출하였다. 신코가 쇼코의 간병을 하고 있는 것 따위, 전혀 자신과는 관계없는 일이라는 태도를 취하고 있었다.[19]

19 菊池寬,『貞操問答』, 文
春文庫, 2002년, 85쪽.

이 인용문은 기쿠치 간 특유의 평이한 문체 속에서 서술되고 있으나,「정조문답」의 핵심, 넓게는「진주부인」이래로 남성 페미니스트로까지 추대되던 기쿠치 간이 '가부장제'의 긍정으로 선회하는 순간을 그리고 있는 장면이라고 할 수 있다. 신코는 자신의 가정을 부양하기 위해서 한 귀족 가정의 가정교사로 들어가게 되나, 아이들을 돌보지 않는 부인(「진주부인」의 루리코[瑠璃子]와 같은 부인) 대신 그 아이들을 돌보게 되고, 그 과정에서 남편 준노스케와 사랑에 빠진다. 결국 준노스케는 가정의 틀을 깨고 신코와 새로운 가정을 이룬다는 것으로「정조문답」은 결말맺게 된다.
이 인용문에서 사용되는 기쿠치 간의 논리를 지금까지의 논지에 비추어 설명하면 다음과 같다. 즉, 신코가 준노스케와 불륜(정조 상실, 반가부장제적 행위)을 저지르는 것은 아이를 돌보지 않는 부인 대신에 '모성'을 발휘함으로써 실질적으로는 '가정'을 지키는 것(진정한 의미의 가부장제 유지)이며, 동시에 자신의 가정을 부양하는 가부장으로서의 책임도 완수하는 것이라는 논리가 된다. 기존의 가부장제적 윤리 속에서 정조는 여성이 지켜야 할 필수항목이었으나, 사회적으로 확장된 가부장제(신코의 가족과 준노스케 가족의 총합, 그 연장선상에 천황제 이데올로기가 존재한다)를 유지하기 위해서 필요하다면 여성은 정조를 버려도 된다, 혹은 가부장제의 하위에 위치지어져도 무방하다는 논리로 전화하는 것이다. 바로 이러한 이유 때문에 신코가 '성모와 같은 청결함과 창부의 에로스를 겸한' 여성으로 성격화되는 것이며, 기쿠치 간이 「정조문답」에서 요구하는 '시대적 요구에 부합하는 여성'인 것이다.

이러한 기쿠치 간의 주장은 그의 소설세계에 비추어 볼 때 다분히 자기모순적인 것이다. 그는 「진주부인」 이래로 일관되게 남성중심적 가부장제 사회로부터 여성이 해방될 것을 주장하여 왔으나, 「정조문답」은 분명히 가부장제로의 회귀를 말하고 있다. 이러한 그의 자기모순이 '성모와 같은 청결함과 창부의 에로스를 겸한' 여성이라는 이율배반적 인물을 낳게 만들었던 것이나, 이러한 기쿠치 간의 모순은 어쩌면 한 작가가 안고 있었던 개인적 모순이라기보다는 1930년대 일본 여성 담론 전체가 안고 있었던 모순이었다고 말하는 것이 올바를 것이다. 즉 일본 사회가, "새로운 땅"에서 "가족이 일본의 기초입니다. 국가는 가족 위에 성립합니다. 그 최상위에 있는 것이 천황입니다"라고 주장되듯이, 가부장제의 재편 위에서 '천황제 내셔널리즘'이 형성되어 가는 상황에서, 반가부장제적 여성상을 그린다는 것은 함의적으로 '불경죄'에 해당하는 것이었다고 해도 과언이 아니다.

6. 가부장제 사회에 대한 통렬한 비판

_미조구치 겐지 "나니와 엘리제" 소고

앞 절에서 분석한 바와 같은 시대적 동향에 통렬한 비판을 가하고 있는 영화로

20 溝口健二, 『浪華悲歌』,
日活, 1936년.

미조구치 겐지溝口健二 감독의 "나니와 엘리제浪華悲歌"[20](1936)
를 언급하지 않을 수 없다. 먼저 간단히 플롯을 정리하면 다음
과 같다. 전화교환수로 근무하는 아야코 アヤ子(야마다 이스즈[山田五十鈴])는, 회삿
돈을 유용하여 곤경에 처한 아버지를 구하기 위해 연인인 니시무라西村에게
상담하지만 아무런 해결책이 나오지 않는다. 아야코는 평소 그녀에게 관심
을 보이던 사장의 후처가 되는 조건으로 아버지를 곤경에서 구하지만, 사장
부인에게 그 관계가 들통나 둘의 관계는 끝나게 된다. 도쿄의 대학에 다니는
오빠가 돈 문제로 졸업과 취직에 지장이 있다는 말을 여동생에게 전해들은
아야코는, 그녀에게 관심을 보이던 후지노藤野를 속여 아버지에게 그 돈을
보낸다. 그 과정에서 후지노와 아야코, 니시무라 사이에서 언쟁이 벌어지
고, 아야코와 니시무라는 구속된다. 니시무라는 아야코와의 관계를 전면
부정하고 석방된다. 집에 돌아온 아야코를 맞는 것은 가족의 싸늘한 냉대
뿐이며, 아야코는 다시 집을 나와 밤거리로 나선다는 내용으로 영화는 막을
내린다.

무엇보다도 가부장제 사회에 대한 강렬한 안티테제라는 "나니와 엘리
제"의 주제의식은 영화의 라스트 신에 확연하게 드러난다. 다음의 연속
장면을 보도록 하자.

「정조문답」의 신코와 마찬가지로 "나니와 엘리제"의 아야코도 '가정'
을 지키기 위해 '정조'를 희생하는 '죄'를 저지르나, 신코와는 달리 아야코는
결코 긍정적으로 받아들여지지 않는다. 영화 속의 다섯 남성과 공권력은

그 누구도 아야코의 입장에서 생각하지 않는다. 아버지는 유명무실한 가부장이며 오빠는 여동생을 지키기는커녕, 아야코의 정조 문제로 가족의 명예가 훼손되었다는 사실만을 중시한다. 사장은 가정의 유지가 힘들어지자 아야코와의 연을 끊고, 그녀가 기대했던 니시무라는 자신의 입장이 곤란해지자 주저 없이 그녀를 포기한다. 경찰은 그 모든 소동의 원인을 일개 여성의 죄로 축소 해석해 버리며, 그녀의 편을 들어주어야 마땅할 여동생조차도 자신의 혼사문제 만을 걱정하여 가부장제적 논리를 재생산한다. 위의 장면은 경찰서에서 풀려난 아야코가 집으로 돌아와 가족과 대면하는 장면이나 아야코와 가족 사이에는 넘어설 수 없는 장벽이 존재하고, 그것은 명암(콘트라스트 조명)과 인물의 전후배치라는 구도를 통해서 극명하게 표현되고 있다. 이렇듯 "나니와 엘리지"는 가부장제라고 하는 남성 중심 사회 논리의 유지와 재생산을 정면에서 비판하는 영화인 것이다.

집을 뛰쳐나온 아야코는 오사카의 한 번화가에서 사장의 주치의와 우연히 만난다. 주치의는 아야코에게 "어디 아픈 거 아냐?"라고 묻고, 그녀는 "병이지, 불량소녀라는 멋진 병이지. 이렇게 된 여자는 어떻게 그 병을 고쳐야 하지?"라고 되묻는다. 그 후 영화의 마지막 장면에서 아야코는 밤거리를 (카메라를 정면으로 응시하면서) 힘차게 걸어간다(그림 8-16). 이 장면은 마치 여성이 가부장제 사회의 모순 속에서 벗어날 방법은 남성 사회(혹은 일본 사회 그 자체)로부터 독립하는 길 밖에는 없다고 말하고 있는 듯하다. 그리고 "나니와 엘리제"는 그것을 실행하는 여성을 최초로 그렸다는 점에서, 그리고 이미 언급한 것과 같은 '가부장제'의 재편 위에서 성립되는 '천황제 내셔널리즘'을 암묵적으로 비판하고 있다는 점에서 기념비적인 작품이라 할 수 있다.

하지만 아야코는 어디로 갈 수 있었을까? 가부장제의 모순을 비판하

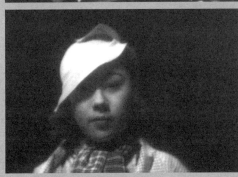

그림 8-13, 14, 15
가족으로부터 외면당하는
아야코

그림 8-16
"나니와 엘리제"의 마지막 장면

였던 신여성과 모던걸의 딸인 아야코는 과연 가부장제의 논리를 벗어나 자립의 길을 걸어갈 수 있었을까? 이러한 의문을 가지고 지금까지 고찰해 왔던 "새로운 땅", 「정조문답」, "나니와 엘리제"를 동일선상에 놓아보면 흥미로운 사실이 발견된다. "나니와 엘리제"가 가부장제의 모순을 일개 여성의 죄로 몰아가는 사회에 대해 '리얼'하게 비판하고 있다면, 「정조문답」이 제시하는, '모성'을 통해 가부장제 사회의 모순을 피해간다는 주장은 단지 환상에 지나지 않음을 알 수 있다. 단지 남겨진 길은 "새로운 땅"에서처럼 '천황제 내셔널리즘'을 적극적으로 긍정하는 길뿐인 것이다. 필자가 지금까지 분석해 온 텍스트들로 비추어 말해 보면, 「소녀지옥」의 모던걸들처럼 자살을 선택하든가, "도쿄 여자"의 오카다 요시코처럼 국경을 넘어가 버리지 않는 한 지배적 이데올로기로 수렴되는 길 밖에는 남지 않았던 것이다.

지금까지 고찰한 바와 같이 영화를 포함한 대중문화 영역에서는, "새로운 땅"과 같은 선전 영화를 제외하면 '천황제'를 제재로 하는 문화생산물은 근본적으로 찾아보기 어렵다. 하지만 '천황제 내셔널리즘'을 근간에서 지지하고 있는 가부장제에 대한 찬반을 통해서 사회에 대한, 혹은 젠더 편성에 대한 비판의식이 표출되었던 것이며, 아야코의 앞 길이 보이지 않는 것처럼 그러한 비판도 점점 그 길이 보이지 않게 되었던 것이다. '천황제 내셔널리즘'의 대중화를 통한 '황국신민'으로의 국민통합은 이러한 문화물이 1930년대 중반에 걸쳐 켜켜이 쌓인 결과이며, "새로운 땅"이 보여주는 '천황제 내셔널리즘'의 선전은 이 강고한 이데올로기의 완성과 승리의 찬가였던 것이다. 다음은 "새로운 땅"의 마지막 장면이다.

영화의 마지막 장면에서 끝도 없이 광활한 만주 벌판에서 데루오는 트랙터로 땅을 경작하고 미쓰코는 이미 한 아이의 어머니로서 그려진다.

그림 8-17, 18, 19 "새로운 땅"의 마지막 연속 장면

일본 여성, 모성, 대지가 직접적으로 연결되는 이미지로 구현되고 있는 것이다. 경계근무를 서는 일본 병사는 [그림 8-18]에서, [그림 8-17]의 데루오 가정을 더할 나위 없는 인자한 미소를 띠며 지켜본다. 하지만 [그림 8-19]의 경계근무의 시선으로 바뀌는 순간 그의 얼굴은 매서운 병사의 시선으로 전환된다. 여기서 문제가 되는 것은 병사의 시선 속에서 표현되는 [그림 8-18] [그림 8-19] 사이의 암묵적인 '일본'의 경계선이다. 이러한 경계선은 비단 물리적 국경선만을 의미하지 않는다. 일본 사회 속의 여성에 대해서도 "새로운 땅"의 미쓰코와 같은 '전시기 모성'만이 용납될 뿐, 가부장제를 위협할 수 있는 아야코와 같은 여성상은 배제시키는 젠더 편성적인 시선인 것이다.

7. 결론

"새로운 땅"은 절반의 성공을 거둔 영화였다고 할 수 있을 것이다. 가와키타 조세 및 JTB를 포함한 일본 정부는 역오리엔탈리즘 전략을 사용하면서까지 '일본'을 서구에 알리고 싶어 했으나, 그러한 의도는 큰 효과를 보지 못했다. 하지만 "새로운 땅"은 일본 국민의 '의식통합'에는 커다란 효과를 보았다고 할 수 있다. 이 영화 속에서 1931년 만주사변 발발부터 본격화되어왔던 '천황제 내셔널리즘'의 완성형을 발견하게 되는 것이다. 또한 「정조문답」, "나니와 엘리제"와의 비교를 통해서 밝혔듯이, "새로운 땅"은 1920년대에서 30년대까지의 '여성 담론'이 어떻게 변화하며 수렴되는가를 보여준다. "나니와 엘리제" 분석을 통해서 주로 고찰했듯이, 당시 가부장제를 비판한다는 것은 사회적 맥락으로 보면 '천황제 내셔널리즘'에 대한 비판으로 연결되는

그림 8-20 "대륙의 젊은 어머니" (寺内万治郎 作,『슈후노토모』1940년 4월호)
그림 8-21 "백의의 천사" (寺内万治郎 作,『슈후노토모』1939년 12월호)

것이며, 이러한 맥락에서 사회에 대한 비판적 존재로 기능하였던 '모던걸'
은 철저히 일본 사회에서 배제되어 버리게 된다.

　이 책 전체를 통해 밝혀왔듯이, 일본에 있어서의 '여성 담론'을 생각할
때 적어도 1937년 중일전쟁의 발발 전까지는 신중히 접근할 필요가 있다.
단지 '여성의 국가로의 통합'이란 단선적인 여성사를 전제하는 경우, 많은
경우에 있어서 다양한 문화세력들 간의 헤게모니 경합이라는 문화의 역동
성이 시야에서 사라지게 된다.

　그것은 역으로 1950년대 이후의 역사 속에서 다시 부각되는 여러 문제
들, 예를 들어, GHQ점령기의 '팡팡'(미군을 상대로 하는 창녀)을 둘러싼 논의가
얼마나 1920~30년대 '모던걸'을 둘러싼 논의와 연속되어 있는가, 전공투의
'하우스키퍼' 논란이 얼마나 1920년대 공산당 활동에 있어서의 여성의 위치
문제와 유사한가 하는, 통시적인 여성사에 있어서의 반복성 문제에도 접근
하기 어렵게 한다. 과거의 갈등이 갈등으로 남아 있는 한, 역사는 반복되며
담론은 재생산되는 것이다.

　일본의 1920년대 도시모던기에서 30년대 전시체제로의 이행에 '여성
담론'이 어떠한 기능을 하였는가에 대해 고찰한다는 것은, 여성과 국가의
관계를 '피해'인가 '참여'인가 하는 좁은 틀을 넘어서, 다양한 미시적인, 때로
는 국제적인 이동관계를 포괄하는 거시적인 정치관계를 고찰하도록 요구
하며, 이 책은 그러한 의미에서 하나의 큰 문제제기로서도 위치지을 수 있을
것이다.

모던걸 담론공간의 소멸

필자는 지금까지 모던걸을 둘러싼 담론공간이 1920년대에서 1930년대로
이행하는 일본 사회에서, 즉 쇼와 모더니즘기에서 전시체제로의 이행기에
있어서 여성을 국민의 일원으로 발견하고 통합해가는 과정에서 어떠한 역할
을 담당했는가에 대해 논의해 왔다. 이 글을 마무리짓기에 앞서 먼저 그 개략
에 대해 정리해 두고자 한다. 단발과 양장으로 특징지어지는 모던걸의 등장
에 대해 당시의 문화생산자들은 모던걸을 '현실의 모던걸'과 '이상적인 모던
걸'로 구별하여, 각각의 주의주장에 따라 스스로가 주장하는 '이상적인 모던
걸'을 제시하려 하였다. 모던걸의 등장을 긍정적으로 포착하는 기쿠치 간菊池寬
과 같은 입장에서 보면, 모던걸의 '소비성'이란 가부장제적 젠더 편성을 내적
으로 개편할 수 있는 가능성으로서 제시되었으나, 프롤레타리아 비평가들은
그러한 소비성을 자본주의 사회의 말기적 병폐로서 진단하면서, 올바른 '과
학정신'(사회주의)에 입각하여 활동하는 여성이 진정한 모던걸이라고 주장하
였다. 그렇기 때문에 그들에게 있어서는 전통적, 인습적인 가부장제의 극복
을 주장하는 페미니즘적 여성해방론은 사회주의국가 건설을 통해 이루어지

는 계급해방에 부차적인 문제로서 인식되었다. 하지만 1933년 6월에 발표된 공산당 최고 지도자 사노·나베야마의 전향 성명은 이러한 그들의 주장을 스스로 부정하는 결과를 낳고 말았다. 이 성명문은 제3 인터내셔널의 국제주의 노선이 일본공산당을 노동자, 농민 대중으로부터 괴리시키는 결과를 낳게 만들었다고 그 오류를 지적하면서, 일본의 일국사회주의를 주장하고, 천황제라고 하는 일본 고유의 군주제를 용인하였으며, 일본제국으로부터 식민지가 분리하는 것을 반대한다는 주요한 특징을 보여주는 것이었다. 이처럼 일본공산당이 천황제를 용인하는 일국사회주의 노선으로 전향했다는 것은, 당시 가부장제의 논리를 전 사회적으로 확대 재생산하는 형태로 형성되고 있었던 '천황제 내셔널리즘'으로 수렴된다는 것을 의미하게 됨으로써, 실질적으로는 여성 해방을 근본적으로 부정하는 결과를 낳게 되었다.

이에 대해 모더니스트들은 모던걸의 등장을 과학문명의 발달이 탄생시킨 '과학정신'의 계승자라고 최대한의 찬미를 보내고 있었으나, 이 책에서 신흥예술파新興芸術派에 대해 고찰한 바와 같이, 그들이 모던걸을 '과학'적으로 해석하려 할 때 여성의 사회적 젠더 편성에 억압적으로 작용하는 과학 담론의 이데올로기에 대해서 그들은 충분히 자의식적이지 못했다. 『소녀지옥少女地獄』에서 유메노 규사쿠夢野久作가 갈파한 바와 같이, 모던걸적 입장에서 볼 때 사회주의와 모더니즘이라는 두 가지 '유물사상'은 기만적인 사상일 뿐이었던 것이다.

일본의 '부계적 가족제도(이에제도[家制度], 가부장제)'에 대한 저항으로 출발했던 일본의 여성운동조차도 모던걸을 중심으로 고찰할 때, 그 주장의 모순점이 분명히 드러나게 된다. 여기에서 일본 페미니즘의 효시로 일컬어지는 히라쓰카 라이초平塚らいてう의 주장에 대해 다소 상세히 살펴보도록 하자. 라이초는 「바람직한 모던걸かくあるべきモダンガール」[1]이라는 글에서, 모던걸을 '두말할 필요도 없이 새로운 시대의 상징입니다. 미래

1 平塚らいてう, 「かくあるべきモダンガール」, 『平塚らいてう著作集4』, 大月書店, 1984년, 290~297쪽.

를 창조하는 힘입니다'라고 긍정하면서, 자본주의 사회의 유행만을 좇는 노예 같은 존재가 아닌 '진정한 모던걸은 신여성新しい女의 모태에서 태어난, 신여성의 딸들'이라고 위치짓는다. 신여성이 가부장제에 대항하여 '그렇게 비사회적인, 때로는 반사회적인 태도를 취했던 것에 비해, 모던걸은 항상 사회적 관심을 가지고' 있으며, '모던걸이 표현하려 하는 자아는 사회를 포괄하며, 또한 사회에 포괄되는 자아인 것'이라며 신여성과 모던걸의 차이에 대해서 설명한다. 그리고 그 구체적인 예로서, "같은 단발, 양장이라도 스포츠 등에 흥미를 가진 쾌활하면서 [……] 건강한 육체를 가진 젊은 여성, 무산자로서 각성한 건장하고 원기발랄한 직업부인이나 노동부인, 흔히 말하는 사회부인으로서 단결된 운동을 하는 젊은 여성 중 일부, 오히려 시대에 대해 민감하면서, 유연한 정신과 신경을 가지고 무엇에도 구속되지 않는 깊은 허무주의적인 입장에서 현대의 모든 새로운 사상, 예술, 생활에 대해 개성 있는 감상력, 비판력, 선택능력을 가지고 있는 사상적인 또는 시인적인 여성"을 들고 있다.

유메노 규사쿠의 「소녀지옥」에 등장하는 여성들, 그 중에서도 특히 아마카와甘川는 육상부 선수이며, 기자를 목표로 하여 자신의 판단에 따라 행동한다는 점에서 라이초가 말하는 '진정한 모던걸'에 해당할 것이다. 아니 그 보다도, 아마카와는 여성에게 억압적으로 기능하는 '가부장제'와 미디어에 의한 사회적 젠더 편성에 대항하여 '바이엔煤煙' 사건을 일으키고, 잡지 『세이토青鞜』를 창간했던 히라쓰카 라이초 본인의 인물상과 흡사하지는 않을까? 달리 말하면, 아마카와가 살고 있던 1930년대 일본의 사회상을 젠더 편성이라는 관점에서 바라보는 한, 라이초가 놓여 있던 1910년대적 상황과 크게 다를 바가 없는 것이다. 앞의 글에서 라이초는, '신여성은 단지 그 사상면에서, 단지 언론적으로만 가부장제 사회가 불합리하다고 생각하고 부정하며 저항했으나, 신여성의 감정이나 행동까지 가부장제 사회에서 자유로울 수는 없었습니다'고 말하면서, 모던걸은 그러한 자유를 획득한 존재라고 주장하나, 아마카와의 인물상이 나타내는 바와 같이 1930년대 일본 여성은 결코 그와 같은 자유를 획득한 상태는 아니었던 것이다.

만약 라이초가 주장하는 대로, 모던걸이 당시의 가부장제적 젠더 편성에서 자유롭게 스스로의 '자아정체성'을 사회적으로 표현하는 여성이라고 한다면, 실제로 그들은 어떠한 사회적 활동이 가능했던 것일까? 주지하는 바와 같이, 라이초는 '모성보호논쟁'과 '신부인협회新婦人協会'의 활동을 통해, '모자보호법'과 '부인 참정권'을 정책적으로 실현시키게 되나, 그 연장선상에서 그녀는 여성의 사회적 역할에 대해 다음과 같은 악명 높은 언급을 하게 된다.

> 요즈음의 젊은 여성 중에도 역시 과거의 나와 같이 결혼을 기피하고, 모성을 혐오하는 경향은 일부에 있어서 상당히 강하게 존재하는 것 같습니다만, 지금의 저는 그러한 여성을 만날 때마다 젊은 시절의 자신을 되돌아보며 그들에게, 연애하십시오, 결혼하십시오, 아이를 낳으세요, 엄마가 되세요, 그 위에서 그러한 모성으로부터 엄마가 된다는 생활적 경험을 통해서 사회에 봉사해 주세요 하며 충심으로 기원하는 것입니다.

이 인용문은 「엄마가 된다는 기쁨母である歓び」[2] 가운데의 일부로, 그 곳에서 라이초는 "한 가정의 엄마가 된다는 생활 체험만큼 나라는 인간을 완전히 바꾸어, 나의 마음을, 그 사상과 감정을 바꾸어 놓은 것은 없습니다"라고 기술하면서, 세이토 시절의 자기 자신을 반성하면서, 다시금 '낳는 성'으로서의 여성성이라는 여성의 사회적 역할을 전면에 부각시킨다. 같은 시기의 글에서 그녀는 "여성이 이상으로 추구하는 결혼의 자유는, 모성을 거부하여 얻어지는 자유가 아니며, 완전히

2 平塚らいてう,「母である歓び」,『白鳩』 1937년 2월호 (『平塚らいてう著作集6』, 大月書店, 1984년, 212쪽에서 인용).

그 반대로, 모성이 가장 중요시되어 아이를 낳는 성으로서, 차세대의 창조자,

3 平塚らいてう,「結婚と離婚」, 앞의 책, 114쪽.

민족의 유지자로서 존중되고, 옹호되어야 한다는 의미로서의 자유"[3]라고 주장한다. 라이초의 이 주장은 1910년대 신여성의 혁신적인 주장이었던 '모성보호논쟁'에서 1930년대의 '민족우생론'으로의 '전향'이 두드러지는 언급으로 자주 인용되는 것이나, 이러한 '전향' 이후의 라이초의 주장은, 여성은 '가정의 어머니'를 통해 '종족의 어머니'가 되는 길 이외의 '자유'는 인정하지 않는, 달리 말하면 모던걸에 대한 스스로의 주장과 180도 배치되는 자가당착적인 논리인 것이다. 이에 이르러 1910년대 이래의 페미니즘적인 혁신성은 퇴색되며, 오직 종족의 어머니라는 군국주의적 지배 이데올로기만이 남게 되는 것이다.

유메노 규사쿠의 위대함은 지금까지 살펴본 바와 같은, 모더니스트, 사회주의자, 페미니스트 등의 모던걸에 대한 '지식 체계'의 내적 파탄을 「소녀지옥」이라는 탐정소설 구조를 통해 갈파해 보였다는 데 있다는 점은 이미 본문에서 설명한 대로다. 이 책을 마무리짓는 시점에서 강조하고 싶은 점은, 규사쿠의 그러한 통찰이 스스로에 대한 '자기반성'을 통해 얻어진 것이라는 사실이다.

4 夢野久作,「東京人の墮落時代」,「규슈일보」 1925년 1월 22일~5월 5일까지 연재 (『夢野久作全集2』, 筑摩書房, 1992년 수록).

규사쿠의 「도쿄인의 타락시대」[4]는 1920년대 규슈일보 기자생활을 하던 기자 스기야마 야스미치杉山泰道의 간토대지진 후의 도쿄 관찰기이나, 이 르포는 「소녀지옥」의 세 모던걸이 원형으로 등장한다는 점에서 주목된다. 이 책 전체를 통해 설명한 바와 같이, 간토대지진 후의 도쿄(도시)에서 진행되었던 대중소비사회의 정착과 새로운 도시문화의 구현자로서의 모던걸의 등장에 대해 기자 스기야마는 「도쿄인의 타락시대」에서 '지방'적 시선으로 강한 경계심을 표시하고 있으며, 후일 작가가 된 규사쿠는 「소녀지옥」에서 그러한

자신의 과거를 자기해체적으로 반성하고 있다는 말이다. 작가 규사쿠는 기자 시절의 자신의 활동에 대해 다음과 같은 식으로 회고한다.

규슈일보사에서 편집과 외근 기자라는 어정쩡한 위치에 있을 때, 신문 전문가들 사이에서 명편집장으로써, 동시에 '자유시사(自由詩社)'의 원로로서도 유명했던 가토 스케하루(加藤介春) 씨로부터 신경이 끊어질 정도로 시달렸던 덕분에 일에 대해 좋고 싫음을 입에 담지 않는 수련을 쌓게 되었습니다. 죽도록 쓰기 싫은 칭찬 기사, 비위를 맞추는 기사, 뒤처리 원고 등을, 전화나 구두 소리가 때르릉 때르릉, 딱딱 거리는 바라크 건물 이층에서, 한꺼번에 잘도 써내려갈 정도로 신경이 단련되어 있었던 것입니다. 스스로의 붓을 모독하고, 유린하는 일에, 일종의 변태적인 흥미와 자긍심조차도 느끼고 있었습니다.[5]

5 夢野久作, 「スランプ」, 『ぷろふいる』 1935년 3월호 (『夢野久作全集11』, 筑摩書房, 1992년, 54~55쪽).

이와 같은 기자 스기야마에 대한 작가 규사쿠의 반성이 가장 현저하게 드러나는 것이 다름아닌 모던걸에 대한 인식 변화인 것이다. 「도쿄인의 타락시대」에서 스기야마 기자는 모던걸을 불량소녀의 범주로 분류하면서, "자신의 마음에 걸리는 모든 무거운 짐들, 즉 물질적 위력, 도덕의 권위, 양심의 속박을 저 멀리 내던져 버리고, 공중에 떠다니는 종잇조각처럼, 맘 편하게, 재미있게 펄럭거리는 것이 모던걸이다"(380쪽)라고 묘사하며 그 경박함을 기술한 후에, "경박하게 해방을 바라는 소녀는, 특히 찰나 찰나의 기분에 따라 움직이기 쉽기"(379쪽) 때문에 타락에 빠져드는 경향이 있다고 진단한다. 그리고 그 실례로서 스기야마 기자는, 한 교사 부인으로부터 알파벳의 이니셜을 암호처럼 사용하여 불량소년들과의 밀회를 알선하고 있다고 하는 명문 여학교(짓센여학교)의 비밀사교클럽 '불량소녀 향락단'의 존재를 전해 듣고, 그 '소문'에 따라서 그 향락단의 단장

역을 맡고 있는 여학생에 대해 조사한 후에, 그녀가 "일종의 팔방미녀로도 보이며, 일종의 변태성욕주의자인 것은 아닌가 생각된다. 혹은 그러한 악마적인 일 자체에 흥미를 느끼고 만족하는 것은 아닌가 하고도 생각된다"고 추측하기도 한다. 문제는 스기야마 기자가 그것으로 멈추지 않고, 그와 같은 추측성 정보만을 바탕으로 "여러 가지로 생각한 끝에, 경시청에 찾아가 그녀를 고발"하기에 이르며, 형사로부터는 "그러한 명문 학교에, 그런 학생이 있을 리가 없다"(405쪽)고 퇴짜를 당하게 된다.

이 스기야마 기자의 일련의 언동이 「소녀지옥」에 그대로 도입되어, 작가 유메노 규사쿠에 의해 자기반성적으로 해체되고 있는 것이다. 암호를 사용해서 불량소년들과 밀회를 즐긴다는 '단장'의 모습이 거짓말을 거듭하는 히메구사姫草의 조형으로, 그리고 소문을 마치 사실인 양 전달하는 교사 부인의 모습이 히메구사의 신변 보호인의 조형으로 각기 투영된다. 그리고 무엇보다도, 희박한 증거만으로 '단장'을 경찰에 고발까지 해 버리는 스기야마 자신의 모습이 우스키曰杵 의사와 우토宇東 기자의 인물 조형 속에서 반복된다. 이와 같이 규사쿠가 10여 년의 시간적 간격을 두고 자신의 모습을 자기비판적으로 묘사했다는 것이 의미하는 바는, 스기야마 기자가 사회의 각 방면의 권위에 의지하여 판단했던 모던걸에 대한 비판이 실제로는 규사쿠 자신도 관계하고 있었던 사회의 각 방면(신문, 병원, 교육, 공권력 등)으로 향할 성질의 것이었다는 사실에 대한 비판이자 자성이었던 것이다.

이상에서 살펴본 바와 같이 모던걸(론)은 일본의 도시 모더니즘기에서 전시체제로의 이행, 그 가운데서도 그 지배 이데올로기의 내적 모순을 드러내주는 사회적 존재(담론)였으며, 그 근본적 모순이 역사적으로 반복되는 면에서 전후 사회로 연속되게 된다. 이처럼 모던걸은 근대 일본의 젠더 편성을 고찰하는 데 있어 핵심적인 위치를 차지하고 있다고 할 것이다.

저자 후기

이 책은 일본 쓰쿠바대학에 제출한 박사 논문을 바탕으로 하고 있습니다. 그리고 일본과 한국의 학술지에 발표했던 논문들에 부분적으로는 대폭 수정을 가하여 단행본으로 엮게 되었습니다. 출간에 즈음하여 교정을 보면서, 논문으로 발표한 공적인 형태의 글이 필자에게는 매우 사적으로 읽히는 느낌을 가지게 되었습니다. 물론 한 편 한 편 논문을 쓰던 당시의 느낌이 되살아났다는 감상적인 기분도 있었습니다만, 그보다는 조금 본질적인 부류에 속하는 느낌이었습니다.

여기에서 그 사적인 느낌을 조금 적어보고자 합니다. 1991년 대학에 들어간 저는 일시적인 고양과 오랜 혼돈 속에서 대학 생활을 보내게 되었습니다. 일시적인 고양이란 당시 명지대의 한 학생이 시위 도중 사망한 사건으로 촉발된 일련의 시위, 거리의 감각도 있습니다만, 그 보다는 마르크스주의적 사고방식으로 세상을 '볼' 수 있다는 치기어린 자족감이 있었던 것 같습니다. 그 후 소비에트가 붕괴하고, 서태지는 '난 알아요'를 외쳤지만, 저는 아무것도 알 수 없었습니다. 그 후 포스트모더니즘, 탈구조주의 등이 한꺼번에 한국 사회에 소개되었지만, '큰 이야기의 붕괴', '해체' 등 단편적인 단어만을 남기고, 오히려 혼란을 가중시킬 뿐이었습니다. 그것을 아는 듯이 설명하는 선배의 말을 듣거나 하면, 뒤틀린 심사에서 오는 경멸감 만이 남을 뿐이었습니다.

그 기분은 무라카미 하루키의 소설들을 만나면서부터 점차 옅어지기 시작했습니다. '공'에서 '사'로의 해산, 그 자리를 채우는 가벼운 팝컬처의 소비가 아마도 마음 편했던 것 같습니다. 원래 영문학을 전공하던 사람이 이때부터 조금씩 일본에 대해 관심을 가지게 되어, 어쩌면 그 개인적 혼돈의 정체를 알 수 있지 않을까 하는 마음에 무모하게도 일본 유학을 떠나게 되었습니다.

물론 하루키 연구는 여러 가지 이유들로 인해 금방 포기하고 말았습니다만, 2000년대 일본은 실로 '포스트모던'한 상황이었습니다. 한편에서는 "겨울연가"로 촉발된 한류 열풍이 일어나는 반면, 다른 편에서는 납치 문제, 새역모 활동 등으로 무시할 수 없는 '우경화' 현상이 나타나고 있었습니다. 또한 이것들과는 전혀 관계가 없다는 듯한 '오타쿠' 문화도 대중문화 영역으로 확장되고 있었습니다. 이들은 서로 전혀 연결되지 않는 듯 보이면서도 부분적으로는, 혹은 근본적으로는 서로 연결된 대중소비사회의 문화현상들이기도 합니다.

이 책에 수록된 논문들은 이러한 2000년대적 현재를 곁눈으로 바라보면서 쓰여졌습니다. 다양한 일본 대중문화의 출발점에 해당하는 1920년대로 돌아가, 그 때 건설되었던 백화점 등의 건축물을 실제로 바라보면서, 혹은 영화 등의 자료로 확인하면서 첫 번째로는 놀라움이 있었습니다. 하지만 그 놀라움은 곧이어, 1920년대의 일본 사회, 영화와 재즈, 여행과 백화점, 스포츠, 패션, 건축 등 화려한 도시적 대중소비사회의 위용이 확립되었던 사회가, 왜 1930년대의 군국주의 국가로 이행해 버렸던 것일까? 혹은 그럴 수밖에 없었던가에 대한 의문으로 바뀌어 갔습니다. 그리고 그에 대한 대답은 단일한 학문분야, 즉 정치학이나 사상사, 경제사의 흐름만으로는 결코 파악되지 않았기에 필자는 그들 학문분야를 포괄적으로, 학문 횡단적으로 다루는 '문화'를 통해 살펴보는 과정에서 조금씩 그 대답을 이끌어 낼 수 있었습니다. 모던걸과 일본여성의 국민화 과정이라는 좁은 시야에서나마 그에 대한 대답이 도출되었다고 독자가 생각해 준다면 필자로서는 그보다 더한 만족감은 없을 것입니다.

일본이 전시체제로 이행한 이유를 단 한마디로 표현한다면, 필자는 상투적인 대답 밖에는 할 수 없습니다. 즉, 정치, 사상, 경제, 문화 영역 등 사회의 제반 분야에서 자기반성을 전제로 하는 '건전'한 사회세력들이 내적으로 붕괴하고 헤게모니를 상실한 결과일 뿐이었다고. 바로 그 지점에서 제2차 세계대전 후 일본의 '전후사상'이라는 것이 출발하게 되며, 역사는 갈등관계의 근본적 성격이 해소되지 않는 한 지금 현재에도 반복되어 나타나는 것입니다.

이러한 의미에서 현재를 살고 있는 우리들에게도 이러한 고찰은 시사하는 바가 크리라 생각합니다. 그 한 방향은 2000년대 들어 두드러지는 일본의 내셔널리즘을 이해하고 올바른 한일관계를 세워 나가는 데 있어서, 그리고 다른 한 방향은 규사쿠와 같은 자성의 목소리를 나 스스로, 우리사회 내부로 향하게 하는 데 있어서 참조가 될 것입니다. 이 땅에 존재하는 모든 인간의 행동은 '정치적'이며, 절대적인 선악이란 존재하지 않습니다. 일면의 긍정성을 가지는 주의주장은 그와 연결된 또 다른 억압의 가능성을 내포합니다. 그것은 결코 문화상대주의나 불가지론적인 역사수정주의로 왜곡되어져서는 안 되며, 끊임없는 '자기성찰'에 근거하여 억압과 폭력으로 기능하는 이데올로기의 내적 모순을 부단히 인지하고, 그에 저항해 가야 한다는 명제는 지금 현재도 유효한 것이라고 생각합니다. '사'를 '공'으로 동원하려는 언설들이 난무하는 상황에서 그것에 올바르게 저항할 수 있는 길은 뼈아픈 자기성찰을 거치지 않고서는 불가능한 것입니다. 이것이 필자의 '개인'적인 느낌이자, 그것은 아마도 2000년대 현재를 살고 있는 한 개인의 고민의 흔적이기도 할 것입니다.

이 책은 당연한 말이지만 저만의 노력으로 나온 것이 아닙니다. 섣부른 주장과 오류들에 대해, 논문의 구상에서 텍스트의 세부적인 해석에 이르기까지, 때로는 자신의 시간까지 내어가며 가까이서, 때로는 긴 호흡으로 멀리서 지켜보고 지도해주신 쓰쿠바의 선생님들이 없었다면 이 책은 나올 수 없었을 것입니다. 나나미 히로아키名波弘彰 선생님, 아라키 마사즈미荒木正純 선생님, 미야모토 요이치로宮本陽一郎 선생님께 특별히 감사의 마음을 전하고 싶습니다. 그리고 지금은 일본과 한국의 여러 대학, 연구소에서 근무하고 있는 선배, 동료들과 보냈던 수많은 낮과 밤이 이 글들의 곳곳에 녹아 있습니다. 또 부족한 논고를 흔쾌히 출판해주신 논형 소재두 사장님과 꼼꼼하게 체크해주신 김현경 편집장님께도 감사의 마음을 전해 드립니다. 무엇보다도 오래도록 따뜻하게 배려해 준 가족과 처에게 이 책을 드립니다.

게재지 일람

1장. '모던걸'이라는 담론공간
「モダンガールという言説空間」『文学研究論集』第21号(筑波大学比較・理論文学会, 2003년 3월)
「アポリアとしてのモダンガール」『일어일문학연구』第62輯 2卷(2007년 8월)

2장. 1920~30년대 일본 영화 속의 모던걸 표상
「1920~30年代の日本映画におけるモダンガールの表象」『일본문화학보』第34輯(2007년 8월)

3장. '소비'와 모던걸
「消費とモダンガール—菊池寛『受難華』論」『日本語と日本文学』第42号(筑波大学国語国文学会, 2006년 2월)

4장. '일본미'를 불러일으킨 모던걸
「不安と防衛のモダン探偵劇: 江戸川乱歩『黄金仮面』論」『일본학보』(2005년 8월)

5장. 여성 신체의 '해부'와 '건축'
「女性身体の解剖と建築: 竜胆寺雄「魔子」と新興芸術派の周辺」『일본학보』第73輯(2007년 11월)
「과학과 문학의 '아날로지': 모던걸을 그리는 川端康成, 伊藤整, 슈르리얼리즘 회화」『일본학보』第76輯 (2008년 8월)

6장. 전향과 모던걸의 종식
「転向とモダンガールの終息: 夢野久作『少女地獄』論(上)」『日本語と日本文学』第44号(筑波大学国語国文学会, 2007년 2월)
「転向とモダンガールの終息: 夢野久作『少女地獄』論(下)」『文学研究論集』第25号(筑波大学比較・理論文学会, 2007년 3월)

7장. 경계를 넘는 모던걸
「越境するモダンガール: 小津安二郎『東京の女』における岡田嘉子像を中心に」『일본문화연구』第23輯(2007년 7월)

8장. 1930년대 일본 영화 속의 여성 담론
「1930년대 일본영화 속의 여성 담론: 『新しき土』와 천황제 내셔널리즘의 대중화」『일본문화학보』第37輯(2008년 5월)

찾아보기